Traumstraßen
Deutschlands

Traumstraßen
Deutschlands

- Die schönsten Touren
- 600 Kultur- und Naturdenkmäler
- Mit detaillierten Routenkarten
- Über 800 Farbfotos

Weltbild

Inhalt

Einführung

Wer mit dem Auto für den Urlaub oder den Wochenendausflug in Deutschland unterwegs ist, strebt meist in rasantem Tempo über die Autobahn dem jeweiligen Ziel zu. Viel entspannender ist jedoch eine Reise mit Genuss und Muße entlang einer der vielen Ferienstraßen zwischen Flensburg und Mittenwald, Aachen und Görlitz, um einzigartige Kultur- und Naturlandschaften, schöne alte Städte, prachtvolle Schlösser, pulsierende Metropolen und verträumte Winkel zu entdecken.

Hierzu haben wir 21 sorgfältig recherchierte Reiserouten ausgewählt. Meist verlaufen sie entlang einer der über 150 offiziellen Ferienstraßen, die in den letzten Jahrzehnten in Deutschland eingerichtet wurden – von der Grünen Küstenstraße im Norden bis zur Oberschwäbischen Barockstraße im Süden. Dabei sind natürlich auch die beiden ältesten und berühmtesten Ferienstraßen Deutschlands: die Deutsche Alpenstraße und die Romantische Straße. Wo es sich anbietet, folgt eine Route auch abseits der offiziellen Ferienstraßen den landschaftlichen und kulturellen Attraktionen – etwa durch das romantische Rheintal zwischen Koblenz und Bingen.

Die Routenbeschreibungen:

Ein Einleitungstext zu jeder Tour gibt einen Abriss über die Reiseroute und stellt die jeweiligen Regionen sowie ihre landschaftlichen, historischen und kulturellen Besonderheiten vor. Anschließend werden – ergänzt durch eine Vielzahl brillanter Farbfotos – die bedeutendsten Orte und Sehenswürdigkeiten unter Angabe des Routenverlaufs beschrieben. Die einzelnen Stationen sind mit Nummern versehen, die sich auf die Angaben in der Tourenkarte am Ende des jeweiligen Kapitels beziehen.

Wichtige Aspekte zu Kultur und Natur werden in separaten Randspalten thematisch vertieft. Lohnenswerte Abstecher werden durch gelb unterlegte Boxen ins Blickfeld gerückt, und auf weitere interessante Ferienstraßen wird in grün unterlegten Texten hingewiesen. Eine Infobox hält zu jeder Route die wichtigsten Reiseinformationen über Länge, Routenverlauf, empfohlene Zeitdauer und Besonderheiten (z. B. lohnenswerte Radwanderwege) sowie nützliche Adressen parat.

Die Stadtpläne:

Die großen Metropolen und Städte werden auf einer separaten Seite bzw. Doppelseite mit großformatigen Stadtplänen und ausführlicher Darstellung ihrer Sehenswürdigkeiten präsentiert.

Die Tourenkarten:

Tourenkarten am Ende eines Kapitels zeigen den Verlauf der jeweiligen Reiseroute und führen deren wichtigste Orte und Sehenswürdigkeiten auf. Hauptroute und Abstecher sind farblich markiert, Piktogramme (siehe nebenstehende Liste) kennzeichnen bedeutende Sehenswürdigkeiten. Farbfotos und Kurztexte zu den wichtigsten Stationen der Route rahmen die Karte ein.

Zeichenerklärung für die Karten

Naturlandschaften und Naturmonumente

- Gebirgslandschaft
- Vulkan erloschen
- Felslandschaft
- Canyon
- Höhle
- Gletscher
- Flusslandschaft
- Wasserfall/Stromschnelle
- Seenlandschaft
- Nationalpark (Fauna)
- Nationalpark (Flora)
- Nationalpark (Kultur)
- Nationalpark (Landschaft)
- Naturpark
- Küstenlandschaft
- Strand
- Insel
- Zoo
- Fossilienstätte
- Wildreservat

Kulturmonumente und Kulturveranstaltungen

- Vor- und Frühgeschichte
- Römische Antike
- Judentum
- Kirche/Kloster

- Wikinger
- Kulturlandschaft
- Burg/Festung
- Schloss/Palast
- Industriemonument
- Mahnmal
- Historisches Stadtbild
- Skyline
- Feste und Festivals
- Museum
- Theater
- Olympiastadt
- Denkmal/Monument
- Märkte
- sehenswerter Leuchtturm
- herausragende Brücke

Bedeutende Sport- und Freizeitziele

- Rennstrecke
- Segelrevier
- Windsurfen
- Mineralbad/Therme
- Badeort
- Freizeitpark
- Spielcasino
- Pferdesport
- Seehafen

Bilder:
Seite 2–3 oben: Alte Mainbrücke in Würzburg; unten: Sylvensteinstausee; Seite 4–5: Ettenheim an der Badischen Weinstraße; Seite 6–7: Blick über den Neckar auf die Schlossruine, die Alte Brücke und die Altstadt von Heidelberg; Seite 9 v. o. n. u.: Hafen von Rostock; am Marktplatz von Wittenberg; Zeche Zollverein in Essen; Burg Vischering bei Lüdinghausen; Donaudurchbruch in der Schwäbischen Alb; Schloss Neuschwanstein.

Routenübersicht

Inmitten eindrucksvoller Dünenketten erhebt sich der Leuchtturm von List auf Sylt.

Dünen und Deiche

Entlang der Grünen Küstenstraße

Das immerwährende Wechselspiel von Ebbe und Flut prägt die deutsche Nordseeküste. Hier zu siedeln bedeutete immer auch, sich gegen Naturgewalten zu behaupten. So ist im Laufe der Jahrhunderte eine einzigartige Natur- und Kulturlandschaft entstanden. Die Grüne Küstenstraße erschließt im Verbund mit der Störtebekerstraße und dem Obstmarschenweg das Küstenland von der dänischen bis zur niederländischen Grenze.

Dem Reisenden prägt sich vor allem der unermesslich hohe und weite Himmel ein, der sich über das flache Land wölbt. Er ist das eindrucksvolle Leitmotiv der Landschaften an der deutschen Nordseeküste und ihres Hinterlands: Die sandige Geest, die fruchtbaren Marschen, die düsteren Moore und das Watt, bei dem man nicht so recht weiß, ob man es noch dem Meer oder schon dem Land zurechnen soll. Wasser, Wiesen, Wolken – das ist der Dreiklang, der den Reisenden auf der Fahrt entlang der Grünen Küstenstraße ständig begleitet. Und ein grüner Dreizack ist auch das Erkennungszeichen dieser nördlichsten deutschen Ferienstraße, die an der Grenze zu Dänemark ihren Anfang nimmt und von der schleswig-holsteinischen Nordseeküste nach Ostfriesland führt. Wer will, kann seine Streifzüge über die deutschen Grenzen hinaus ausdehnen: Richtung Norden nach Jütland und nach Westen durch die Niederlande bis Amsterdam.

Nordsee-Krabbenkutter im Wattenmeer

Auf einigen Abschnitten verläuft unsere Route entlang regionaler Ferienstraßen, die sich teils mit der Grünen Küstenstraße überschneiden, teils eigenständigen Charakter haben. So führt der Obstmarschenweg von Hamburg nach Wischhafen durch das Alte Land, Deutschlands größtes Obstanbaugebiet. Die Deutsche Fehnroute bei Leer erschließt dem Touristen friesische Moorlandschaften. Nach dem berühmtesten deutschen Freibeuter ist die Störtebekerstraße entlang der ostfriesischen Küste benannt.

Nur eine gemächliche Gangart ist dem Reichtum der Natur und der Kultur entlang der Route angemessen. Für die Fortbewegung bieten sich Radwandern, Paddeln, Reiten an – oder einfach nur Spazierengehen. Drei Nationalparks erwarten den Reisenden: im Schleswig-Holsteinischen, im Hamburgischen und im

Worpswede: Das Haus im Schluh war einst das Wohnhaus der Ehefrau des Malers Heinrich Vogeler.

Künstlich errichtete Wohnhügel, die Warften, schützen die Häuser auf den Halligen vor Überflutung. Im Bild die Ipkenwarft auf der Hallig Hooge.

Niedersächsischen Wattenmeer. Wattwanderungen sind unvergessliche Erlebnisse, etwa wenn man auf einer Sandbank ein Rudel Seehunde beim Dösen beobachten kann.

Windmühlen, Leuchttürme und die Klappbrücken der Kanäle sind die architektonischen Kennzeichen des Küstenlandes. Mittelalterliche Backsteinkirchen und reetgedeckte Bauernhäuser laden zu Besichtigungen ein. Von den zahlreichen Museen entlang der Grünen Küstenstraße widmen sich viele maritimen Themen, wie etwa das Buddelschiffmuseum in Greetsiel oder das Wrackmuseum in Cuxhaven. Aber auch die moderne Kunst hat im Küstenland ihre Heimstatt. Unbedingt empfehlenswert sind ein Abstecher zur ehemaligen Künstlerkolonie in Worpswede und ein Besuch der Kunsthalle in Emden.

Wer im Sommer mit offenen Augen durch Friesland reist, wird viele »Schrubföögel« bewundern können. Das ist ein Wort aus dem Nordfriesischen, das zusammen mit dem West- und Ostfriesischen zur Sprachfamilie des Westgermanischen gehört, Unterabteilung Nordseegermanisch. Als eigenständige Sprache steht das Friesische dem Englischen näher als dem Deutschen in seiner hiesigen Variante des Plattdeutschen. Und es ist für seinen Reichtum an Dialekten bekannt, besonders in Nordfriesland, wo man zwischen dem Inselfriesisch und dem Festlandfriesisch unterscheidet. Letzteres wird auch auf den Halligen gesprochen. Nicht zuletzt dank ihrer Sprache haben sich die Friesen auch ein ausgeprägtes Bewusstsein kultureller Eigenständigkeit bewahrt. Ach ja, die »Schrubföögel« – das sind übrigens Schmetterlinge!

Die Zwillingsmühlen von Greetsiel liegen malerisch am Sieltief des Fischerdorfs.

Deiche und Köge

Deiche schützen das flache Küstenland von jeher gegen die launische See. Einen Eindruck vom harten Kampf gegen die Meeresfluten bekommt man in Theodor Storms berühmter Novelle »Der Schimmelreiter« von 1888. Als Koog bezeichnet man eingedeichtes Marschland. Durch diese Art von Landgewinnung

Vertrautes Motiv an der Nordseeküste: Schafe auf dem Deich

entsteht fruchtbares Agrarland. Deiche und Köge sind heute beliebte Anlaufpunkte für Spaziergänger und Radfahrer, die hier Wind, Wasser und Aussicht genießen können, wie etwa am Friedrich-Wilhelm-Lübke-Koog südlich des Hindenburgdamms oder am Hauke-Haien-Koog bei Schlüttsiel.

Unsere Route folgt weitgehend dem Verlauf der Grünen Küstenstraße. Von Niebüll geht es entlang der nordfriesischen Küste bis Hamburg, von dort die Elbe abwärts bis Cuxhaven. Ab Bremerhaven führt eine große Schleife ins Binnenland und schließlich entlang der Störtebekerstraße an der ostfriesischen Küste zurück an die Außenweser.

❶ Niebüll Der Ort unmittelbar an der dänischen Grenze ist der Ausgangspunkt der Reise entlang der Waterkant. In einem 300 Jahre alten reetgedeckten Bauernhaus ist das Friesische Heimatmuseum untergebracht, das anhand zahlreicher Exponate in die friesische Volkskultur der vorindustriellen Zeit einführt. Das Naturkundemuseum zeigt die Tierwelt der Region und ist zugleich Informationszentrum für den Nationalpark Wattenmeer.
Für Kunst- und Literaturliebhaber ein Muss ist der Ausflug ins 15 km entfernte Seebüll. Dort steht das Atelier- und Wohnhaus des expressionistischen Malers Emil Nolde (1867 bis 1956), heute ein Museum mit etwa 200 Werken des Meisters. Siegfried Lenz hat ihm mit seinem Roman »Deutschstunde« ein Denkmal gesetzt.

❷ Sylt Deutschlands bekannteste Ferieninsel ist wohl auch seine zerbrechlichste: Die Nord-

see nagt unerbittlich an ihr, und jedes Jahr wird sie ein bisschen schmaler. Sandaufspülungen sollen das Schlimmste verhüten, damit Sylt nicht irgendwann einmal ganz verschwindet.
Obwohl sich kaum ein anderes deutsches Ferienziel eines solchen Auftriebs von Prominenz und Jetset rühmen kann, finden sich dennoch zahlreiche Oasen der Ruhe auf dem langgestreckten Eiland, das mehr als 40 km Brandungsstrand aufweist.
Über den 11 km langen Hindenburgdamm erreicht man mit dem Autozug die Inselhauptstadt Westerland. Im Sommer bummeln Tausende von Inselgästen durch den Ort. Sehenswert ist auch Altwesterland, wo abseits des Trubels heimelige Friesenhäuser die engen Straßen säumen. Das bis zu 30 m hohe Rote Kliff, ein Steilabbruch auf der dem offenen Meer zugewandten Inselseite, bietet Einblick in die Erdgeschichte. Von der in 52,5 m Höhe gelegenen Uwe-Düne hat man einen fan-

tastischen Blick aufs Meer. In Kampen mit seinen reetgedeckten Feriendomizilen reihen sich Boutiquen und Lokale aneinander. Hier kann man das Nachtleben der Insel genießen. Idyllischer, gediegener und grüner zeigt sich Keitum. In dem früheren Hauptort der Insel ducken sich in baumbeschatteten,

von Steinmauern umgebenen Vorgärten die typischen reetgedeckten Friesenhäuser. Vor allem die beiden Heimatmuseen und die Severin-Kirche lohnen einen Besuch. Das Morsumkliff, ein

❶ Sattgrüne Salzwiesen der Hamburger Hallig bei Bredstedt

Reiseinformationen

Routen-Steckbrief
Routenlänge: ca. 800 km (ohne Abstecher)
Zeitbedarf: 8–10 Tage
Start: Niebüll
Ziel: Bremerhaven
Routenverlauf: Niebüll, Sylt, Husum, St. Peter-Ording, Glückstadt, Hamburg, Stade, Cuxhaven, Bremerhaven, Bremen, Oldenburg, Papenburg, Leer, Emden, Norddeich, Jever, Wilhelmshaven

Besonderheiten:
Die beschriebene Variante der Grünen Küstenstraße schließt drei kürzere Ferienstraßen mit ein: im Abschnitt zwischen Hamburg und Freiburg den Obstmarschenweg, zwischen Marienhafe und Varel die Störtebekerstraße und im südlichen Ostfriesland bei Leer die Deutsche Fehnroute.

Die Überfahrt nach Sylt erfolgt mit dem Autozug.

Auskünfte:
Ostfriesland Tourismus GmbH
Friesenstraße 34/36,
26789 Leer,
Tel. (0 18 05) 93 83 30,
www.ostfriesland.de
www.ostfriesische-inseln.de
Tourismus-Agentur Schleswig-Holstein GmbH
Walkerdamm 17, 24103 Kiel,
Tel. (04 31) 6 00 48 50,
www.sh-tourismus.de
www.sh-tourist.de
Touristikzentrale Altes Land
Osterjork 12, 21635 Jork,
Tel. (0 41 62) 91 47-55,
www.jork.de
Hamburg-Tourismus GmbH
Steinstraße 7,
20095 Hamburg,
Tel. (0 40) 30 05 13 00,
www.hamburg-tourismus.de

Abstecher

Nordfriesische Inseln und Halligen

Der römische Universalgelehrte Plinius der Ältere brachte es auf den Punkt, als er fragte, ob das Watt noch dem Land oder bereits dem Meer angehöre. Die moderne Wissenschaft hat entschieden: Watt ist periodisch trockenfallender, mit Sedimenten bedeckter Meeresboden. Kein großer Erkenntnisgewinn seit Plinius! Dieser wusste allerdings eines noch nicht: Das Wattenmeer vor der Nordseeküste, das sich in einem 450 km langen Bogen von Dänemark bis zu den Niederlanden erstreckt, ist das größte zusammenhängende Wattgebiet der Erde.

Was wir heute als das nordfriesische Wattenmeer ansehen, existierte übrigens zu Plinius' Zeiten noch gar nicht. Damals dehnte sich hier noch Festland aus. Erst im Mittelalter wurde dieser Abschnitt durch katastrophale Sturmfluten zerstört. Allein während der Großen Manndränke am 16. Januar 1362 ereilte rund 100 000 Menschen der nasse Tod. Übrig blieben schließlich im weiten Meer die heute bekannten Eilande. Aus ehemaligem Geestland entstanden die Nordfriesischen Inseln Sylt, Föhr und Amrum, aus Marschland die zehn Halligen.

Der nicht immer erfolgreiche Kampf des Menschen gegen die Naturgewalten hat über Jahrhunderte die friesische Kulturgeschichte geprägt. Heute finden wir eine vom Menschen geschaffene Kulturlandschaft vor, wie sie vielfältiger kaum sein kann. Kein Eiland gleicht dem anderen. So ist Sylt nicht nur Prominentenurlaubsort, sondern lockt auch mit fantastischen Möglichkeiten zur naturkundlichen Beobachtung. Mit mehr als 300 Vogelarten ist Sylt die artenreichste Insel der Nordsee. Vor dem Friesenmuseum in Wyk auf Föhr erinnert ein imposanter Bogen aus zwei Walkieferknochen daran, dass die Insulaner in früheren Zeiten wackere Walfänger waren. Eine Attraktion ist auch das Goting-Kliff, das aus eiszeitlichen Gletscherablagerungen aufgebaut ist.

Von Föhr aus kann man über das Watt nach Amrum wandern, dort den mit 64 m höchsten Leuchtturm der deutschen Nordseeküste besteigen und sich von oben einen Überblick über die landschaftliche Vielfalt der Insel verschaffen: seeseitig die weiten Strände des Kniepsandes, daran anschließend der Dünengürtel mit einigen Wanderdünen, weiter landeinwärts ein Waldgürtel, der die Marschen und Salzwiesen der Ostseite vor Sandverwehungen schützt.

Vor einer Wattwanderung sollte man sich über die allgemeinen Risiken und die aktuelle Gezeitensituation informieren und sich im Zweifelsfall einer geführten Tour anschließen. Viele Routen sind zum Schutz der Seehunde oder Brutvögel nur für geführte Gruppen freigegeben. Auch einige Halligen dürfen nur im Rahmen einer offiziellen Führung besucht werden: Die Ökosysteme sind sensibel, der touristische Andrang ist enorm. Hooge, die zweitgrößte Hallig mit nur 130 Seelen, wird in der Hochsaison täglich von bis zu 1000 Ausflüglern heimgesucht. Längst hat der Tourismus der Viehhaltung ökonomisch den Rang abgelaufen. Hooge ist die bekannteste der Halligen. Das Kirchlein auf der Kirchwarft wurde um 1640 errichtet. Als Hauptattraktion gilt der Königspesel, ein reich ausgestattetes Haus, heute ein Museum friesischer Wohnkultur. Hooge war 1911 die erste Hallig, die einen Deich zum Schutz gegen Sommerfluten erhielt. Steigt der Wasserstand jedoch auf mehr als 1,50 m über Normalnull – was vier- bis fünfmal im Jahr geschieht –, dann heißt es »Land unter«, und nur die künstlich aufgeschütteten Hügelchen, die Warften, ragen mit den Häusern aus dem Wasser.

Auch die anderen Halligen lohnen einen Besuch, sie laden vor allem zur Naturerkundung ein. Auf Oland etwa gibt es Salzwiesen, auf Norderoog Seevögel, auf Süderoog und Langeneß Seehunde. Gröde sollte man im Sommer ansteuern, wenn der Halligflieder blüht. Auf der Hamburger Hallig können auch im Winter Vögel beobachtet werden.

Über die reetgedeckten Dächer von Hörnum im Süden von Sylt geht der Blick zur Nachbarinsel Föhr.

Der Nationalpark Wattenmeer

Die Anfänge des organisierten Naturschutzes an der deutschen Nordseeküste gehen auf das Jahr 1909 zurück, als sich der Verein Jordsand gründete, die Hallig Norderoog kaufte und sie zum Schutzgebiet für Seevögel erklärte. Allmählich setzte sich die Erkenntnis durch, dass das Wattenmeer ein einzigartiger und schutzbedürftiger Lebensraum ist. 1985 wurde daher der Nationalpark Wattenmeer gegründet; nach der Erweiterung in den Jahren 1986 und 1990 umfasst er nun drei Abschnitte in Schleswig-Holstein, Hamburg und Niedersachsen.

Im Nationalpark Wattenmeer halten sich jährlich über 10 Millionen Vögel auf, teils Zugvögel, teils Brüter. Der Bestand an Seehunden beläuft sich auf 5000, daneben existiert eine Kolonie von Kegelrobben. In den nordfriesischen Gewässern leben mehrere tausend Schweinswale.

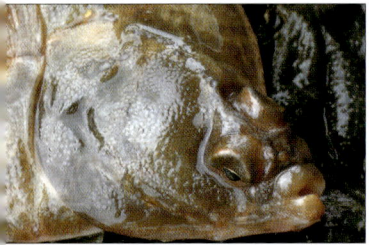

Bewohner des Nationalparks Wattenmeer: Scholle, Strandkrabbe und Seehund

Die Natur der Natur zu überlassen, ist in einer Kulturlandschaft wie dem Wattenmeer ein hehres Ziel. Störungen gehen von der Fischerei aus, ernsthaftere Probleme bereitet die Schadstoffbelastung durch die ins Meer mündenden Flüsse und durch Düngemittelreste. So bedarf es im Bereich des Umweltschutzwes weiterhin vielfältiger Anstrengungen, um die einzigartige Wattlandschaft zu erhalten.

über 20 m hohes Steilufer in einer einzigartigen Heidelandschaft, ist ein weiteres farbenprächtiges Zeugnis der Erdgeschichte.

Inmitten hoher Wanderdünen im Norden liegt der Fischerort List, der sich stolz das »nördlichste Seebad Deutschlands« nennt. Durch das unter Naturschutz gestellte Dünengebiet Listland gelangt man zum nördlichen Sylter Ellenbogen, der sich in Privatbesitz befindet und Möglichkeiten für einsame Wanderungen bietet.

③ Bredstedt Von Sylt aus fährt man wieder mit dem Zug aufs Festland zurück und gelangt über Niebüll auf der B 5 nach Bredstedt. Der hübsche Marktplatz mit der aus dem 17. Jh. stammenden Alten Apotheke und den zahlreichen kleinen Geschäften lädt den Besucher zum Bummeln ein. Sehenswert ist auch die spätgotische Backsteinkirche St. Nikolai aus dem 15. Jh. Taufbecken und Kanzel des Gotteshauses weisen kunstvolle Schnitzwerke auf.

In Bredstedt befinden sich außerdem das Naturzentrum Nordfriesland, in dem man sich über die verschiedenen Landschaftsformen der Region informieren kann, wie auch das Nordfriisk Institut, das sich der Pflege der friesischen Sprache und Kultur

verschrieben hat. Von Bredstedt aus bietet sich ein Ausflug zum Sönke-Nissen-Koog an, von dem aus man über den Damm zum Vogelschutzgebiet auf die Hamburger Hallig gelangt.

④ Husum Die »graue Stadt am Meer« oder »Theodor-Storm-Stadt« wird Husum auch genannt. Mehrere Gedenkstätten erinnern an Leben und Werk des Dichters und Sohnes der Stadt. Daneben weist Husum einen stattlichen, von Bürgerhäusern gesäumten Marktplatz auf. Eine kunsthistorische Besonderheit ist die klassizistische Marienkirche. Fast bis zum Marktplatz reicht der alte Binnenhafen. Land und Leute lernt man in den Museen kennen: Das Ostenfelder Bauernhaus, das Schifffahrtsmuseum und das Nordfriesische Museum im Nissenhaus sowie ein Tabak- und ein Kindermuseum sind auch an sonnigen Tagen zu empfehlen.

Der Park, der das Schloss aus dem 16. Jh. umgibt, ist besonders im Frühling zur Zeit der Krokusblüte einen Besuch wert, wenn sich in leuchtender lilafarbener Teppich ausbreitet.

⑤ Friedrichstadt Das schmucke Holländerstädtchen östlich der B 5 liegt am Zusammenfluss von Treene und Eider. Es wurde im 17. Jh. von Herzog Fried-

rich III. von Schleswig-Gottorf gegründet und verdankt sein auffallend geschlossenes Stadtbild niederländischen Glaubensflüchtlingen: Die vielen Grachten, auf denen sich romantische Bootsfahrten unternehmen lassen, und die engen, von Giebelhäusern gesäumten Gassen erwecken den Eindruck eines »Klein-Amsterdam«.

Zu den Sehenswürdigkeiten dieses beschaulichen Ortes zählen das Doppelgiebelhaus, die Alte Münze, die Marktpumpe und das Paludanus-Haus sowie mehrere Kirchen unterschiedlicher Konfessionen: Die evangelisch-lutherische Kirche, der Mennoniten-Betsaal, die Remonstranten-Kirche und das katholische Gotteshaus sind Zeugen der Glaubensfreiheit an der Eider.

Auf der Weiterfahrt zur Halbinsel Eiderstedt sollte man einen kleinen Umweg über Witzwort machen und den Roten Haubarg – ein prächtiges altes Gehöft mit lohnenswerter Ausstellung und Restaurant – besichtigen.

⑥ Tönning Das schöne Städtchen an der Eidermündung war einst ein wichtiger Umschlagplatz, an dessen frühere Bedeutung das gut 200 Jahre alte Packhaus am Hafen mit einer Ausstellung erinnert. Ein Bummel über den Marktplatz mit den malerischen Bürgerhäusern

und der das Stadtbild beherrschenden romanischen Sankt-Laurentius-Kirche rundet den Gesamteindruck ab.

Auf der Weiterfahrt in Richtung St. Peter-Ording liegen an der B 202 die Orte Tetenbüll, Katharinenheerd, Garding und Tating, die ihrer schmucken alten Backsteinkirchen wegen allemal einen Kurzbesuch wert sind.

hügeln. An den großen Sohn der Stadt, den Dramatiker Friedrich Hebbel, erinnert ein Museum. Der Dichter lebte einige Jahre in dem Gebäude. Die Kirche mit dem ungewöhnlichen Dach und dem Zwiebelturm wurde 1738 geweiht; der Taufstein stammt noch aus dem mittelalterlichen Vorgängerbau. Der nahe gelegene Freizeitpark bei Oesterwurth ist dem Thema Landwirtschaft gewidmet.

9 Büsum Im Nordseeheilbad erwartet den Besucher ein »grüner Strand« – Liegewiesen am Deich mit 3000 Strandkörben! Der rot-weiße Leuchtturm weist den Weg zum Hafen, dort sind Krabbenkutter zu bestaunen. Über Geschichte und Technik des Krabbenfangs informiert das Museum am Meer. Von Büsum aus schippern Ausflugsdampfer nach Helgoland und zu den Seehundbänken.

10 Heide Die landeinwärts gelegene Stadt im Kreis Dithmarschen überrascht mit dem größten Marktplatz Deutschlands mit einer Fläche von 4,7 Hektar. Früher tagte dort die Landesversammlung, heute preisen Marktleute ihre Waren an. Umgeben wird der Platz von der sehenswerten Kirche St. Jürgen und einer Reihe schöner Bürgerhäuser aus dem 19. Jh.

In Heide locken auch mehrere interessante Museen, so etwa das Museum für Dithmarscher Vorgeschichte, das Klaus-Groth-Museum im Geburtshaus des niederdeutschen Dichters sowie das dem berühmten Komponisten gewidmete Brahmshaus, dessen Vorfahren aus Heide kamen.

11 Meldorf St. Johannis zu Meldorf wird gern als »Dom der Dithmarscher« bezeichnet – eine reich ausgestattete frühgotische Steinbasilika aus dem 13. Jh. An die wirtschaftliche und kulturelle Vergangenheit der einstigen »Hauptstadt« der Bauernrepublik Dithmarschen erinnert das Landesmuseum. Aufschlussreich ist auch das Landwirtschaftsmuseum, das über die Entwicklung des bäuerlichen Lebens dieser Region informiert.

12 Friedrichskoog Auf dem Weg nach Glückstadt lohnt sich kurz vor Marne ein Abstecher von der B 5 zur Küste. Der Name des Nordseebads erklärt die Entstehung seines Umlandes: Ein Koog ist durch Eindeichen gewonnenes Marschland. In der Nähe liegt eine Seehund-Aufzuchtstation, in der verwaiste Robbenbabys, so genannte Heuler, aufgepäppelt werden, damit sie ins Meer zurückkehren können. Wer in ausgefallener Umgebung den Bund fürs Leben

eingehen will, kann dies im hiesigen Standesamt tun – es ist in einer alten Windmühle namens »Vergissmeinnicht« untergebracht.

Auf der Weiterfahrt vorbei am Kaiser-Wilhelm-Koog lohnt sich auch eine Besichtigung der Schleusenanlagen von Brunsbüttel. Hier mündet der Nord-Ostsee-Kanal in die Elbe.

13 Glückstadt Die Stadt an der Niederelbe wurde zu Beginn des 17. Jh. vom Dänenkönig Christian IV. gegründet. Die Anlagen der damaligen Festungsstadt können besichtigt werden. Im Zentrum beeindrucken insbesondere das Renaissance-Rathaus am Markt sowie schmucke Adels-, Bürger- und Beamtenhäuser. Auch ein Besuch des Detlefsen-Museums, wo man viel Wissenswertes zur Geschichte des Walfangs erfahren kann, ist lohnenswert.

14 Hamburg siehe Seite 16–17

15 Jork Von Hamburg aus führt

1 Der Leuchtturm von Westerhever ist eine weithin sichtbare Landmarke auf der Halbinsel Eiderstedt.

2 Friedlich vertäut liegen bunte Fischkutter im Hafen des Nordseeheilbades Friedrichskoog.

7 St. Peter-Ording Der Kurort im Südwesten der Halbinsel Eiderstedt verspricht Heilung für Erkrankungen der Haut und der Atemwege und ist auch ein beliebtes Urlaubsziel: Endlos lange Sandstrände, Pfahlbauten-Restaurants, die bei Flut wie Inseln aus dem Wasser ragen, die salzhaltige Seeluft, Wind, Wellen und Sonne lassen kaum

Wünsche offen. Besonders sehenswert ist der Ortsteil St. Peter mit der Kirche aus dem 13. Jh.

8 Wesselburen Durch einen Tunnel unter dem gewaltigen Eidersperrwerk geht es weiter nach Wesselburen. Der Ortskern liegt erhöht auf zwei Wurten, zum Schutz vor Sturmfluten künstlich aufgeworfenen Wohn-

Freie und Hansestadt Hamburg

Dank seiner Lage an der Elbe und der Nähe zur Nordsee ist Hamburg ab dem 12. Jh. zu einer bedeutenden Handels- und Hafenstadt aufgestiegen. Das hat ihr einen kosmopolitischen Charakter verliehen, den sich die wichtigste deutsche Hafenmetropole bis heute erhalten hat.

Die Geschichte des Hamburger Hafens begann im 12. Jh., als Graf Adolf III. von Holstein neben der bereits seit dem 9. Jh. bestehenden bischöflichen Altstadt seine Neustadt mit einem Hafen errichtete. Bald wurde Hamburg zu einer der führenden Mächte der Hanse und bereits im 14. Jh. der wichtigste Umschlagplatz zwischen Nord- und Ostsee. Mit Beginn des Überseehandels wurde Hamburg Deutschlands »Tor zur Welt«. Durch alle Wirren der Geschichte hindurch – so wurde die Stadt 1284 und 1842 jeweils durch Brandkatastrophen und im Zweiten Weltkrieg durch Bombardements weitgehend zerstört – sind Handel und Schifffahrt bis heute die wirtschaftlichen Grundpfeiler geblieben.

trum erstreckt sich auch die Binnenalster. Das gesamte Stadtgebiet wird von der Außenalster und schiffbaren Kanälen durchzogen. Elegante Villen und Parks säumen die Ufer, wie etwa im vornehmen Stadtteil Blankenese. Hamburg ist aber nicht nur städtebaulich interessant, sondern hat auch im Bereich von Kunst und Kultur Außergewöhnliches zu bieten.
Sehenswürdigkeiten: St.-Michaelis-Kirche mit »Michel«, Wahrzeichen der Stadt; St. Jacobi (14. Jh.); St. Katharinen (14./15. Jh.); St. Petri (14. Jh.); St. Nikolai; Krameramtswohnungen (17. Jh.); Börse (19. Jh.); Staatsoper (19. Jh.); Altstadt mit Rathaus (19. Jh.) und Stadthäusern (17./18.Jh.); Binnenalster mit Jungfernstieg; Speicherstadt an den Kanälen

Oben: Blick auf Binnenalster, Jungfernstieg, St.-Nikolai-Kirche und Rathaus
Unten: Gruner+Jahr-Verlagsgebäude am Hafen und der »Michel«, eines der Wahrzeichen Hamburgs

Wasser ist in der Freien und Hansestadt allgegenwärtig. Zunächst sind da natürlich die weitläufigen Hafenanlagen beiderseits der Elbe. Zahlreiche Entwässerungskanäle, die Fleete, durchziehen die Innenstadt sowie die Speicherstadt, den Ende des 19. Jh. aus Backstein errichteten gewaltigen Komplex aus hohen Lagerhäusern. Im Zen-

(Fleeten) des Alten Freihafens; Nikolaifleet (Kaufmannshäuser aus dem 17./18. Jh.); St.-Pauli-Landungsbrücken (1907–1909); das Kontorhausviertel mit Chilehaus (UNESCO-Weltkulturerbe); Sprinkenhof; Shellhaus; Museum für Völkerkunde; Hamburger Kunsthalle. Parkanlagen Planten un Blomen; Hagenbecks Tierpark.

Tradition und Moderne dicht an dicht: Blick über die alten St.-Pauli-Landungsbrücken auf den Hamburger Hafen und die Trockendocks der Werft Blohm & Voss. Hier wird gerade in gleißendem Licht ein Luxusliner überholt. Der Hamburger Hafen, der größte Deutschlands, ist noch immer das wirtschaftliche Herz der

Hansestadt. In den Hafenbecken werden jährlich über 10 000 Schiffe aus rund 100 Ländern be- und entladen. Dabei kommt dem Containerverkehr eine immer größere Bedeutung zu. So wurden allein 2003 in Hamburg über 6 Millionen Container umgeschlagen.

der Obstmarschenweg am linken Elbufer durch das Alte Land, das größte zusammenhängende Obstanbaugebiet Europas. Im Frühjahr verwandeln 8 Millionen Obstbäume, vorwiegend Apfelbäume, die Landschaft mit ihren traditionellen Hufendörfern in ein einzigartiges Blütenmeer. Ab dem 12. und 13. Jh. machte ein ausgeklügeltes Entwässerungsnetz die landwirtschaftliche Nutzung dieses einstigen Sumpfgebietes in der Elbniederung möglich.

Jork ist das Juwel des Alten Landes. Hauptsehenswürdigkeiten sind die größte Kirche der Region, St. Matthias, mit ihrem schönen Barockaltar, und das Rathaus, der so genannte Gräfenhof. Daneben finden sich hier, wie in den anderen Dörfern, Adelshöfe und stattliche Bauernhäuser. Charakteristisch für Letztere sind die markante Backstein-Fachwerk-Bauweise sowie die Prunkpforten, Altenländer Tore genannt. In gemütlichen Gasthöfen kann man im Sommer unter alten Bäumen sitzen.

16 Stade Das an der unteren Elbe gelegene Stade war schon vor dem Jahr 1000 ein wichtiger Seehandelsplatz. Die Burg wurde jedoch 994 von Wikingern zerstört. Mitte des 13. Jh. wurde Stade Mitglied der Hanse, doch schon bald machte ihm die Nachbarstadt Hamburg den Rang streitig. Von Stades ruhmreicher Vergangenheit zeugt heute noch die Altstadt mit Wall und Graben sowie dem historischen Hansehafen.

17 Wischhafen Der Ort, durch eine Fähre mit Glückstadt am rechten Elbufer verbunden, liegt im Bereich des so genannten Sietlandes. Charakteristisch für dieses Marschland an der Niederelbe sind weitläufige ehemalige Außendeichflächen, die heute Rückzugsgebiet für zahlreiche Vogelarten sind. In einem denkmalgeschützten Speichergebäude dokumentiert das Kehdinger Küstenschifffahrts-Museum die Geschichte der einheimischen Küstenschifffahrt.

Bei Freiburg nördlich von Wischhafen verlässt man Altes Land und Obstmarschenweg und nähert sich der Elbmündung.

18 Otterndorf Das unmittelbar an der Elbmündung gelegene Nordseebad hat einen gut erhaltenen mittelalterlichen Stadtkern mit Fachwerkhäusern, Speichern und einem Torhaus. Die barockisierte St.-Severin-Kirche stammt aus dem 13. Jh. Das 1696 erbaute Kranichhaus beherbergt ein Museum für regionale Wohnkultur. In der Alten Lateinschule, einem 1614 errichteten Fachwerkhaus, übersetzte Johann Heinrich Voß 1781 die »Odyssee« ins Deutsche.

19 Cuxhaven An der Elbmündung liegt das Nordseebad Cuxhaven, ein beliebtes Ausflugs- und Urlaubsziel. Die Ortsteile Duhnen und Döse weisen ausgedehnte Kuranlagen und weite Strände auf, die Wald- und Heidegebiete in Sahlenburg und im Umland eignen sich hervorragend für Reitausflüge und Wandertouren.

An der Alten Liebe, dem Bollwerk beim Radarturm, bietet sich ein herrlicher Panoramablick auf die auf der Elbe vorbeiziehenden Schiffe. Von vergangenen Zeiten, als hier noch die großen Transatlantikschiffe ablegten, zeugt der 1896 errichtete Amerikahafen. Nach einer kurzen Wanderung auf dem Döser Deich erreicht man die Kugelbake, das Wahrzeichen der Stadt, und steht an der Mündung der Elbe in die Nordsee.

Ein unbedingtes Muss ist ein Ausflug zur kleinen Insel Neuwerk. Weiter geht es dann durch die weiten Marschgebiete des Landes Wursten nach Süden. Die interessanten Wurster Kirchen, zumeist aus dem 13. Jh., sind in der Ebene kilometerweit zu sehen. Sie wurden auf künstlichen Hügeln, den Wurten, errichtet. Diese schützten die Kirchen jahrhundertelang vor den schweren Fluten, die die Deiche immer wieder durchbrachen.

Lohnend ist ein Halt an den malerischen Kutterhäfen von Dorum und Wremen, von denen

Abstecher

Worpswede und das Teufelsmoor

1889 schlug die Geburtsstunde der Künstlervereinigung Worpswede, die dem bis dahin völlig abgeschiedenen kleinen Ort sein heutiges Gesicht als »Weltdorf der Kunst« geben sollte.
Ein Rundgang durch den Ort führt zu den architektonischen Zeugen der Kolonie: dem im Jugendstil gehaltenen Bahnhof Worpswede von Heinrich Vogeler, den expressiven Bauten von Bernhard Hoetger, dem Café Worpswede und der »Großen Kunstschau«. Die Werke der Künst-

Stilles Wasserloch im Teufelsmoor bei Worpswede

lervereinigung in den Ausstellungen lassen erahnen, welche Kraft und Inspiration die Kunstschaffenden aus der sie umgebenden Natur und dem Leben auf dem Lande gewannen. Bis heute ist Worpswede die Wahlheimat vieler Künstler, die in den malerischen Fachwerkhäusern Ateliers, Werkstätten und Galerien eingerichtet haben und die Tradition der Gründer der Kolonie fortführen.
Über Beverstedt und Hambergen erreicht man den Rand des Teufelsmoors. Die planmäßige Kolonisation der unwegsamen Wildnis dieses Hochmoores begann erst im 18. Jh. und dauerte Jahrzehnte. In den weiten Ebenen lohnt es sich ein wenig zu wandern und das einzigartige Licht und die Ruhe zu genießen.
Fischerhude am südlichen Rand lockt mit einem liebevoll eingerichteten Heimatmuseum, stattlichen niedersächsischen Bauernhöfen und dem Otto-Modersohn-Museum.

---

aus sich auch wunderbare Deichspaziergänge und Wattwanderungen unternehmen lassen.

20 Bremerhaven Von Cuxhaven aus geht es entlang der Wattenküste nach Süden Richtung Bremerhaven. Die Seestadt, die sich zu beiden Ufern der Geeste erstreckt, bevor diese in die Weser mündet, entstand 1827, als Bremen das Gebiet von Hannover erwarb, um hier einen Vorhafen zu gründen. Die Stadt, die bis heute zu Bremen gehört, wird in ihrer ganzen Länge von weitläufigen Hafenanlagen beherrscht: Im Norden breitet sich eines der größten Containerterminals Europas aus. Den südlichen Teil bedeckt der Fischereihafen, an dem rund die Hälfte des gesamten deutschen Fischfangs angelandet wird. Mit ein wenig Glück kann man bei einer Auktion zusehen.
Im Zentrum der Stadt liegen der Alte Hafen, heute ein Museumshafen, und das Deutsche Schifffahrtsmuseum mit seiner Hauptattraktion, der nach Jahren im Konservierungsbad wieder rekonstruierten Bremer Hansekogge von 1380. Darüber erheben sich die Hochhäuser des in den 70er-Jahren des 20. Jh. erbauten Columbus-Center mit seiner Ein-

kaufspassage. Die Zeit für einen Spaziergang auf dem Weserdeich und einen Besuch im Zoo am Meer sowie im fesselnden Meerwassesaquarium »Atlanticum« sollte man sich auf alle Fälle nehmen.

21 Osterholz-Scharmbeck Auf der Weiterfahrt nach Bremen lohnt sich ein Abstecher nach Osterholz-Scharmbeck. Die Doppelstadt nördlich von Bremen nennt sich stolz die »Gartenstadt des Teufelsmoors«. Vom einstigen Benediktinerinnenkloster, einer bedeutenden Gründung der Bremer Erzbischöfe und Keimzelle des Ortes, zeugt die St.-Marien-Kirche in Osterholz. Die romanische Basilika ist noch in ihrer mittelalterlichen Gestalt erhalten. In Scharmbeck verdienen die historischen Gebäude des Guts Sandbeck ein besonderes Interesse.

22 Bremen siehe S. 22

23 Oldenburg Die ehemalige großherzogliche Residenz westlich von Bremen zeigt sich heute als lebendige Universitätsstadt und wichtiger Industriestandort. Die Altstadt, größtenteils durch Fußgängerzonen erschlossen, wird beherrscht von klassizis-

tischen Repräsentationsbauten und ist von Wallanlagen und Wasserläufen umgeben. Unter den vielen Sehenswürdigkeiten seien hier nur der Markt mit dem Neo-Renaissance-Rathaus und die imposante Lambertikirche erwähnt.
Das Schloss und der als englischer Landschaftspark gestaltete Schlossgarten zeugen von großherzoglicher Pracht vergangener Tage. Der Lappan, ein 1468 erbauter Turm einer nicht mehr erhaltenen Kapelle, ist das älteste Gebäude und Wahrzeichen Oldenburgs.

24 Cloppenburg Die südlich von Oldenburg gelegene Stadt Cloppenburg ist berühmt wegen ihres Museumsdorfes, das das älteste Freilichtmuseum Deutschlands ist. Mehr als 50 Gebäude und zahlreiche Ausstellungen illustrieren sehr plastisch das Landleben in den vergangenen Jahrhunderten.
Weiter geht es auf der B 72 und der B 401 durch eine ausgedehnte Moorlandschaft Richtung niederländische Grenze.

25 Papenburg Wer zum ersten Mal in die Emsstadt kommt, mag sich fast in Holland wähnen angesichts von über 40 km schnur-

gerader Kanäle. Und so führt ein Stadtrundgang über zahlreiche Brücken und entlang an malerischen Grachten. Das Schifffahrts-Freilichtmuseum der Stadt zeigt Schiffsnachbildungen der in den vergangenen 250 Jahren hier gebauten Schiffstypen. Die jahrhundertealte Schiffsbautradition in der Stadt setzt heute die Meyer Werft fort. Die Überführung der gigantischen Kreuzfahrtschiffe auf der unteren Ems zur Nordsee – oft bestehen nur wenige Zentimeter Manövrierspielraum – ist immer wieder ein spektakuläres Ereignis.

26 Leer Die ostfriesische Stadt mit ihrer über 1000-jährigen Geschichte hat ein sehr sehenswertes Zentrum, das seinen Charakter nicht zuletzt den zahlreichen holländischen Glaubensflücht-

1 Bremen: Rathaus und gotischer Dom St. Petri, der die Ostseite des Bremer Marktplatzes beherrscht

2 Stade: Wasser West und Schwedenspeichermuseum (rechts im Bild) in der Altstadt

3 Papenburg: Historisches Segelschiff im Freilichtmuseum der Binnenschifffahrt

Freie und Hansestadt Bremen

Der Name Bremen bedeutet vermutlich »an den Rändern« (des Wassers). Die mächtige Fischer- und Kaufmannsstadt an der Weser entstand bereits im frühen Mittelalter, Dom und Bischofssitz erhoben sich seit den Jahren 787/789 auf einem befestigten Dünenhügel unweit der Weser.

Die wirtschaftliche Bedeutung Bremens ergab sich aus seiner Lage an der Weser und der Nähe zum 60 km entfernten Meer. Schon früh besaß die Stadt einen Hafen und eine Furt. Mitte des 12. Jh. geriet Bremen in Auseinandersetzungen mit Herzog Heinrich dem Löwen, der Bremen zweimal besetzte. Dank des Reichtums aus dem Fernhandel konnten im 13. Jh. zahlreiche prächtige weltliche Gebäude, etwa das Rathaus, und Sakralbauten errichtet werden. Einige wohlhabende Familien ließen sich Wohntürme erbauen. Erst spät wurde die Stadt 1358 Mitglied der Hanse, im 17. Jh. schließlich Freie Reichsstadt. Pestepidemien suchten auch Bremen seit dem 14. Jh. mehrmals heim. Im 15. Jh. war Bremen eine blühende Handels- und Gewerbestadt. Die Kaufmannstradition lebt auch heute noch in der Stadt fort, und trotz starker Zerstörungen im Zweiten Weltkrieg zeigt sich so manches historische Bauwerk in alter oder neuer Pracht.

Sehenswürdigkeiten: Marktplatz mit Rolandsäule (1404), Schütting, Gildehaus der Kaufmannschaft (16. Jh.); Rathaus (15. Jh.) mit Renaissancefassade; gotische Liebfrauenkirche (13. Jh.); Hallenkirche St. Martini an der Weser; Dom St. Petri (Baubeginn 11. Jh.) mit

Bremen: Blick von den Rathausarkaden auf den Steinernen Roland

Dommuseum; Böttcherstraße mit Roseliushaus (Museum) und Paula-Modersohn-Becker-Haus mit Werken der Künstlerin; Schnoorviertel, einst Wohnquartier der Fischer und Handwerker; Wallanlagen mit Stadtgraben. Museen: Überseemuseum mit völkerkundlicher Sammlung; Kunsthalle, bedeutende Grafiksammlung; Universum Science Center Bremen.

1

lingen verdankt. Mit der Mennonitenkirche, der Lutherkirche, der Großen Kirche und der Kirche St. Michael prägen immerhin vier stattliche Gotteshäuser die Innenstadt.
Die Harderwykenburg und die stolze Haneburg waren einst der Sitz ostfriesischer Häuptlinge; die Evenburg und das Schlösschen Philippsburg stammen aus der Barockzeit. Etwas südlich der Stadt in Wiltshausen/Amdorf am Zweistrom von Leda und Jümme kann man zwischen Mai und September die letzte noch handbetriebene Zugfähre Deutschlands bewundern.

27 Emden Die stolze Hafenstadt ist die kulturelle und wirtschaftliche Metropole Ostfrieslands. Durch die Fußgängerzone der Großen Straße gelangt man zum Ratsdelft, dem mittelalterlichen Hafen, wo sich mit dem Rathaus, den hier vor Anker liegenden Museumsschiffen und dem 1585 erbauten Pelzerhaus die wichtigsten Sehenswürdigkeiten befinden.
Vom Rathausturm aus bietet sich ein ausgedehnter Blick über die Stadt bis weit in den Hafen mit seinen Kränen und Docks hinein. In der Nähe ragt die Neue Kirche, ein imposanter Barockbau, hoch in den Himmel. Ein Spaziergang auf den begrünten

Wallanlagen, die noch immer einen großen Teil Emdens umgeben, führt an Stadtgraben und Altem Graben entlang. Nur noch wenige Gebäude erinnern an die historische ostfriesländische Hafenstadt aus der Zeit vor der Zerstörung im Zweiten Weltkrieg. Die Kunsthalle Emden mit der Sammlung Henri Nannens ist ein Muss für Liebhaber der Kunst des 20. Jh. Schwerpunkte sind die Malerei des deutschen Expressionismus (Die Brücke) sowie der Neuen Sachlichkeit. Daneben präsentiert die Schenkung des Münchner Galeristen Otto van de Loo Werke aus jüngerer Zeit von Künstlern wie Antoni Tàpies, Arnulf Rainer oder der Gruppe CoBrA.

28 Greetsiel Um den betriebsamen Kutterhafen einer der bekanntesten Küstenorte Ostfrieslands hat sich ein malerischer Ortskern mit farbenfrohen historischen Giebelhäusern erhalten. Seine Entstehung verdankt der Ort, wie auch andere Sielhäfen an der Nordseeküste, der Lage an einem wichtigen Siel. Durch Kanäle und Siele ließ sich

1 Dicht an dicht liegen die Schiffe in Greetsiel, einem der größten Fischkutterhäfen an der niedersächsischen Nordseeküste.

Deutsche Fehnroute

In eine Landschaft mit ganz eigenem Charme entführt der Abstecher auf die Deutsche Fehnroute, eine rund 160 km lange Rundtour, die sich auch gut für eine Radwanderung eignet. Östlich von Papenburg und Leer erstreckt sich ehemaliges Moorland. »Moor« heißt im Niederländisch-Norddeutschen »Fehn«. Die Ortschaften hier im südlichen Ostfriesland und westlichen Ammerland – das verraten Namen wie Rhauderfehn, Elisabethfehn oder Großefehn – sind im Zuge der Kultivierung von Mooren entstanden, die im 17. und 18. Jh. einsetzte. Die Arbeit war mühsam, denn das Land musste

durch ein umfangreiches Netz von Kanälen entwässert werden. Ein weiterer Zweck der Trockenlegung der Moore war die Torfgewinnung. Dadurch entstand eine unverwechselbare Kulturlandschaft, die bis heute von Kanälen, Schleusen, Klappbrücken, Windmühlen, Backsteinkirchen, schmucken Bauern- und Bürgerhäusern geprägt wird.
Der einzigartige Landstrich wird seit 1992 durch die Deutsche Fehnroute touristisch erschlossen. Als Startpunkte für den Abstecher bieten sich Leer und Papenburg an, das übrigens die älteste und längste deutsche Fehnkolonie ist. Die Route führt

zunächst Richtung Osten – beim vorherrschenden Westwind die bevorzugte Himmelsrichtung, wenn man mit dem Fahrrad unterwegs ist – über Rhauderfehn nach Saterland, wo noch ein eigener Dialekt, das Säter-Friesisch, gesprochen wird. Über Barßel und Augustenfehn wird der nördlichste Punkt Wiesmoor erreicht, bevor es über Großefehn wieder zurück nach Leer geht.
Längs des Weges setzen zahlreiche Windmühlen landschaftliche Akzente. Mehrere kleine Museen – wie etwa in Wiesmoor, Elisabethfehn, Leer und Papenburg – bringen die Fehnkultur dem Besucher nahe.

Aurich

Aurich, ehemalige Residenz- und jahrhundertelang Hauptstadt Ostfrieslands, ist keineswegs »schaurich«. Gewaltige Ausmaße hat der von alten und neuen Gebäuden gesäumte Marktplatz. Ein Wahrzeichen der Stadt ist der getrennt

Das Gebäude der Ostfriesischen Landschaft und das »Pingelhus«

von der gleichnamigen Kirche (1832–1835) stehende Lambertiturm. Das Gotteshaus birgt den Ihlower Altar, ein gotisches Meisterwerk aus einer Antwerpener Werkstatt. Durch die beeindruckenden historischen Gebäudeensembles in der Innenstadt gelangt man zum Neuen Schloss (1851–1855) und zum Marstall. Am Georgswall findet sich nahe des Gebäudes der Ostfriesischen Landschaft das kleine »Pingelhus«, dessen Glocke früher das Ablegen der Schiffe verkündete.

der Wasserstand im Landesinneren regulieren, und die Siele dienten zugleich als Fahrrinne zum Meer. Am Ortsausgang am Sieltief befindet sich gleich in doppelter Ausfertigung ein für Ostfriesland typisches Bauwerk: die Zwillingsmühlen von Greetsiel. Einer der beiden Galerieholländer wird heute noch betrieben, in der anderen Mühle ist eine Teestube mit Kunstgalerie untergebracht.

29 Marienhafe Das legendäre Hauptquartier Klaus Störtebekers war einst ein betriebsamer Hafen. Heute liegt der Ort rund 15 km von der Küste entfernt. Der Mariendom mit dem früher 70 m hohen Turm diente nicht nur dem Lob des Herrn, sondern auch als erstklassiges Seezeichen. An einen Besuch des Störtebeker-Turms sollten sich ein Spaziergang durch die liebevoll angelegte Stadt und die Einkehr in einem der zahlreichen Teestübchen anschließen. Von Marienhafe aus verläuft die Route auf der Störtebekerstraße, die entlang der ostfriesischen Küste über Wilhelmshaven bis Varel führt.

30 Norden Die älteste Stadt Ostfrieslands bietet einiges Sehenswerte, wie die St.-Ludgeri-Kirche mit ihrer reichen Innenausstattung und dem Grabmal eines Häuptlings, die Mennonitenkirche und das Schönigh'sche Haus aus der Zeit der Renaissance.
Von dem unmittelbar nördlich gelegenen Hafenort Norddeich

legen die Fähren zu den Ostfriesischen Inseln Norderney und Juist ab. An den Landungspiers kann man direkt von der Bahn aufs Schiff umsteigen.

31 Neßmersiel Das an der Störtebekerstraße gelegene Dörfchen nennt sich das »Mekka der Wattwanderer«. Wer entsprechend gut zu Fuß ist, kann über das Watt bis zur Insel Baltrum gelangen. Weiter landeinwärts liegt das Warftendorf Nesse mit der um 1200 erbauten St.-Marien-Kirche aus Tuffstein.

32 Neuharlingersiel Der Ort gehört zu den ältesten und schönsten Sielorten entlang der ostfriesischen Küste. Hier dümpeln zu jeder Jahreszeit vor anheimelnder Kulisse die bunten

Kutter, auf denen die Fischer ihre Kisten stapeln. Vom Hafen legen auch die Fähren nach Spiekeroog ab.

33 Carolinensiel Alte Giebelhäuser, historische Speicher und schmucke Segler erinnern hier an große Seefahrerzeiten. Der Ort ist ein gutes Beispiel dafür, wie durch zunehmende Landgewinnung Sielhäfen immer weiter ins Hinterland gerieten. Trotzdem ist das Nordseebad dreifache Hafenstadt: Hafen Nummer eins ist der 1729 angelegte Alte Hafen. Hier steht das Deutsche Sielhafenmuseum mit drei historischen Ausstellungshäusern (Groot Hus, Kapitänshaus und Alte Pastorei). Heutzutage startet hier der schmucke Raddampfer »Concordia II« zu

Touren nach Harlesiel. Nummer zwei ist der Yachthafen, Nummer drei der Außenhafen, wo die Krabbenkutter ankern und die Ausflugsschiffe zur Insel Wangerooge und zu den Seehundbänken im Wattenmeer ablegen.

34 Jever Von Carolinensiel verläuft die Störtebekerstraße zunächst weiter in östlicher Richtung, bevor sie am Jadebusen, dem Verlauf der Küstenlinie folgend, nach Süden abbiegt. Im flachen Land verläuft die Grenze

1 Windmühle bei Altfunnixsiel am Flüsschen Harle

2 Historische Segelschiffe im Museumshafen von Carolinensiel

Abstecher

Ostfriesische Inseln

Borkum, die größte der Ostfriesischen Inseln und die einzige mit Hochseeklima, ist nach einer zweistündigen Überfahrt erreicht. Mit der historischen Inselbahn gelangt man in den Ort. Blendend weiße Hotelfassaden beherrschen die weitläufige Promenade. Die zahlreichen Walkinnladen, die im Altdorf noch als Gartenzäune dienen, erinnern an längst vergangene Walfängerzeiten. Der alte Leuchtturm diente einst als Kirchturm. Der Osten der Insel und der riesige FKK-Strand im Norden sind von weiten Dünenlandschaften geprägt.

Juist, die längste der Inseln, wird auch »dat Töwerland«, das Zauberland, genannt. Pferdekutschen sind das einzige Verkehrsmittel auf der Insel. Das Naturschutzgebiet Bill nimmt den gesamten Westen der Insel ein, wildromantische Dünenlandschaften umgeben den Hammersee. Bei ablaufendem Wasser kommen am Billriff riesige Muschelbänke zum Vorschein; hier lassen sich auch Seevögel nieder und aalen sich Seehunde träge in der Sonne. Die Vogelschutzgebiete zu beiden Seiten des Weges stehen unter strengem Naturschutz und dürfen teils ganzjährig nicht betreten werden. Vom Ausflugslokal Wilhelmshöhe eröffnet sich ein Rundblick über die Insel.

Norderney ist die große alte Dame der »Sieben Schwestern«, wie die Ostfriesischen Inseln auch genannt werden. Aristokraten und Dichter besuchten das 1797 gegründete Seebad, in dem das hannoversche Königshaus 1836 seine Sommerresidenz einrichtete. Das historische Kurzentrum mit Kurhaus, Spielbank und Kurtheater, die Prachtfassaden einiger Hotels und die weißen Gästehäuser in den engen Gässchen zeugen von einer glanzvollen Vergangenheit. Ansonsten zeigt sich Norderney eher urban: Autos, Busse und Taxis drängeln sich um die modernen Kuranlagen. Hinter dem Vogelschutzgebiet Südstrandpolder beginnen die weiten Dünenlandschaften des Ostteils, die nur zu Fuß durchstreift werden können. Den schützenden Deichen vorgelagert sind die Salzwiesen des Hellers – ein Eldorado für Hobbyornithologen.

Baltrum, die kleinste der Ostfriesischen Inseln, hat einen feinen Sandstrand sowie absolute Ruhe zu bieten. Ein Besuch der Alten Kirche mit ihrem Glockengerüst, dem Wahrzeichen der Insel, sollte auf keinen Fall fehlen. In der Inselkammer, dem kleinen Heimatmuseum, wird die bewegte Geschichte des kleinen Eilandes dargestellt. Der Osten der Insel besteht aus unberührter Natur: dem unter Schutz gestellten großen Dünental mit seltenen Pflanzen und Tieren, endlosen Salzwiesen und dem vogelreichen Watt.

Auf **Langeoog,** der »langen Insel«, bringt die Inselbahn den Besucher in das von einem 18 m hohen Wasserturm überragte Dorf. Auf dem Weg zum Ostende gelangt man an der Melkhorndüne vorbei zum Vogelwärterhaus, das über die Vogelwelt der Insel informiert. Daneben verfügt die autofreie Insel über ein ausgezeichnetes Surfrevier, einen Jachthafen und fast 15 km feinsandigen Strand.

Spiekeroog ist die »grüne« Insel unter den »Sieben Schwestern«. Linden und Kastanien beschatten die betagten Inselhäuser und die abgeschiedene Alte Inselkirche, die einen Besuch lohnt. Einziges Verkehrsmittel auf dem Eiland ist die Pferdebahn. Der gesamte Ostteil der Insel gehört zur Ruhezone des Nationalparks Niedersächsisches Wattenmeer und darf nur auf den ausgeschilderten Wegen durchwandert werden.

Wangerooge, die östlichste Insel, gehörte historisch nie zu Ostfriesland, sondern zum Herzogtum Oldenburg. Bei der Anreise sind die beiden Leuchttürme schon von weitem zu sehen. Die Inselbahn bringt den Besucher über Salzwiesen ins Dorfzentrum. Im Alten Leuchtturm ist das Heimatmuseum untergebracht. Die Naturschutzgebiete im Osten der Insel sind wahre Vogelparadiese, die auf Deichen umwandert werden können. Der ehemalige Ostanleger, dessen Überreste noch aus dem Sand hervorschauen, gestattete einst eine gezeitenunabhängige Verbindung mit dem Festland, wurde aber wegen der fortschreitenden Versandung aufgegeben.

1 Wogender Strandhafer auf den Dünen von Juist

2 Möwen über der Brandung von Norderney

3 Gezeitenpriele und Rippelmarken im Wursterwatt bei Nordholz

4 Malerischer Sonnenuntergang über dem Pilsumer Gezeitenwatt

Störtebeker und die Vitalienbrüder

Längst haben Legenden die dürren historischen Fakten überwuchert, die Aufschluss geben vom Leben und Sterben des Freibeuters Klaus Störtebeker. Bekannt ist jene Legende, die sich um sein Ableben rankt. Störtebeker wurde 1401 in Hamburg hingerichtet. Nachdem ihm der Scharfrichter den Kopf abgeschlagen hatte, soll Störtebeker noch an elf seiner angetretenen Kumpane vorbeiparadiert sein, die damit gemäß einer zuvor getroffenen Vereinbarung begnadigt wurden. Doch der Henker wurde nach Köpfen bezahlt. Also stellte er dem unheimlichen Spaziergänger ein Bein und brachte ihn endgültig zu Fall. Soweit die Legende.

Gesichert hingegen ist nur weniges über Störtebeker und seine Bande, die Vitalienbrüder. Nach ihrer Vertreibung

»Klaus Störtebekers Gefangennahme bei Helgoland«. Kolorierter Holzstich nach einer Zeichnung von Johannes Geehrts (1880)

aus dem Ostseeraum nisteten sie sich im ostfriesischen Marienhafe südlich von Norddeich ein. Von dort machten sie die Nordsee unsicher und plünderten Schiffe der Hanse. Um dem Treiben ein Ende zu setzen, rüstete man eine Strafexpedition aus, ergriff die Freibeuter und richtete sie hin.

Soweit in aller Kürze die historischen Fakten. Doch für das Nachleben wilder Räuberhauptmänner zu Wasser und zu Lande gelten nicht wissenschaftliche Maßstäbe. Hier hat die volkstümliche Überlieferung ein Wörtchen mitzureden, und diese beförderte Störtebeker zum berühmtesten deutschen Freibeuter mit gruseligem Legendenschatz und zum Namensgeber einer Ferienstraße.

zwischen Ostfriesland und dem Jeverland. Auch wenn der Besucher bei Jever zunächst an friesisch-herbes Bier denkt, hat die Stadt doch einiges mehr zu bieten. Jever, jahrhundertelang ein bedeutender Handelsplatz, war lange Zeit die Residenz kunstsinniger Herrscher.

Die Turmspitze des Schlosses erkennt man in der flachen Landschaft schon von weitem. Das Renaissancehaus am Kirchplatz beeindruckt vor allem durch seine Fassade. Die Stadtkirche vis-a-vis hat eine bewegte Geschichte hinter sich und stammt in ihrer heutigen Gestalt aus den 60er-Jahren des 20. Jh. Innen birgt sie eine prächtige Grabkapelle. Zum Abschluss empfiehlt sich ein Bummel durch die engen Gassen der Altstadt.

35 **Wilhelmshaven** Deutschlands größter Marinestützpunkt und Tiefwasserhafen am Jadebusen verdankt seine Existenz preußischer Initiative. Ab dem Jahr 1856 wurde hier der preußische Kriegshafen gebaut, der König erschien zur Einweihung selbst und gab der jungen Stadt ihren Namen. Der Status als Kriegshafen hatte aber auch seinen Preis: Gleich zweimal wurde Wilhelmshaven dem Erdboden gleichgemacht. Und doch finden sich in der Stadt heute noch beeindruckende städtebauliche Zeugnisse aus dem 19. und 20. Jh.

Das Rathaus, 1929 unter der Leitung Fritz Högers erbaut, ist das Glanzstück der nach strenger Planung errichteten Gebäudeensembles. Im Süden erstrecken sich die weitläufigen Hafenanlagen mit ihren gewaltigen Umschlagbrücken. Am grünen Südstrand, dem Freizeitpark der Stadt, lohnt das Meeresaquarium einen Besuch. Das Feuerschiff »Weser«, das Dampfschiff »Kapitän Meyer« und das U-Boot »U 10« können hier ebenfalls besichtigt werden.

36 **Varel/Dangast** Die Hauptsehenswürdigkeit von Varel ist die Schlosskirche, eine friesische Wehrkirche aus dem 12. Jh. Das Kircheninnere wurde von dem manieristischen Hamburger Bildhauer Ludwig Münstermann (1579–1637) gestaltet. Neben der achteckigen Sandsteinkan-

zel und dem reich verzierten Taufstein mit Alabasterfiguren verdient der annähernd 10 m hohe Schnitzaltar Beachtung.

Ein weiteres Wahrzeichen von Varel ist die restaurierte fünfgeschossige Holländermühle, die inzwischen als Heimatmuseum dient. Mit fast 40 m Höhe (einschließlich der Flügel) und einer Flügellänge von 24 m ist sie eine der größten Mühlen Deutschlands. Während der Besichtigungszeiten wird sie in Gang gesetzt und kann in vollem Lauf bestaunt werden.

Dangast ist das Seebad von Varel. Das idyllische Fischerdörfchen hat Eingang in die Kunstgeschichte gefunden. Sommerfrischelnd waren hier Maler der Künstlergemeinschaft »Die Brü-

cke« am Werk. Ein anderer Künstlergast blieb in Dangast hängen: Franz Radziwill lebte hier von 1921 bis zu seinem Tod 1983 und malte eigenwillige Weltuntergangsbilder. In seinem ehemaligen Wohn- und Atelierhaus ist heute ein Museum eingerichtet, das einige seiner Werke zeigt.

Von Varel führt die B 437 in östlicher Richtung durch das Stadland zum Zielort Bremerhaven.

1 Feuerschiff an der Kaiser-Wilhelm-Brücke von Wilhelmshaven, der größten Drehbrücke Europas

2 Das Schloss der einstigen Residenzstadt Jever mit seinem markanten barocken Turmaufbau

Ostfriesische Inseln Sieben Mal unberührte Natur und erholsame Ruhe im Wattenmeer: Die Ostfriesischen Inseln Borkum, Juist, Noderney, Baltrum, Langeoog, Spiekeroog und Wangerooge strahlen jede für sich mit eigenem Charme. Wildromantische Dünenlandschaften mit wogendem Strandhafer beherrschen den Westen der Insel Juist, die hier im Bild zu sehen ist.

Halligen Inmitten der Nordsee, zwischen Föhr, Amrum und der Halbinsel Eiderstedt, liegen die kleinen Halligen: Reste der alten Festlandmarschen aus grauer Vorzeit, als die Küstenlinie noch weiter westlich verlief. Die bekannteste ist Hooge mit dem Königspesel, einem Museum friesischer Wohnkultur.

Nordfriesische Inseln Beliebte Urlaubsparadiese im hohen Norden Deutschlands: Aus ehemaligem Geestland entstanden die drei Nordfriesischen Inseln Sylt, Föhr und Amrum. Im Bild zu sehen ist eine weithin erkennbare Landmarke: der Leuchtturm am Ostellenbogen auf Sylt.

Greetsiel Malerisch liegen die Zwillingsmühlen am Ausgang des Hafenortes, der – wie viele andere Orte auch – seine Entstehung der Anlage von Kanälen und Sielen verdankt.

Jever Friesisch-herb, friesisch-schön: Markant überragt der barocke Turmaufbau das Schloss der einstigen Residenzstadt Jever. Enge Gassen laden zum Bummel.

Nationalpark Wattenmeer Lebensraum für Vögel, Seehunde, Krabben, Kegelrobben und Watvögel. Im Bild: Gezeitenpriele und Rippelmarken im Wurster Watt bei Nordholz.

Oldenburg Wahrzeichen der Stadt ist der Lappan – ein 1468 erbauter Turm einer nicht mehr erhaltenen Kapelle. Klassizistische Repräsentationsbauten prägen das Stadtbild der von Wasserläufen und Wallanlagen umgebenen ehemaligen großherzoglichen Residenz Oldenburg.

Eiderstedt Das idyllische Bauernhaus Roter Haubarg bei Simonsberg gehört zum Eiderstedter Heimatmuseum.

Altes Land Von Hamburg aus führt der Obstmarschenweg am linken Elbufer durch das größte zusammenhängende Obstanbaugebiet Europas. Im Frühjahr verwandelt sich die Landschaft mit den traditionellen Hufendörfern in ein Blütenmeer.

Emden In der Ratsdelft liegt das Feuerschiff »Deutsche Bucht«. Dahinter erhebt sich das Alte Rathaus des kulturellen und wirtschaftlichen Zentrums Ostfrieslands.

Hamburg Zahlreiche Kanäle, die so genannten »Fleete«, durchziehen die ausgedehnte historische Speicherstadt. Dieser gewaltige Lagerhauskomplex aus Backstein wurde gegen Ende des 19. Jh. auf der Brookinsel errichtet.

Papenburg Holland im Emsland: Zahlreiche Brücken führen über malerische Grachten. Die jahrhundertealte Schiffsbautradition Papenburgs setzt heute die Meyer Werft fort. Historische Vorbilder werden im Schifffahrtsfreilichtmuseum ausgestellt.

Bremen Große Freiheit aus Stein: Mit Baldachin ist der Roland beinahe 10 m hoch. Die steinerne Figur des Ritters mit Schwert und Schild symbolisiert die Gerichtsbarkeit und die Stadtfreiheit der Hansestadt Bremen.

Worpswede/Teufelsmoor Das Haus im Schluh (hier im Bild) war das Wohnhaus der Ehefrau Heinrich Vogelers, Mitbegründer der Künstlervereinigung, die Worpswede zum »Weltdorf der Kunst« machte. Einzigartiges Licht und Ruhe erwarten Besucher auf einer Wanderung im nahe gelegenen Teufelsmoor.

Das doppeltürmige Holstentor, Wahrzeichen von Lübeck, wurde im Jahr 1478 vollendet.

Schätze des Nordens

Alte Salzstraße und Hanse-Route

Die Alte Salzstraße verdankt ihren Namen dem blühenden Salzhandel im Mittelalter. Von Lüneburg über Mölln bis nach Lübeck wurde das Salz an die Ostsee transportiert, wo es von den Heringsfängern, die den ganzen Ostseeraum versorgten, als Konservierungsmittel eingesetzt wurde. Von unschätzbarem Wert war das »weiße Gold« deshalb für die hansischen Kaufleute, deren parallel zur Ostseeküste verlaufende Hanse-Route Lübeck mit den alten Hansestädten Mecklenburg-Vorpommerns verbindet.

Die ideale Einstimmung auf unsere Reise wäre ein Besuch des Deutschen Salzmuseums in Lüneburg, wo unsere Route beginnt. Aber nicht nur Lüneburg als Zentrum der Salzproduktion ist eine Reise wert, auch die weiter nördlich gelegenen Orte sind lohnende Reiseziele. Über die Schifferstadt Lauenburg fahren wir weiter nach Mölln, der Stadt Till Eulenspiegels, besuchen Ratzeburg, die Stadt Heinrichs des Löwen, und gelangen

Reetgedeckte 200-jährige Scheune in Vilmnitz

schließlich nach Lübeck, dem »Tor zur Ostsee« und ehemaligen Hauptort der Hanse. Die Hanse war ein mächtiger Bund, zu dem sich fast 100 Städte vorwiegend aus dem Nord- und Ostseeraum, aber auch aus Flandern, Preußen, Sachsen, Westfalen zusammengeschlossen hatten. Während ihrer Blütezeit im Hochmittelalter beherrschte die Hanse den gesamten Seehandel im Ostseeraum. Mit ihren Schiffen, den geräumigen Hansekoggen, transportierten die Kaufleute Tuche aus Flandern, Wein aus Frankreich und Spanien, Felle und Pelze aus dem Baltikum und Russland und Salz aus Lüneburg. An dem höchst einträglichen Handel partizipierten auch die Städte der »wendischen Gruppe« der Hanse, die an dieser Route liegen: Lübeck, Wismar, Rostock, Stralsund, Greifswald und Anklam. Gewaltige Hafenspeicher, hohe Giebelhäuser mit kunstvollen Blendfassa-

den in den Stadtzentren sowie mächtige Backsteinkirchen, wie sie etwa in den Altstädten von Lübeck, Wismar oder Stralsund zu bestaunen sind, zeugen noch heute vom einstigen Wohlstand der Hansestädte. Von Lübeck geht es zwischen sanft gewellten Rapsfeldern durch den Klützer Winkel, wo die namengebende Gemeinde Klütz die literarische Vorlage abgab für den fiktiven Ort Jerichow aus Uwe Johnsons berühmtem Roman »Jahrestage. Aus dem Leben der Gesine Cresspahl«. In politischer und ökonomischer Hinsicht war das Land bis ins 20. Jh. stark feudal geprägt. Eine Reminiszenz an die groß-agrarisch-feudale Vergangenheit dieses Landstrichs sind die zahlreichen Herrenhäuser und Schlösser, von denen in den vergangenen Jahren viele in Hotels der gehobenen Klasse verwandelt wurden. Ab und zu ragt auf einer Erhebung eine

Blick auf den Hafen von Rostock: Die größte Stadt Mecklenburg-Vorpommerns liegt an der Mündung der Warnow in die Ostsee und ist auch das bedeutendste Wirtschaftszentrum dieses Bundeslandes.

Historische Segelboote im Hafen von Ahrenshoop, Seebad und Künstlerdorf seit über 100 Jahren

Windmühle empor, in den Dörfern ducken sich niedrige Bauernkaten, von denen einige noch (oder inzwischen wieder) Reetdächer tragen.

Hier wie auch an vielen anderen Abschnitten weiter östlich ist die Ostseeküste noch weitgehend unverbaut. An bewaldeten Steilufern und einsamen, unspektakulären Sandstränden findet der Besucher noch wirkliche Ruhe und Erholung. Der Tourismus – inzwischen die Haupteinnahmequelle der Region – konzentriert sich hier in nur wenigen traditionsreichen Seebädern wie Boltenhagen, Rerik, Kühlungsborn, Warnemünde, Ahrenshoop und Prerow. Zwischen Wismar und Rostock liegt das älteste Seebad Deutschlands, die 1793 nach englischem Vorbild gegründete »Weiße Stadt am Meer« Heiligendamm. Ein einzigartiges landschaftliches Kleinod bildet der Nationalpark Vorpom-

mersche Boddenlandschaft zwischen Darß und Rügen. »Bodden« nennt man durch Halbinseln und Inseln vom offenen Meer fast völlig abgeschnürte flache Buchten, die meist von Schilf umgeben und Rückzugsgebiet Zigtausender von Vögeln sind. Durch das permanente Wirken von Wind und Wetter verschieben sich in dieser Übergangszone immer wieder die Grenzen von Land und Meer, entstehen Untiefen, tauchen Sandbänke auf und versinken wieder. Von der Hanse-Route aus lohnen sich Abstecher zu den Ostseeinseln Poel, Hiddensee, Rügen und Usedom. Rügen, die größte deutsche Insel, ist mit dem Nationalpark Jasmund einen eigenen Urlaub wert, auch wenn die Wissower Klinken im Frühjahr 2005 ins Meer stürzten, und auf Usedom locken die zu neuem Leben erwachten Seebäder Heringsdorf, Bansin und Ahlbeck, die einstige »Badewanne Berlins«.

Das Schulhaus im Schulmuseum Middelhagen auf Rügen wurde im Jahr 1825 erbaut.

Abstecher

Lüneburger Heide

Wer die Reste der bekannten Heidelandschaft sehen möchte, die heute unter Naturschutz gestellt ist, der besucht am besten den im Jahr 1921 gegründeten »Naturschutzpark Lüneburger Heide« rund um den Wilseder Berg. Hier breiten sich noch Heideflächen mit Zwergsträuchern, Wacholder und der im Spätsommer blühenden Besenheide aus.

Von Birken gesäumte Sandwege und Wacholderbüsche in der Lüneburger Heide. Der 1921 gegründete gleichnamige Naturschutzpark erstreckt sich über 200 km² um den Wilseder Berg.

Und hier trifft man auch auf die so genannten Heidschnucken, von denen heute noch rund 15 000 Stück die Zwergstrauchheiden abweiden: Vor 150 Jahren waren es noch etwa eine Million dieser speziellen Heideschafe, die Kiefern- und Birkensämlinge abweideten und auf diese Weise zum Erhalt der typischen Heidelandschaft beitrugen.

Die Alte Salzstraße führt von Lüneburg über Mölln bis nach Lübeck. Von dort geht es auf der Hanse-Route über Wismar, Rostock, Stralsund und Greifswald immer weiter gen Osten bis nach Anklam kurz vor der polnischen Grenze. Von der Hanse-Route abzweigende Stichstraßen führen zu den berühmten Ostseebädern.

1 Lüneburg Gleich die erste Station unserer Reise ist ein Juwel. Der Reichtum, den die Salzvorkommen den Bürgern der mittelalterlichen Stadt bescherten, ist bis zum heutigen Tag augenfällig. Die Geschichte lebt fort in den schmucken roten Wohnhausgiebeln der typisch norddeutschen Backsteingotik wie vor allem am alten Handelsplatz Am Sande, in den großen Kirchen St. Johannis, St. Michaelis und St. Nicolai, im Rathaus mit seiner um das Jahr 1330 entstandenen prunkvollen Gerichtslaube und der Großen Ratsstube aus dem 16. Jh., aber auch auf dem Markt mit dem Lunabrunnen sowie am idyllischen Hafen samt seiner Kneipenzeile Am Stintmarkt mit dem alten Kran von 1797 und der Wassermühle.
Nicht vergessen sollte man das Kloster Lüne am nordöstlichen Stadtrand mit seinen prächtigen mittelalterlichen Bildteppichen sowie das einzigartige Bade- und Freizeitparadies »SaLü«.
Wissenswertes über die Geheimnisse der Stadtgeschichte wie der in Lüneburg betriebenen Künste vermitteln das Brauerei- und das Salzmuseum sowie das Museum für das Fürstentum Lüneburg. In Scharnebeck, einem nordöstlich gelegenen Vorort, bietet sich ein Besuch des Schiffshebewerks am Elbe-Seitenkanal an.

2 Lauenburg Am jenseitigen Steilufer der Elbe liegt die ehemalige Elbschiffersiedlung Lauenburg, 1182 als Burg gegründet, seit 1260 Stadt. Die historische Altstadt mit Fachwerk- und Bürgerhäusern aus dem 16. bis 18. Jh. blieb weitgehend erhalten. Die gotische Maria-Magdalenen-Kirche wurde im Lauf der Jahrhunderte tiefgreifend umgestaltet.

3 Hornbek Die Gemeinde Hornbek liegt am einstigen *Limes Saxoniae*, der Grenzbefestigung zwischen Sachsen und Polabien, und war im späten Mittelalter eine wichtige Station der *Via Regia*, der Alten Salzstraße. Zu sehen sind hier noch heute die alte Wassermühle sowie einige mit Reet gedeckte Häuser.

4 Mölln Der durch den Salzhandel zu Wohlstand gekommene Kneippkurort mit direktem

Reiseinformationen

Routen-Steckbrief
Routenlänge: ca. 600 km (ohne Abstecher)
Zeitbedarf: mind. 6–8 Tage
Start: Lüneburg
Ziel: Anklam
Routenverlauf: Lüneburg, Ratzeburg, Lübeck, Wismar, Rostock, Stralsund, Hiddensee, Sassnitz, Stralsund, Greifswald, Ahlbeck, Anklam

Besonderheiten:
Einstmals brauchten die Pferdekarren drei Wochen für die rund 100 km von Lüneburg nach Lübeck. Eine bequemere Wasserverbindung nach Lübeck gab es ab 1900 durch den Elbe-Lübeck-Kanal. Natur und Kultur erlebt man bei einer Radtour, die auf gut ausgebauten Wegen meist entlang des Kanals führt.

Auskünfte:
Herzogtum Lauenburg Marketing & Service GmbH
Junkernstraße 7,
23909 Ratzeburg,
Tel. (0 45 41) 80 21-10,
Fax (0 45 41) - 80 21-12,
Email: info@hlms.de
www.hlms.de
Tourismusverband Mecklenburg-Vorpommern e.V.
Platz der Freundschaft 1,
18059 Rostock,
Tel. (03 81) 4 03 05 00,
Fax (03 81) 4 03 05 55,
Email: info@auf-nach-mv.de
www.auf-nach-mv.de
www.m-v.de/tourismus
Lübeck und Travemünde Tourist-Service GmbH
Holstentorplatz 1,
23552 Lübeck
Hotline: 0 18 05/ 88 22 33
www.luebeck-tourismus.de

3

Zugang zum Elbe-Lübeck-Kanal wird von Wäldern und idyllischen Seen umgeben. Till Eulenspiegel, der hier im Jahr 1350 gestorben sein soll, brachte Mölln den Beinamen »Eulenspiegelstadt« ein. Ein Gedenkstein an der spätromanischen Nicolaikirche auf dem Eichberg, der Eulenspiegel-Brunnen auf dem Marktplatz und das in einem Bürgerhaus von 1582 eingerichtete Eulenspiegel-Museum erinnern an den berühmten Bürger. Zu den Schmuckstücken der verwinkelten historischen Altstadt zählen neben der kostbar ausgestatteten St.-Nicolai-Kirche (frühes 13. Jh.) das Historische

Rathaus (1373) sowie das Ensemble des Stadthauptmannshofes. Direkt am ehemaligen Wassergraben der Stadtbefestigung liegt heute der Kurpark.

5 Ratzeburg Der historische Stadtkern liegt auf einer Insel zwischen dem Ratzeburger See, dem Großen und dem Kleinen Küchensee sowie dem Domsee und ist durch drei Dämme mit dem Festland verbunden. Der Name der 1062 als Racesburg erstmals urkundlich erwähnten Stadt geht vermutlich auf den slawischen Fürsten Ratibor zurück, der Rat'se genannt wurde.

Das Wahrzeichen der Stadt, der Ratzeburger Dom (1160–1220), ist ein romanischer Backsteinbau. Im Klosterhof des Domklosters (13. Jh.) kann man eine Figur von Ernst Barlach bewundern und im Kreuzgang farbenprächtige Fresken aus dem 14. Jh. Vor dem Dom erinnert ein bronzener Löwe an Heinrich den Löwen. Gleich am Domhof befindet sich im ehemaligen Herrenhaus der Lauenburger Herzöge (18. Jh.) das Kreismuseum. Das in einem Gebäude aus dem 17. Jh. untergebrachte A.-Paul-Weber-Museum zeigt Arbeiten des 1893 in Ratzeburg geborenen zeitkritisch-satirischen

Grafikers. Den beliebten Mittelpunkt der Altstadt bildet der Marktplatz, an dem besonders ein klassizistisches Ensemble aus dem 19. Jh. auffällt: Altes Rathaus, Alte Wache und Altes Kreishaus. Von hier sind es nur wenige Meter bis zum Ernst-Barlach-Museum und zur St.-Petri-Kirche (18. Jh.).

6 Berkenthin Im Mittelalter lag Berkenthin am Stecknitz-Delvenau-Kanal (1398), auf dem vor allem das Salz von Lüneburg nach Lübeck transportiert wurde. Heute passiert der Elbe-Lübeck-Kanal den kleinen Ort, der um das Jahr 1900 im Bett des alten Kanals entstand, des ältesten Wasserscheidenkanals von Mitteleuropa. Vom alten Kanal ist nur noch der südliche Teil zwischen Büchen-Dorf und der Elbe erhalten. Während der Blütezeit der Stecknitzschifffahrt, im 16. und 17. Jh., mussten die Kähne flussaufwärts getreidelt werden; flussabwärts fuhren sie auf einer Flutwelle. Die Berkenthiner Kirche (13. Jh.) birgt in ihrem Innern u. a. mittelalterliche Wandmalereien und ein Kruzifix aus dem 14. Jh.

7 Lübeck siehe Seite 32

8 Dassow Das ursprünglich slawische Städtchen an der Mündung der Stepenitz in den Dassower See war in der DDR Sperrgebiet, sein altes Stadtbild mit Fachwerk- und Backsteinhäusern

aus dem 18. und 19. Jh. hat sich daher gut erhalten. Die heute evangelische Kirche aus Backstein und Granit (13. Jh.) wurde frühbarock umgestaltet. Parallel zum gewundenen Flusslauf der Stepenitz geht es auf der B 105 weiter nach Grevesmühlen.

9 Grevesmühlen Am Rand des Klützer Winkels, Mecklenburgs Kornkammer, liegt eine der ältesten Städte des Landes (1226), Jahrhunderte lang blühender Handelsplatz im Schnittpunkt wichtiger Straßen. Wahrzeichen sind die Holländer-Windmühle und die ehemalige Malzfabrik. Eines der wenigen Gebäude, die den Stadtbrand (1659) überstanden, ist die frühgotische Hallenkirche St. Nikolai (13./14. Jh.).

1 Holstenhafen an der Trave: Die Altstadt Lübecks ist von Wasser umschlossen. So konnten die Seeschiffe von der Ostsee über die Trave bis in die Stadthäfen fahren

2 Von der Natur verwöhnt: Die Altstadt Ratzeburgs wird von den Gewässern der Lauenburgischen Seenplatte umschlossen.

3 Die gotische Gerichtslaube im Lüneburger Rathaus (um 1330 begonnen). Achtzig Jahre später, um 1410, entstand das leuchtende Neunheldenfenster, das Sinnbilder der Bewahrung des Rechtes zeigt.

Lübeck

Die quirlige Hansestadt ist über die Trave an die Ostsee angebunden. Um das Jahr 1500 gehörte sie zu den einflussreichsten Städten Europas. Seit dem 16. Jh. wird in der Stadt das berühmte Lübecker Marzipan hergestellt.

Die Anfang des 12. Jh. gegründete Kaufmannssiedlung wurde von Kaiser Friedrich II. 1226 in den Rang einer Freien Reichsstadt erhoben. Nach der Gründung der Deutschen Hanse entwickelte sie sich zur »außenpolitischen Sprecherin« des Bundes. 1356 fand in Lübeck der erste Allgemeine Hansetag statt. Ende des 13. Jh. war Lübeck nach Köln die bevölkerungsreichste deutsche Stadt und zählte um das Jahr 1500 herum mit rund 25 000 Einwohnern zu den größten Städten Europas.

Die von Wasser umgebene und von gotischer Backsteinarchitektur geprägte wunderschöne Altstadt gehört seit 1987 zum Weltkulturerbe der UNESCO. Ihr Wahrzeichen ist das mächtige Holstentor (15. Jh.). Bei einem Bummel durch die Altstadt sieht man überall eindrucksvolle Baudenkmäler: das Rathaus von 1226, die Marienkirche (13./14. Jh.), den von Heinrich dem Löwen 1173 gegründeten Dom, das Heilig-Geist-Hospital von 1280, das Buddenbrook-Haus aus dem 16. Jh., das prächtige Haus der

Oben: das Heilig-Geist-Hospital
Unten: Bürgerhäuser in der Großen Burgstraße

Schiffergesellschaft, den bezaubernden Füchtingshof (1636) und die Museumskirche St. Katharinen aus dem frühen 14. Jh. mit Plastiken von Ernst Barlach und Gerhard Marcks sowie Tintorettos Gemälde »Auferstehung des Lazarus«. Auf dem Gelände der ehemaligen Klosterkirche St. Annen (1502–1515) beherbergt die neue Kunsthalle St. Annen die Sammlungen des Museums für Kunst und Kulturgeschichte.

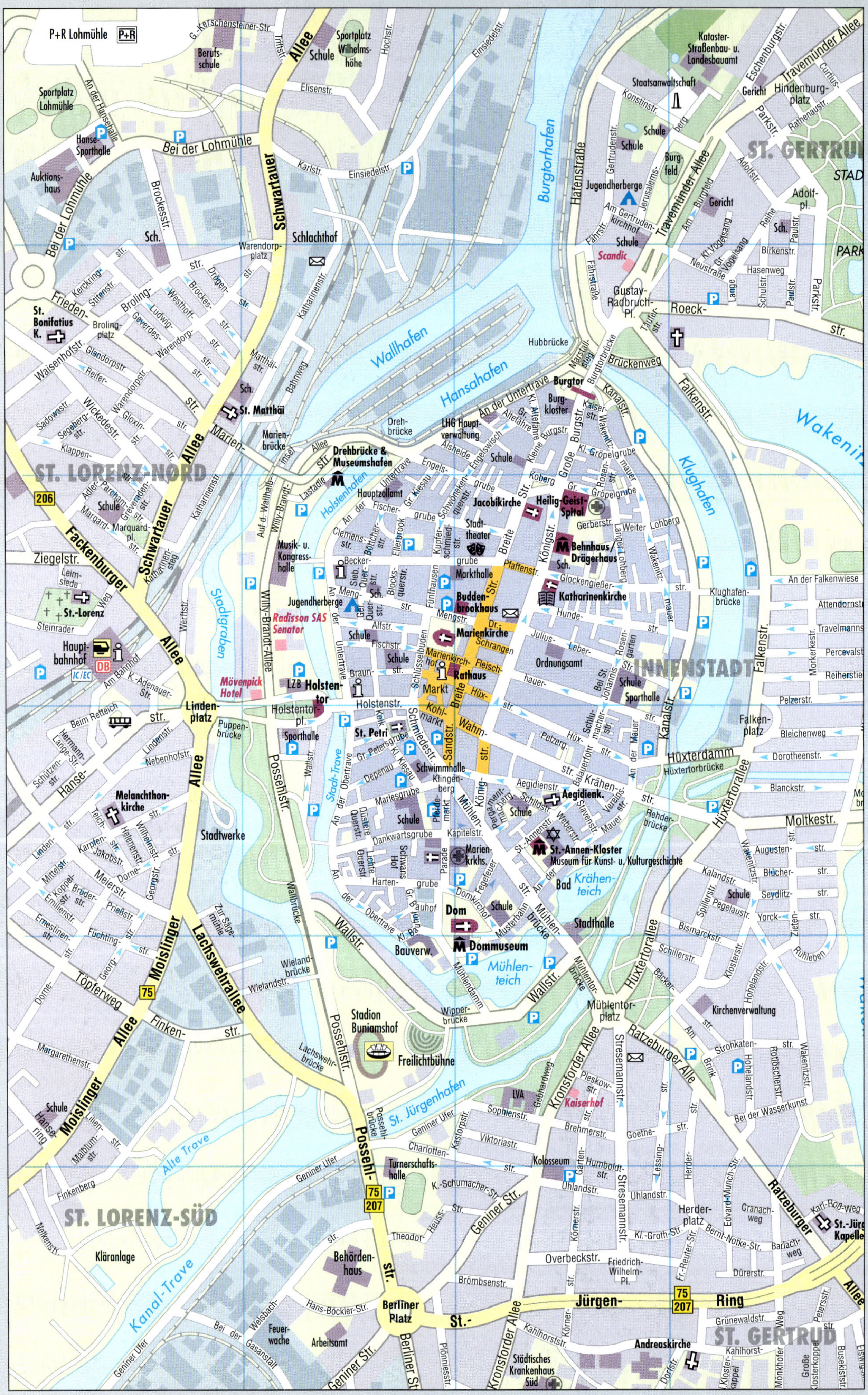

Schwerin

Inmitten von sieben Seen liegt die altehrwürdige Residenzstadt Schwerin. Mittelpunkt unter den vielen historischen Prachtbauten der Stadt ist das märchenhafte Schloss mit seinen Türmchen und Erkern und dem barocken Schlossgarten. Bereits die Slawen errichteten eine Burg auf der heutigen Schlossinsel. 1160 eroberte Sachsenherzog Heinrich der Löwe das Gebiet und gründete noch im selben Jahr die Stadt auf einem Hügel. Bis 1648 war Schwerin Sitz eines Bischofs. Seit Ende des 15. Jh. residierten die Herzöge von Mecklenburg (mit Ausnahme der Jahre 1764–1837) in der Stadt, deren Gesicht vor allem von den prächtigen Repräsentationsbauten des einstigen Hofarchitekten Georg Adolph Demmler geprägt wird. Dieser verlieh Mitte des 19. Jh. auch dem Schloss seine prächtige Vielfalt. In den Gewässern spiegeln

⑩ Klützer Winkel Zwischen Travemündung und Wismarer Bucht liegt der nach dem gleichnamigen Hauptort benannte Klützer Winkel. Große Teile des hübschen Landstrichs gehörten früher der Familie Bothmer, deren von einem schönen Park umgebenes Barockschloss (1726–1732) am südlichen Ortsausgang von Klütz erhalten ist. Etwa 4 km nördlich von Klütz befindet sich das Ostseebad Boltenhagen mit vielen Ferienvillen, einer gut ausgebauten Infrastruktur und dem berühmten flachen Sandstrand. Nach Heiligendamm ist es das zweitälteste deutsche Ostseebad.

⑪ Wismar Als Überseehafen ist das von einer Stadtmauer umgebene Wismar seit mehr als 750 Jahren für die Ostseeschifffahrt von überregionaler Bedeutung. Das schöne mittelalterliche Stadtbild konnte weitgehend bewahrt werden. Wismar besitzt eine ganz stattliche Anzahl an Giebelhäusern aus der Renaissance und dem Barock (16.–18. Jh.) und ein gotisches Bürgerhaus (1380). Das älteste Bürgerhaus der Stadt, der Alte Schwede, steht am Marktplatz, wo sich das Brunnenhaus, die Wasserkunst (1580–1602) im niederländischen Renaissancestil, befindet. Dieser Brunnen sicherte bis zum Ende des 19. Jh. die Wasserversorgung der Stadt. Der Fürstenhof entstand im Jahr 1555 nach italienischen Vorbildern; die reichen Plastiken gehen auf niederländische Einflüsse zurück. Der gotischen Marienkirche mit dem schlanken Turm diente die gleich-

namige Kirche in Lübeck als Vorbild. Ein 30 km langer Abstecher führt nach Süden in die Landeshauptstadt von Mecklenburg-Vorpommern, Schwerin.

⑫ Insel Poel Seit 7000 Jahren Insel, wurde Poel 1760 durch einen Damm über den Breitling –

einer nur einen Kilometer schmalen Meeresstraße – wieder mit dem Festland verbunden. Hauptort ist Kirchdorf mit einer schönen Backsteinkirche aus dem 14. Jh., die von den Wallanlagen der ehemaligen Festung umgeben ist. Die Heimatstube informiert mit einer umfangreichen Sammlung

über Geschichte und Volkskunde der Insel. Am Strand bei Timmendorf wartet ein alter Leuchtturm auf Besuch.

⑬ Bad Doberan Der Ort geht auf ein Kloster aus dem 12. Jh.

① Die nach Plänen des Utrechter Baumeisters Philipp Brandin in den Jahren 1580–1602 im Stil der holländischen Renaissance errichtete Wasserkunst auf dem Marktplatz von Wismar war bis zum Ende des 19. Jh. Trinkwasserverteilstelle – etwa 220 Häuser und 16 öffentliche Pumpen wurden über Holzrohre verbunden.

② Spaziergang auf der Insel Poel zu den Klippen bei Timmendorf

③ Die ehemalige Klosterkirche in Bad Doberan, das Münster, ist ein Meisterwerk norddeutscher Backsteingotik.

Oben: Das Schweriner Schloss gilt als das bedeutendste Baudenkmal aus dem 19. Jh. in Mecklenburg-Vorpommern.
Unten: Blick auf das Mecklenburgische Staatstheater (19. Jh.) und den Dom, der zu den schönsten Bauten der norddeutschen Backsteingotik zählt.

sich das Staatstheater, das Staatsmuseum und der klassizistische Marstall. Die Altstadt wird beherrscht vom Markt, dem Rathaus und dem gotischen Dom (1280–1420). Einen Stadtbummel sollte man mit einem Bootsausflug auf dem Schweriner See abrunden. Der spannungsreiche Wechsel zwischen Land und Wasser macht die Landeshauptstadt Mecklenburg-Vorpommerns ganz besonders liebenswert.

Warnemünde

Bereits im Jahr 1323 ein Vorposten von Rostock und seit dem 19. Jh. das beliebte Ziel von Sommerfrischlern, ist Warnemünde mit seinen prächtigen Villen und Logierhäusern an der äußeren Küste geradezu der Inbegriff eines modernen Seebades. Auf

Sanddornhecke in der Nähe des markanten Leuchtturms

der Strandpromenade gelangt man zum Alten Leuchtturm, der eine Panoramasicht bis hinüber nach Dänemark bietet. Durch die Kuranlagen und Parks geht es zum alten Fischerort, der mit seinen kleinen Kapitänshäusern und Katen noch recht ländlich und idyllisch wirkt.

zurück. An diese Zeiten erinnert das prächtige Doberaner Münster, bekannt als »Perle der norddeutschen Backsteingotik« mit reicher Innenausgestaltung. Das klassizistische Zentrum am Kamp und das Palais der herzoglichen Residenz verdanken ihr Entstehen einem der bedeutendsten Architekten von Mecklenburg, und zu Beginn des 19. Jh. wurde hier die erste Pferderennbahn auf dem europäischen Kontinent angelegt. Ein nostalgisches Abenteuer ist eine Fahrt mit der Dampfbahn »Molli« zurück an die Küste.

⑭ Rostock siehe Seite 35

⑮ Ribnitz-Damgarten Ein Kuriosum: Mitten durch die »Bernsteinstadt« verläuft die Grenze zwischen Mecklenburg, zu dem Ribnitz gehört, und dem vorpommerschen Damgarten. Die historische Altstadt lädt zum Bummeln ein; in der Kirche des Klarissenklosters von 1393 stehen die berühmten Ribnitzer Madonnen. Bevor man den einzigartigen Nationalpark Vorpommersche Boddenlandschaft besucht, sollte man unbedingt das Bernsteinmuseum besichtigen.

⑯ Stralsund Noch heute spiegelt sich die einstige Bedeutung der Hansestadt im Stadtbild wider: Stralsund besitzt ein Netz hübscher mittelalterlicher Straßenzüge, in denen die Backsteingotik über-

wiegt. Viele Bürgerhäuser stammen aus der Zeit zwischen dem 15. und 19. Jh. Das »Venedig des Nordens« liegt am Strelasund, einer Meerenge zwischen dem Festland und Rügen. Im Mittelpunkt der von der UNESCO zum Weltkulturerbe gekürten Stadt erhebt sich auf dem Alten Markt das Rathaus mit gotischer Prunkfront. Gleich daneben steht der monumentale Sakralbau der Nikolaikirche, Stralsunds ältester Kirche. Sie gilt als eine der schönsten Kirchen im Ostseeraum. Die spätgotische Marienkirche wurde nach dem Jahr 1384 errichtet, die Jakobuskirche in der ersten Hälfte des 14. Jh.

Heute hat Stralsund als Knotenpunkt für den Transitverkehr nach Skandinavien eine besondere Bedeutung. Zudem ist es der Ausgangspunkt für einen Ausflug nach Hiddensee, eine langgestreckte Ostseeinsel vor der Westküste von Rügen mit steilufrigem Moränenkern und Sandstrand.

⑰ Hiddensee Die »Perle der Ostsee« kann nur mit dem Schiff von Stralsund oder von der Insel Rügen aus erreicht werden. Sie bietet unberührte und abwechslungsreiche Landschaften. Im Norden erstrecken sich die sanften, von Büschen bewachsenen Hügel des Dornbusch, die im Nordwes-

ten an einer schroffen Steilküste enden. Schier endlose Dünen und Strände finden sich an der Westküste und im Süden. Mit Ausnahme der hübschen Dörfer steht die autofreie Insel unter Naturschutz. 1872 fand man hier einen auf das Jahr um 1000 n. Chr. datierten Goldschmuck der Wikinger. In Kloster, dem ältesten Ort

1 Rostocks Stadtsilhouette an der Unterwarnow wird von der schlanken Turmhaube der St.-Petri-Kirche beherrscht.

2 Stralsund: Alter Markt mit Rathaus (13. Jh.) und Nikolaikirche (1276).

Rostock

Mit einem bedeutenden Überseehafen, Werften und vielen Industrieansiedlungen an der Peripherie sowie der ältesten Universität Nordeuropas ist die Hansestadt nicht nur die größte Stadt Mecklenburg-Vorpommerns, sondern auch ein wirtschaftliches und wissenschaftliches Zentrum des gesamten Ostseeraums.

Rostock liegt an der Mündung der Warnow in die Ostsee und wurde im Jahr 1218 mit der Bestätigung des lübischen Stadtrechts erstmals offiziell erwähnt. Schon zuvor, um 1200, war am linken Warnowufer, neben einer slawischen Handelsniederlassung, eine Ansiedlung deutscher Kaufleute entstanden, wo sich heute der Alte Markt und die St.-Petri-Kirche befinden. Als Mitglied der Hanse erlebte Rostock im 14. und 15. Jh. eine wirtschaftliche Blütezeit mit weitreichenden Handelsbeziehungen. Die im Jahr 1419 gegründete Universität machte Rostock zudem zum geistigen Zentrum des Ostseeraums. Bis ins 19. Jh. blieb die Stadt ein führender Handelsplatz und wurde nach

**Oben: Windjammer im Rostocker Hafen
Unten: Blick über die Warnow zur Marienkirche (1260 – ca. 1450)**

dem Zweiten Weltkrieg zum bedeutendsten Überseehafen der DDR.
In der östlichen Altstadt wetteifern noch heute schmucke mittelalterliche Patrizierhäuser wie das Kerkhof-Haus miteinander. Sehenswert sind vor allem das mächtige Rathaus (13. Jh.) am Alten Markt und die Marienkirche mit der astronomischen Uhr von 1472 am Neuen Markt. Im Herzen der Altstadt liegt auch die Universität. Nur wenige Schritte entfernt finden sich die Gebäude des ehemaligen Zisterzienserklosters zum Heiligen Kreuz mit dem Kulturhistorischen Museum.

Auf den Spuren von Caspar David Friedrich wandern viele Besucher im Nationalpark Jasmund zu den Wissower Klinken, zwei bis zu 20 m hohen Kreideklippen an der Stubbenkammer. Tatsächlich gab es im Jahr 1818, als der in Greifswald geborene Hauptvertreter der deutschen Romantik seine »Kreidefelsen auf Rügen«

malte, diese bizarren Felsen noch gar nicht. Und im Gegensatz zu den Wissower Klinken, von denen nach ihrem Abbruch im Frühjahr 2005 als Folge gewaltiger Naturkräfte nur zwei verkümmerte Stümpfe übrig blieben, gibt es das mutmaßliche Friedrich-Motiv bis heute – nördlich der Abbruchstelle an der Victoria-Sicht.

Abstecher

Vorpommersche Boddenlandschaft

Nach außen hin glatt, nach innen zer-
franst, logisch aufgebaut, doch in der
Anlage planlos – so lässt sich eine spezielle Küstenlandschaft beschreiben,
über die man sich am besten mit Hilfe
einer Landkarte einen ersten Überblick
verschafft. Man nehme die westlich von
Rügen gelegene Halbinsel Zingst: Zur
Ostsee hin zeigt sich ein geradliniger
Küstenverlauf, doch nach Süden hin,
zum Bodstedter und Barther Bodden,
ist die Küste unregelmäßig in viele Halb-
inselchen und Buchtengegliedert.

Der Geograf hat hier gleich den Begriff
und die Erklärung zur Hand: eine typische Boddenlandschaft, entstanden aus
den unregelmäßigen Gletscherablagerungen der letzten Eiszeit, die von der
nacheiszeitlich ansteigenden Ostsee
teilweise überflutet wurden. Größere
Senken wurden dabei zu den heutigen
Bodden. Schräg auf die Küste zulaufende Meereswellen besitzen die Fähigkeit, Sand und Kies mit bemer-
kenswerter Schnelligkeit seitwärts zu
verfrachten, im Falle der Ostsee parallel zur Küste nach Osten. Man spricht
in diesem Zusammenhang von Strand-
versetzung und Ausgleichsküste – recht
ausgeglichen wirkt die nördliche Küste
der Halbinsel Zingst in der Tat. In ihrem
Windschatten kann der versetzte Strand
dann ins Meer hinaus wachsen: Später
löst er sich von der heimatlichen Küste
und wandert langsam ostwärts. Die

ostwärts von Zingst gelegenen Inselchen Werder und Bock sind solche
abgenabelten Sandzungen.

Die Vorpommersche Boddenlandschaft
ist mit ihrer großen Vielfalt auch ein
Paradies für Vögel. Sogar der seltene
Seeadler brütet dort. Selbst Kegelrobben, Fischotter und gelegentlich
auch Schweinswale sind hier von Zeit
zu Zeit zu beobachten.

Aber auch wer sich nicht speziell für
wandernde Strände und ziehende
Vögel interessiert, der erkennt doch,
dass es sich bei der Vorpommerschen
Boddenlandschaft um etwas Besonderes handelt. Seit dem Jahr 1990 ist
sie als Nationalpark geschützt, der mit
seinen 805 km² Fläche nicht nur die
Halbinsel Darß-Zingst, die Insel Hiddensee sowie Teile von Westrügen umfasst, sondern auch die umgebenden
Ostsee- und Boddengewässer, die rund
85 Prozent des gesamten Naturpark-
areals ausmachen.

1 Darß: Reetgedecktes Haus am
Strand bei Ahrenshoop

2 Rügen: Landschaft an der Schmalen Heide, die den Kleinen Jasmunder
Bodden vom Prorer Wiek trennt.

3 Sandstrand und Kiefern an der
Westseite der Halbinsel Darß-Zingst

auf Hiddensee, verbrachte der Dichter und Dramatiker Gerhart Hauptmann (1862–1946) so manchen Sommer. Haus Seedorn, in dem er logierte, beherbergt ein kleines Museum, dessen Räume im Originalzustand erhalten sind. 1308 wurde Hiddensee, das heute zum Nationalpark Vorpommersche Boddenlandschaft gehört, durch eine Sturmflut von Rügen abgetrennt, unserer nächsten Station.

18 Kap Arkona Mit 926 km² Fläche ist Rügen die größte Insel Deutschlands. Sie gilt als die landschaftlich schönste an der Ostseeküste. Der Landstrich rund um das Kap Arkona im äußersten Norden lässt sich am besten zu Fuß oder mit dem Rad erkunden. Von Putgarten aus führt ein Wanderweg zum Kap mit seinem 46 m hohen Leuchtturm und dem gleich daneben aufragenden kleineren Schinkelturm (Museum).

19 Königsstuhl Berühmtester Aussichtspunkt auf die weiß leuchtende Kreideküste Rügens ist der 119 m hohe Königsstuhl, von dessen Plattform sich ein grandioser Ausblick auf das Meer bietet. Ein Hochwanderweg führt an weiteren Aussichtspunkten und dem Herthasee vorbei zu den im Februar 2005 abgebrochenen Wissower Klinken und weiter nach Sassnitz.

20 Sassnitz Das Hafenstädtchen, von dem Theodor Fontanes Romanheldin Effi Briest so schwärmerisch sprach, liegt südlich der Kreidesteilküste der Stubbenkammer und umgeben von den Buchenwäldern der Stubnitz. Vom Hafen aus führt die Strandpromenade an der Seebrücke vorbei zum Kurplatz.

21 Ostseebad Binz Mit seinem feinsandigen Strand und attraktiven Unterkünften gilt Binz als das schönste Seebad Rügens. An der rund 4 km langen Strandpromenade finden sich prächtige Beispiele typischer Bäderarchitektur.

22 Ostseebad Sellin Oberhalb einer 40 m hohen Steilküste gelegen, entwickelte sich Sellin vom Fischerdorf zum stilvollen Kurort und wird seit 120 Jahren als See-

1 Stürmische See vor den Kreidefelsen des Jasmunder Nationalparks auf der Insel Rügen

2 Der Leuchtturm von Dornbusch steht an der Nordspitze der lang gezogenen Ostseeinsel Hiddensee. Sie ist viel sandiger als das im Osten gelegene Rügen und hat kein Steilufer.

3 Abendstimmung an der originalgetreu wiedererrichteten Seebrücke im Badeort Sellin auf Rügen

Abstecher

Peenemünde

Senkrecht schießt die Rakete in den Himmel. Doch ihr Strahl ist nicht weiß, sondern rot. So symbolisiert das Signet des Historisch-technischen Informationszentrums in Peenemünde den Anspruch, über die schreckliche Geschichte des Raketenforschungszentrums während des Dritten Reiches zu informieren. Hier startete am 3. Oktober 1942 die erste ferngesteuerte Flüssigkeitsrakete, die berüchtigte V2. Zwei Jahre später schlugen Raketen dieses Typs in englischen, belgischen und französischen Städten ein. Allein in London starben über 8000 Menschen durch Raketenbeschuss. Die Produktion der Waffe in Deutschland kostete Zehntausende Zwangsarbeiter das Leben. Technische Sternstunden und militärischer Wahn sind seitdem die zwei Seiten der Raketentechnik. Das Informa-

Oben: Nachbau einer V2-Rakete in Originalgröße
Unten: Jagdbomber der Nationalen Volksarmee

tionszentrum in Peenemünde dokumentiert beides, die technischen Erfolge und das historische Grauen. Nur wenige Gebäude der alten Anlage sind erhalten geblieben, nachdem die Sowjetarmee das Versuchsgelände 1945 gesprengt hatte. Im einstigen Kraftwerk ist das Museum untergebracht. Auf dem Gelände sind Kampfflugzeuge, ein Raketenschiff der Nationalen Volksarmee und ein Nachbau der V2 zu sehen.

bad besucht. Eine breite Holzbrücke führt zum Strand und zu einer 1992 erneuerten Seebrücke.

㉓ Putbus Fürst Malte von Putbus erbaute sich zu Anfang des 19. Jh. die klassizistische Residenzstadt Putbus im Südosten von Rügen, die als »weiße Stadt am Meer« die elegante Welt anlocken sollte. An alles wurde gedacht: Kleine Palais reihen sich um den Circus, ein Rathaus und ein zauberhaftes Theater zieren den Markt. Aus dem noblen Kur- und Spielsalon entstand 1892 die Christuskirche. Mit kostbaren Pflanzen, versteckten weißen Gebäuden und einem Wildgehege lockt der Schlosspark.

㉔ Bergen Die zentrale Kreisstadt auf Rügen geht auf die 1168 gegründete Residenz des Slawenfürsten Jaromar I. zurück. Um 1180 wurde nach dem Vorbild des Lübecker Doms mit dem Bau der Marienkirche begonnen, eine der schönsten Backsteinkirchen in Norddeutschland. Auf dem nicht weit entfernten Rugard steht in 90 m Höhe der Ernst-Moritz-Arndt-Turm, der an den

Schriftsteller, Historiker und Politiker erinnert, der im Jahr 1769 auf Rügen geboren wurde und 1860 in Bonn starb. Von 1800 an war er in Greifswald tätig.

㉕ Greifswald 1250 erhielt die Stadt an der Ryck, die ihre Entstehung reichen Salzvorkommen verdankt, das Stadtrecht. Die Altstadt wird von der Marienkirche überragt, einer Hallenkirche aus

der ersten Hälfte des 14. Jh. Der Backsteinbau des Doms St. Nikolai (13.–15. Jh.) gehört zu den schönsten in Mecklenburg-Vorpommern. Einige spätgotische Wohnhäuser zeugen noch vom alten Wohlstand der einst hier ansässigen Patriziergeschlechter. Bekanntestes Wahrzeichen der Stadt ist die hölzerne, 30 m lange Klappbrücke in Wieck. Die Klosterruine von Eldena (12. Jh.) wur-

de durch mehrere Gemälde von Caspar David Friedrich zum Sinnbild der Romantik und beherbergte ab 1535 zeitweise Teile der Greifswalder Universität.

㉖ Wolgast Die Geburtsstadt des romantischen Malers Philipp Otto Runge brannte während des Nordischen Krieges 1713 nieder. Diese Katastrophe überstand nur die spätgotische Gertrudenkapel-

3

le, ein hierzulande eher seltenes Beispiel für einen Rundbau. Am Hafen stehen Fachwerkspeicher aus dem 18. und 19. Jh.

27 Ostseebad Zinnowitz Schon im 19. Jh. wurde der Ort im Nordwesten der Insel Usedom zum Seebad für gehobene Ansprüche. Zwei von Luigi Colani gestaltete Bauten geben dem Bad heute einen modernen Touch.

28 Koserow Parallel zur Küste gelangt man über die schmalste Stelle der Insel Usedom nach Koserow. In der Kirche ist ein Kruzifix aus dem 15. Jh. zu sehen, das wohl aus Schweden stammt, während es der Volksglaube für ein Relikt der sagenhaften im Meer versunkenen Stadt Vineta hält.

29 Ostseebad Heringsdorf Der Name des Ortes weist auf seine Gründung als Fischerkolonie hin. Seit 1824 entwickelte er sich zum mondänsten Seebad Usedoms mit weißen Villen aus der Kaiserzeit. Zu den Bauten aus der Zeit des Historismus und des Jugendstils kamen später Plattenbauten.

30 Seebad Ahlbeck Wie Heringsdorf besitzt auch das benachbarte Ahlbeck eine bemerkenswerte Seebrücke. Neben der neugotischen Backsteinkirche sowie den Hotel- und Pensionsbauten aus dem späten 19., frühen 20. Jh. ist der Jugend-Ferienpark »Kaiser-Wilhelm-Stift« (1912 bis 1913) sehenswert.

31 Usedom Das Städtchen bewacht den Zugang zur Insel gegenüber von Anklam. Das Anklamer Tor und die Marienkirche stammen aus dem 15. Jh.

32 Anklam Die günstige Lage an der Peene machte den alten Hanseort, das Ziel unserer Route, zur mächtigen Stadt. Von der Befestigung zeugt noch das prächtige Steintor. Nach der Marienkirche sollte man auch das Otto-Lilienthal-Museum besuchen.

1 Die 280 m lange Seebrücke von Ahlbeck auf Usedom wurde 1898 erbaut und ist die älteste Deutschlands.

2 Fischerboot am Strand von Zempin am Usedomer Achterwasser

3 Boddenlandschaft am schönen Usedomer Winkel, dem südlichsten Teil der Insel

Vineta-Festival

Der Mythos erzählt von Vineta, einer Stadt sagenhaften Reichtums, einem Babylon der nordischen Küste, in dem zahlreiche Völker einträchtig miteinander lebten. Irgendwann versank die

Beim Vineta-Festival auf Usedom

Stadt in den Fluten, aber Vineta lebt: im Sommer in der Stadt Zinnowitz auf Usedom. Die Vineta-Festspiele zaubern den Mythos im Gewande eines »Fantasie-Theaterspektakels« auf die Freilichtbühne. Ritter, Hexen und Prinzessinnen geben sich in dieser effektvollen Show ein Stelldichein, Pyrotechniker legen sich ins Zeug, und mehr als 200 000 Zuschauer genießen das Spektakel.

Lübeck Holstenhafen an der Untertrave, im Hintergrund die Marienkirche der quirligen Hansestadt, die über die Trave an die Ostsee angebunden ist. Die von Wasser umgebene und von gotischer Backsteinarchitektur geprägte wunderschöne Altstadt zählt zum Weltkulturerbe der UNESCO.

Bad Doberan Die ehemalige Klosterkirche in Bad Doberan, das Münster, gilt als Meisterwerk der norddeutschen Backsteingotik. Zu Beginn des 19. Jh. wurde in Bad Doberan die erste Pferderennbahn Europas angelegt.

Rostock Wirtschaftliches und wissenschaftliches Zentrum des Ostseeraums ist Rostock, die größte Stadt Mecklenburg-Vorpommerns. Als Mitglied der Hanse erlebte sie bereits im 14. und 15. Jh. eine erste Blüte, die Marienkirche wurde 1260 bis ca. 1450 errichtet.

Lüneburg Der bereits 1336 erwähnte Alte Kran an der Ilmenau diente zur Salzverladung. Die Barockfassade des Alten Kaufhauses zeugt wie viele andere Bauten vom Reichtum der alten Salzstadt.

Wismar Das Wassertor am Hafen von Wismar, der seit mehr als 750 Jahren für die Ostseeschifffahrt von überregionaler Bedeutung ist. Das schöne mittelalterliche Stadtbild blieb weitgehend erhalten.

Insel Poel Ein Damm über den Breitling – eine nur einen Kilometer schmale Meeresstraße – verbindet seit dem Jahr 1760 die Insel Poel wieder mit dem Festland. Kirchdorf mit seiner Backsteinkirche aus dem 14. Jh., umgeben von den Wallanlagen der ehemaligen Festung, ist der Hauptort. Am Strand bei Timmendorf steht ein alter Leuchtturm.

Lüneburger Heide Im – 1921 gegründeten – Naturschutzpark Lüneburger Heide rund um den Wilseder Berg breiten sich noch Heideflächen mit Zwergsträuchern, Wacholder und der im Spätsommer blühenden Besenheide aus. Spezielle Heideschafe tragen zum Erhalt der Landschaft bei.

Lauenburg Die ehemalige Elbschiffersiedlung Lauenburg, 1182 als Burg gegründet, ist seit 1260 Stadt. Am jenseitigen Steilufer der Elbe gelegen, blieb die historische Altstadt Lauenburgs mit ihren schönen Fachwerkhäusern aus dem 16. bis 18. Jh. weitgehend erhalten.

Naturpark Lauenburgische Seen Der 1961 gegründete Naturpark mit seinen 40 Seen und der eiszeitlich geprägten hügeligen Landschaft mit Niederungen, Mooren und Feuchtwiesen gehört zu den ältesten in Deutschland. Seeadler, Kranich, Eisvogel und Schwarzstorch, ebenso Fischotter oder die seltene Maräne sind hier noch zu finden.

Naturpark Elbufer Drawehn Rad-, Wander- und Reitwege führen rechts und links des großen Stroms entlang zu den Sehenswürdigkeiten der Natur, die als UNESCO-»Biosphärenreservat Flusslandschaft Elbe« einen ganz besonderen Schutz genießt.

Ratzeburg Der Ratzeburger Dom, ein 1160 begonnener Backsteinbau, prägt das Antlitz der 1062 erstmals urkundlich erwähnten Stadt.

Schwerin Eines der bedeutendsten Baudenkmäler aus dem 19. Jh. in Mecklenburg-Vorpommern ist das märchenhaft erscheinende Schweriner Schloss mit seinen Türmchen und Erkern und dem barocken Schlossgarten, Mittelpunkt der ehrwürdigen Residenzstadt.

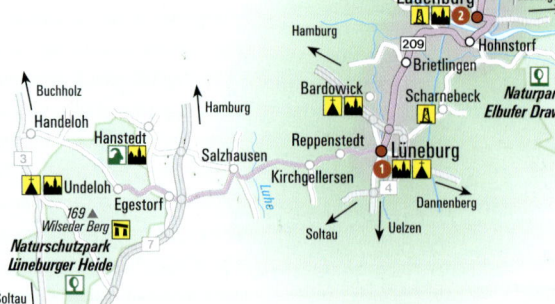

Ribnitz-Damgarten Mitten durch die »Bernsteinstadt« verläuft die Grenze zwischen
Mecklenburg, wozu Ribnitz gehört, und dem
vorpommerschen Damgarten. Die historische Altstadt lädt zum Bummeln ein; unbedingt sehenswert ist das Bernsteinmuseum.

Rügen Im äußersten Norden der mit 926 km² Fläche
größten Insel Deutschlands liegt das Kap Arkona, das
man am besten zu Fuß oder mit dem Rad erkunden.
Ein Wanderweg führt von Putgarten aus zum Kap mit
seinem 46 m hohen Leuchtturm und dem gleich daneben aufragenden Schinkelturm.

**Nationalpark Vorpommersche Boddenland-
schaft** Seit 1990 geschützt, gehören u.a. die
Halbinsel Darß-Zingst, die Insel Hiddensee
und Teile von Rügen zum Nationalpark.

Nationalpark Jasmund Während der letzten Eiszeit stauch-
ten Inlandgletscher die im Untergrund anstehende Kreide und
ältere eiszeitliche Schichten zu
einem Höhenrücken auf, der
heute 161 m über die Ostsee
ragt. Vor etwa 6000 Jahren stieg
der Meeresspiegel auf sein heutiges Niveau. Hochgebiete wie
Jasmund wurden zu Inseln.
Durch die abtragende Wirkung
von Wellen und Strömungen
entstanden markante Steilufer.

Peenemünde Von 1936 bis
1945 war der beschauliche
Ort Entwicklungsstätte für
Raketenwaffen (V1 und
V2), von 1945 bis 1989 ein
Militärstützpunkt des War-
schauer Paktes für Marine-
und Luftstreitkräfte. Ein
Informationszentrum doku-
mentiert die technischen
Errungenschaften wie das
historische Grauen der als
todbringende Waffe ent-
wickelten Rakete.

Hiddensee Der Leuchtturm von Dornbusch auf Hiddensee, auch die »Perle
der Ostsee« genannt. Erreichen kann man die Insel nur mit dem Schiff von
Stralsund oder von Rügen aus. Abwechslungsreiche, weitgehend unberührte Landschaften, Dünen und Strände locken den Besucher.

Stralsund Die Bedeutung der einstigen Hansestadt spiegelt sich noch heute
im Stadtbild wider. In dem Netz mittelalterlicher Straßenzüge überwiegt die
Backsteingotik. Viele Bürgerhäuser stammen aus der Zeit zwischen dem 15.
und 19. Jh. Das »Venedig des Nordens« ist UNESCO-Weltkulturerbe.

Greifswald Ihre Entstehung verdankt die
Universitätsstadt den reichen Salzvorkommen (Stadtrecht 1250). Die Dächer überragt die Marienkirche, eine Hallenkirche
aus der ersten Hälfte des 14. Jh. Der Backsteinbau des Doms St. Nikolaus aus dem
13. bis 15. Jh. gehört zu den schönsten in
Mecklenburg-Vorpommern.

Anklam Um 1283 war die Stadt ein Mitglied der Hanse. Ihre Bedeutung verdankt
sie der günstigen Lage an der Peene. Von
der alten Befestigung zeugt noch immer
das prächtige Steintor. Nach der Marienkirche sollte man unbedingt noch das
Otto-Lilienthal-Museum besuchen.

Seebad Ahlbeck Diese Seebrücke ist die älteste in Deutschland. 1882
errichtete man eine hölzerne Plattform, 1898 einen Seesteg mit
Schiffsanleger. Darauf entstanden zwei einander gegenüber liegende Aufbauten, die nach 1905 miteinander verbunden wurden.

Abendstimmung über der fast tausend Jahre alten Kaiserpfalz von Goslar

Kirchen und Burgen
Wege in die Romanik und Straße der Romanik

Abtauchen ins Mittelalter, Eintauchen in die Welt von Kaisern und Königen, Fürsten und Rittern, Bischöfen und Mönchen – das erwartet den Reisenden entlang der beiden Ferienstraßen, die durch Niedersachsen und Sachsen-Anhalt führen und ganz im Zeichen der Romanik stehen. Die Kirchen, Klöster und Burgen des Mittelalters haben ihren ganz eigenen Reiz und bestechen durch ihre klaren Bauformen in vollendeter Harmonie.

Architektur ist steingewordene Geschichte. So lässt sich an der deutschen Baukunst des Mittelalters ablesen, wie das Heilige Römische Reich Deutscher Nation versuchte, politisch und kulturell an das Römische Reich anzuknüpfen. Kaiser Karl der Große griff für seine 805 geweihte Pfalzkapelle in Aachen auf das Vorbild der Kirche San Vitale in Ravenna aus dem 6. Jh. zurück. Otto I. ließ für den Magdeburger Dom antike Säulen aus Italien herbeischaffen und einbauen. So konstruierte

man sich seinerzeit eine kulturelle Kontinuität. Kunst legitimierte Herrschaft. Glücklicherweise verfehlte diese Kulturpolitik ihr Ziel. Gewollt war eine Wiedergeburt der Antike, geschaffen aber wurde etwas völlig Neues. Am Ende stand die Loslösung von den antiken Vorbildern und die Grundlegung einer eigenständigen Kultur in der Mitte Europas.
So entdeckte man beispielsweise die antike Basilika wieder. Das war in der Antike ein Gebäude für profane Zwecke, das als

Auf kostbaren Bronzeplastiken ruht das Taufbecken im Hildesheimer Dom (um 1225)

überdachter Markt oder als Gerichtsgebäude diente. Das frühe Christentum beförderte diesen Bautypus zur Urform seiner Kirchenbauten. Doch die eigentliche architektonische Karriere der Basilika begann erst im frühen Mittelalter. Die längsgerichtete Bauform mit einem hohen Mittelschiff und niedrigeren Seitenschiffen wurde dann für mehr als 1000 Jahre in zahlreichen historischen und regionalen Variationen zum Grundtypus der Kirchenbauten.
Diese hier nur knapp skizzierte Geburt Mitteleuropas aus dem Geist der Antike ereignete sich im Früh- und Hochmittelalter, also in jener Epoche, für die sich in der Kunstgeschichte im 19. Jh. die Bezeichnung »Romanik« durchgesetzt hat. Die kunsthistorischen Zeiteinteilungen sind aber leider nicht einheitlich. Zur groben Orientierung: Das Jahrhundert nach

Hoch über den Fachwerkhäusern Quedlinburgs thront die romanische Basilika des Frauenstifts.

Die Kulisse von Bernburg an der Saale wird vom Renaissanceschloss beherrscht, der einstigen Residenz der Fürsten von Anhalt-Bernburg.

der Kaiserkrönung Karls des Großen im Jahr 800 ist nach diesem benannt – karolingisch. Es schließt sich die Epoche der ottonischen oder frühromanischen Kunst an, benannt nach Otto I., dem Großen; sie erstreckt sich etwa vom Beginn des 10. bis zur Mitte des 11. Jh. Es folgt die Epoche der Romanik, die sich in Deutschland mit der Frühgotik überschneidet und etwa bis zur Mitte des 13. Jh. dauert.

Wer eine Zeitreise in das Mittelalter unternehmen und sich die steinernen Zeugnisse jener Epoche, die eindrucksvollen Kirchen, Klöster und Burgen, anschauen möchte, reist am besten in eine der romanisch geprägten Kulturlandschaften. Das ist in Deutschland neben dem Rheinland vor allem Sachsen-Anhalt mit dem angrenzenden Niedersachsen. Kreuz und quer durch diese Region führt die hier vorgeschlagene Route.

Zwei Bauwerke am Anfangs- und am Endpunkt der Route markieren Beginn und Ausklang der romanischen Epoche. In Hildesheim ist die ottonische Benediktiner-Klosterkirche St. Michael ein unbedingtes Muss. An diesem Kirchenbau lassen sich die charakteristischen Elemente einer frühromanischen Basilika exemplarisch studieren. Der Magdeburger Dom wurde 937 von Otto I. gestiftet; 1207 brannte das Gotteshaus ab. Mit dem Neubau entstand nach französischen Vorbildern der erste gotische Kirchenbau auf deutschem Boden. Allerdings setzte sich der neue Stil nicht gleich in reiner Form durch, vielmehr blieben zahlreiche Bauelemente spätromanisch. Übrigens überstanden die aus Italien importierten antiken Säulen den Brand und fanden in der neuen Kirche wieder ihren Platz. Kulturpolitische Kontinuität blieb Trumpf.

Braunschweiger Altstadtmarkt mit gotischem Rathaus (14. Jh.) und Martinikirche (12. Jh.)

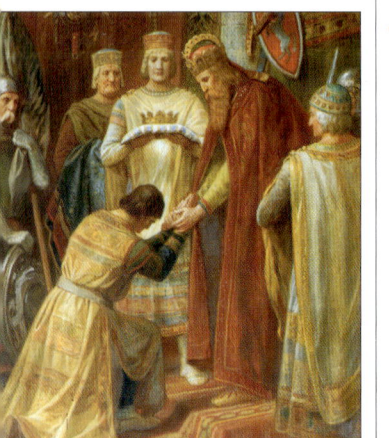

1

Heinrich der Löwe

Im Braunschweiger Dom steht Heinrich der Löwe als lebensgroße Figur vor seinem Grabmal und hält in der rechten Hand das Modell des von ihm gestifteten Kirchenbaus. Neben ihm ist seine Frau Mathilde abgebildet; mit ihr

Heinrich der Löwe vor Kaiser Barbarossa (Fresko in der Kaiserpfalz von Goslar)

verbrachte Heinrich sieben Jahre im Exil in England, nachdem er Kaiser Friedrich I. Barbarossa die Waffenhilfe verweigert und Sachsen und Bayern verloren hatte. 1158 hatte Heinrich München und Lübeck gegründet. Nach 1160 baute er Braunschweig zu seiner festen Residenz aus.

Die Reise in das Mittelalter beginnt im niedersächsischen Hildesheim. In einem Bogen führen die »Wege in die Romanik« über Braunschweig zunächst südwärts durch den Harz und dann nordwärts nach Magdeburg. Die Hauptstadt Sachsen-Anhalts ist der Knotenpunkt der achterförmigen »Straße der Romanik«, von der zuerst die südliche, dann die nördliche Schleife durchfahren werden.

1 Hildesheim Die fast 1200 Jahre alte Stadt, bis zur Zerstörung im März 1945 ein einziges Fachwerkwunder, hat seit 1989 ihren großartigen Marktplatz wieder. Dessen Prunkstück, das Knochenhaueramtshaus, wurde – ebenso wie das Bäckeramtshaus und die Fassaden anderer Häuser – fachmännisch rekonstruiert. Lediglich das Rathaus und das Tempelhaus hatten den Krieg überstanden.
Weitgehend neu erbaut werden mussten auch der Dom und die Kirche St. Michael, beide fast rein romanisch. Im Dom blieben das Taufbecken, die Bronzetür zu Ehren von Bischof Bernward, die Madonna mit dem Tintenfass, der Hezilo-Radleuchter, der das himmlische Jerusalem darstellt, und die Bernward-Säule erhalten. Der »tausendjährige« Rosenstock im Kreuzgang verbrannte, trieb jedoch 1946 neu aus. Einen Kunstschatz von unermesslichem Wert stellt die bemalte Holzdecke in St. Michael aus dem 13. Jh. dar.

Ein Aufenthalt in der Stadt wäre unvollständig ohne den Besuch des Roemer- und Pelizaeusmuseums mit der eindrucksvollen ägyptischen und altperuanischen Sammlung.

2 Braunschweig siehe S. 48

3 Wolfenbüttel Die einstige Residenzstadt ist ein Kleinod der Renaissance. Eine weitgehend erhaltene, von Fachwerkbauten geprägte Altstadt mit romantischen Winkeln an der Oker, das prächtige Schloss mit barocker Fassade und Renaissanceturm und die Marienkirche, ein prunkvolles Monument des Protestantismus des frühen 17. Jh., ziehen den Besucher in ihren Bann. Richtig berühmt wurde die Stadt aber erst durch ihre Bücher-

1 Braunschweig: Burgplatz mit Burg Dankwarderode und Burglöwe

2 Hildesheim: Kirche St. Michael, seit 1985 UNESCO-Weltkulturerbe

2

Reiseinformationen

Routen-Steckbrief
Routenlänge: ca. 930 km (ohne Abstecher)
Zeitbedarf: mind. 8–10 Tage
Start: Hildesheim
Ziel: Magdeburg
Routenverlauf: Hildesheim, Braunschweig, Goslar, Quedlinburg, Helmstedt, Magdeburg, Sangerhausen, Querfurt, Naumburg, Bernburg, Jerichow, Havelberg, Salzwedel, Walbeck, Groß-Ammensleben, Magdeburg

Auskünfte:
Info Wege in die Romanik bei:
Landkreis Helmstedt – Amt für Wirtschaftsförderung, Statistik und Fremdenverkehr
Rosenwinkel 8,
38350 Helmstedt,

Tel. (0 53 51) 121-14 43,
Fax (0 53 51) 121-16 22,
www.romanik.de
Info Straße der Romanik bei:
Landesmarketing Sachsen-Anhalt
Am alten Theater 6,
39104 Magdeburg,
Hotline: (0 18 05) 37 20 00,
www.lmg-sachsen-anhalt.de
Harzer Verkehrsverband e.V.,
Marktstr. 45, 38640 Goslar
Tel. (0 53 21) 34 04-30,
Fax (0 53 21) 34 04-16,
www.harzinfo.de
Saale-Unstrut-Tourismus e.V
Grochlitzer Str. 55,
06618 Naumburg/Saale,
Tel. (0 34 45) 2 33-79 10,
Fax (0 34 45) 2 33-79 12,
www.saale-unstrut-tourismus.de

Prunkstück der romanischen Kirche St. Michael in Hildesheim ist die rund 28 mal 9 m große bemalte Holzdecke, die den Jesseboom, den Stammbaum Christi, darstellt. Das um 1230 entstandene Werk besteht aus 1300 Einzelstücken und ist ein einzigartiges Beispiel romanischer Monumentalmalerei.

Braunschweig

Braunschweigs Geschichte ist eng mit Heinrich dem Löwen (1129/31–1195) verknüpft. Dem berühmten Welfenherzog, der den Ort im 12. Jh. zur Stadt erhob, verdankt Braunschweig sein Gesicht und seinen Aufstieg. Im Jahre 1753 machten die Herzöge von Braunschweig, die zuvor in Wolfenbüttel residierten, die Stadt zur Residenz des gleichnamigen Herzogtums.

In wechselvoller Geschichte hat sich Braunschweig zu einem bedeutenden Zentrum von Kultur und Wissenschaft entwickelt. Heinrich der Löwe war Bauherr der kaiserpfalzartigen Burg Dankwarderode und des benachbarten Doms St. Blasius sowie Stifter des Bronzelöwen auf dem Burghof – der ersten frei stehenden romanischen Skulptur in Deutschland – und bekräftigte hiermit nachdrücklich seinen Machtanspruch. Die Burg brannte mehrfach aus, daher beruht ihre heutige Form auf einer Rekonstruktion aus den Jahren 1886–1889. Die kostbarsten Ausstattungsstücke des Doms sind die teilweise erhaltene Ausmalung aus dem 13. Jh. und die alten Grabmäler.

Der Braunschweiger Burgplatz mit dem Dom St. Blasius (1173–1195) und dem Burglöwen, den Heinrich der Löwe 1166 errichten ließ.

Der Altstadtmarkt mit dem gotischen Rathaus (13.–15. Jh.), dem gewaltigen Gewandhaus, dem Kaufhaus der Tuchhändler aus der Zeit vor 1300, sowie der frühgotischen Bürgerkirche St. Martin bildet ein zweites, mindestens ebenso eindrucksvolles historisches Zentrum.

Einen Besuch lohnen auch die Museen der Stadt, hier vor allem das Braunschweigische Landesmuseum sowie das Herzog-Anton-Ulrich-Museum mit der viertgrößten Gemäldegalerie Alter Meister in Deutschland.

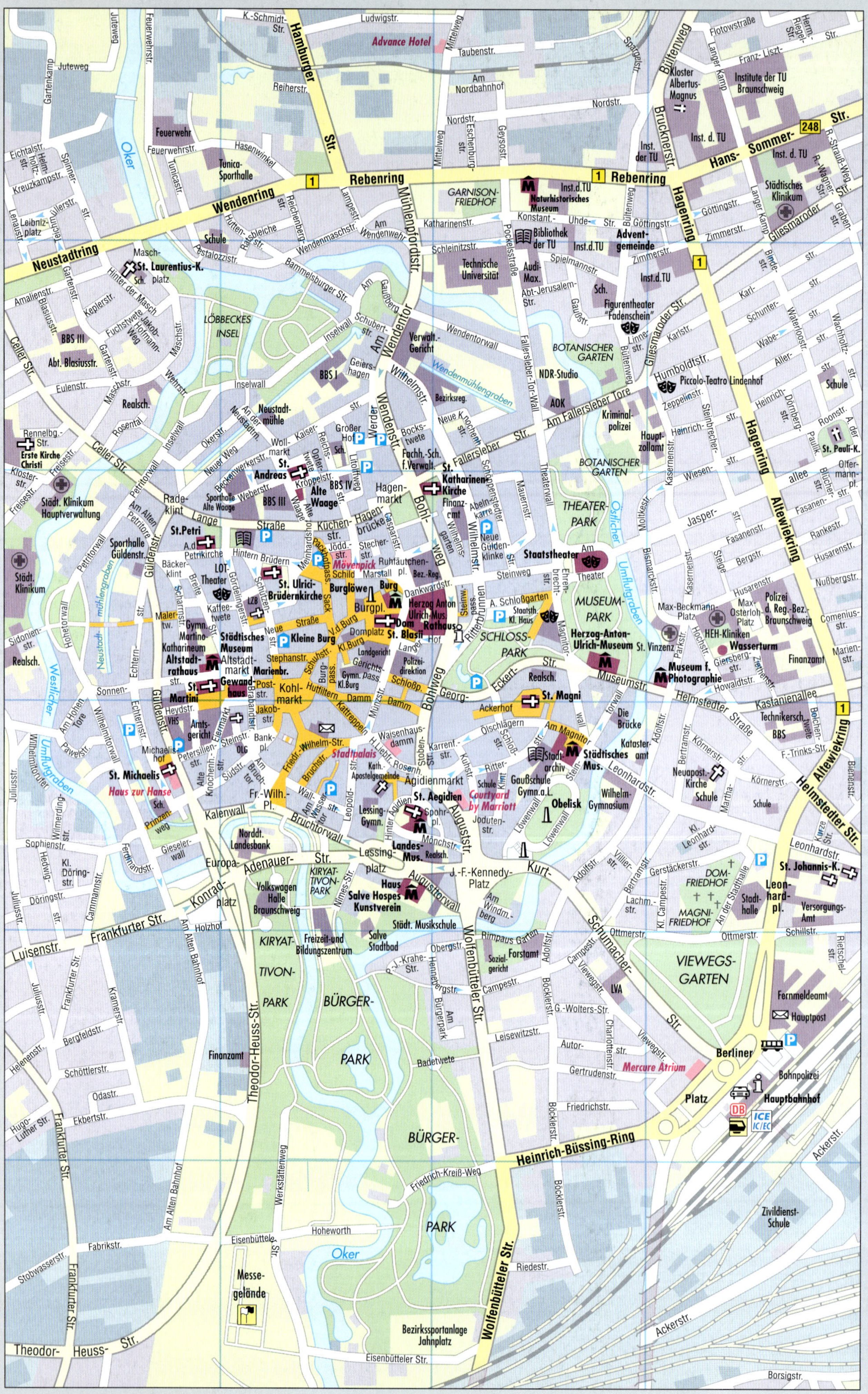

5 Walkenried Das imposante Zisterzienserkloster ist die großartigste Ruine im ganzen Harz. Der erste Bau wurde bereits 1179 bezogen, doch die heute noch zu besichtigenden Teile – die verfallene große Kirche sowie der erhaltene Kreuzgang – wurden im 13. und 14. Jh. in gotischem Stil neu errichtet. Im Sommer finden im Kreuzgang klassische Konzerte statt.

6 Gernrode In dem landschaftlich schön gelegenen Ort beginnt die Selketalbahn, eine der drei gemütlichen Harzer Schmalspurbahnen. Schon der alte Bahnhof ist sehenswert. Vor allem aber weist das Städtchen einen kulturhistorischen Leckerbissen auf: Die imposante ottonische Kirche St. Cyriakus entstand bereits im 10. Jh. und ist damit die älteste im an Kirchen so reichen Sachsen-Anhalt. Wie schon die Quedlinburger Stiftskirche verdankt auch St. Cyriakus seine Größe dem Reichtum eines Damenstifts. Das Heilige Grab im Kircheninneren ist eine Nachbildung des Grabes Christi.

7 Quedlinburg Die Stadt Heinrichs I. – des ersten deutschen Königs – und seiner Frau Mathilde blickt auf eine über tausendjährige Geschichte zurück und ist ein kunsthistorischer Höhepunkt der Tour. Weit über 1000 Fachwerkhäuser sowie bedeutende Kirchen prägen das Stadtbild, das vom Schlossberg mit der Kirche St. Servatius aus dem 12. Jh. überragt wird. Die romanische Basilika und das benachbarte, mehrfach umgebaute Schloss (10.–18. Jh.) sind Teile des mächtigen Damenstifts, das hier im Jahre 936 von Mathilde gegründet wurde und bis 1803 die Stadt beherrschte.
Nicht viel jünger als die Stiftskirche ist St. Nikolai in der Neustadt, dessen 72 m hohe Doppeltürme weithin zu sehen sind. Vor allem aber lohnt sich ein ausführlicher Bummel durch die Altstadt zwischen Schlossberg und Kornmarkt.
In der Straße Finkenherd nahe dem Schlossberg steht das Geburtshaus des Dichters Klopstock (1724–1803). Die Adresse Wordgasse 3 verweist auf das älteste Fachwerkhaus der Harzregion; der urtümliche Ständerbau beherbergt heute ein Museum zu dieser Bauweise.

1 Pittoreskes Fachwerk säumt die Gasse Hölle in der Altstadt von Quedlinburg.

2 Blick in den Altarraum der romanischen Stiftskirche St. Cyriakus in Gernrode

sammlung: Die 1572 gegründete Herzog-August-Bibliothek galt im 17. Jh. als die größte ihrer Art in Europa. Zu ihren Leitern zählten der Philosoph Leibniz und der Dichter Lessing. Zu den 12 000 alten Handschriften gehört auch das Evangeliar Heinrichs des Löwen, das als teuerstes Buch der Welt bekannt wurde.

4 Goslar Die heimliche Hauptstadt des Harzes ist mit rund 50 000 Einwohnern nicht nur die größte Ansiedlung, sondern auch eine besonders geschichtsträchtige: Man sieht es an den von prächtigen Fachwerkhäusern gesäumten Gassen im historischen Stadtkern, vor allem aber an der Kaiserpfalz, dem fast 1000 Jahre alten Palast des Salierkaisers Heinrich III. Fast ebenso alt ist die vor der Pfalz gelegene Domvorhalle mit dem Kaiserthron. Der Dom selbst wurde um 1829 abgerissen, als die Blütezeit Goslars längst Geschichte war. Der frühere Reichtum der Stadt beruhte auf dem Silberbergbau, ehe die Erlöse daraus im 16. Jh. an Braunschweig fielen. Noch bis 1988 wurden aus dem Rammelsberg am Südrand der Stadt Erze gefördert. Heute ist ein Teil des Bergwerks als Museum hergerichtet.
Beim Bummel durch die alten Gassen zum Marktplatz – mit Rathaus und Marktbrunnen – sollte man das Figurenspiel an der Kämmerei gegenüber dem Rathaus nicht versäumen. Die Spielzeiten sind täglich um 9, 12, 15 und 18 Uhr.

1

Im Unterharz

Zwischen Ermsleben, Sangerhausen und Tilleda umrunden wir auf unserer Route den Unterharz. Dass sich die Wegführung an den Rand des Gebirges hält, hängt mit der Besiedlungsgeschichte zusammen: Im Mittelalter hielt man sich vom finsteren Wald fern und besiedelte nur das Vorland. Allerdings wurde schon vor 1000 Jahren im

Teufelsmauer bei Thale

Gebirge Bergbau betrieben, denn der Harz ist reich an Erzen. Die Gründung von Bergbaustädten wie Clausthal-Zellerfeld fiel aber in spätere Zeiten. Heute ist der Bergbau längst zum Erliegen gekommen. Geblieben sind Bergbaumuseen und Schaubergwerke, für deren Besuch sich Abstecher in den Unterharz lohnen. In Hettstedt dokumentiert das Mansfeld-Museum den einstigen Kupferschiefer-Bergbau. In Ilfeld, wo einst Steinkohle und Kupferschiefer gewonnen wurden, kann man in die Stollen einfahren. Ähnliche montane Sehenswürdigkeiten warten in Wettelrode, Thale und Straßberg.

8 Halberstadt Im nördlichen Harzvorland am Fuße des Huy liegt das im 9. Jh. als Bischofssitz gegründete Halberstadt. Der gotische Dom St. Stephanus geht auf einen karolingisch-ottonischen Vorgängerbau zurück, von dem bedeutende Ausstattungsstücke erhalten sind. Die Liebfrauenkirche ist rein romanisch und besticht durch eine reiche Innenausstattung. Herausragende Werke sind die Stuckreliefs der Chorschranken mit Maria, Christus und den Aposteln.

9 Dedeleben Jenseits des Huy liegt im Flachland des Großen Bruchs Dedeleben mit seiner um 1200 erbauten gut erhaltenen Wasserburg, die von einem doppelten Wassergraben umgeben ist. Im Innenhof der Westerburg bilden das putzige turmförmige Fachwerk-Taubenhaus und der 32 m hohe Bergfried einen pittoresken Gegensatz.

10 Schöningen Der älteste Ort der Route ist bereits seit dem Jahre 748 belegt. Sogar Karl der Große kam hier 784 vorbei. Vielleicht spielte schon damals die Salzquelle eine Rolle. An der Stelle, wo Karl damals logierte, steht seit 1120 die Pfarrkirche St. Lorenz.
In der Stadtmitte besticht der Marktplatz, um den herum und in dessen Nähe das einstige Rathaus, die Kirche St. Vincenz, das Amtsgericht und die Burg versammelt sind.

2

11 Königslutter Kleine Stadt, große Kirche! Der Stifter des romanischen »Kaiserdoms«, der im Jahre 1135 begonnen wurde, war Kaiser Lothar III., der im nahen Süpplingenburg residierte. Berühmt sind das Löwenportal, der Jagdfries an der Apsis – in der Mitte fesseln zwei Hasen ihren Jäger – und der Kreuzgang. Ebenso beeindruckend, wenn auch kunstgeschichtlich etwas weniger interessant ist das historische Stadtbild.

12 Helmstedt An die jahrzehntelange Funktion des Ortes als innerdeutscher Grenzübergang erinnern eine Gedenkstätte und ein Museum. Helmstedt hat jedoch einiges mehr zu bieten,

etwa das Ludgeri-Kloster mit der kuriosen alten Doppelkapelle und der Felicitas-Krypta, die gotische Stephani-Kirche mit einer kunstgeschichtlich bedeutenden Renaissance-Kanzel und das schmucke Juleum. Dabei handelt es sich um den 1592–1597 errichteten Hauptbau der Universität, die Helmstedt bis 1810 besaß.

13 Magdeburg siehe Seite 51

14 Frose Von Magdeburg aus biegt man zunächst auf die südliche Schleife der Straße der Romanik. Das Damenstift ist eine Gründung aus dem 10. Jh. Um 1170 entstand der spätromanische Neubau der Stiftskirche. Die beiden Türme des Westwerks

wirken wie trutzige Wehrtürme, aber in deren Rundbogenöffnungen sind bereits Säulchen mit kleinen Spitzbögen eingepasst – die heraufziehende Gotik kündigt sich an. Thomas Müntzer hatte in Frose als junger Theologe eine Priesterstelle inne.

15 Ermsleben Am Rande des Unterharzes stehen in der Nähe

1 Das Stadtbild Magdeburgs wird vom gotischen Dom St. Mauritius und St. Katharina beherrscht.

2 Das thronende Herrscherpaar in einer Kapelle des Magdeburger Doms ist eine Darstellung von Kaiser Otto I. und seiner Frau Editha.

Magdeburg

Die Lieblingspfalz des ersten deutschen Kaisers Otto I. wurde bereits 965 Bischofssitz. Dank ihrer exponierten Lage am Schnittpunkt wichtiger Handelswege entwickelte sich die Stadt rasch zu einem bedeutenden wirtschaftlichen Zentrum.

Inzwischen verfügt die Stadt am Wasserkreuz von Elbe, Mittelland- und Elbe-Havel-Kanal über einen der größten Binnenhäfen Europas. Als einen Gegenpol zu Handel und Industrie pflegt die Landeshauptstadt von Sachsen-Anhalt jedoch auch ihr kulturelles Erbe seit der Zeit der ottonischen Kaiser. Die Bombardierungen des Zweiten Weltkrieges überstanden lediglich einige Bauten und Kunstwerke höchsten Ranges, allen voran der großartige Dom aus dem 13./14. Jh. Beeindruckend sind die Figuren der fünf klugen und fünf törichten Jungfrauen am Nordportal sowie etliche Bildwerke im

Oben: Magdeburger Rathaus, davor eine vergoldete Bronzekopie des Magdeburger Reiters
Unten: Der Magdeburger Dom beherbergt herausragende Bildwerke.

Inneren, darunter das Gefallenendenkmal von Ernst Barlach. Glanzlicht des Kreuzgangs ist die hochgotische Brunnenkapelle.

Die nahe Kloster Unser Lieben Frauen bewahrte fast vollständig den romanischen Stil seiner Bauzeit (11./12. Jh.); zu ihm gehört auch das früheste deutsche Brunnenhaus. Das Kunstmuseum im Kloster hat als Sammlungsschwerpunkt mittelalterliche Sakralskulpturen und plastische Kunst des 20. Jh. Der Magdeburger Reiter von 1240 ist die älteste frei stehende deutsche Reiterfigur. Das Original aus Sandstein befindet sich heute im Museum, vor dem Rathaus steht eine Bronzekopie. Vom Turm der Johanniskirche und vom anderen Elbufer aus bietet sich ein wunderbarer Blick über die Stadt.

1

Kyffhäuser

Auf dem Kyffhäuser, einem Höhenzug südlich vom Harz, stand zur Zeit von Kaiser Friedrich I. »Barbarossa« (1122–1190) die größte Burg des deutschen Mittelalters. Zur Verherrlichung des deutschen Kaisertums entstand hier 1890–1896 ein monumentales, 81 m hohes Denkmal mit der Figur des schlafenden Barbarossa.

Der schlafende Barbarossa auf dem Kyffhäuser

Auf der Südwestseite des Kyffhäusers bei Rottleben befindet sich die riesige Barbarossa-Höhle, in der den Besucher bizarre Formationen aus Gips sowie Barbarossas »Tisch« und »Stuhl« erwarten.

des Dorfes Ermsleben die Überreste des um 1200 von Benediktinern gegründeten Klosters Konradsburg. Von aufständischen Bauern 1525 geplündert, später verwahrlost und zum Teil abgerissen, lohnen die erhaltenen Bauteile, insbesondere die Hallenkrypta, dennoch die Anreise.

16 **Klostermansfeld** Am Rande des Harzes entlang erreicht man nach 20 km die um 1170 erbaute Kirche des ehemaligen Benediktinerklosters, das ein ähnliches Schicksal wie das Kloster Konradsburg erlitt und während der Reformation von rebellischen Bauern zerstört wurde. Die Kirche wurde nach 1960 restauriert.

17 **Sangerhausen** Die Stadt wird zwar von einer hässlichen Abraumhalde, einem Relikt des inzwischen eingestellten Kupferbergbaus, überragt, doch dafür entschädigt das Rosarium, ein rund 15 ha großer Rosengarten. Mit über 6500 verschiedenen Arten ist es seit 1903 ein Wallfahrtsziel für Rosenfreunde. Im alten Stadtkern erwarten den Besucher noch weitere Sehenswürdigkeiten: die Jakobikirche mit ihrem schiefen Turm, das Rathaus (15.–16. Jh.), das Neue Schloss (16.–17. Jh.) sowie die romanische Ulrichskirche. Und nicht zu vergessen: das Spengler-Museum, ein Heimatmuseum mit über 2000 Exponaten zur Geschichte von Stadt und Region.

18 **Tilleda** Weiter geht es entlang des Gebirgsrandes nach Til-

2

leda. Die Königspfalz diente in den Jahrzehnten um 1000 den Herrschern auf ihren Reisen als Station für Verpflegung und Unterkunft. Mitte des 20. Jh. wurden die Ruinen ausgegraben. Heute sind einige Gebäude der Vorburg rekonstruiert. In der Nachbarschaft lohnen Burg Kyffhausen und das Kyffhäuser-Denkmal einen Besuch.

19 **Allstedt** Weg vom Harz in Richtung Unstrut-Land gelangt man nach Allstedt. Auf einer Anhöhe thront die bereits vor dem Jahre 800 erbaute Burg, die vom 10. bis 12. Jh. Schauplatz mehrerer Reichstage war. Hier verteidigte Thomas Müntzer 1524 in der »Fürstenpredigt« seine Thesen von Gerechtigkeit bereits in der diesseitigen Welt.

20 **Querfurt** Die ab etwa 900 erbaute Burg ist eine der ältes-

ten und größten Burganlagen in Deutschland – etwa siebenmal so groß wie die Wartburg. Beeindruckend sind die wuchtigen und komplexen Wehranlagen mit Ringmauer, Bastionen und Toren. Aus romanischer Zeit stammt der Bergfried »Dicker Heinrich«. Im Burghof steht eine einschiffige Kirche aus dem späten 12. Jh., die um 1700 barockisiert wurde.

21 **Eckartsberga** Im Burgenlandkreis wird mit Eckartsberga und der Eckartsburg der südlichste Punkt der Route erreicht. Möglicherweise wurde die Burg bereits im Jahre 998 gegründet, sicher ist jedoch ein romanischer Ausbau im 12. Jh. Weitere Umbauten folgten dann in gotischer Zeit. Im Museum erinnert ein Diorama an die Schlacht von 1806 im nahe gelegenen Auerstedt.

22 **Bad Kösen** Rund 10 km vor der Einmündung der Unstrut in die Saale liegt das einstige Flößer- und Salzsiederstädtchen, das heutige Solbad Kösen, in dem ein Gradierwerk und alte Soleförderanlagen erhalten sind. Berühmt war einst die evangelische Landesschule Schulpforta in Pforta, einem Ortsteil von Bad Kösen, mit zahlreichen namhaften Absolventen wie Ranke, Fichte, Nietzsche. Sie war bereits 1543 durch Moritz von Sachsen in einem aufgehobenen Zisterzienserkloster eingerichtet worden. Die nur 250 m voneinander entfernten Burgen Saaleck und Rudelsburg, um 1050 bzw. 1150 auf dem Talhang hoch über der Saale errichtet, bieten herrliche Ausblicke über das Saaletal.

23 **Naumburg** Die durch ihren Dom bekannte Stadt gehört zu den schönsten in Mitteldeutsch-

Die Naumburger Stifterfiguren

Im Dom von Naumburg erwartet den Reisenden ein kunsthistorischer Höhepunkt, dessen Betrachtung man sich auf keinen Fall entgehen lassen sollte. Gemeint sind die zwischen 1245 und 1250 aus Kalkstein gehauenen, lebensgroßen Stifterfiguren im Westchor des Domes.

Die zwölf Statuen sind nicht nur einzigartige Zeugnisse der deutschen Frühgotik, sondern vollendete Glanzstücke der deutschen Kunst überhaupt. Bei den dargestellten Persönlichkeiten handelt es sich unter anderem um die Brüder Ekkehard II. und Hermann mit ihren Gemahlinnen Uta und Regelindis; als Markgrafen von Meißen ermöglichten sie durch großzügige Stiftungen den Bau des Naumburger Domes. Angehörige der Wettiner ließen dann zur Erinnerung an ihre Vorfahren die Figuren aufstellen.

Meisterwerke frühgotischer Plastik: die Stifterfiguren Ekkehard und Uta im Westchor des Naumburger Domes (1245–1250)

Schon auf den ersten Blick fallen die lebendige Darstellung und die Realitätsnähe der Personen auf, etwa die linke Hand Utas mit dem leicht abgespreizten kleinen Finger oder die realistische Darstellung ihres rechten Arms, der sich, den Kragen an den Hals drückend, unter dem Mantel abzeichnet. Hier steht eine unverwechselbare Persönlichkeit vor uns, mit einem Ausdruck von Individualisierung, wie man ihn sonst von der gotischen Kunst gemeinhin nicht kennt.

Allerdings handelt es sich bei der lebensvollen Figur nicht um die historische Uta – diese war bereits zwei Jahrhunderte vor der Anfertigung der Skulpturen gestorben. Der unbekannte Künstler – die Kunsthistoriker wählten für ihn die Bezeichnung »Naumburger Meister« – konnte nicht nach dem Original arbeiten und behalf sich mit großer Wahrscheinlichkeit mit einer schönen Frau seiner Zeit, die als Modell in die Rolle der Uta zu schlüpfen hatte.

land. Sie liegt inmitten von romantischen Weinbergen südlich der Einmündung der Unstrut in die Saale. Um das Jahr 1000 entstand an der Kreuzung zweier Handelsstraßen die »neue Burg« der Markgrafen von Meißen. 1028–1564 war der Ort Bischofssitz. Neben dem Dombezirk als geistlicher Residenz wuchs eine Bürger- und Handelsstadt, die erst mit dem Leipziger Messeprivileg von 1506 an Bedeutung einbüßte. Imposante Bürgerhäuser, die Stadtbefestigung, der Marktplatz, die Wenzelskirche und der berühmte Dom St. Peter und Paul mit den lebensgroßen Stifterfiguren (1250) am Lettner des Westwerks sind die Zeugen einer großen Vergangenheit.

24 Freyburg Der größte Ort im unteren Unstruttal ist die Weinhauptstadt des Saale-Unstrut-Gebietes. Wein- und Sektherstel-

lung sind hier konzentriert. Die steilen Muschelkalkhänge der Schweigenberge im Westen der Stadt sind mit ihren Trockenmauern und den bis in den Spätbarock zurückreichenden Weinberghäuschen die reizvollsten der Gegend. Der Bergsporn, der sich im Südosten schützend vor die Kulisse der Stadt schiebt, trägt die erstmals 1062 erbaute Neuenburg. Während die Gebäude des Schlosses sich scheinbar harmlos über die Höhe schieben und erst aus kürzester Distanz ihre wahre Größe offenbaren, ist der mit einer barocken Haube geschmückte, auf höchster Stelle errichtete Bergfried »Dicker Wilhelm« bereits von weitem sichtbar.

25 Merseburg Um 800 bestand an der strategisch wichtigen Saale-Elbe-Grenzlinie des Frankenreichs eine karolingische Burg.

König Heinrich I. gründete hier eine Pfalz, in der bis zum 13. Jh. die deutschen Kaiser und Könige Hoftag hielten. Durch das 968 von Otto I. begründete Bistum wurde Merseburg zum Bischofssitz. Im 17. und 18. Jh. war die Stadt Residenz der Herzöge von Sachsen-Merseburg.

Der Braunkohleabbau machte aus Merseburg im beginnenden 20. Jh. eine Industriestadt. Bis heute aber beherrschen das Renaissance-Schloss (1604) sowie der Dom St. Johannes der Täufer und St. Laurentius über dem Saale-Hochufer das Panorama der Stadt. Der ursprünglich romanische Dom (ab 1015) wurde mehrfach umgestaltet und mit spätgotischen (Kanzel) und barocken (Hochaltar) Elementen versehen. Im Inneren befindet sich außerdem eine wertvolle bronzene Grabplatte des Gegenkönigs Rudolf von Schwaben.

26 Halle Die Geburtsstadt Georg Friedrich Händels liegt am westlichen Rand der fruchtbaren und braunkohlereichen Leipziger Tieflandsbucht. Halle ist zugleich kultureller wie wirtschaftlicher Mittelpunkt der Region. Die erstmals 806 erwähnte Siedlung wurde zur Erschließung der Salzquellen an einem an wichtigen Handelswegen gelegenen Saaleübergang errichtet. Durch den Salzhandel gelangte die Stadt rasch zu Reichtum.

Die Universität wurde im 18. Jh. zu einem Zentrum der Aufklärung und des Pietismus. Ebenfalls der Aufklärung verpflichtet waren die Franckeschen Stiftungen südlich der Altstadt; sie dienten als Waisenhaus und Armenschule. In der Mitte des weiträumigen Marktplatzes, über dem sich die mächtigen Türme der Kirchen erheben, steht das berühmte Händel-Denkmal.

Die nördlich der Altstadt gelegene imposante Moritzburg wurde im späten 15. Jh. als gegen die Hallenser Bürgerschaft gerichtete Zwingburg der Erzbischöfe von Magdeburg an einem Saalearm errichtet. An den drei Landseiten ist sie von Wassergräben umgeben. Während des Dreißig-

1 Freyburg an der Unstrut, rechts die im Kern romanische Neuenburg

2 Ruine der Rudelsburg aus dem 12. Jh., unweit von Bad Kösen

3 Dom und Schloss von Merseburg hoch über dem Saaleufer

Abstecher

Tangermünde und Stendal

Stendal, das Zentrum der Altmark, erlebte seine Blütezeit im 14./15. Jh., als die Stadt Mitglied der Hanse war. Aus dieser Zeit stammen die prächtigen Kirchen und das schmuckvolle Ünglinger Tor. Eine Besichtigung wert sind der Marktplatz mit Roland und Rathaus, die dahinter liegende Marienkirche, die Jakobikirche im Norden und der Dom im Süden. Dom und Jakobikirche sind vor allem für ihre kostbaren mittelalterlichen Chorfenster und Glasmalereien berühmt.

Eine schnurgerade Allee führt nach Tangermünde, zur »Perle der Altmark« – mit fast vollständiger Stadtmauer (13. Jh.), drei Stadttoren, der

Der Roland vor dem Rathaus und dem Dom von Stendal

gewaltigen Stephanskirche (14. bis 15. Jh.) und dem Rathaus von 1430, einem Juwel norddeutscher Backsteingotik. Die meisten Wohnhäuser entstanden nach dem großen Stadtbrand von 1617.

Über der Mündung der Tanger in die Elbe wachen die Reste der Burg; sie diente im 10./11. Jh. als Festung an der slawischen Grenze und war die Keimzelle der Stadt. Ein Genuss ist das Elbpanorama vom anderen Ufer aus.

Die 1220 vollendete Klosterkirche von Jerichow auf der anderen Elbseite sollte den Slawen die Macht des Christentums vor Augen führen. Doch es fehlte an Naturstein, und so entstand hier eine der ersten romanischen Backsteinkirchen.

jährigen Krieges brannte die Moritzburg aus und wurde erst zu Beginn des 20. Jh. als Museum wieder aufgebaut. Sie beherbergt heute die Staatliche Galerie Moritzburg.

27 Petersberg Das ehemalige Augustiner-Chorherrenstift und die Stiftskirche St. Petrus thronen eindrucksvoll auf einer Porphyrkuppe. Die exponierte Lage erlaubt bei klarer Luft Ausblicke vom Kirchturm aus bis zum Harz. Die heutige Kirche ist weitgehend eine Rekonstruktion aus dem 19. Jh. Im Turmhaus steht ein Grabmal der Wettiner.

28 Bernburg Wenige Kilometer vor der Mündung der Saale in die Elbe liegt Bernburg, einst Residenz der Fürsten und Herzöge von Anhalt-Bernburg. Im Schutz der im 12. Jh. errichteten askanischen Festung entstanden hier drei unabhängige Siedlungen: die Altstadt, die Neustadt und die Bergstadt. Mit dem an der Saale gelegenen Renaissanceschloss sowie zahlreichen sehenswerten Häusern aus diversen Stilepochen in der historischen Innenstadt fühlt sich der Besucher in längst vergangene Zeiten zurückversetzt.
Über Magdeburg gelangt man schließlich zur nördlichen Schleife der Straße der Romanik.

29 Jerichow Die Klosterkirche St. Marien zählt zu den bedeutendsten romanischen Bauwerken Deutschlands, zugleich ist sie einer der ältesten Backstein-

bauten des Landes. Baubeginn war 1144. Eine Besonderheit stellt das Fragment eines frei stehenden Osterleuchters dar (um 1170); es ist der älteste erhaltene nördlich der Alpen.

30 Havelberg Malerisch erheben sich der Dom St. Marien und die Stiftsgebäude auf einer Anhöhe über der ehemaligen Hansestadt an der Havel. Die aus Bruchsteinen errichtete Basilika konnte nach 20-jähriger Bauzeit 1170 geweiht werden. Nach einem Brand wurde sie 1279 im gotischen Stil umgebaut.

31 Salzwedel Dem Salzhandel verdankte die Stadt frühen Wohlstand. Damit wurde allerdings auch die Pfarrkirche fast zugrunde gerichtet, als man sie in barocker Zeit zu einem Salz-

lager umfunktionierte. Rettende Restaurierung brachte erst das 20. Jh. Heute wirkt das Innere der spätromanischen Basilika St. Lorenz durch die Kombination von rotem Backstein, schwarz glasierten Formsteinen und weißem Putz sehr elegant.

32 Mariental Den Gepflogenheiten des Ordens entsprechend wurde hier im 12. Jh. in einem abgelegenen Tal bei Helmstedt ein Zisterzienserkloster errichtet. Charakteristisch für den Baustil der Zisterzienser ist der nüchterne, schmucklose Innenraum.

33 Walbeck Von der ehemaligen Stiftskirche St. Marien aus dem 11. Jh. blieb nur eine Ruine mit zwei imposanten Bögen. Die Kirche gehörte einst zu einer Burg. Bei Ausgrabungen wurde

1932 der Sarkophag des 964 gestorbenen Kirchenstifters Graf Lothar II. gefunden; heute steht er in der Dorfkirche St. Michaelis.

34 Groß-Ammensleben Die Kirche Petrus und Paulus des Benediktinerklosters, eine aus Bruchsteinen erbaute Pfeilerbasilika ohne Querhaus, wurde 1135 geweiht. Die Kreuzrippengewölbe gehen auf spätgotische Umbauten zurück, die Ausstattung stammt aus dem Barock. Von Groß-Ammensleben sind es dann nur mehr knapp 20 km bis Magdeburg.

1 Mächtiges Gotteshaus in ländlicher Idylle: der Dom von Havelberg

2 Blick auf das Renaissanceschloss von Bernburg an der Saale

Goslar Die Kaiserpfalz – der fast 1000 Jahre alte Palast des Salierkaisers Heinrich III. – ist wie die mittelalterliche Altstadt Goslars und das nahe Bergwerk Rammelsberg (Silbererzabbau) UNESCO-Weltkulturerbe.

Braunschweig Burgplatz mit Dom St. Blasius und Burglöwen. Braunschweig hat sich zum Kultur- und Wissenschaftszentrum entwickelt.

Dedeleben Die älteste und am besten erhaltene Wasserburg Deutschlands – von einem doppelten Wassergraben umgeben, mit turmförmigem Fachwerk-Taubenhaus und einem 32 m hohen Bergfried – findet man in Dedeleben. Um das Jahr 1200 entstanden, wurde sie im Juni 2000 zum »Romanik Hotel Wasserschloss Westerburg« umgebaut.

Havelberg Die noch heute erkennbare Verbindung romanischer und gotischer Elemente im Dom St. Marien, nach 20-jähriger Bauzeit 1170 geweiht, entstand beim Umbau im gotischen Stil nach einem Brand 1279.

Hildesheim UNESCO-Weltkulturerbe ist auch die romanische Kirche St. Michael in Hildesheim. Die beinahe 1200 Jahre alte Stadt hat seit 1989 wieder ihren grandiosen Marktplatz.

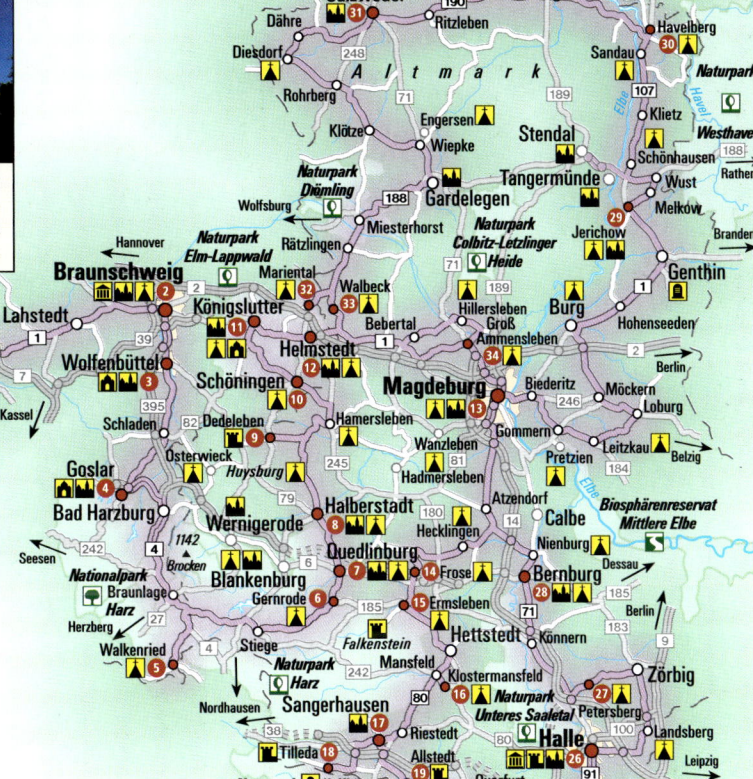

Magdeburg Der Dom (13./14. Jh.) überragt die Dächer von Magdeburg. Im nahen Kloster Unserer Lieben Frauen (11./12. Jh.) findet man das früheste deutsche Brunnenhaus.

Halberstadt Die Westseite des Doms St. Stephanus wurde 1240 im Übergang der Romanik zur Gotik begonnen, der Gesamtbau entstand ab Mitte des 14. Jh. im hochgotischen Stil. Rein romanisch ist die im 12. Jh. erbaute Liebfrauenkirche.

Königslutter Mit dem Bau der romanischen Stiftskirche St. Peter und Paul (»Kaiserdom«) in Königslutter begann man 1135. Gestiftet wurde sie von Kaiser Lothar III.

Petersberg Ab 1130 wurde die Stiftskirche auf dem 250 m hohen Petersberg errichtet, eine dreischiffige Basilika (1565 abgebrannt, 1853 fast originalgetreu wieder aufgebaut).

Gernrode Die romanische Stiftskirche St. Cyriakus in Gernrode entstand im 10. Jh. und ist eine der ältesten Kirchen in Sachsen-Anhalt. Im Inneren befindet sich eine Nachbildung des Grabes Christi.

Quedlinburg Zahlreiche Schätze birgt die romanische Stiftskirche St. Servatius aus dem 12. Jh. auf dem Schlossberg von Quedlinburg, der Stadt Heinrichs I., des ersten deutschen Königs.

Freyburg Schloss Neuenburg wurde erstmals 1062 (Umbauten 16.–18. Jh.) auf einem Bergsporn im Südosten von Freyburg erbaut, dem größten Ort im unteren Unstruttal und zugleich Weinhauptstadt des Saale-Unstrut-Gebietes. Ein Kleinod ist die 1180 errichtete Doppelkapelle.

Naumburg Der Dom St. Peter und Paul mit seinen lebensgroßen Stifterfiguren (1250) machte die Stadt Naumburg – eine der schönsten in Mitteldeutschland – berühmt.

In einem verträumten Weiher spiegelt sich Schloss Molsdorf bei Erfurt.

Dichter und Fürsten

Klassikerstraße und Straße der Wettiner

In Mitteldeutschland, zwischen Bayreuth und Dresden, begegnet dem Reisenden eine außerordentliche Fülle von Zeugnissen deutscher Kultur und Geistesgeschichte. So haben hier etwa Reformation und Weimarer Klassik, Meininger Theater und die Wagner-Festspiele ihren Ursprung. Maßgeblichen Anteil an dieser Entwicklung hatten Vertreter der weitverzweigten Herrschaftsdynastie der Wettiner, die diese Region über ein halbes Jahrtausend lang prägten.

Anfang und Ende der Wettiner verlieren sich im historisch Ungesicherten. So ist ungeklärt, wer der Ahnherr des später so bedeutenden Fürstenhauses war. Jedenfalls waren die frühen Wettiner kämpferische Naturen, die im Zuge der deutschen Ostkolonisation in das Gebiet der slawischen Sorben zwischen Saale und Elbe vordrangen. Das politische Ende der Wettiner wurde mit der Revolution von 1918 besiegelt. Nach einer Anekdote soll der letzte König von Sachsen, Friedrich August III., im November 1918 mit der flapsigen Bemerkung »Macht euern Dreck doch alleene!« abgetreten sein.

Eine Sensation war 1996 die Entdeckung des Schatzes der Wettiner. In mehreren Kisten verstaut wurde er im Wald des Schlosses Moritzburg bei Dresden gefunden. Der Schatz war im Winter 1945 vor den anrückenden sowjetischen Truppen versteckt und vergraben worden.

Ausschnitt aus dem Fürstenzug an der Außenseite des »Langen Ganges« im Stallhof in Dresden

Das Denkmal der beiden Dichterfürsten Johann Wolfgang von Goethe und Friedrich Schiller vor dem Deutschen Nationaltheater in Weimar

Kurfürst August der Starke ließ das einstige Jagdschloss Moritzburg bei Dresden im frühen 18. Jh. zum Lustschloss umbauen.

Auf unserer Tour durch Mitteldeutschland stoßen wir immer wieder auf die Spuren bedeutender Vertreter der Adelsdynastie, die die politischen und kulturellen Geschicke ihrer Zeit bestimmten. Friedrich I., der Streitbare, gründete 1409 die Universität in Leipzig. Kurfürst Friedrich III. ließ 1521 den vogelfreien Luther zum Schein entführen und zu dessen Schutz auf die Wartburg bringen. August der Starke, König von Polen und als Friedrich August I. auch Kurfürst von Sachsen, beförderte zu Beginn des 18. Jh. mit Nachdruck die Erfindung des Porzellans. Herzog Georg II., der so genannte Theaterherzog, machte die kleine Residenzstadt Meiningen Ende des 19. Jh. zum europäischen Zentrum fortschrittlicher Theaterkunst.

Zwar verläuft unsere Route entlang der offiziellen »Fürstenstraße der Wettiner«, einer Ferienstraße, die im Jahre 1993 ins Leben gerufen wurde, sie geht thematisch jedoch weit über die Geschichte des Fürstengeschlechts hinaus und erschließt eine mitteleuropäische Region von einzigartiger historischer und kulturgeschichtlicher Vielfalt und Bedeutung. In Thüringen stimmt sie weitgehend mit der Klassikerstraße sowie der von Frankfurt nach Leipzig führenden Goethestraße überein.

Wem nun der Kopf schwirrt vor lauter Geist und Genie, der kann bei einer Wanderung im Thüringer Wald abschalten. Doch selbst hier ist der Geist der Klassiker präsent, nicht zuletzt in Form eines Goethe-Wanderweges. Johann Wolfgang von Goethe war hier häufiger Gast, und auf dem 861 m hohen Kickelhahn schrieb der Meister sein berühmtes Gedicht »Über allen Gipfeln ist Ruh.«

Auerbachs Keller in Leipzig: Figuren und Schriften zu Goethes Faust in einer Vitrine

Wagner und Bayreuth

Umzüge war der Komponist Richard Wagner gewöhnt. Jahrzehntelang zog er, häufig auf der Flucht vor Gläubigern, von einer Stadt zur nächsten. 1869 – Wagner hatte gerade drei Jahre in Tribschen am Luzerner See verbracht – verschlechterte sich das Verhältnis zu seinem Mäzen König Ludwig II. von Bayern. Damit platzten auch die Pläne, in München ein Festspielhaus zu errichten.

Omnipräsent in Bayreuth: die Büste Richard Wagners als Schaufensterdekoration

Die Gründe dafür, sich nun mit der Festspielhausidee für Bayreuth zu entscheiden, waren teils politischer Natur, teils ganz banal. Wagner hatte sich kurzfristig nach Berlin orientiert und hegte politische Träume von einer Einheit Preußens und Bayerns. Am 5. März 1870 las er einen Lexikonartikel über Bayreuth – und dabei fiel ihm auf: Die ehemals preußische, nun bayerische Stadt lag halbwegs zwischen München und Berlin. Damit war das Schicksal Bayreuths als künftiger Wagner-Stadt besiegelt.

Ab 1872 entstand in der eher beschaulichen Provinzstadt auf dem inzwischen weltberühmten Grünen Hügel nach Wagners Vorstellungen ein Bühnenfestspielhaus, mit versenktem, für die Zuschauer nicht sichtbarem Orchestergraben und amphitheaterähnlichem Zuschauerraum ohne Ränge und Logen. Neben dem Festspielhaus ließ sich Wagner die Villa Wahnfried erbauen. Und dichtete: »Hier wo mein Wähnen Frieden fand – Wahnfried sei dieses Haus von mir benannt!«

Seit 1876 werden in Bayreuth mit großem Pomp die Wagner-Festspiele zelebriert. Die Aufführung des »Ring der Nibelungen« lockt alljährlich im Sommer nicht nur eingefleischte Wagnerianer aus aller Welt in die fränkische Residenzstadt, sondern bildet auch den Rahmen für ein Stelldichein der Prominenz aus Politik, Wirtschaft und Kultur.

1

Von Bayreuth führt der Weg durch das Vorland von Franken- und Thüringer Wald über Coburg und Meiningen bis nach Eisenach. Weiter geht es über Erfurt und Weimar durch das grüne Herz Deutschlands bis in die Elbestadt Dresden, immer begleitet von den Höhen des Thüringer Walds, des Sächsischen Hügellands und des Erzgebirges.

❶ Bayreuth Heute ist die oberfränkische Stadt vor allem als Schauplatz der von Richard Wagner begründeten Festspiele bekannt. Ein Besuch des im Stil der Neurenaissance 1874 erbauten Wagner-Wohnhauses, der »Villa Wahnfried«, lohnt sich nicht nur für Wagner-Anhänger.
Ihre Glanzzeit erlebte die Stadt bereits im 18. Jh. unter der Regierung des Markgrafen Friedrich und seiner Frau Wilhelmine, die den Bau des Neuen Schlosses, des Markgräflichen Opernhauses und der Eremitage in Auftrag gaben. Friedrich war es auch, der eine der ältesten Freimaurerlogen gründete; diese tagt noch heute im Deutschen Freimaurermuseum.

❷ Kulmbach Vor allem für zwei Dinge ist die Stadt bekannt: Bier und die Plassenburg. In Letzterer hatten die Grafen von Andechs-Meranien ihren Sitz. Besonders die Waffenhalle aus dem 16. Jh. und der Markgrafensaal von 1560 sind noch gut erhalten. In der Oberburg befindet sich der »Schöne Hof«, einer der bedeutendsten Renaissancehöfe Deutschlands. Eines der prachtvollsten Gebäude der Stadt ist der Langheimer Klosterhof, heute Sitz des Finanzamtes. Er geht auf Pläne von Johann Leonhard Dientzenhofer zurück.

❸ Coburg Hoch über der Stadt thront die »Fränkische Krone« – so der Ehrenname der Veste Coburg, einer der größten Burganlagen Deutschlands. Während des Augsburger Reichstags 1530 hielt sich hier der Reformator Martin Luther auf, verfasste religiöse Schriften und übersetzte aus dem Alten Testament. In seiner Studierstube befindet sich ein lebensgroßes Bildnis Luthers von Lucas Cranach. Das älteste Wahrzeichen der Stadt ist jedoch die Morizkirche, mit deren Bau im 14. Jh. begonnen wurde. Der Marktplatz im Zentrum wird dominiert vom Rathaus mit dem Coburger Erker, einem doppelgeschossigen Schmuckerker auf einer Stützsäule, und der Cantzley, dem früheren Stadthaus.

Ebenfalls sehenswert ist Schloss Ehrenburg, die ehemalige herzogliche Stadtresidenz, die nach einem Brand ab 1690 im barocken Stil wiederaufgebaut und im 19. Jh. nach Entwürfen von Schinkel mit einer neugotischen Fassade versehen wurde.

Reiseinformationen

Routen-Steckbrief
Routenlänge: ca. 900 km (ohne Abstecher)
Zeitbedarf: mind. 8–10 Tage
Start: Bayreuth
Ziel: Dresden
Routenverlauf: Bayreuth, Coburg, Meiningen, Eisenach, Gotha, Erfurt, Weimar, Jena, Naumburg, Merseburg, Halle, Leipzig, Wittenberg, Meißen

Besonderheiten:
Der Abschnitt in Thüringen zwischen Eisenach und Jena ist Bestandteil sowohl der Klassikerstraße wie auch der Goethestraße. Zu Letzterer gehört auch die Strecke zwischen Jena und Leipzig.

Auskunft:
Tourismusverband Franken
Postfach 440453,
90209 Nürnberg, Tel. (09 11) 9 41 51-0, Fax 9 41 51-10, info@frankentourismus.de, www.frankentourismus.de
Landesmarketing Sachsen-Anhalt
Am alten Theater 6, 39104 Magdeburg, Hotline: (01805) 37 20 00, www.lmg-sachsen-anhalt.de
Thüringer Tourismus GmbH
Weimarische Str. 45, 99099 Erfurt, Tel. (03 61) 37 42-200, Fax 37 42-2 99, info@thueringen-tourismus.de, www.thueringen-tourismus.de
Landestourismusverband Sachsen
Budapester Str. 31, 01069 Dresden, Tel. (03 51) 491 91-0, Fax 491 91-29, info@ltv-sachsen.de, www.ltv-sachsen.de

auf sich. Der von einem hohen Volutengiebel geschmückte Renaissancebau stammt von 1595. Dem Barock hingegen sind das einstige herzogliche Amtshaus und die Stadtkirche verpflichtet. Im Stadtmuseum sind die Erstausgaben von Meyers Konversationslexikon zu bewundern.

7 Meiningen Schöne alte Bürgerhäuser sind der Stolz der Stadt an der Werra. Am Marktplatz ragt die ursprünglich spätromanische Stadtkirche empor. Diese hat jedoch mehrere Umbauten erfahren. Hauptanziehungspunkt der Stadt ist das Barockschloss Elisabethenburg, eine dreiflügelige Anlage, die heute die bedeutendsten Sammlungen Thüringens birgt: die Meininger Museen in der Kulturstiftung Meiningen. Die Kunstsammlung ist reich an alten Meistern und deutscher Malerei vom 18. Jh. bis zur Gegenwart. Das Theatermuseum in der Reithalle ruft das Erbe des berühmten, von Herzog Georg II. im ausgehenden 19. Jh. reformierten Meininger Hoftheaterensembles in Erinnerung.

8 Schmalkalden Über eine Bilderbuchaltstadt mit Schloss,

Kirche, Rathaus und stolzen Bürgerhäusern verfügt Schmalkalden. Gut erhalten sind der Mauerring mit einigen Türmen (um 1320), das Luther-Haus (1520), das spätgotische Rathaus, die St.-Georgs-Kirche, in der einst Luther gepredigt hat, einige Bürgerhäuser aus Spätgotik und Renaissance sowie das mächtige Schloss Wilhelmsburg. Letzteres geht auf das Jahr 1585 zurück und besitzt eine wundervolle Spätrenaissance-Schlosskapelle.

9 Bad Salzungen Im Werratal liegt das berühmte Sol- und Thermalbad, das schon in römischer Zeit wegen seiner Salzvorräte umkämpft war. Zeichen einstigen Reichtums sind Bürgerhäuser aus der Zeit der Renaissance sowie das Rathaus. Eine Attraktion sind die Gradierwer-

1 Bayreuth: Das Markgräfliche Opernhaus hat einen der schönsten barocken Theatersäle Deutschlands.

2 Meiningen: Blick in das Foyer des Theaters. Die Stadt erlebte unter Herzog Georg II. ihre Glanzzeit.

3 Schmalkalden: Festsaal im Renaissanceschloss Wilhelmsburg

4 Sonneberg Schon seit dem 16. Jh. hat hier die Spielzeugherstellung Tradition. Im 18. Jh. erfand ein Sonneberger das »Bossieren«, also die Kunst, einen knetbaren Teig zum Formen von Puppenköpfen herzustellen. Um 1900 produzierte man in Sonneberg fast 20 % des weltweit verkauften Spielzeugs. Einen Überblick über die Geschichte der Spielzeugproduktion kann man

sich im Deutschen Spielzeugmuseum verschaffen.

5 Eisfeld Auf eine altfränkische Siedlung geht der Ort an der Werra zurück. Aus der Spätgotik stammt die Stadtkirche St. Nikolai. Das Langhaus wurde während der Renaissance umgebaut. Prächtige Bauwerke sind das benachbarte Fachwerkpfarrhaus, das seinen letzten Schliff

1632 erhielt, und das Schulhaus von 1653. Über Stadt und Werra-Tal thront das Schloss, von dessen ursprünglichem Bau (12. Jh.) lediglich Bergfried und Palas übriggeblieben sind. Die anderen Teile wurden um 1650 erneuert.

6 Hildburghausen Durch seinen grünen Anstrich zieht das Rathaus der Werra-Stadt die Aufmerksamkeit des Betrachters

Johann Sebastian Bach

Bach – das war das Familienunternehmen, das im 17. und 18. Jh. vor allem Thüringen mit Musik belieferte, als Kantoren, Organisten, Stadtpfeifer und Komponisten. In dieser Tradition bewegte sich auch Johann Sebastian Bach, der von 1723 bis zu seinem Tod 1750 in Leipzig wirkte, als Kantor, Organist und Chordirigent an Thomasschule und Thomaskirche. Er verstand sich als eine Art städtischer Angestellter

Bach-Denkmal in Eisenach

für Musik, der einen mittelmäßigen Chor leitete und Gebrauchsmusik schrieb: Kantaten und Motetten für Gottesdienst und Hochzeiten. Dass seine Musik ihren Wert hatte, wusste er, aber dass man sich nach seinem Tod für seine Kompositionen interessieren könnte, ahnte er nicht.

ke, deren erstes bereits 1796 entstand. Über Reisigwände tropft die Sole herab, die flanierenden Kurgäste atmen die salzhaltige Luft ein. Nach dem Besuch von Husenkirche und Butlar'schem Schloss lockt die Besichtigung des Bergwerkes Merkers, dessen Schmuckstück die 45 m lange »Kristallhöhle« ist.

⑩ Eisenach Die in ihrem Kern mittelalterliche Luther-Stadt erfreut durch ihre gut erhaltene Bausubstanz. Den Markt dominiert das kräftige Rot des Rathauses, eines 1564 vollendeten Renaissancebaus. Ebenfalls auf das 16. Jh. geht die nahe gelegene Ratsapotheke zurück. In der 1554–1560 errichteten Georgenkirche wurde Johann Sebastian Bach getauft. An der Nordseite des Marktplatzes breitet sich die barocke Vierflügelanlage des Stadtschlosses aus, südlich erhebt sich die Alte Residenz aus dem 16. Jh. Als eindrucksvoller Fachwerkbau präsentiert sich das 500 Jahre alte Lutherhaus. Nur auf 100 Jahre hingegen kommt das Luther-Denkmal auf dem Karlsplatz. Im Bachhaus am Frauenplan wurde der große Barockkomponist 1685 geboren. Eine Idylle ist der kleine Barockgarten hinter dem Gebäude. Über Eisenach thront die Wartburg, die deutscheste aller deutschen Burgen. Die 1067 errichte-

te Burg war bereits im 12. und 13. Jh. ein Mittelpunkt höfischer Kultur, als Minnesänger wie Walther von der Vogelweide 1207 im Sängersaal des Palas am berühmten »Sängerkrieg« teilnahmen. Berühmt ist die Burg aber vor allem durch Martin Luther, der hier Schutz vor Kirchenbann und Reichsacht fand und 1522 in der Luther-Stube das Neue Testament ins Deutsche übersetzte.

⑪ Gotha Mancher kennt den Namen der Stadt durch die hier 1821 gegründete Versicherungsgesellschaft, die erste Deutschlands, anderen sagt »der Gotha« etwas, das Verzeichnis aller Adelsgeschlechter.

Mit dem Adel hängt auch die Hauptsehenswürdigkeit zusammen: Schloss Friedenstein. Hierbei handelt es sich um den größten deutschen Schlossbau des 17. Jh. Hinter den wuchtigen Mauern verbergen sich kostbare Schmuckstücke wie das Schlossmuseum und das Ekhof-Theater, eines der wenigen noch existierenden Barocktheater.
Wer das Schloss in Richtung Norden verlässt, steht bei der Wasserkunst mit ihren Kaskaden und Springbrunnen unvermittelt auf einem Plateau über der Altstadt und kann den grandiosen Blick auf den alten Hauptmarkt genießen. Dessen Ende markiert das Renaissance-Rathaus. Den

Marktplatz säumen zahlreiche Bürgerhäuser, darunter auch das Cranach-Haus, ein Fachwerkbau aus dem 18. Jh.

⑫ Erfurt siehe S. 61

⑬ Weimar Die deutsche Klassik um die Wende des 18. zum 19. Jh. hat die Stadt nachhaltig geprägt. Im Grünen Schloss (1562–1565) residiert die Her-

1 Wo Luther einst Zuflucht fand: die Wartburg hoch über Eisenach

2 Frühlingsfest auf dem Domplatz in Erfurt vor der Kulisse von Dom und Severikirche

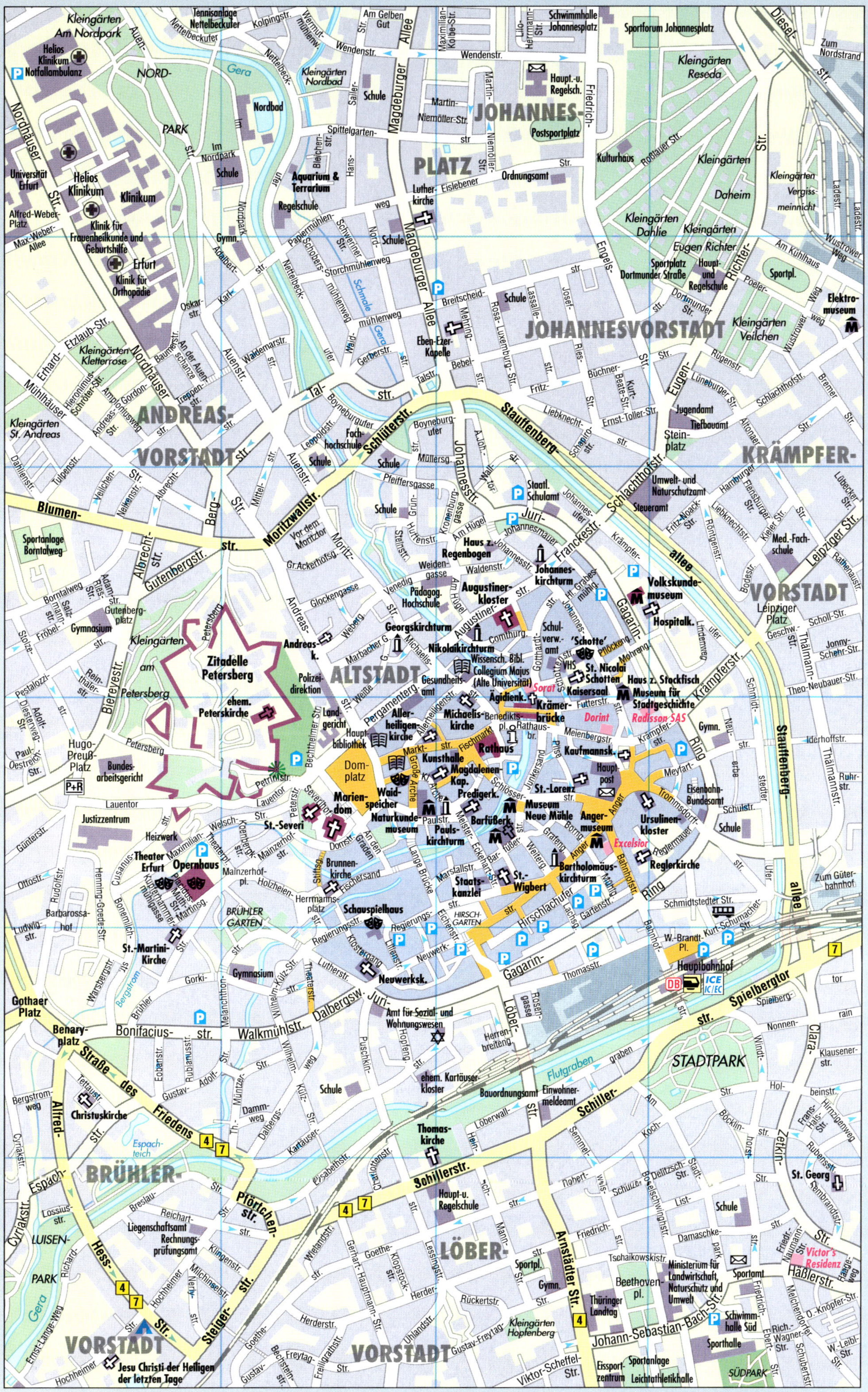

Erfurt

In der Landeshauptstadt Thüringens mit ihren mittelalterlichen Prunkbauten und der über 600 Jahre alten Universität ahnt man noch heute den Reichtum vergangener Tage.

Erfurt war als Mitglied der Hanse nicht nur eine wichtige Handelsmetropole, sondern auch ein bedeutendes Zentrum des Humanismus. Seine Geschichte ist eng mit Martin Luther verbunden, der 1501–1511 in der Stadt lebte. Einen Rundgang beginnt man am besten auf dem Domplatz, von wo aus eine breite Treppe hinauf zur Severikirche und zum Dom St. Marien führt. Die kostbarsten Stücke des Doms sind die 1370–1420 entstandenen Glasfenster und das Gestühl im Chor. Im Hauptturm des Doms hängt die zweitgrößte Glocke Deutschlands, die rund 12 Tonnen schwere Maria-Gloriosa-Glocke. Gleich neben dem Dom erhebt sich die Severikirche. Hier werden die Reliquien des hl. Severus verwahrt.

Durch die Marktstraße mit ihren alten Fachwerkhäusern gelangt man zum Fischmarkt, der vom neugotischen Rat-

Oben: Der imposante Erfurter Dom wurde 1174–1476 erbaut. Gleich daneben erhebt sich die 1278–1400 errichtete Severikirche.
Unten: Die Triangel genannte Portalvorhalle des Doms wird von Apostelfiguren, Heiligen und den klugen und törichten Jungfrauen gesäumt.

haus beherrscht und vom Roland-Standbild (1581) bewacht wird. Seit 1472 überspannt die Krämerbrücke mit ihren eindrucksvollen Fachwerkbauten die Gera. Sehenswert ist zudem die Kaufmannskirche mit einem Hochaltar aus der Spätrenaissance. Hier beginnt auch der Anger, die Haupteinkaufsstraße der Stadt.

Goethe in Weimar

Einen »Naturschutzpark der Geistigkeit« nannte Egon Erwin Kisch respektlos die Stadt. Johann Wolfgang von Goethe ist hier allgegenwärtig. Auf Einladung des jungen Herzogs Karl August kam der Geheimrat 1775 hierher und blieb für den Rest seines langen und erfüllten Lebens. Er wurde in den Kreis der Herzogin Anna Amalia aufgenommen, machte als Staatsdiener Karriere, übernahm 1791 die Oberdirektion des Hoftheaters, bewohnte zunächst das berühmte Gartenhaus

Oben: Goethes Gartenhaus
Unten: Blick in das Wohnhaus des Dichters am Frauenplan

und ließ sich 1782 in einem Haus am Frauenplan nieder, in dem er 1832 starb. Er pflegte eine tief empfundene Freundschaft zu Charlotte von Stein, heiratete aber die aus bescheidenen Verhältnissen stammende Christiane Vulpius. Und er brach von Weimar aus immer wieder zu Reisen auf.
In der überschaubaren Stadt kann man zu Fuß zu den Erinnerungsstätten pilgern. Wer nach so viel Geistigkeit Bewegungsdrang verspürt und über die nötige Kondition verfügt, bricht auf dem Goethe-Wanderweg von Weimar nach Großkochberg auf (28 km). Hier besuchte Goethe immer wieder Frau von Stein auf Schloss Kochberg.

zogin-Anna-Amalia-Bibliothek. Nach dem Brand vom September 2004 kann der Rokoko-Lesesaal wohl erst wieder 2007 besichtigt werden. Rechter Hand erstreckt sich das Residenzschloss mit den Staatlichen Kunstsammlungen. Am Frauenplan steht das Goethehaus und in der Schillerstraße das Schillerhaus. Dem Standbild der Dichterfürsten, 1857 von Ernst Rietschel geschaffen, begegnet man vor dem Deutschen Nationaltheater, einem neoklassizistischen Bau von 1908. Auf dem Herderplatz erhebt sich die Stadtkirche St. Peter und Paul, eine 1740 barock umgeformte spätgotische Hallenkirche. Der Philosoph Herder ist dort bestattet, ebenso Lucas Cranach d. Ä. und zahlreiche Mitglieder des herzoglichen Hauses.

14 Jena Was Weimar für die Klassik, ist Jena für die deutsche Wissenschaft. Fast alle Sehens-

würdigkeiten befinden sich am Marktplatz oder in dessen Nähe. Dem Rathaus sieht man trotz der barocken Haube an, dass es auf das 14. Jh. zurückgeht. Das spätgotische Haus am Markt 7 beherbergt das Stadtmuseum. Die Stadtkirche St. Michael aus dem 15. Jh. begrüßt den Besucher mit filigranem Maßwerk am Brautportal. Vorläufer der Universität war das Collegium Jenense in der Kollegiengasse 10, im Anatomieturm an der alten Stadtbefestigung trieb man Studien. Überragt wird dieses altehrwürdige Gelehrtenviertel vom Universitätshochhaus.

15 Camburg Die Kleinstadt an der Saale geht vermutlich auf eine wettinische Burggründung an einer Salzhandelsstraße zurück. Die evangelische Trinitatiskirche wurde frühgotisch errichtet, spätgotisch umgebaut, nach einem Brand in barocken For-

men neu erbaut, um schließlich Ende des 19. Jh. im neugotischen Stil regotisiert zu werden.

16 Naumburg Vier Türme ragen über dem idyllischen Saaletal auf und künden von Naumburgs größtem Schatz: dem frühgotischen Dom St. Peter und Paul. Berühmt sind die lebensgroßen Stifterfiguren (um 1250) am Lettner des Westchors, die sich in lebendigem Ausdruck anblicken oder sich voneinander abwenden.
Einen erfreulichen Anblick bietet die unzerstörte und von den Spuren jahrzehntelanger Vernachlässigung weithin befreite Altstadt: Neben dem Renaissance-Rathaus und der Wenzelskirche als Mittelpunkt der Bürgerstadt sind noch Reste der Stadtmauer zu besichtigen.

17 Weißenfels Die einstige Residenzstadt liegt 17 km nordöst-

lich von Naumburg an der mittleren Saale vor deren Austritt in die Leipziger Tieflandsbucht. Die Stadt wurde im 12. Jh. am Fuße des Burgbergs als Marktsiedlung angelegt. Von 1680 bis 1746 war sie die Residenz des Herzogtums Sachsen-Weißenfels.

Das Stadtbild wird geprägt vom mächtigen Barockschloss Neu-Augustusburg, das gegen Ende des 17. Jh. als Residenz der Herzöge von Sachsen-Weißenfels errichtet wurde. Unterhalb des Schlosses erstreckt sich rund um den Markt die Bürgerstadt mit zahlreichen hübschen Barockhäusern.

18 Merseburg Jenseits von Industriebrache und Plattenbau liegt die königliche Stadt Merseburg. In vieltürmiger Silhouette ragen Dom und Schloss auf einem Hang auf, dessen lieblich begrünten Fuß die Saale umspült. Vom 10. bis 13. Jh. hielten hier immer wieder deutsche Könige und Kaiser Hof.

Am Dom wurde von 1015 an gebaut. Aus jener Zeit stammt die romanische Krypta. Das Langhaus wurde 1510 bis 1517 neu errichtet. Von der sehr reichen Ausstattung seien hier nur die bronzene Grabplatte von 1080 (ältestes deutsches Grabbildnis), die reich geschnitzte Kanzel und die prunkvolle Orgel erwähnt. Das Schloss beeindruckt als Gesamtanlage.

19 Halle In der Stadt der Salzsieder wurde 1685 der Komponist Georg Friedrich Händel geboren. Ein Denkmal auf dem Marktplatz erinnert an den Schöpfer des »Messias«. Der freistehende Rote Turm am Marktplatz, davor eine Rolandsfigur, verkörpert seit 1506 städtisches Selbstbewusstsein. Ein ungewöhnlicher spätgotischer Bau ist die 1537 vollendete viertürmige Marktkirche. Der nahe gelegene turmlose Dom entstand bis 1330 als Klosterkirche und wurde von 1520 bis 1523 mit antireformatorischem Ziel umgestaltet, ehe das Luthertum auch in Halle siegte. Besonders schön sind das Chorgestühl, die Kanzel und die Pfeilerfiguren. Die Moritzkirche entstand 1388 bis 1557. Die Moritzburg wurde um 1500 als Zwingburg der Erzbischöfe von Magdeburg erbaut und beherbergt heute die Staatliche Galerie. Von 1698 bis 1745 wurden die Franckeschen Stiftungen errichtet. Der Armenpfarrer August Hermann Francke

1 Weimar: Blick in die Herzogin-Anna-Amalia-Bibliothek vor dem Brand im September 2004

2 Das Rokoko-Schloss Belvedere bei Weimar war Sommersitz der Herzöge von Sachsen-Weimar.

Martin Luther

Die meisten Orte an der Route zwischen Eisenach und Torgau hat auch Luther zumindest besucht. Ständige Aufenthalte hatte er in Eisenach (1498 bis 1501), auf der benachbarten Wartburg (1521/22), in Erfurt (1501–1511) und in Wittenberg (1511–1546).

In Eisenach trat der 15-Jährige in die Pfarrschule St. Georg ein. 1501 ging er als Student der Rechtswissenschaft an die Universität in Erfurt. Hier trat er 1505 ins Augustiner-Eremiten-Kloster ein und studierte von 1507 an Theologie. 1511 verließ Luther Erfurt, um im Auftrag seines Ordens nach Rom zu reisen.

Auf der Wartburg versteckte sich Luther und übersetzte die Bibel aus dem Hebräischen und Altgriechischen ins

1

Lutherdenkmal auf dem Marktplatz von Wittenberg

Deutsche. Berühmt ist der Tintenklecks an der Wand seines Zimmers, der entstanden sein soll, als er das Tintenfass nach dem Teufel geworfen habe. Über diesen Klecks spottete schon Goethe, dass ihn der Kastellan der zahlreichen Besucher wegen »von Zeit zu Zeit wieder auffrischt«.

1517 schlug der Reformator an die Tür der Schlosskirche zu Wittenberg seine berühmten 95 Thesen in lateinischer Sprache an, um einen theologischen Disput zu provozieren. Die angesprochenen Kollegen gingen darauf jedoch nicht ein. Erst als die Thesen auf Flugblättern die Runde machten, entfachte dies die historisch so folgenreiche Kontroverse.

Unter der Kanzel der Kirche befindet sich Luthers Grabstätte. Weitere Erinnerungsstätten in Wittenberg sind die Stadtkirche St. Marien, das Lutherhaus sowie die Häuser seiner Freunde Melanchthon und Cranach.

brachte darin ein Waisenhaus, eine Schule und ein Krankenhaus unter. Sehenswert sind auch das Hallorenmuseum sowie Burg Giebichenstein.

20 Wettin 15 km flussabwärts steht die 961 erstmals urkundlich erwähnte Stammburg der Wettiner, des sächsischen Königsgeschlechts. Der Burgkomplex ist wegen seiner Lage und Größe (500 m Länge) noch heute beeindruckend, obgleich kaum mehr etwas von der alten Bausubstanz erhalten geblieben ist.

21 Leipzig siehe Seite 65

22 Wurzen Die 961 erstmals urkundlich erwähnte Stadt an der Mulde war von 1489 bis 1581 Residenzstadt der Bischöfe von Meißen. Sehenswert sind der auf das 12. Jh. zurückgehende Dom St. Marien, die spätgotische Wenzelskirche und das Bischofsschloss. In Wurzen wurde 1883 Joachim Ringelnatz geboren.

23 Eilenburg Wegen ihrer strategisch günstigen Lage an der Mulde hatte die über 1000 Jahre alte Stadt schon früh große Bedeutung für den Fernhandel. Davon zeugen neben den Resten einer wehrhaften Burg auf dem Schlossberg auch prachtvolle Kirchenbauten wie St. Nikolai und St. Marien sowie das im Stil der Frührenaissance erbaute Rathaus. Von dem im 12. Jh. errichteten Sorbenturm bietet sich eine herrliche Aussicht über weite Teile des Muldetals.

24 Bad Düben Der in einer waldreichen Umgebung gelegene Kurort blickt auf eine lange Tradition als Moor- und Heilbad zurück. Das Landschaftsmuseum der Dübener Heide widmet sich der Entwicklung der von der Mulde durchflossenen Region. Die Bergschiffmühle (16. Jh.) ist eine der letzten Schiffmühlen auf deutschen Flüssen.

25 Lutherstadt Wittenberg In der Stadt an der Elbe wirkten neben dem großen Reformator Martin Luther auch sein Mitstreiter Melanchthon und viele andere Gelehrte und Künstler. Kurz bevor Luther 1511 hierher zog, hatte die Blütezeit der Stadt eingesetzt. 1502 wurde die Universität gegründet, von der die Reformation ihren Ausgang nahm. Hinter dem Markt mit dem Rathaus ragt die Stadtkirche auf, in der Luther gepredigt hat. Die Malerfamilie Cranach gestaltete deren Ausstattung, so den Reformationsaltar oder die Grabmäler. Das große Cranachhaus war Malakademie und auch Druckerei. Die Schlosskirche, an deren Tür Luther im Jahr 1517 seine Thesen angeschlagen haben soll, brannte ab; das heutige Bauwerk stammt aus den Jahren 1770 und 1892. In der Kirche befinden sich die Gräber Luthers und Melanchthons.

26 Pretzsch Die an der Elbe gelegene Stadt ist baugeschichtlich nachhaltig vom Barock geprägt: Die Stadtkirche, das Rathaus und mehrere Bürgerhäuser stammen aus dieser Zeit. Das Renaissanceschloss wurde vom Barockbaumeister Matthäus Daniel Pöppelmann und dem Bildhauer Balthasar Permoser umgebaut und erweitert.

1 Leipzig: Vor der Alten Börse am Naschmarkt, dem ersten Barockbau der Stadt vom Ende des 17. Jh., erhebt sich ein Denkmal des Dichterfürsten Goethe.

2 Lutherstadt Wittenberg: Renaissance-Rathaus, Stadtkirche St. Marien und die Standbilder Luthers und Melanchthons auf dem Marktplatz

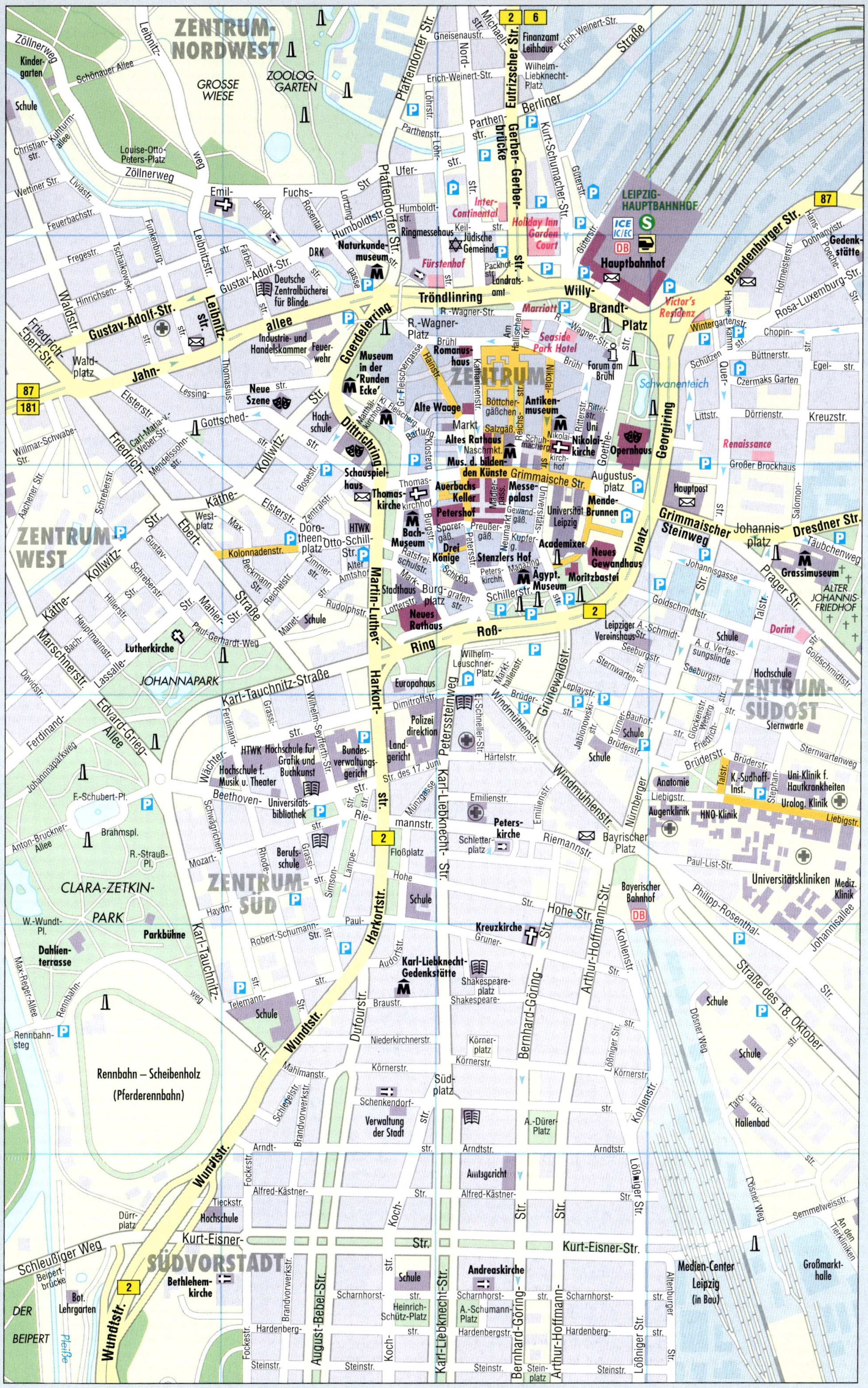

Leipzig

Die historische Messestadt, in der 1989 das Ende der DDR eingeläutet wurde, ist heute wieder auf dem Weg, eine der wichtigsten Metropolen des wiedervereinigten Deutschlands zu werden.

Herz und Motor der Stadt ist und war die Messe. Bereits im Mittelalter war Leipzig dank seiner günstigen Lage an den europäischen Handelswegen eine international bedeutende Metropole. Entsprechend erblühte auch das geistige Leben. 1409 wurde hier die zweitälteste deutsche Universität gegründet. Eine wahre Blüte erlebte die damals wichtigste deutsche Handelsstadt im 18. Jh. Große Literaten, Verleger und Musiker wie Bach, Brockhaus und Goethe wirkten hier.

Mit der Industrialisierung veränderten Leipzig und die Messe ihr Gesicht: 1895 wurden die Warenmessen durch Musterausstellungen abgelöst, die in den neu gebauten Passagen stattfanden. Mit der Neuen Messe wird diese Tradition fortgeführt. Charakteristisch für Leipzig sind die alten Messehäuser. Sie haben baulich schon im 19. Jh. vorweggenommen, was heute Shoppingcenter genannt wird: Passagen zum Flanieren, Schauen und Kaufen. Architekturgeschichte geschrieben hat auch der gewaltige Hauptbahnhof (1907 bis 1915), Europas größter Kopfbahnhof. Zu den ältesten Stadtkirchen zählt die

Oben: Blick auf das Gewandhaus
Unten: In der Mädler-Passage vor Auerbachs Keller

Thomaskirche, an der Johann Sebastian Bach von 1685 bis 1750 Kantor war. Auf dem Weg dorthin sollte man dem Alten Rathaus im Renaissancestil einen Besuch abstatten. Dort ist auch das Stadtgeschichtliche Museum untergebracht. Drei sehenswerte Sammlungen besitzt das Grassimuseum, das Kunsthandwerk aus mehr als sechs Jahrhunderten, Völkerkundliches und Musikinstrumente zeigt.

In der Abenddämmerung spiegelt sich in den Moritzburger Teichen das festlich illuminierte Schloss Moritzburg. Die Anlage des Schlosses geht auf das 16. Jh. zurück, als Moritz von Sachsen hier ein Jagdschloss im Renaissancestil errichtete. August der Starke ließ das Schloss 1723–1733 nach Plänen von Pöppelmann

unter Einbeziehung der Landschaft zu einem repräsentativen Jagd- und Lustschloss im Barockstil umbauen. Nach Jagdmotiven gestaltete Figuren auf der Balustrade der gänzlich umlaufenden Terrasse und eine der größten Geweihsammlungen Europas unterstreichen die Bestimmung des Baus als Jagdschloss.

Meißener Porzellan

Dresden um 1700: Bei August dem Starken meldet sich ein begabter Alchimist, der behauptet, Gold herstellen zu können. Er scheitert wie viele andere vor ihm. Doch dabei kreiert er – mit Unterstützung des Gelehrten Tschirnhaus – etwas, das alle Misserfolge aufwiegt: Porzellan. Johann Friedrich Böttger wird daraufhin von August zum Leiter der 1710 gegründeten Porzellanmanufaktur in der Albrechtsburg in Meißen ernannt. Das edle Porzellan mit den gekreuzten blauen Schwertern als Warenzeichen erlangt weltweite Berühmtheit und wird der In-

Elegante Porzellanfiguren aus der ältesten Porzellanmanufaktur Europas

begriff der eleganten Kleinplastik des Rokoko. Seine höchst kunstvolle Gestaltung verdankt das Meißener Porzellan dem Maler J. G. Höroldt sowie dem Bildhauer J. J. Kändler. 1864 zieht die Manufaktur nach Triebischtal um, wo heute die Schauhalle zur Besichtigung einlädt.

27 Prettin Die Stadtkirche, die vor 1315 errichtet wurde, ist ein Musterbeispiel für die Backsteingotik. Im Antoniterkloster »Lichtenbergk« (1315) führte Martin Luther 1518 Verhandlungen, die ihm die Unterstützung des Kurfürsten Friedrich des Weisen sicherten. Das Schloss Lichtenburg wurde um 1580 im Stil der Renaissance erbaut.

28 Torgau Schloss Hartenfels, das älteste Renaissanceschloss Deutschlands, die Stadtkirche St. Marien sowie die Nikolaikirche aus dem 13. Jh. zieren die Stadt. Außerdem erwarten hier den Kunden die älteste Apotheke Sachsens und das älteste Spielwarengeschäft Deutschlands.

29 Mühlberg Der Name des Ortes an der Elbe verbindet sich mit der Schlacht bei Mühlberg am 24. April 1547, in der Kaiser Karl V. die Truppen des protestantischen Schmalkaldischen Bundes besiegte. Tizian schuf ein berühmtes Reiterporträt, das den Kaiser in der Schlacht zeigt. Die zisterziensische Klosterkirche ist im Stil der Backsteingotik erbaut.

30 Zeithain Vier Obelisken nahe des Ortes erinnern daran, dass August der Starke hier 1730 beim so genannten Zeithainer Lager seine Armee Aufstellung nehmen ließ. Die evangelische Pfarrkirche ist spätgotisch angelegt, im Barock und im 19. Jh. wurde sie erweitert.

31 Meißen Über 500 Jahre lang wurden Sachsens Geschicke von Meißen aus bestimmt. Berühmt wurde der Ort jedoch erst durch das »weiße Gold« – das Porzellan, das hier von dem Alchimisten Johann Friedrich Böttger um 1700 erfunden wurde (siehe Randspalte links).
Ein absolutes Muss ist der Besuch der Albrechtsburg, in der sich ursprünglich die 1710 gegründete Porzellanmanufaktur befunden hat. Sie bietet außer einer Kunst- und Porzellansammlung ein erlesenes Beispiel höfischer Architektur der Spätgotik. Neben der Burg ragt eines der am meisten besuchten Baudenkmäler Sach-

sens auf: der Dom St. Johannes und St. Donatus mit den berühmten Steinskulpturen aus der Werkstatt des »Naumburger Meisters« (1250).

32 Moritzburg Als Jagdschloss hat sich Kurfürst Moritz von Sachsen in der Teichlandschaft des Friedewaldes die Moritzburg errichten lassen (1542–1546). Vom ehemaligen Grundriss, der eine nahezu quadratische Anlage mit Wehrmauern und Rundtürmen in jeder Ecke aufwies, zeugen heute nur mehr die Türme. Aber auch die hat der baufreudige August der Starke aufstocken lassen, als er das Wasserschloss zu einem barocken Lustschloss

umbauen ließ (1723–1733). Das Sächsische Barockmuseum hätte keine adäquatere Behausung finden können.

33 Dresden Siehe S. 69

1 Der Dresdner Zwinger ist eine der prunkvollsten barocken Schlossanlagen Europas. Die Galerien und Pavillons entstanden 1709–1728 unter dem Baumeister Matthäus Daniel Pöppelmann und dem Bildhauer Balthasar Permoser.

2 Blick auf das abendliche Meißen mit der eindrucksvollen Baugruppe von Albrechtsburg und Dom auf dem weithin sichtbaren Burgberg

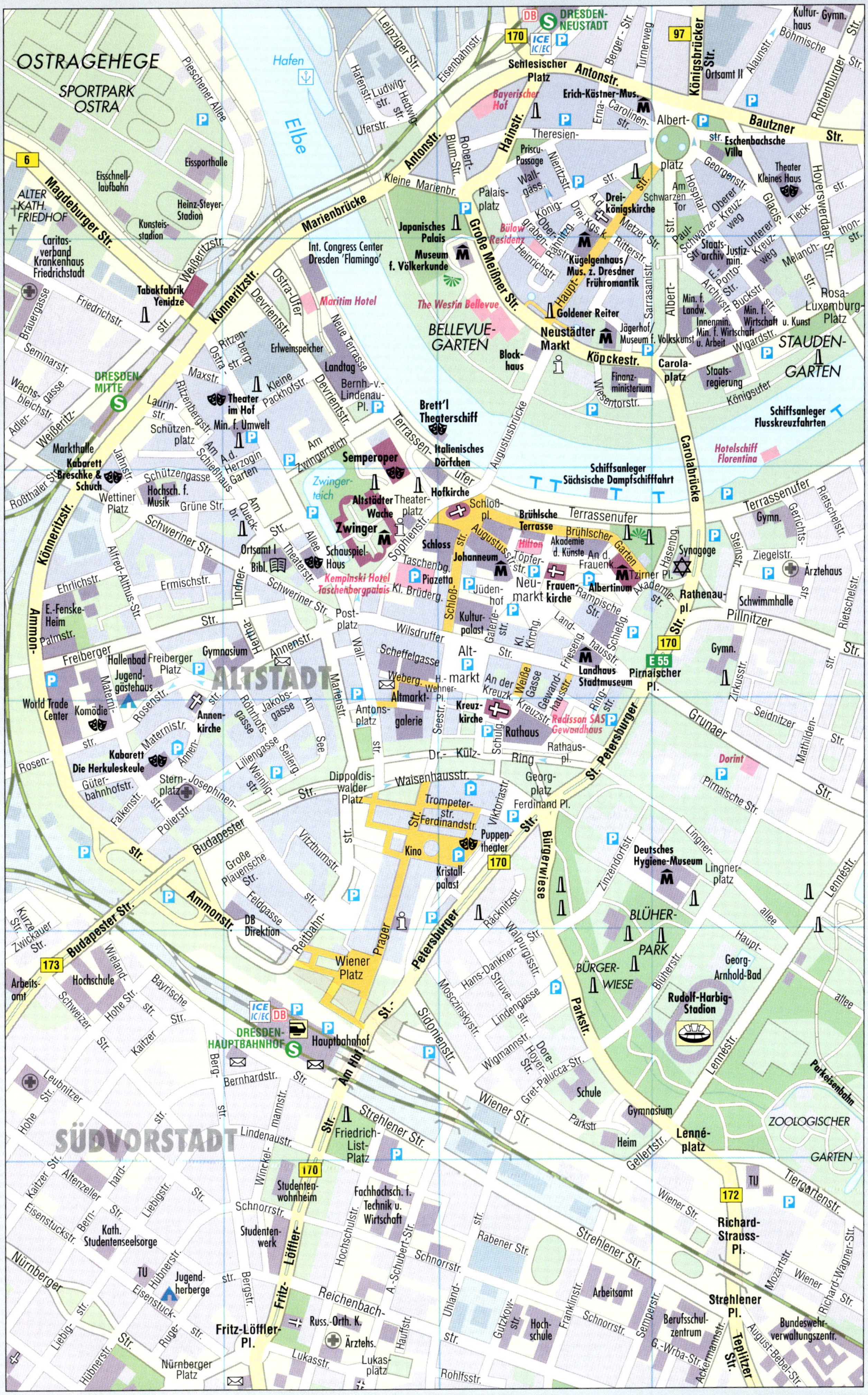

Dresden

Mit dem Barock begann die Blütezeit der sächsischen Residenzstadt. Im 18. Jh. wurde das »Elbflorenz« eine Metropole der Kunst und der Wissenschaft.

Nach der Gründung bereits im frühen 12. Jh. setzte der Aufstieg der Stadt erst unter den Wettinern ein, als diese im ausgehenden 15. Jh. ihre Residenz hierher verlegten. Auf diese Zeit gehen auch die Anfänge des Schlosses zurück. Unter den Kurfürsten Moritz (1541–1553) und August (1553–1586) wurde es großzügig erweitert.

Der Motor des Ausbaus von Dresden zu einer Kunststadt ersten Ranges waren die Kurfürsten von Sachsen und Könige von Polen, August der Starke und dessen Sohn August III. (1733 bis 1763). Beider Herrschaft, das »Augusteische Zeitalter«, gilt als Blüte sächsischer Kultur.

Ihren baulichen Ausdruck fand diese Epoche im weltberühmten Zwinger mit dem imposanten Kronentor, den Schlössern Pillnitz, Moritzburg und Großsedlitz, aber auch in der protestantischen Frauenkirche und der katholischen Hofkirche.

Auch August III. war ein begeisterter Kunstsammler und ließ, wie bereits sein Vater, in ganz Europa Kunstschätze aufkaufen. Dadurch wuchs die

Nächtliches Altstadtpanorama: Hofkirche und Hausmannsturm

Gemäldegalerie »Alte Meister«, die den Zwinger zur Elbseite hin abschließt (1847–1854), zu einer der bedeutendsten der Welt heran. Eines der berühmtesten dort ausgestellten Werke ist Raffaels »Sixtinische Madonna«. Als letzter großer Baumeister Dresdens gilt Gottfried Semper. Von ihm stammen auch die Pläne für die Gemäldegalerie und für das Hoftheater (1870 bis 1878), besser bekannt als »Semper-Oper«.

Zum Fluss hin öffnet sich das linkselbische Dresden mit der Brühl'schen Terrasse, einem eindrucksvollen Bauensemble im Rokokostil. Den Abschluss der Terrasse nach Osten bildet das Albertinum, das neben einer beachtlichen Skulpturensammlung und der Gemäldegalerie »Neue Meister« auch das »Grüne Gewölbe«, das reichste Schatzkammermuseum Europas, beherbergt.

Dresden wurde schon früh nach strengen stadtplanerischen Gesichtspunkten ausgebaut. Vor allem August der Starke und sein Sohn August III. drückten der sächsischen Residenzstadt durch rege Bautätigkeit ihren Stempel auf. Die unter ihrer Regentschaft errichteten Barockbauten sowie die klassizistischen Gebäude

aus dem 19. Jh. prägen bis heute das Stadtbild. Von der Elbe aus bietet sich ein unvergleichlicher Blick auf die Brühl'schen Terrassen, die katholische Hofkirche und die Semperoper (oben) sowie auf die in altem Glanz wiedererstandene Frauenkirche (unten).

1

Abstecher

Die Sächsische Schweiz

Südlich von Dresden empfiehlt sich ein Ausflug in das Elbsandsteingebirge, das sich von Pirna über die tschechische Grenze bis nach Děčín erstreckt. Der deutsche Teil trägt den Namen Sächsische Schweiz.

Vor etwa 100 Mio. Jahren verfestigten sich in einer Bucht zwischen dem Erzgebirge und der Oberlausitz riesige Mengen von Sand, Tonschlamm und kalkhaltige Überreste von Meereslebewesen zu einer Kalksandsteinplatte. Rund 10 Mio. Jahre später begann sich die Erdkruste zu heben, und es entstand eine Hochebene, aus der in Jahrmillionen der Regen, die Elbe und ihre Nebenflüsse diese einzigartige Landschaft herausgewaschen haben.

Folgt man dem Lauf der Elbe von Dresden über Pirnau und Bad Schandau zur tschechischen Grenze, fühlt man sich alsbald in ein fernes Land versetzt. Tiefe Canyons wie die Kirnitzschklamm, einsame Tafelberge wie Lilienstein, Königstein und Pfaffenstein sowie moosbedeckte Felsnadeln und -formationen wie die Barbarine oder die Schrammsteine und Affensteine bilden eine Kulisse, die in Deutschland ihresgleichen sucht. Einer der berühmtesten Aussichtspunkte ist die Bastei, eine steile Felskante 200 m über der Elbe bei dem Ort Rathen.

Das Elbsandsteingebirge wurde erst Ende des 19. Jh. von den Malern der Romantik wie Caspar David Friedrich oder Ludwig Richter »entdeckt«, die sich von der bizarren und verträumten Landschaft inspirieren ließen. Bis dahin galt es als unwirtlicher, unzugänglicher Landstrich, den man besser mied.

Zum Schutz dieser einmaligen Landschaft wurde 1991 der Nationalpark Sächsische Schweiz eröffnet, an den seit dem Jahre 2000 auf tschechischer Seite der Nationalpark Böhmische Schweiz grenzt. Somit lassen sich grenzüberschreitend auf zahlreichen Wanderwegen Höhlen, Felslabyrinthe und Überreste von Felsburgen erkunden, aber auch die einheimische Fauna und Flora wie das Zweiblütige Veilchen, rund 30 Arten von Farnen sowie Gemse, Fischotter, Uhu und Eisvogel.

1 Eine kühne Steinbrücke verbindet seit 1851 die gewaltigen Felstürme der Bastei.

2 Lieblich und dramatisch zugleich ist die Landschaft der Sächsischen Schweiz. Kein Wunder, dass sie die Maler und Dichter der Romantik in ihren Bann zog.

3 Bizarre Felsnadeln, Tafelberge und tiefe Schluchten machen die Sächsische Schweiz so einmalig unter Deutschlands Mittelgebirgen.

2

3

Wartburg Die hoch über bewaldeten Höhen aufragende Wartburg ist nicht nur Symbol deutscher Burgenromantik, sondern auch Schauplatz deutscher Geschichte. Walther von der Vogelweide nahm hier am Sängerkrieg teil, und Martin Luther übersetzte in der Luther-Stube 1522 das Neue Testament.

Erfurt Den Domplatz der Landeshauptstadt Thüringens beherrscht das eindrucksvolle Ensemble von Dom und Severikirche. Im Turm des 1174–1476 errichteten gotischen Doms hängt die größte freischwingende mittelalterliche Glocke der Welt. Nach einer aufwändigen Sanierung 2004 ertönt die »Gloriosa« wieder in ihrem alten Klang.

Halle Marktkirche, Händel-Denkmal und Roter Turm bilden in der Abenddämmerung eine eindrucksvolle Silhouette. Der Barockkomponist Georg Friedrich Händel wurde 1685 in der Stadt geboren.

Weimar Lucas Cranach d. Ä. wohnte einst in dem nach ihm benannten Haus am Markt (links im Bild). Später wurde die Weimarer Klassik mit Goethe und Schiller zum Namensgeber einer ganzen Epoche.

Naumburg Synonym für die Stadt an der Saale ist der Dom mit den berühmten Stifterfiguren im Westchor. Die zwischen 1450 und 1455 entstandenen lebensgroßen Statuen sind ein einzigartiges Zeugnis der deutschen Spätgotik. Weitere Sehenswürdigkeiten sind das Renaissancerathaus und die Wenzelskirche.

Leipzig Messen, Verlage und Handel bestimmten schon im 18. Jh. maßgeblich die Entwicklung der Stadt. Heute besticht Leipzig durch wunderschön restaurierte Messehäuser und Passagen. Weitere herausragende Gebäude sind der größte Kopfbahnhof Europas und die Thomaskirche, an der Bach als Kantor wirkte.

Gotha Wahrzeichen der Stadt ist Schloss Friedenstein mit dem barocken Ekhoftheater samt historischer Bühnenmaschinerie. Vom Schloss gelangt man vorbei an der Wasserkunst zur Altstadt mit Renaissancerathaus sowie Cranach-Haus.

Eisenach Die um 1150 im Schutze der Wartburg entstandene Stadt ist bis heute untrennbar mit großen Namen deutscher Kultur und Geschichte verbunden, vor allem mit Martin Luther (Aufenthalt 1498–1501) und dem hier geborenen Johann Sebstian Bach.

Meißen Die Albrechtsburg, einst Sitz der Porzellanmanufaktur, beherbergt heute eine exquisite Sammlung des »weißen Goldes«. Ebenfalls einen Besuch wert ist der benachbarte Dom mit seinen berühmten Steinfiguren.

Moritzburg August der Starke ließ das vom Kurfürsten Moritz errichtete Jagdhaus 1723–1733 von Matthäus Daniel Pöppelmann zu einem barocken Lustschloss umbauen. Heute ist dort das Sächsische Barockmuseum untergebracht.

Meiningen Einst war dies eine der Theatermetropolen Deutschlands. Unter der Leitung des »Theaterherzogs« Georg II. erlebte das Hoftheater eine einzigartige Blüte und erlangte Vorbildfunktion im deutschsprachigen Raum. Das Theatermuseum vermittelt einen Einblick in diese kunstsinnige Epoche.

Dresden Ihren Ruf als »Elbflorenz« verdankt die sächsische Hauptstadt den zahlreichen Bauwerken von kunsthistorischem Rang. Hier der Blick über die Elbe auf die Brühlschen Terrassen, die katholische Hofkirche und die Semperoper.

Coburg Eine der größten Burganlagen Deutschlands ist die über Coburg thronende Veste. Hier hielt sich 1530 Martin Luther auf. In Coburg selbst sind vor allem das Stadthaus mit prächtiger Renaissancefassade sowie die auf das 14. Jh. zurückgehende Morizkirche sehenswert.

Bayreuth Die etwas außerhalb der Stadt gelegene Eremitage diente den Markgrafen als Lustschloss. Der Sonnentempel liegt inmitten prächtiger Parkanlagen.

Sächsische Schweiz Eine der imposantesten Felsformationen im Elbsandsteingebirge ist die Bastei, deren Felstürme 1851 durch eine Steinbrücke miteinander verbunden wurden. Hier bietet sich ein einmaliger Ausblick auf das 200 m tiefer gelegene Elbtal.

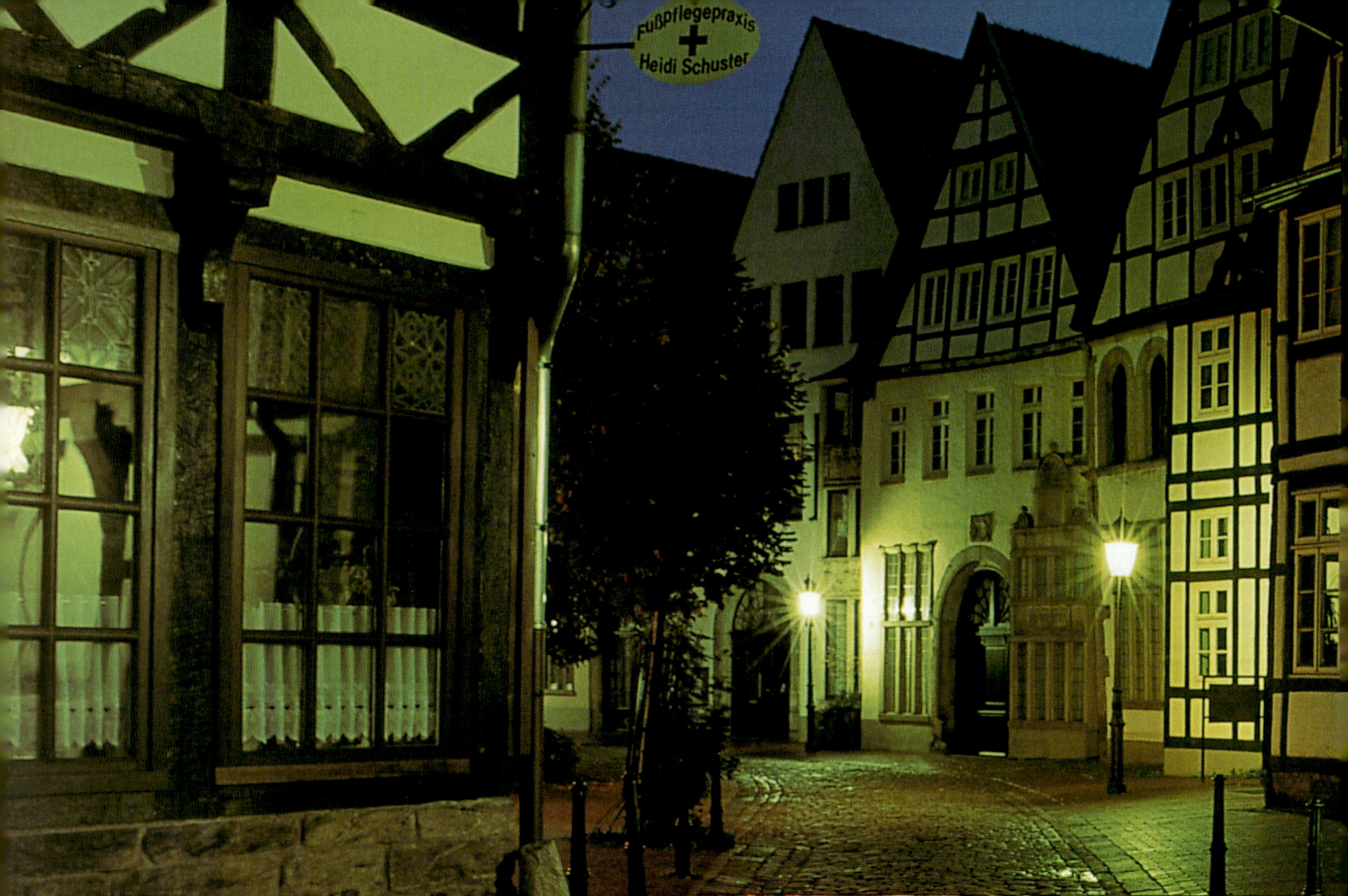

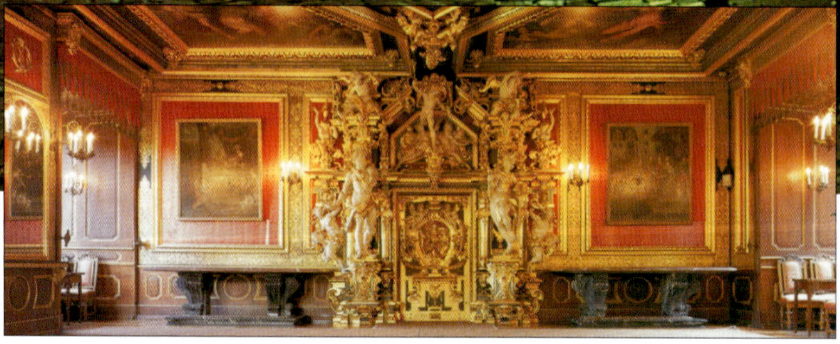

Prunkstück der Weserrenaissance: der Goldene Saal in Schloss Bückeburg

Route 5

Im Land der Märchen

Deutsche Märchenstraße und Straße der Weserrenaissance

Dornröschen, Rapunzel, Rotkäppchen – wer kennt sie nicht, die Figuren aus den Märchen der Brüder Grimm, die unsere Kindheit einst so verzaubert haben! Entlang der Deutschen Märchenstraße, die auf verschlungenen Wegen von Hanau nach Bremen führt, kann man sich auf die Spuren der Titelhelden wie auch ihrer Schöpfer begeben. Aufgelockert wird die Märchentour durch zwei Abstecher zur Straße der Weserrenaissance und zur Westfälischen Mühlenstraße.

Fast 200 Jahre ist es her, dass die drei Bände eines Werkes erschienen, das sich bald zu einem Best- und Longseller entwickeln sollte. Auch heute noch stehen sie in vielen Kinderzimmern: die »Kinder- und Hausmärchen« der Brüder Jacob und Wilhelm Grimm, bekannter unter der Kurzbezeichnung »Grimms Märchen«. Die darin versammelten rund 200 Märchen hatten die beiden Brüder im Gebiet des heutigen Hessen durch Befragung von Gewährsleuten zusammengetragen. Dabei waren sie von der romantisch geprägten Vorstellung ausgegangen, dass im Gedächtnis des einfachen und ungebildeten Volkes ein unerschlossener Schatz an Poesie und Geschichte verborgen liege, den es zu heben gelte.

Dass die von den Grimms gesammelten Märchen der urwüchsige Ausdruck einer »deutschen Volkspoesie« seien, ist allerdings selber ein Märchen. Inzwischen konnte nachgewiesen werden, dass vor allem Wilhelm Grimm die Märchen vor der Drucklegung in erheblichem Maße sprachlich bearbeitet hat. Der so genannte »Märchenstil« ist also weniger eine Schöpfung der »Volkspoesie« als vielmehr eine Leistung der Brüder Grimm selbst. Auch haben die beiden Herausgeber bewusst verschwiegen, dass die Informanten oft nicht einfache Bauern waren, sondern gebildete junge Leute aus dem städtischen bürgerlichen Milieu. Und schließlich stellte sich heraus, dass einige Hauptgewährsleute, so Dorothea Viehmann aus Zwehren bei Kassel, die allein den Grimms rund 40 Märchen erzählt hatte, hugenottischen Ursprungs waren. Damit lassen sich die Märchen auch auf französische Motive zurückführen und sind somit nicht der Inbegriff des Deutschen schlechthin.

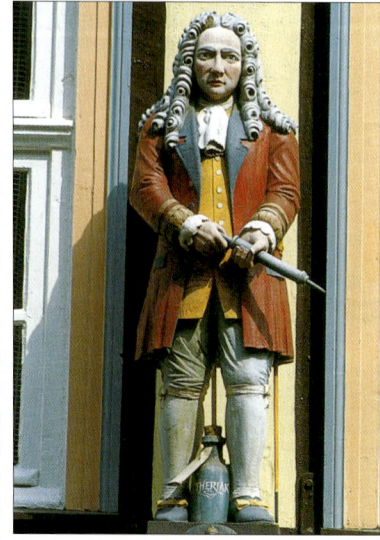

Hann. Münden: Statue des Dr. Eisenbart

Wie in alten Zeiten: stilvoll restaurierte Fachwerkhäuser in der Ritterstraße von Minden

In reizvoller Lage am Fuß des Burgbergs: das beschauliche Fachwerkstädtchen Schwalenberg südlich von Bad Pyrmont

All dies schmälert aber weder das Verdienst der Grimms, noch nimmt es den Märchen ihren Reiz. Und diese Faszination färbt auch auf die Deutsche Märchenstraße ab. Umso mehr, als die Route durch reizvolle Mittelgebirgslandschaften und beschauliche Flusstäler, durch verwinkelte Fachwerkstädtchen und vorbei an »märchenhaften« Burgen und Schlössern führt. Dabei können sowohl die Wirkungsstätten der Brüder Grimm in Hanau, Steinau an der Straße, Marburg, Kassel und Göttingen wie auch die Schauplätze einiger ihrer berühmtesten Märchen besichtigt werden, wie das Dornröschenschloss Sababurg bei Kassel oder der Frau-Holle-Teich auf dem Hohen Meißner bei Hessisch Lichtenau.

Zwar bilden die Grimmschen Märchen das Leitmotiv der Deutschen Märchenstraße, allerdings schließt sie auch Orte ein, die mit anderen berühmten Geschichtenerzählern und Überlieferungen verbunden sind. So stößt man an der mittleren Weser auf die Spuren des Lügenbarons Münchhausen in Bodenwerder und des Rattenfängers von Hameln.

Zwischen Höxter und Hameln bietet sich auf der Straße der Weserrenaissance (die auf einigen Abschnitten im Bereich der Weser mit der Deutschen Märchenstraße identisch ist) ein Abstecher ins Lipper Land an. Hier lassen sich die prächtigen Bauten der Weserrenaissance bewundern, einer vor allem im Weserbergland und in Ostwestfalen-Lippe verbreiteten Spielart der Renaissance-Architektur aus dem 16. Jh. Und etwas weiter nördlich bei Minden lockt ein Umweg über die Westfälische Mühlenstraße mit nahezu einem halben Hundert wundervoll restaurierter Mühlen.

Hort vieler Geschichten: der Reinhardswald, ein Höhenzug zwischen Weser und Diemel

Die Brüder Grimm

Tiefe, stille Wälder, weite Fluren, Fachwerkhäuser, Schlösser und Rathäuser der Renaissance – der Reisende mag sich entlang der Deutschen Märchenstraße oft in eine Märchenwelt wie aus den Grimmschen Büchern versetzt fühlen. Doch Vorsicht: Die Brüder lebten zwar im Zeitalter des Biedermeiers, waren aber mitnichten harmlose Spitzweg-Figuren.

Sie mischten sich tatkräftig und unüberhörbar in die Politik ein und bezogen eine liberale Position. Für diese Unbotmäßigkeit wurden sie 1837 ihrer Ämter enthoben und des Landes verwiesen. 1848 zog Jacob Grimm als gewählter Abgeordneter in die Frankfurter Nationalversammlung ein.

Die berühmten Märchen- und Sagensammlungen sind nur ein Ausschnitt

Denkmal der Brüder Grimm in Hanau

ihres Schaffens als Sprach- und Literaturwissenschaftler. Mit großem Gelehrtenfleiß schufen sie grundlegende Werke wie das »Grimmsche Wörterbuch«; Jacob veröffentlichte seine »Deutsche Grammatik« und die »Geschichte der deutschen Sprache«.

Und auch die Märchen sind bekanntlich nicht nur harmlose Kinderliteratur. Ihre Wirkungsgeschichte ist immens: Sie reicht von Nachdichtungen über Vertonungen bis hin zu komplexen psychoanalytischen Deutungen der Motive und Protagonisten, etwa von »Hänsel und Gretel«, »Aschenputtel« oder »Rotkäppchen«.

Bei der Lektüre der Märchen fällt vor allem das immense Sprachvermögen der Brüder Grimm auf, ihre stupende Fähigkeit, komplexe menschliche Situationen kurz und bündig zu formulieren: »Vor Zeiten war ein König und eine Königin, die sprachen jeden Tag: Ach, wenn wir doch ein Kind hätten! und kriegten immer keins.« Das ist kürzer und besser nicht zu sagen, und bis heute wird so manche kleine Prinzessin, so mancher Prinz seine armen Eltern mit einer Warum-Frage in Verlegenheit gebracht haben.

Von Hanau mäandert die Route durch die hessische Mittelgebirgslandschaft von Vogelsberg und Knüllgebirge über Marburg und Fritzlar nach Kassel. Von dort aus folgt man, mit Abstechern entlang der Straße der Weserrenaissance und der Westfälischen Mühlenstraße, weitgehend dem Lauf der Weser und erreicht über Hameln und Minden schließlich die Hansestadt Bremen.

❶ Hanau Die Stadt erlitt im Zweiten Weltkrieg schwere Zerstörungen und hat deshalb nur noch wenig historische Bausubstanz. Sehenswert ist die Reformierte Kirche von 1608, die aus zwei ineinander greifenden Zentralbauten besteht. Schloss Philippsruhe wurde zu Beginn des 17. Jh. inmitten eines großen Parks errichtet. Vor dem Neustädter Rathaus steht ein Denkmal ihrer beiden bedeutendsten Söhne, der Sprachforscher und Märchensammler Wilhelm und Jacob Grimm. Im nahe gelegenen Wilhelmsbad herrschte Ende des 18. Jh. reger Kurbetrieb, der durch die Befreiungskriege jäh beendet wurde. Die ursprünglichen Anlagen sind jedoch noch vollständig erhalten.

❷ Gelnhausen Die Blütezeit der »Barbarossastadt« beschränkt sich auf die Epoche der Staufenkaiser. Friedrich I. erwarb die Burg 1170 und ließ sie zu einer prächtigen Pfalz ausbauen. Auf

seine Initiative hin entstand auch die romanische Marienkirche. Sehr gut erhalten sind die staufische Stadtbefestigung sowie einige romanische Häuser am Untermarkt.

❸ Bad Orb Der Ort war im Mittelalter für seine Salzquellen bekannt, bis ins 19. Jh. hinein wurde hier Salz gewonnen. Um 1900 wurde an Stelle der Salinen ein Kurhaus erbaut, seit 1909 ist Orb Kurbad. Die Fachwerkhäuser stammen aus dem späten Mittelalter und aus der Renaissance. Die gotische Kirche St. Martin brannte 1983 aus.

❹ Steinau an der Straße In der romantischen Stadt am Spessart verbrachten die Brüder Grimm ihre Jugend. Steinau erlangte aber erst Bedeutung, als Ulrich I. von Hanau hier im 13. Jh. einen Etappenort an der wichtigen Durchgangsstraße von Frankfurt nach Mitteldeutschland gründete. Auf ihn geht die Burg zurück,

Reiseinformationen

Routen-Steckbrief
Routenlänge: ca. 600 km (ohne Abstecher)
Zeitbedarf: mind. 6–8 Tage
Start: Hanau
Ziel: Bremen
Routenverlauf: Hanau, Marburg, Kassel, Hameln, Porta Westfalica, Verden, Bremen

Besonderheiten:
Neben der Hauptroute der Deutschen Märchenstraße gibt es noch eine östliche Route über Heiligenstadt und Göttingen. Zwischen Kassel und Höxter und Hameln und Bremen sind Deutsche Märchenstraße und Straße der Weserrenaissance im Verlauf weitgehend identisch.

Auskünfte:
Arbeitsgemeinschaft
Deutsche Märchenstraße
Königsplatz 53, 34117 Kassel,
Tel. (05 61) 70 77-07,
Fax (05 61) 70 77-2 00,
www.deutsche-
maerchenstrasse.de
Straße der Weserrenaissance:
Weserbergland Tourismus e.V.
Deisterallee 1, 31753 Hameln,
Tel. (0 51 51) 93 00-0,
Fax (0 51 51) 93 00 33,
www.weserbergland.com
Mühlenkreis Minden
Lübbecke
»Westfälische Mühlenstraße«
Portastr. 13, 32423 Minden
Tel. (05 71) 8 07 23 17,
Fax (05 71) 80 73 31 70,
www.minden-luebbecke.de

Wilhelmshöhe

Die Brüder Grimm waren noch in einem Alter, in dem man hingerissen Märchen lauscht, da wurde in der Nähe von Kassel ein Ensemble verwirklicht, das wie geschaffen ist als Kulisse für die Märchen, die sie später sammelten. Am Ende des 18. Jh., als die Romantik die europäische Kultur eroberte, entstand mit der Löwenburg auf der Wilhelmshöhe ein besonders

Oben: »Herkules«-Statue
Mitte: Schloss Wilhelmshöhe
Unten: Löwenburg

---

aus der sich dann ab 1429 die spätgotische Grafenresidenz und Mitte des 16. Jh. das Schloss entwickelt haben.

5 Schlüchtern Auf der nahe gelegenen Steckelburg wurde 1488 der Humanist und Reformator Ulrich von Hutten geboren. Der Ort entstand um ein frühmittelalterliches Benediktinerkloster, von dem die Klosterkirche mit einer karolingischen Krypta erhalten ist. Neben dem Renaissanceschloss steht ein historisierender Bau aus dem 19. Jh. im Stil der Weserrenaissance.

6 Naturpark Hoher Vogelsberg Der Naturpark erstreckt sich über das größte zusammenhängende Vulkangebiet Mitteleuropas, einen aus Basalt aufgebauten, vor 20 Millionen Jahren

entstandenen Schildvulkan ohne Krater. Der zweitälteste Naturpark Deutschlands ist wegen seiner ausgedehnten Laub- und Nadelwälder, die durch weitläufige Wanderwege erschlossen sind, ein beliebtes Naherholungsgebiet für die Bewohner des Rhein-Main-Ballungsraums.

7 Alsfeld Im frühen Mittelalter gegründet, zählt die Stadt heute noch 26 gotische Fachwerkhäuser. Spätgotisch ist das 1512–1516 erbaute Fachwerk-Rathaus mit Laubenhalle. Im Weinhaus verbanden sich Elemente von Gotik und Renaissance, im 19. Jh. wurde es historisierend umgestaltet. Aus der Renaissance stammt das Hochzeitshaus.

8 Marburg Die Entwicklung der altehrwürdigen Universitätsstadt

mit der ersten protestantischen Hochschule Deutschlands (1527) hing eng mit der fromm-asketischen thüringischen Landgräfin Elisabeth zusammen. Diese hatte im Jahre 1227 die Wartburg verlassen und ein Jahr später das hiesige Schloss zum Witwensitz erkoren.
Nach der Abspaltung Hessens von Thüringen 1248 machten die hessischen Landgrafen Marburg zu ihrer Residenz. Heinrich I., Elisabeths Enkel, ließ die einstige thüringische Burg hoch über der Lahn zum hessischen Schloss ausbauen. Sehenswert sind die von der französischen Gotik beeinflusste Schlosskapelle mit dem Christophorus-Bild, der Saalbau aus dem 14. und der Wilhelmsbau aus dem 15. Jh. Ebenfalls französischen Einfluss verrät die gotische Elisabethkir-

che, deren Grundstein 1235 gelegt wurde. Von ihrer Ausstattung her sind der Kreuzaltar, der Marienkrönungsaltar, der Hochaltar, der Schrein der hl. Elisabeth und die Glasfenster hervorzuheben. Der Südchor diente als Grablege der Landgrafen.
Der Ober- und der Untermarkt bilden das Herz der Altstadt. Ersterer ist ein Ensemble von Fachwerkhäusern aus dem 16. Jh., Letzteren schließt nach Süden hin das Rathaus von 1524 ab. Stolze alte Adelssitze sind in der Ritterstraße zu bewundern.

9 Fritzlar Der Dom geht auf eine Gründung des hl. Bonifatius zurück, die heutige Anlage ist spätromanischen Stils (11. Jh.). Der Domschatz enthält zahlreiche wertvolle mittelalterliche Werke. Im Renaissancebau des Hochzeitshauses ist das Heimatmuseum untergebracht. Die mittelalterliche Stadtmauer weist

1 Fritzlar ist nahezu vollständig von einer mit Türmen gespickten mittelalterlichen Stadtmauer umgeben.

2 Das Marburger Schloss war ursprünglich eine schlichte Burg hoch über der Lahn.

3 Wahrzeichen der Fachwerkstadt Alsfeld ist das historische Rathaus.

pittoreskes Beispiel der Ruinenromantik. Kurfürst Wilhelm ließ sich ein Schloss erbauen, das nach außen wie eine bröckelnde Burgruine aus gotischer Zeit wirkt, im Inneren aber durchaus wohnliche Räume für ihn und seinen Hofstaat aufwies.
Löwenburg, Schloss Wilhelmshöhe, Tempel und Grotten sowie die gewaltige Herkules-Statue sind Bestandteil der Wilhelmshöhe, des größten Bergparks Europas. Hauptattraktion sind jedoch die Wasserspiele mit ihren Kaskaden, Aquädukten und Teichen.
Als die Grimms 1798 nach Kassel kamen, um hier das Lyzeum zu besuchen, wurde an der künstlichen Ruine noch gewerkelt. Kaum vorstellbar, dass sie später bei der Niederschrift des »Dornröschens« nicht an das Kuriosum auf der Wilhelmshöhe dachten …

Reinhardswald und Dornröschen

Graf Reinhard verlor einst seinen Wald beim Würfelspiel. Listig bat er, im Wald noch einmal säen und ernten zu dür-

Knorrige uralte Bäume machen den Reinhardswald geheimnisvoll.

fen. So säte er Eicheln. Und das dauerte bis zur Ernte! Im Reinhardswald, dem mit 200 km² größten geschlossenen Waldgebiet Hessens, stehen nicht nur alte Eichen und mächtige Buchen, er steckt auch voller Geheimnisse. Dornröschen verschlief auf der hiesigen Sababurg hundert Jahre. Die seinerzeit mitschlafende Küche hat sich heutigen Tages in eine kulinarische Attraktion verwandelt.

zwölf Türme auf, darunter den Grauen Turm, den größten noch erhaltenen städtischen Wehrturm Deutschlands.

⑩ **Gudensberg** Die im Mittelalter gegründete Stadt fiel wiederholt Bränden und Zerstörungen zum Opfer. Erhalten blieben das mittelalterliche Siechenhaus, ein Wehrturm der Stadtbefestigung und ein 1596 errichtetes Fachwerkhaus. Das alte Amtshaus weist ein Renaissanceportal aus dem Jahr 1612 auf. Schöne Fachwerkhäuser aus dem 17. Jh. umgeben den alten Markt.

⑪ **Kassel** Schloss und Park Wilhelmshöhe erinnern an die einstige Bedeutung der Stadt zu Zeiten von Renaissance und Barock. Eine erste Anlage hatte schon Landgraf Karl im 17. Jh. planen lassen. Er wünschte sich eine Barockresidenz, so repräsentativ wie Versailles. Auf ihn geht auch die Orangerie in der Karlsaue zurück. Landgraf Wilhelm VIII. ließ sich von 1753 bis

1760 vom Münchner Hofarchitekten François Cuvilliés nordwestlich von Kassel das Rokokoschloss Wilhelmsthal bauen, das als Höhepunkt dieser Epoche gilt. Landgraf Friedrich gab das Fridericianum (1769 bis 1776) als Museumsbau in Auftrag, und ein solcher ist es bis heute geblieben: Die Kunsthalle Fridericianum ist Hauptsitz der alle vier bis fünf Jahre stattfindenden internationalen Kunstausstellung »documenta«. Im Palais Bellevue ist das sehenswerte Brüder-Grimm-Museum untergebracht.

⑫ **Hann. Münden** Hier vereinigen sich Werra und Fulda zur Weser. Der Ort wurde von Alexander von Humboldt zu den sieben schönsten Städten gezählt. Sein mittelalterlich-frühneuzeitlicher Stadtkern mit über 700 Fachwerkhäusern ist nahezu vollständig erhalten. Das gotische Rathaus am Markt wurde von 1603 bis 1619 im Stil der Weserrenaissance umgestaltet. Vor allem das Welfenschloss ist ein

frühes Beispiel für diese Stilrichtung; heute beherbergt es das Stadtmuseum mit dem Doktor-Eisenbarth-Zimmer, das an den berühmten Chirurgen erinnert, der 1727 in Hann. Münden starb.

⑬ **Hofgeismar** Märchenfreunde besuchen die nahe gelegene Sababurg. Über den Resten der Burg von 1334 ließen die Landgrafen von Hessen im 16. Jh. ein Jagdschloss erbauen. Die romantische Ruine mit den von Hauben bekrönten Türmen inspirierte die Brüder Grimm dazu, das Märchen von Dornröschen hier anzusiedeln. Rund um die Burg befindet sich ein romantischer »Urwald«. In Hofgeismar sind die Liebfrauenkirche und das Steinerne Haus mit dem Apothekenmuseum sehenswert.

⑭ **Bad Karlshafen** Landgraf Karl ließ die Stadt 1699 für die aus Frankreich geflohenen Hugenotten anlegen. So sind die meisten der historischen Gebäude im barocken Stil erbaut, da-

runter das Rathaus mit dem Glockenspiel, das Invalidenhaus, das Freihaus und das Thurn- und Taxis'sche Postgebäude.

⑮ **Höxter** Das Stadtbild der einstigen Hansestadt ist von anheimelnder Fachwerkarchitektur im Stil der Weserrenaissance geprägt. Neben der Nicolaikirche mit ihrer Barockfassade und der wertvoll ausgestatteten romanischen Kilianskirche sollte man dem Rathaus und dem Tillyhaus einen Besuch abstatten.

⑯ **Corvey** Nur 2 km nordöstlich von Höxter liegt das 822 von Ludwig dem Frommen gegründete und im Jahr 1802 säkulari-

1 Schloss Corvey und Klosterkirche (rechts) mit romanischem Westwerk

2 In Hann. Münden vereinigen sich Werra und Fulda zur Weser.

3 Rathaus von Bad Karlshafen, der Hugenottenstadt an der Weser

Straße der Weserrenaissance

Im Weserraum erlebte die Baukunst während der Epoche der Renaissance eine Blüte. Das Weserbergland als reiche Kornkammer hatte die wirtschaftlichen Voraussetzungen für eine Blütezeit geschaffen. Etwa ab dem Jahr 1520 importierten die Baumeister Anregungen aus den Niederlanden, Frankreich, Italien und Böhmen und übertrafen sich gegenseitig an gestalterischen Einfällen. In großer Formenvielfalt entstanden im Stil der so genannten Weserrenaissance prunkvolle Schlösser des Landadels und der Landesherren, wie etwa die Schlösser Bevern oder Hämelschenburg bei Bodenwerder. Aber auch an reich verzierten Wohnhäusern, Rathäusern und vielen Fachwerkbauten hinterließen große Baumeister wie Jörk Unkair aus Schwaben Spuren ihres Könnens.

Einen Eindruck davon bekommt man entlang der Straße der Weserrenaissance, die – teilweise identisch mit der Deutschen Märchenstraße – von Kassel nach Bremen führt. Kurz vor Höxter bietet es sich an, entlang dieser Ferienstraße in einer weiten Schleife nach Westen durch das Lipper Land zu fahren und dabei einige Perlen der Weserrenaissance wie auch des Barocks kennen zu lernen, bevor man kurz vor Hameln wieder auf die Deutsche Märchenstraße zurückkehrt.

Erste Station ist Brakel mit seinem gotischen Rathaus aus dem 14. Jh., das 1573 ein Portal in den Formen der Weserrenaissance erhielt. Das vollständig erhaltene ehemalige Augustinerkloster Lichtenau ist eine spätgotische Anlage, die im Zeitalter des Barocks gründlich umgestaltet wurde.

Auf eine über 1200-jährige Geschichte blickt die ostwestfälische Kaiser- und Bischofsstadt Paderborn, in der mehr als 200 Quellen entspringen. Ihr Keim war eine Kaiserpfalz Karls des Großen, deren Reste noch teilweise erhalten sind. Im Zentrum der Altstadt erhebt sich der mächtige dreischiffige Dom (11.–13. Jh.) mit dem 93 m hohen Westturm als Wahrzeichen der Stadt. Im Stadtteil Neuhaus lockt das Schloss der Fürstbischöfe von Paderborn mit rekonstruiertem Barockgarten.

Der große Meister der Weserrenaissance, Jörg Unkair aus Schwaben, begann 1549 mit dem Residenzschloss von Detmold sein letztes Werk. Typisch ist die Anlage als Vierflügelbau mit Treppentürmen in den Hofwinkeln. Nach Unkairs Tod im Jahr 1553 wurde noch Jahrzehnte weiter gebaut. Der Schlossturm erhielt seine schöne Haube um 1600.

Der Sprung von der Spätgotik zur Renaissance lässt sich an der Giebelfassade des Rathauses von Bad Salzuflen studieren. Die Stadt ist besonders reich an Fachwerk- und Patrizierhäusern im Stil der späten Weserrenaissance. Zahlreiche schöne Renaissance-

bauwerke und Fachwerkhäuser hat auch Lemgo aufzuweisen. Darunter sticht besonders das mit prächtigem Bauschmuck versehene Hexenbürgermeisterhaus von 1571 hervor.

1 Schmuckvolle Giebel und Erker: das Renaissance-Rathaus in Lemgo

2 Glanzstück der Weserrenaissance: Schloss Hämelschenburg bei Hameln

3 Der dreischiffige Dom zu Paderborn stammt aus romanischer Zeit.

Landmarken im Teutoburger Wald

Die malerische Gebirgslandschaft des Teutoburger Waldes und des sich anschließenden Wiehengebirges lädt zu ausgedehnten Wanderungen ein, zumal die Region durch ein dichtes Netz von Wanderwegen gut erschlossen ist. Und nicht zuletzt ist die Gegend auch historisch bedeutsam, denn im Teutoburger Wald schlug bekanntlich im Jahre 9 n. Chr. der Cheruskerfürst Arminius – in der deutschen Geschichtsmythologie später zu Hermann dem Cherusker geworden – die Truppen des römischen Feldherrn Varus vernichtend.

Unweit von Detmold besuchen heute alljährlich Hunderttausende die beiden wohl markantesten Punkte dieses Landstrichs. Ob tatsächlich die 386 m hohe Grotenburg, wo Ernst von Bandel 1875 als seinerzeitiges deutsches Nationalsymbol das riesige, über 50 m hohe Hermannsdenkmal errichten ließ, der Schauplatz der Hermanns-

Hermannsdenkmal: Stolz reckt der gewaltige Arminius sein 7 m langes Schwert in die Höhe.

schlacht war, darf bezweifelt werden. Ganz sicher hat man aber von hier aus einen der schönsten Ausblicke über das Weserbergland.

Weiter geht es dann auf dem »Hermannsweg« zu den Externsteinen. Bei diesen zerklüfteten Sandsteinfelsen befand sich in heidnischer Zeit eine Kultstätte, die im Mittelalter zu einer Wallfahrtsstätte wurde. Davon zeugt heute noch das Steinrelief der Kreuzabnahme Christi, das wohl Anfang des 12. Jh. in den Fels geschlagen worden sein muss.

Der Rattenfänger von Hameln

Im Mittelalter, einer finsteren Zeit, die noch kein geregeltes Mahnwesen kannte, verfiel ein Kammerjäger, der die Stadt Hameln auf unkonventionelle Weise von einer Ratten- und Mäuseplage befreit hatte, auf grausame Rache, nachdem er um den Lohn be-

sierte Kloster Corvey, in dem während des 12. Jh. mehrere Reichstage stattfanden. Die heutige Anlage geht allerdings weitgehend auf das Barockzeitalter zurück, mit Ausnahme des großartigen romanischen Westwerks mit der »Kaiserloge«, die den deutschen Kaisern als Gastkirche diente. Sehenswert sind auch die barocken Prunkräume der ehemaligen Abtei, darunter der »Kaisersaal«, in dem alljährlich im Frühjahr die Corveyer Musiktage stattfinden.
In der Bibliothek hat der Dichter Heinrich Hoffmann von Fallersleben in den Jahren 1860 bis 1874 als Bibliothekar gearbeitet; er liegt in Corvey begraben.

Die berühmte Märchenfigur als Schaufensterdekoration in Hameln

trogen worden war. Wie zuvor die Nager, so lockte er nun die Kinder aus der Stadt und ließ sie spurlos verschwinden. Von diesem Vorfall kündet eine Inschrift am Rattenfängerhaus in Hameln, einem schönen Bauwerk der Weserrenaissance. Die Brüder Grimm ließen sich das zeitlose Thema nicht entgehen und nahmen die Schauergeschichte in ihre Sagensammlung auf.

17 Holzminden Die zahlreichen prächtigen Fachwerkhäuser der Altstadt entstanden nach dem Dreißigjährigen Krieg, der die Stadt weitgehend zerstörte. Lediglich das Portal des Tilly-Hauses datiert auf das Jahr 1609, das Severinsche Haus auf das Jahr 1619. Die Lutherkirche lässt eine romanische Anlage erkennen, ihr Westturm entstand in der Renaissance.

18 Bodenwerder Die Stadt lag auf einer Weserinsel, bis im 20. Jh. der nördliche Flussarm zugeschüttet wurde. Dank der Brückenlage florierte bis zum Dreißigjährigen Krieg der Handel. Im ehemaligen Herrenhaus, einem Renaissancebau, erblickte der »Lügenbaron« von Münchhausen das Licht der trügerischen Welt und starb auch hier.

19 Hameln Die ehemalige Hansestadt liegt beiderseits der Weser. Der Sage nach lockte hier einst der Rattenfänger von Hameln mit seinem Flötenspiel 130 Kinder auf Nimmerwiedersehen aus der Stadt, weil ihm der Magistrat den Lohn für seine Vertreibung der Ratten verweigerte. Hameln gilt zu Recht als eine der schönsten Städte Deutschlands, denn kaum anderswo gibt es so viele alte Fachwerkhäuser und Bürgerhäuser im Stil der Weserrenaissance. Dazu gehören etwa in der Bäckerstraße der »Rattenkrug« (1568) und die Löwenapotheke (um 1300).
Am historischen Marktplatz steht man wenig später vor der Fassade des Hochzeitshauses (1610–1617), heute Rathaus und Schauplatz des sommerlichen Rattenfänger-Freilichtspiels. Ge-

genüber der frühgotischen Nikolaikirche, einst Gotteshaus der Weserschiffer, präsentiert sich die Prunkfassade des Dempterhauses (1607). Am Marktplatz beginnt auch die Osterstraße mit den eindrucksvollen Fassaden des Stiftsherrnhauses (1558), des Leisthauses (1589) und des Rattenfängerhauses (1603). Sehenswert ist auch das Münster St. Bonifatius (12.–14. Jh.).

20 Rinteln Nahe der Extermündung präsentiert sich die malerische Altstadt mit zahlreichen Zeugnissen ihrer 700-jährigen Geschichte. Am Markt stehen alte Fachwerkhäuser, die Stadtkirche St. Nikolai und das ehemalige Rathaus im Stil der Weserrenaissance. Die bis auf das 13. Jh. zurückgehende Jakobsklosterkirche diente bis zu Beginn des 19. Jh.

als Universitätskirche. Mit der historischen Extertalbahn kann man bis nach Barntrup zockeln.

21 Porta Westfalica Südlich von Minden durchbricht die Weser das Weserbergland und macht sich auf den Weg durch das Norddeutsche Tiefland in Richtung Nordsee. Hier überragt der 270 m hohe Wittekindsberg die Weser, auf dessen Gipfel das monumentale Kaiser-Wilhelm-Denkmal thront. Von hier aus bietet sich ein grandioser Aus-

1 Kunstvolle Fachwerkschnitzereien am Bürgerhus (1560) in der Kupferschmiedestraße von Hameln

2 Imposant ragt das Kaiser-Wilhelm-Denkmal über der Porta Westfalica empor.

Schloss Bückeburg in der gleichnamigen einstigen Residenzstadt bei Minden ist ein Schmuckstück der Weserrenaissance im Schaumburger Land. Die in ein Kreuzrippengewölbe eingebettete Schlosskapelle wurde Anfang des 17. Jh. üppig mit vergoldetem Schnitzwerk und einem Weltgerichtsbild dekoriert.

Bremer Stadtmusikanten

»Wer hat nicht Ciceros *De Senectute* gelesen? Sich nicht erhoben gefühlt durch alles, was hier zu des Alters Gunsten, gegen dessen Verkennung oder Herabsetzung gesagt wird?«, fragte Jacob Grimm einst in einer »Rede über das Alter«. Ohne Lateinkenntnisse lässt sich das Grimmsche Märchen von den Bremer Stadtmusikanten lesen, von den vier in Ehren ergrauten Gesellen, die gemeinsam wieder Mut schöpfen, Richtung Bre-

Bronzeplastik der Bremer Stadt-musikanten am Bremer Rathaus

men ziehen, um als Straßenmusikanten eine zweite Karriere zu starten, es aber unterwegs vorziehen, eine Räuberhöhle zu stürmen und dort eine Alterswohngemeinschaft zu gründen. In Bremen, wo sie nie ankamen, steht heute ihr Denkmal.

blick auf das Wesertal und hinaus in die Norddeutsche Tiefebene. Auf dem Weg nach Minden ist Schloss Bückeburg, ein Juwel der Weserrenaissance, einen kurzen Abstecher wert.

22 Minden Zu den Sehenswürdigkeiten der 1200 Jahre alten Bischofsstadt gehören der 952 geweihte Dom St. Peter mit wertvoller Innenausstattung sowie die Martinikirche. Beachtenswerte Profanbauten sind die Alte Münze, das Rathaus, das Hansahaus, Haus Hagemeyer und Haus Hill. Stadtgeschichtliches und Wissenswertes über die Weserrenaissance erfährt man im Stadtmuseum. Eine technische Attraktion ist das Mindener Wasserstraßenkreuz, wo der Mittellandkanal über eine 375 m lange trogartige Brücke in 13 m Höhe die Weser überquert.

23 Nienburg Auch Nienburg nutzte als Handelsstadt seine Brückenfunktion an der Weser. Ein bedeutendes Beispiel für die Weserrenaissance ist das Rathaus. Ebenfalls im 16. Jh. wurde das befestigte Wasserschloss errichtet. Aus dieser Zeit stammen auch viele der Fachwerk- und Bürgerhäuser.

24 Verden Die Stadt nahe der Mündung der Aller in die Weser ist das unbestrittene Zentrum der Hannoveranerzucht. Karl der Große hielt hier 782 sein »Verdener Blutgericht« über die besiegten Sachsen ab, kurz darauf wurde Verden Bischofssitz. Der Bau des Verdener Doms dauerte von 1290 bis 1490. Weitere Sehenswürdigkeiten sind die

Andreaskirche (13. Jh.) und die Johanniskirche (12.–15. Jh.).

25 Bremen Trotz starker Zerstörungen im Zweiten Weltkrieg zeigt sich in Bremen so manches historische Bauwerk in alter neuer Pracht. Die aus einer Fischer- und Kaufmannssiedlung entstandene Stadt an der Weser erlebte ihre erste kulturelle und wirtschaftliche Blüte im 11. Jh. 1358 trat Bremen der Hanse bei. Den schönsten Teil bildet das historische Zentrum um den Marktplatz mit dem Rathaus, dem Gildehaus Schütting und dem Dom. Direkt davor ragt die mächtige Rolandstatue von 1404 in den Himmel. Die Bronzeplastik der Bremer Stadtmusikanten an der Westseite des Rathauses beschließt unseren Märchenreigen.

1 Die Pferdestadt Verden an der Aller mit dem mächtigen Dom

2 Wassermühle aus dem 18. Jh. bei Petershagen nördlich von Minden

Westfälische Mühlenstraße

Sie mahlten Getreide für das tägliche Brot, Gerste für den abendlichen Humpen Bier und Flachs, um Öl zu gewinnen. Sie nutzten die Kraft von Wind, Wasser und Pferden. Mühlen als technisches Faszinosum, romantisch und doch bodenständig – all das bietet die Westfälische Mühlenstraße, die in mehreren Routenvarianten rund um Minden auf insgesamt 320 km zu 42 dieser technischen Denkmäler führt. In Bad Oeynhausen steht die Hofwassermühle von 1772. In Hüllhorst warten eine Wassermühle mit Restaurant, eine Windmühle sowie eine Rossmühle von 1797 auf Besucher. Eine Fachwerk-Wassermühle von 1880 dreht sich in Preußisch Oldendorf. Vollständig restauriert präsentiert sich die Bockwindmühle von 1705 in Oppenwehe. Im Museumshof in Rahden (unten) ist eine Rossmühle, in der Nähe die älteste Bockwindmühle der Route, Baujahr um 1650, zu besichtigen. Die Hochzeitsmühle Tonnenheide bietet sich als Standesamt an.

Minden Stilvoll restaurierte Fachwerkhäuser in der Ritterstraße von Minden erinnern an die alte Zeit und laden ein zu einem Bummel in der 1200 Jahre alten Bischofsstadt.

Bremen Den schönsten Teil der Stadt an der Weser bildet das historische Zentrum um den Marktplatz mit dem Rathaus, dem Gildehaus Schütting und dem Dom.

Bückeburg Ein Juwel der Weserrenaissance ist Schloss Bückeburg aus dem 16./17. Jh. in der gleichnamigen ehemaligen Residenzstadt bei Minden im Schaumburger Land.

Hermmannsdenkmal Am Nordostrand des Teutoburger Waldes erinnert seit 1875 auf der 386 m hoch gelegenen Grotenburg ein Denkmal an die Schlacht im Teutoburger Wald (9 n. Chr.), bei der Cheruskerfürst Arminius ein römisches Heer vernichtend schlug.

Lemgo Giebel und Erker schmücken das Renaissance-Rathaus mit dem Apothekenerker aus dem Jahr 1602.

Weserbergland So bezeichnet man zusammenfassend das bewaldete Bergland (bis 500 m über dem Meeresspiegel) beiderseits der Weser zwischen Hann. Münden und Minden. Hier waren die Brüder Grimm zu Hause, und hier ließen sie sich zu vielen ihrer berühmten Märchen und Sagen inspirieren. Auch wandernd, Rad fahrend oder mit dem Schiff auf der Weser folgt man ihrer Spur.

Externsteine Auf dem »Hermannsweg« geht es im Teutoburger Wald zu den imposanten, zerklüfteten Sandsteinfelsen, die im Mittelalter zur Wallfahrtsstätte wurden.

Hameln Das Leisthaus (1589) gehört zu den liebevoll gepflegten Fachwerkhäusern der Rattenfängerstadt.

Kassel Fürwahr eine märchenhafte Kulisse und Ruinenromantik pur: die Löwenburg (Ende 18. Jh.) auf der Wilhelmshöhe in der Nähe von Kassel.

Marburg Hoch über der Altstadt erhebt sich das Schloss, das im 15. und 16. Jh. Sitz der Landgrafen von Hessen war.

Hämelschenburg Ein Glanzstück der Weserrenaissance ist das im Jahr 1588 errichtete Schloss Hämelschenburg bei Hameln, bis heute im Familienbesitz.

Fritzlar Majestätisch ragen die Türme des Doms von Fritzlar in den Himmel, der auf eine Gründung des hl. Bonifatius zurückgeht (heutige Anlage 11. Jh.).

Corvey Das ehemalige Kloster Corvey (822 gegründet) mit barocken Abteigebäuden und der alten Klosterkirche mit romanischem Westwerk.

Reinhardswald Wo ist der Prinz? Auf den Spuren von Dornröschen wandert man im Reinhardswald, dem mit 200 km² größten geschlossenen Waldgebiet Hessens.

Hanau Auf dem Marktplatz vor dem Neustädter Rathaus erinnert Hanau mit einem 1896 in Bronze gegossenen Denkmal an seine bedeutendsten Söhne – die weltberühmten Märchensammler und Sprachforscher Wilhelm (rechts) und Jacob Grimm.

Alsfeld Das historische Rathaus (1512–1516) mit seiner Laubenhalle ist das Wahrzeichen der malerischen Fachwerkstadt Alsfeld.

Potsdam: Über den Heiligen See wandert der Blick zum Neuen Garten und zum Marmorpalais.

Reisen unter Bäumen

Deutsche Alleenstraße

Ein Hauch von Postkutschenzeit liegt über dieser Route. Die Vorzüge der Langsamkeit sind vor allem auf dem nördlichen Zweig der Deutschen Alleenstraße wiederzuentdecken: der Blick durchs geöffnete Schiebedach in die Baumkronen, ein genussvoller Halt an einem Feldweg, die Einkehr in einem Dorfkrug. Wer unter Termindruck reist, wählt besser eine andere Route. Denn viele Alleen sind eher schmal, und man sollte sich nicht wundern, wenn auch einmal Radfahrer oder Wanderer unterwegs sind.

Bäume brauchen ihre Zeit zum Wachsen. Aber eines Tages wird es vielleicht so weit sein, dass wir von Rügen bis zum Bodensee unter einem schattigen Dach von Alleebäumen fahren können, stattliche 2500 Straßenkilometer weit – rund dreimal länger als die Luftlinie. Denn drei der stärksten Verbände, für die Straßen, Autos und Bäume seit im Zentrum stehen, haben sich zur Arbeitsgemeinschaft Deutsche Alleenstraße e. V. zusammengeschlossen: der Automobilclub ADAC (der auch der Initiator dieses Projekts und somit der »Vater« der Deutschen Alleenstraße ist), der Deutsche Tourismusverband mit seinen Regionalverbänden und die Schutzgemeinschaft Deutscher Wald.

Die Deutsche Alleenstraße soll eine Idealroute fürs gemächliche Reisen zu den schönsten Plätzen der Natur und Kultur werden. Natürlich immer und je nach Geschmack mit der Möglichkeit, Abstecher

Goslar: Die »Kaiserworth«, das ehemalige Gildehaus (1494) der Gewandschneider, ist heute ein Hotel.

Die knapp 2,5 km lange, von 170-jährigen Rotbuchen gesäumte, kopfsteingepflasterte Mustitzer Allee bei Zirkow gehört zu den schönsten Alleen auf Rügen. Sie wurde Mitte der 1990er-Jahre in einem Modellprojekt saniert.

Das klassizistische Schloss im Gartenreich Dessau-Wörlitz, ein Gesamtkunstwerk aus Landschaftspark und Architektur

in die reizvolle Nachbarschaft dieser Route einzulegen, die wir hier – um Überschneidungen mit anderen Kapiteln zu vermeiden – in Fulda enden lassen. Ein grünes Band durch ausgedehnte Seenlandschaften, zu bedeutenden Kulturstätten und durch die wunderschönen deutschen Mittelgebirgsgegenden.

Um dieses ehrgeizige Ziel zu erreichen, müssen vor allem in den alten Bundesländern noch eine ganze Menge Bäume gepflanzt werden. In den neuen Bundesländern, in Mecklenburg-Vorpommern, Brandenburg, Thüringen, Sachsen und Sachsen-Anhalt, können dagegen viele der oftmals über Jahrhunderte hin gewachsenen Alleen genutzt werden, die dort erhalten blieben und nach der Wiedervereinigung bereits Tausenden von Besuchern aus dem Westen eines der stärksten Glückserlebnisse vermittelten, als sie den Reichtum der mittel- und ostdeutschen Alleenstraßen für sich entdecken durften.

Allerdings sollte man dabei auch zu einer besonderen Vorsicht bereit sein und eine Art Kontraststil zur Autobahnfahrt entwickeln. Vom ADAC gibt es deshalb zehn Alleen-Gebote. Am wichtigsten: Tempo runter, vor Kurven auf 60 km/h, bei dichten Baumreihen auf 80 km/h sowie allgemein bei Nässe und Laub auf der Fahrbahn; Verzicht aufs Überholen bei schmaler Straße, Vermeiden von scharfem Abbremsen auf Pflasterstrecken; auch tagsüber mit Licht fahren und besondere Aufmerksamkeit in der Morgen- und Abenddämmerung, denn das Risiko von Wildunfällen ist hier größer.

Hält man sich jedoch an diese Regeln, dann beschert einem die Fahrt auf der Deutschen Alleenstraße auch einen ganz besonderen Genuss.

Die Deutsche Alleenstraße beginnt auf der Insel Rügen mit ihren herrlichen Stränden.

Der Müritz-Nationalpark

Der Müritz-Nationalpark ist ein Ausschnitt der Mecklenburgischen Seenplatte, die von den Gletschern und Schmelzwasserströmen der letzten Eiszeit geformt wurde. Der größte Teil – vom Ostufer der Müritz etwa bis zu den Städten Waren, Neustrelitz und Mirow – ist eine flachwellige Sanderlandschaft, der wesentlich kleinere zweite Teil umfasst die im Osten von Neustrelitz gelegenen Endmoränenzüge um Serrahn und reicht bis zum Hirschberg (143,5 m) als der höchsten Erhebung des Nationalparks.

Von Norddeutschlands größtem See, der Müritz (117 km²), gehört ein rund 10 km langer Abschnitt des Ostufers zum Nationalpark. Mehr als hundert andere kleinere Seen umfasst der Park, darunter auch die Quellseen der Havel. Dazu gehören in der leicht hügeligen Landschaft große Kiefern- und Buchenwälder (über drei Viertel der Gesamtfläche) und Moore mit dem fleischfressenden Sonnentau sowie vielen seltenen Pflanzenarten. Jährlich kommen eine

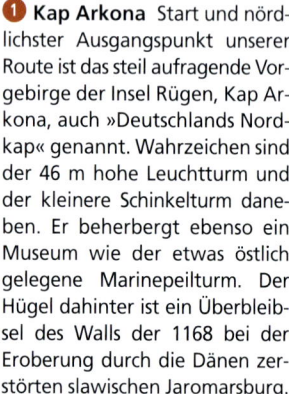
Feuchtgebiet im Müritz-Nationalpark

halbe Million Besucher in diesen wunderschönen Nationalpark. Viele davon finden in den angrenzenden 17 Gemeinden Unterkunft, u. a. in Malchow und Waren mit seinem Wisent-Schaugehege auf der Halbinsel Damerower Werder an dem benachbarten Kölpinsee. Bei Mirow, nahe der Südspitze des Nationalparks, liegt das Arboretum Erbsland. Diese Sammlung von mehr als 30 Baumarten wurde 1887 als eine der ältesten forstlichen Anlagen gegründet, in denen ausländische Bäume auf ihre Eignung zum Anbau in Deutschland geprüft werden.

Vor allem anderen jedoch machen die glitzernden Seen mit ihrem glasklaren Wasser, mit See- und Fischadlern sowie vielen anderen interessanten Tierarten den Reiz des 1990 gegründeten Nationalparks mit seinem Netz von Wander- und Radwegen aus. Dazu kommen noch die Wasserwege: In Verbindung mit dem Nationalpark-Ticket kann man auch das Schiff (oder den Bus) benutzen – noch schöner ist eine Wasserwanderung im Kanu. Aussichtstürme und Beobachtungsstände verschaffen einen weiten Überblick.

Vom Kap Arkona an der Nordspitze Rügens bis zur alten Bischofsstadt Fulda führt unsere Route. Stadtperlen wie das prächtig restaurierte Stralsund, Rheinsberg, Potsdam und Goslar liegen am Wege. Und was für Landschaften: die Mecklenburgische Seenplatte, der Wörlitzer Landschaftspark, der Harz und das Biosphärenreservat Rhön.

① Kap Arkona Start und nördlichster Ausgangspunkt unserer Route ist das steil aufragende Vorgebirge der Insel Rügen, Kap Arkona, auch »Deutschlands Nordkap« genannt. Wahrzeichen sind der 46 m hohe Leuchtturm und der kleinere Schinkelturm daneben. Er beherbergt ebenso ein Museum wie der etwas östlich gelegene Marinepeilturm. Der Hügel dahinter ist ein Überbleibsel des Walls der 1168 bei der Eroberung durch die Dänen zerstörten slawischen Jaromarsburg.

② Bergen Im Jahr 1613 bekam Bergen, das »Herz« der Insel Rügen, das Stadtrecht verliehen, 1815 fiel es nach dänischer und schwedischer Herrschaft an Preußen. Sehenswert ist die St.-Marien-Kirche (Baubeginn um 1180, im 14. Jh. zur gotischen Hallenkirche ausgebaut). Ein schöner Spaziergang führt zum Ernst-Moritz-Arndt-Turm auf dem 90 m hohen Rugard.

③ Putbus Die »Weiße Stadt« auf Rügen, wegen ihrer anmutigen Parkanlagen auch »Rosenstadt« genannt, ist eine Schöpfung des kunstsinnigen Fürst Wilhelm

Malte zu Putbus, der sie 1810 als jüngste Residenzstadt des Nordens gründete. Berühmt ist sie für ihr fast schon italienisches Flair und das 1821 erbaute, 1998 nach historischen Vorlagen renovierte klassizistische Theater. Noch heute erinnern Bauten wie Marstall, Pergola, Orangerie und das Standbild des Fürsten im Park an den Ursprung der Stadt.

④ Ostseebad Göhren Der beliebte Badeort mit seinen kilometerlangen Stränden liegt an der Ostseite der Halbinsel Mönchgut. Am Nordstrand ragt der Buskam, der größte Findling der deutschen Ostseeküste, aus dem Wasser. Nicht versäumen sollte man einen Besuch im Heimatmuseum und den als Museumsschiff eingerichteten Küstenfrachter »Luise«.

⑤ Stralsund Über den 1936 fertig gestellten Rügendamm gelangt man in das »Venedig des Nordens«. Es liegt am Strelasund, einer Meerenge zwischen dem Festland und Rügen, und wurde von der UNESCO zum Weltkulturerbe gekürt. Sehenswert sind das mit sechs Giebeln gekrönte

Reiseinformationen

Routen-Steckbrief
Routenlänge: ca. 1140 km (ohne Abstecher)
Zeitbedarf: mind. 12 – 14 Tage
Start: Kap Arkona (Rügen)
Ziel: Fulda
Routenverlauf: Kap Arkona, Bergen, Putbus, Göhren, Stralsund, Grimmen, Demmin, Malchin, Malchow, Waren, Röbel, Neustrelitz, Rheinsberg, Neuruppin, Berlin, Potsdam, Werder, Brandenburg, Belzig, Wittenberg, Wörlitz, Dessau, Köthen, Könnern, Staßfurt, Halberstadt, Wernigerode, Goslar, Northeim, Göttingen, Duderstadt, Heiligenstadt, Mühlhausen, Bad Langensalza, Eisenach, Fulda

Auskünfte:
Tourismusverband
Mecklenburg-Vorpommern e.V.

Platz der Freundschaft 1,
18059 Rostock,
Tel. (03 81) 4 03 05 00,
Fax (03 81) 4 03 05 55,
Email: info@auf-nach-mv.de
www.www.auf-nach-mv.de
TMB Tourismus-Marketing
Brandenburg GmbH
Am Neuen Markt 1,
14467 Potsdam,
Tel. (03 31) 2 98 73-0,
Fax (03 31) 2 98 73-73,
Email: tmb@reiseland-brandenburg.de
www.reiseland-brandenburg.de/
Informationen zu weiteren Bundesländern und einzelnen Städten erhalten Sie im Internet unter www.deutschertourismusverband.de
Deutsche Alleenstraße allgemein: www.deutsche-alleenstrasse.de

Rathaus und die historischen Bürgerhäuser auf dem Alten Markt sowie die spätgotische Marienkirche. Im ehemaligen Katharinenkloster in der Mönchstraße befinden sich das Kulturhistorische und das Deutsche Meeresmuseum.

6 Grimmen Von Stralsund aus kommt man als nächstes in das beschauliche Städtchen an der Trebel. Viele schöne Bauten wie das in stilreiner Backsteingotik errichtete Rathaus, das Mühlentor oder die Stadtkirche St. Marien mit einem kostbaren Gestühl lassen sich bei einem Bummel durch die rasterförmig angelegte Altstadt erkunden.

7 Demmin Vor einem Jahrtausend zum Handelsplatz aufgestiegen, dann Hansestadt an der schiffbaren Peene, wurde Demmin im Zweiten Weltkrieg fast ganz zerstört. Erinnerungen an die blühende Vergangenheit zeigt das Heimatmuseum; am Hafen stehen drei Speicher aus mehreren Bauepochen. Nördlich bei Loitz findet man das Birkengrab, ein Hünengrab.

8 Malchin Drei Stadttore und die ungewöhnlich reich ausgeschmückte spätgotische Stadtkirche Sankt Johannes mit barocker Turmhaube sind sehenswert. Außergewöhnlich ist im historischen Rathaussaal (1925 nach Brand erneuert) die Ausmalung mit 72 Handwerkerzeichen.

9 Malchow Auf einer Halbinsel zwischen Plauer See und Fleesensee liegt Malchow (Stadtrecht 1235). In einer neugotischen Kirche finden sich Glasfenster mit Aposteldarstellungen.

10 Waren Die am Nordufer der Müritz gelegene Kreisstadt (1292 erstmals genannt) ist das touristische Zentrum der Region. Auf dem höchsten Punkt thront die Pfarrkirche St. Georg, das älteste Bauwerk der Stadt. Der Altstadt um die Georgenkirche und den alten Marktplatz schloss sich nur wenig später die so genannte Neustadt an. Zentrum dieses Stadtteils war die fürstliche Burg östlich der späteren Marienkirche.

11 Röbel Im Südwesten der Müritz liegt diese verträumte Kleinstadt in einer Bucht. Sie ist geprägt von Kopfsteinpflaster und kleinen Häusern. Der Backsteinbau der Marienkirche stammt aus dem 13. Jh. und war das Gotteshaus der Fischer. In der Neuen Stadt

1 Blick über die Müritz bei Röbel

2 Stralsund: Segelschiffe vor der spätgotischen Nikolaikirche

3 Abendstimmung über der neugotischen Klosterkirche von Malchow

4 Jachthafen vor der Altstadt von Waren, dem touristischen Zentrum der Müritz-Region

Sanssouci

1747 zog König Friedrich II. in sein Refugium ein, das er nur drei Jahre zuvor bei Georg Wenzeslaus von Knobelsdorff in Auftrag gegeben hatte. Die Skizzen dafür fertigte er selbst an. Ein einfaches Sommerschloss auf dem »wüsten Berg« bei Potsdam sollte es werden, nach französischem Vorbild, aber vergleichsweise »bescheiden« in Anlage und Dekor. Hier wollte der Preußenkönig seinen musischen Neigungen frönen. Heraus kam eine kleine, lang gestreckte Gartenresidenz über einem Terrassenhang, mit zwölf hohen Fenstertüren direkt in den Garten hinaus. Die wenigen Räume, in denen der Monarch von Mai bis September lebte, sind in kunstvollem Rokoko ausgeführt. Heute bildet Sanssouci den Mittelpunkt eines Gesamtkunstwerks aus mehreren Schlössern und einem Park, den der Gartenbaumeister Peter Josef Lenné ab 1816 gestaltete. Auf der

Oben: Das über Weinbergterrassen angelegte Schloss Sanssouci ist ein Hauptwerk des deutschen Rokoko.
Unten: Nach dem Siebenjährigen Krieg (1756-1763) ließ Friedrich II. das Neue Palais erbauen. Das zweigeschossige Bauwerk hat 200 reich ausgestattete Räume.

Gartenterrasse befindet sich seit 1991 das Grab Friedrichs II., östlich vom Schloss die Bildergalerie, westlich die Neuen Kammern. Am Westende des Parks ließ der Monarch das Neue Palais in klassizistisch gemäßigtem Barock erbauen und als Abschluss des Ehrenhofs im Westen die beiden Communs (Wirtschaftsgebäude). Weitere Bauten entstanden im 19. Jh., im Süden Schloss Charlottenhof, im Norden die Orangerie.

steht am Marktplatz die frühgotische Nicolaikirche.

⑫ Neustrelitz 1733 als letzte geplante Barockstadt Europas angelegt, erkennt man Neustrelitz am symmetrischen Stadtplan, auf dem acht Straßen sternförmig auf den zentralen Marktplatz mit seinem herrlichen Rathaus und der Stadtkirche zulaufen. Von der herzoglichen Residenz sind noch der prächtige Schlosspark, ein Werk Lennés, und die 1755 errichtete Orangerie erhalten. Ein Anziehungspunkt ist der Luisentempel. Besonders reizvoll ist die idyllische Landschaft in der Umgebung. Mehr als 300 kleine Seen bilden die herrliche Neustrelitzer Kleinseenplatte mit ihren vielfältigen Möglichkeiten für Wanderungen oder auch für Bootsausflüge.

⑬ Rheinsberg Die barocke Kleinstadt am Zierker See ist das Tor zur Neustrelitzer Kleinseenplatte. Nach dem Brand (1712) des Schlosses in Altstrelitz verlegten die Herzöge von Mecklenburg-Strelitz ihre Residenz hierher, ließen das Schloss bauen und gründeten 1733 das dazugehörige Städtchen, das bis 1918 Herzogsresidenz blieb. Mittelpunkt der Innenstadt ist der Markt, von dem strahlenförmig acht breite Straßen wegführen. Die Bebauung stammt überwiegend aus der zweiten Hälfte des 19. Jh. Das Schloss, von Tucholsky mit einer Erzählung literarisch verewigt, wurde 1945 zerstört, erhalten blieb der im 18. Jh. angelegte Barockgarten, der im 19. Jh. zum Landschaftspark umgestaltet wurde.

⑭ Neuruppin Die Geburtsstadt des Architekten Karl Friedrich Schinkel und des Dichters Theodor Fontane besticht durch ihre frühklassizistischen Bürgerhäuser (Zopfstil). Sehenswert sind die Marienkirche (1804), die Dominikanerklosterkirche (13. Jh.) und das Rathaus sowie der Tempelgarten und der Stadtpark.

In Nauen bietet sich ein Abstecher von der Alleenstraße nach Berlin, Potsdam und Werder an.

⑮ Berlin Siehe S. 92/93

⑯ Potsdam Siehe S. 89

⑰ Werder Inmitten des breiten Havelstroms liegt die schöne mittelalterliche Inselstadt Werder. Vier Seen und die Havel umschließen

1 Potsdam: Der Alte Markt mit Nikolaikirche, Altem Rathaus samt goldenem Atlas auf der Turmspitze und Knobelsdorff-Haus (ganz rechts)

2 Sanssouci: »Ohne Sorgen« (»sans souci«) wollte der Preußenkönig Friedrich der Große seine Sommer in Potsdam verbringen.

3 Neustrelitz: Luisentempel im Schlosspark zur Erinnerung an Königin Luise von Preußen, eine geborene Prinzessin zu Mecklenburg-Strelitz

4 Schloss Rheinsberg: 1736–1740 Lieblingsaufenthaltsort von Kronprinz Friedrich. Kurt Tucholsky verewigte es 1912 in der Erzählung »Rheinsberg«.

Potsdam

Die Hauptstadt des Landes Brandenburg ist gleichzeitig dessen größte Attraktion.

Die mehr als 1000 Jahre alte Stadt an den Seen der Havel erlebte ihren Aufschwung, als sich ab 1640 die Hohenzollern dort ihre neben Berlin wichtigste Residenz errichteten. Einzigartig ist die Ensemblewirkung der Parkanlagen, die über Jahrhunderte unter preußischen Kurfürsten, Königen und Kaisern entstanden. Seit 1990 gehört das Schlossgelände Sanssouci zum Weltkulturerbe der UNESCO. Neben den Schlössern und Parks sind es vor allem die barocken Stadtanlagen, das Holländische Viertel, das Friedrich Wilhelm I. im Jahr 1737 für niederländische Immigranten errichten ließ, die russische Siedlung Alexandrowka und die hübschen Villenvororte, die Potsdam sein einzigartiges Flair verleihen. Sehenswert: die Nikolaikirche von Schinkel, das alte Rathaus, Jäger- und Brandenburger Tor, Schloss Cecilienhof, das Lustschloss Belvedere, der Einsteinturm sowie Schloss und Park in Babelsberg, wo sich auf dem Gelände der ehemaligen UfA- und DEFA-Studios die Medienstadt Babelsberg mit Filmstudios, Dienstleistungs- und Freizeitzentren etabliert hat. An der Glienicker Brücke, auf der zu Zeiten des Kalten Krieges Agenten aus-

Oben: Karl Friedrich Schinkel entwarf im Jahr 1833 das Schloss Babelsberg im neugotischen Stil.
Unten: Das 1914–1917 errichtete Schloss Cecilienhof war 1945 Verhandlungsort der Potsdamer Konferenz.

getauscht wurden, legen heute die Ausflugsdampfer der Weißen Flotte ab, der so genannten »Königslinie«.

Mahnmal für Frieden und Versöhnung: Blick von der Tauentzienstraße auf die Ruine der Kaiser-Wilhelm-Gedächtniskirche (1891–1895) am Breitscheidplatz, die lange das Wahrzeichen West-Berlins war. Daneben erhebt sich mit seinen blauen Glasfenstern der 1961 von Egon Eiermann errichtete Kirchenneubau.

Wie kein anderes Bauwerk versinnbildlicht das Brandenburger Tor die überwundene Teilung Berlins. Das 1788 bis 1791 von Carl Gotthard Langhans erbaute Stadttor war fast 30 Jahre von der Mauer verschlossen. Es wird bekrönt von einer 5 m hohen, in Kupfer getriebenen Quadriga der Siegesgöttin Viktoria.

Berlin

Seit dem Fall der Mauer hat sich Berlin, dessen Geschichte im 13. Jh. beginnt, rasant entwickelt. Gerade die Vielfalt, das Neben- und Miteinander der Kontraste machen eine Metropole aus – das gilt auch für Berlin, dessen besondere Sehenswürdigkeiten wir hier nach Stadtteilen gliedern.

In Charlottenburg: Kurfürstendamm; Ruine der Kaiser-Wilhelm-Gedächtniskirche; Zoologischer Garten. Außerhalb unseres Stadtplans: Schloss und Park Charlottenburg; Ägyptisches Museum mit Nofretete; Sammlung Berggruen »Picasso und seine Zeit«.

Linden mit Reiterdenkmal Friedrichs des Großen; Neue Wache von Schinkel; St.-Hedwigs-Kathedrale; klassizistische Staatsoper Unter den Linden; barockes Zeughaus mit Historischem Museum; Kronprinzenpalais; Humboldt-Universität; Gendarmenmarkt; Französischer

Prachtbauten der Mächtigen: Oben: Schloss Charlottenburg, 1695 – 1699 als Sommerresidenz für Sophie Charlotte, die Gemahlin des Kurfürsten Friedrichs III., erbaut. Unten: Der Reichstag mit der neuen Glaskuppel.

Im Stadtviertel Tiergarten: Berlins größter Innenstadtpark mit Schloss und Park Bellevue, Sitz des Bundespräsidenten; Kulturforum: Philharmonie mit Musikinstrumentenmuseum, Kunstgewerbemuseum und Gemäldegalerie mit europäischer Malerei bis 19. Jh., Neue Nationalgalerie mit Kunst des 20. Jh., Gedenkstätte des deutschen Widerstands im ehemaligen Oberkommando der Wehrmacht; die Straße des 17. Juni mit 67 m hoher Siegessäule zwischen Brandenburger Tor und Ernst Reuter Platz.

Westlich der Innenstadt (außerhalb des Stadtplans): Berlins grüne Lunge Grunewald, Wannsee, Dahlem-Museen mit herausragenden ethnologischen Sammlungen.

Stadtteil Kreuzberg: Ruine des Anhalter Bahnhofs; Martin-Gropius-Bau; Jüdisches Museum (von Daniel Libeskind); Deutsches Technikmuseum; Viktoriapark mit dem Kreuzbergdenkmal.

In Berlin-Mitte: Brandenburger Tor; historische Prachtstraße Unter den

und Deutscher Dom; Schauspielhaus von Karl Friedrich Schinkel; Reichstag (Glaskuppel von Sir Norman Foster); Potsdamer Platz mit modernen Bauten; Museumsinsel (UNESCO-Weltkulturerbe) mit Pergamonmuseum (Zeusaltar von Pergamon), dem Alten (Antikensammlung) wie dem Neuen Museum, Alter Nationalgalerie, Bodemuseum, Lustgarten; dahinter der Berliner Dom; Alexanderplatz mit 365 m hohem Fernsehturm; ehemaliger Grenzübergang Checkpoint Charlie mit Mauermuseum; Marienkirche; historisches Nikolaiviertel rund um die Nikolaikirche, Märkisches Museum (Stadtgeschichte).

Im Scheunenviertel: Hamburger Bahnhof (moderne Kunstsammlung), Neue Synagoge mit Centrum Judaicum (Geschichte der jüdischen Gemeinde Berlin); Hackesche Höfe aus dem Jahr 1906, sehr schön renoviert mit Kinos, Restaurants und Läden – früher einmal der größte zusammenhängende Arbeits- und Wohnkomplex Europas.

Das Bauhaus

Das Bauhaus wurzelt in der gemeinsamen Arbeit von Künstlern, Kunsthandwerkern und Architekten in der Weimarer Kunstgewerbeschule des Belgiers Henry van de Velde. Dessen Nachfolger Walter Gropius siedelte 1925 mit der Schule nach Dessau um. Gropius'

Das Bauhausgebäude in Dessau wurde in den Jahren 1925/26 nach Plänen von Walter Gropius gebaut.

Architektur der klaren weißen Kuben wirkte von Dessau aus auf den »Internationalen Stil«, viele Vorbilder für Industrieprodukte entstanden. Heute ist das Bauhaus UNESCO-Weltkulturbe.

die Stadt, deren ältester Teil die Havelinsel ist. Bekannt ist Werder für seinen Obstanbau, für Beerenweine und für die gute Weinlage am Wachtelberg.

18 Brandenburg Im fluss- und seenreichen Gebiet der mittleren Havel liegt die älteste Stadt der Mark Brandenburg, die ihr auch den Namen gab. Vor allem der reich ausgestattete Dom St. Peter und Paul aus dem 13. Jh. ist sehenswert. Es empfiehlt sich auch ein Besuch des Dommuseums. Weitere sehenswerte Gotteshäuser sind die Gotthard-, die Katharinen- und die Nikolaikirche. Es lohnt sich zudem eine Besichtigung des Rathauses, der Altstadt und der alten Befestigung. Im Heimatmuseum kann man sich über die Stadtgeschichte informieren und Plastiken von August Wredow sehen. Wenn die Zeit reicht, sollte man noch Ausflüge zum Kloster Lehnin und zur Burg in Plaue einplanen.

19 Belzig Etliche Orte im Brandenburgischen waren von Burgen beschützt, von denen nur Ruinen blieben. Anders die Burg

Eisenhardt mit ihrem starken Bergfried in Belzig im Hohen Fläming, die zur Jugendherberge ausgebaut wurde. Belzig hat auch sorgfältig restaurierte Bürgerhäuser und eine der alten sächsischen Postmeilensäulen aus dem 18. Jh.

20 Lutherstadt Wittenberg Die Stadt am nördlichen Elbufer zählt zu den kulturhistorischen Höhepunkten entlang des Flusses. 1511 kam Martin Luther hierher, um an der Universität zu lehren. Das bekannteste Bauwerk ist die spätgotische Schlosskirche, an deren Tor der Reformator 1517 seine 95 Thesen gegen die Bußpraxis der Kirche schlug. Nicht mehr erhalten ist das berühmte Holztor – es fiel 1760 einem Brand zum Opfer. Vom Turm der Kirche bietet sich ein prachtvoller Blick über Teile des Elbe-Urstromtals. Ebenfalls sehenswert sind das Lutherhaus, in dem heute ein Museum (Staatliche Lutherhalle) eingerichtet ist, und das Kurfürstliche Residenzschloss.

21 Wörlitz Fürst Franz von Anhalt-Dessau verwirklichte zwi-

schen 1765 und 1810 sein Ideal eines riesigen Landschaftsparks nach englischem Vorbild. Der 100 ha große Park am Wörlitzer See, einem Altwasser der Elbe, ist einer der ersten großen Landschaftsgärten des kontinentalen Europas und gehört heute zum Weltkulturerbe der UNESCO. Die

meisten Baudenkmäler wurden von dem Architekten Friedrich Wilhelm von Erdmannsdorff entworfen, der sich auf Bildungsreisen durch Europa für seine Bauvorhaben inspirieren ließ. Nach seinen Plänen entstand auch in den Jahren 1769 bis 1773 das Wörlitzer Schloss, der erste

3

Bau des Klassizismus in Deutschland. Die Innenausstattung orientiert sich vorwiegend an antiken Vorbildern. Und wer sich schnell einmal einen Überblick in diesem gärtnerischen Fantasiereich verschaffen will, der kann die schönsten Punkte auch mit einer Gondel erreichen.

22 Dessau Im 18. Jh. ein weithin gerühmter Hort der Aufklärung, wurde Dessau weltbekannt durch eine Schule und ihre Lehrer, die hier von 1925 an für nur sieben Jahre wirkten: das Bauhaus unter Walter Gropius. Mit dem Schulgebäude, den Meisterhäusern in der Ebertallee, der Bauhaus-Siedlung im Stadtteil Törten sowie dem Arbeitsamt wurden die Bauhausideen, die Architektur und Design fortan weltweit prägten, von Gropius und Kollegen am Ort selbst umgesetzt. Beinahe um die Ecke liegen Schloss und Park Georgium mit Staatlicher Galerie.

23 Köthen Ein klassizistischer Thronsaal im Schloss, draußen ein Prinzessinnenhaus und alte Tortürme – das sind Glanzlichter der einstigen Residenzstadt Köthen. Die Fürsten waren aktiv, förderten die Literatur und einen Hofkapellmeister, der weltberühmt wurde: Johann Sebastian Bach (Erinnerungen sind im Historischen Museum zu sehen).

24 Könnern An der Saale hellem Strande: Die Saaleaue mit ihren schönen Wander- und Spazierwegen macht den besonderen Reiz des alten Städtchens mit seinen romantisch verträumten Winkeln aus. Die stattlichen Turmhauben der Stadtkirche St. Wenzel sind ihr Wahrzeichen.

25 Staßfurt Aus verdunstenden Meeren entstand der Wohlstand: Seit etwa dem Jahr 1850 werden die riesigen Kalisalzlager abgebaut, deren Nutzbarkeit als Dünger hier zuerst erkannt wurde. Im Stadtmuseum Staßfurts, der »Wiege des Kalibergbaus«, findet man detailreich dargestellt, wie das Salz unter Tage gewonnen wird.

26 Halberstadt Einst gehörte Halberstadt zu den schönsten Fachwerkstädten Europas, doch im April 1945 wurde sie durch Bombenangriffe fast völlig zerstört. Heute zeigt die alte Bischofsstadt wieder viel Sehenswertes: vor allem Kirchen, den Domschatz und das Haus des »Dichtervaters« Johann Wilhelm Ludwig Gleim (1719–1803), mit umfangreichen Porträt-, Grafik- und Buchsammlungen.

27 Wernigerode Das Fachwerkrathaus mit den zwei spitzen Turmhauben hat ein halbes Jahr-

1 Wörlitzer Park: Fürst Franz von Anhalt-Dessau ließ das 112 ha große Reich aus Gehölzen, Seen, Kanälen und vielen Kulissenbauten Ende des 18. Jh. nahe der Elbeniederung anlegen.

2 Kreuzgang in der Ruine des Klosters St. Pauli in der Stadt Brandenburg

3 Lutherstadt Wittenberg: Wohnstube Martin Luthers im ehemaligen Augustinerkloster in der Collegienstraße (heute Lutherhaus)

tausend auf dem Buckel und zeigt großartigen Figurenzierrat mit Liebespaaren, Bischöfen und Narren. Sehenswert in der historischen Altstadt sind auch das Krummelsche Haus (Breite Str. 72) von 1674 mit seinen üppigen Schnitzereien sowie das Gadenstedtsche Haus mit Renaissance-Erker (Oberpfarrkirchhof 13). Etwas kurios wirkt das Schiefe Haus, eine frühere Mühle (Klintgasse 5). Am berühmtesten sind aber wohl das märchenhaft anmutende Schloss (mit Museum) sowie der Blick vom Schlossturm auf den nahen Brocken. In Wernigerode beginnt auch die alte Harzquerbahn.

28 Goslar Schon die Ottonen hielten in dem – 922 gegründeten – Marktflecken Hof, doch erst als Heinrich II. die Pfalz Werla nach Goslar verlegte und sein salischer Nachfolger Heinrich III. den imposanten Palast (um 1050) errichtete, begann der Aufstieg zur bedeutendsten Pfalz im Deutschen Reich. 150 Jahre lang wurde in der Harzstadt Politik gemacht. 1267 war Goslar ein Mitglied der

Hanse und erlangte 1290 die Reichsfreiheit. Im 15. Jh. gehörte Goslar zu den wohlhabendsten Städten Deutschlands. Von diesen Zeiten zeugen noch heute die reich geschmückten Gilden- und Patrizierhäuser, das Rathaus und nicht zuletzt die Kirchen.

29 Northeim Am Westrand des Harzes und an den Hochgeschwindigkeitsstrecken von ICE-Zügen und der Autobahn zeigt die geschäftige Stadt Northeim

sorgsam restaurierte Fachwerkfassaden im alten Stadtkern, allen voran das Reddersenhaus und das Kassebeersche Haus. Im Umkreis überdauern noch Alleen in ländlicher Geruhsamkeit.

30 Göttingen An der im Jahr 1734 gegründeten Georg-August-Universität wirkten einst Heinrich Heine, Alexander von Humboldt und die Brüder Grimm. Im Zentrum der Altstadt rund um den historischen Marktplatz mit

vielen Fachwerkhäusern steht der Gänselieselbrunnen, das Wahrzeichen der Stadt. Wie anno dazumal muss noch heute jeder frisch gebackene Doktor die Gänseliesel küssen. Unweit davon: das gotische Alte Rathaus (13./14. Jh.) und die Johanniskirche mit ihren Doppeltürmen (1300–1344). Weitere sehenswerte Kirchen der Altstadt sind St. Michael, St. Albani und St. Jakobi. Am Wilhelmsplatz beeindruckt die alte Aula der Universität (1835–1837).

31 Duderstadt Ein Superlativ des Fachwerk-Reichtums: Hier sind rund 550 Fachwerkhäuser erhalten, die ansehnlichsten in der Steintor- und in der Apothekerstraße. Ganz pittoresk prunkt besonders das Rathaus.

32 Heilbad Heiligenstadt Die Geschichte des Wallfahrtsziels und Kneippkurorts reicht bis ins 9. Jh. zurück. Damals stand auf dem Martinsberg eine kleine Kapelle, in der die Reliquien des hl. Sergius aufbewahrt wurden. Sie wich einem romanischen Kirchlein, das

1304 der hochgotischen Stiftskirche St. Martin Platz machte. An die Macht der Mainzer Erzbischöfe gemahnt das barocke Kurmainzer Schloss. Das Rathaus wurde im 13. Jh. gebaut und 1789 nach dem großen Stadtbrand neu errichtet. In St. Ägidien (14. Jh.) sind die Reliquien der Heiligen Aureus und Justinus, des Bischofs von Mainz und seines Diakons, verwahrt. An Tilman Riemenschneider erinnert sein Geburtshaus in der Klausgasse 2, an Heinrich Heine, der hier zum Christentum konvertierte, der Heine-Park.

33 Mühlhausen Die 800 Jahre alte Reichsstadt zählt zu den his-

1 Wernigerode: Unverwechselbares Wahrzeichen der »bunten Stadt am Harz« ist das Fachwerk-Rathaus (1539–1544 umgebaut) mit den beiden schlanken Erkertürmen und der Prunkfassade.

2 Mühlhausen: Blick auf die Marienkirche, in der Thomas Müntzer (um 1489–1525) predigte.

1

Abstecher

Der Harz

Aus Deutschlands nördlichstem Gebirge förderten die Bergleute jahrhundertelang Gold sowie tonnenweise Silber. Mit »Wasserkünsten«, Staudämmen und Stauseen wurden die Harzbäche dem Bergbau wie der Trinkwasserversorgung dienstbar gemacht. Eine Rundfahrt im Harz lässt dies alles zu einem Erlebnis werden.

Folgt man der Deutschen Alleenstraße am Harzrand von der Kaiserstadt Goslar Richtung Northeim/Göttingen, bietet sich bei der Fachwerkstadt Seesen ein Abstecher in das Gebirge an. Die B 242, gern als Harz-Hochstraße empfohlen, führt über Bad Grund, einst eine der sieben Freien Bergstädte des Harzes, auf das Clausthal-Zellerfelder Hochplateau. Die vielen Teiche, ursprünglich 67, lieferten das Aufschlagwasser für die Wasserräder und Fahrkünste der Erzgruben. Im Museum ist das genauestens zu sehen, und aus der 1775 gegründeten Bergakademie wurde eine Technische Universität, die den Bergbau in aller Welt mit Nachwuchs versorgt. Wintersportplätze sind alle Orte

im Harz, und die Harz-Hochstraße führt gleich zum nächsten und wegen seiner Höhenlage von Skifahrern am meisten geschätzten: nach Braunlage in den Oberharz, wo man sich seit 1882 heilklimatisch erholt. Auf dem Wurmberg (971 m) gibt es eine Sprungschanze, die auch als Aussichtsturm genutzt wird. Höher ist im Harz nur der Brocken (1141 m), ein »mythischer« Berg der Hexen und ihrer Walpurgisnacht vom 30. April auf den 1. Mai, der Goethe in seiner »Faust«-Dichtung eine entscheidende Rolle gab. Von Wernigerode schnauft die Brockenbahn zum Nationalpark Hochharz und zum Brocken hinauf. Wer sie nicht benutzt, der geht wie Goethe zu Fuß vom Torfhaus herüber oder mietet fürs letzte Stück einen pferdebespannten Harzkremser. Weit komfortabler spaziert man drunten in Bad Harzburg (dorthin auf der B 4) unter dem Laubdach des »Bummelallee«, am Fuß des Burgbergs mit der Ruine der »Harzburg« Kaiser Heinrichs IV. Von Bad Harzburg bis Langelsheim erstreckt sich übrigens die

»klassische« oder »goldene« Quadratmeile der Geologie, so genannt wegen der Fülle der Mineralien und Fossilien in diesem erdgeschichtlich hochergiebigen Gelände. Wir aber fahren zurück auf der B 4 über Braunlage zum Südharz. Bad Lauterberg zählt zu den ältesten Kneippheilbädern, und der Oderstausee nahebei ist ein Harzer Dorado der Segler und Surfer. Herzberg hat mit dem Vierflügel-Fachwerkbau der Welfenherzöge wohl das schönste Schloss weit und breit. In der Einhornhöhle beim Nachbarort Scharzfeld fanden

sich Spuren der Neandertaler, rund 100 000 Jahre alt. Umrahmt von Laubwäldern liegt am Harzrand Osterode, noch reicher an historischen Bauten, vom Kornmagazin bis zum Rathaus und der Ratswaage. Das Sösetal aufwärts geht es dann zur Sösetalsperre und in dichte Harzwälder – aber am Harzrand entlang ist man auch rasch in Seesen, dem Ausgangs- und Endpunkt unserer Rundfahrt.

Lange war der Harz von der innerdeutschen Grenze geteilt. Zum Jahresbeginn 2006 werden nun auch die beiden

Harzer Nationalparks in Niedersachsen und Sachsen-Anhalt zu einem Park vereinigt – ab dem 1. Januar 2006 gibt es dann nur noch eine Nationalpark-Harz-Verwaltung.

1 Das Welfenschloss in Herzberg am Harz ist das größte Fachwerkschloss in Niedersachsen.

2 Die Rabenklippen bei Bad Harzburg, dem größten Heilbad des Harzes

Abstecher

Die Rhön

Fast die ganze Rhön ist Naturpark. Dank der geringen landwirtschaftlichen Nutzbarkeit haben sich vor allem in der Hochrhön große, nahezu waldlose Flächen erhalten, eine in Deutschland einzigartige Mittelgebirgslandschaft flacher Kuppen und naturgeschützter Hochmoore über den Taleinschnitten. Basaltkegel über Muschelkalk- und Buntsandsteinflächen erinnern an die vulkanische Entstehung. Die Hochrhön hat als höchste Erhebung die Wasserkuppe mit 950 m. In der Südrhön, die auch Waldreiche Rhön heißt, herrschen langgestreckte Bergrücken bis zu 930 m Höhe vor:

Höchste Erhebung der Rhön: die Wasserkuppe (950 m)

gute Bedingungen für Schafhirten, Segelflieger und – wenn genügend Schnee liegt – auch für Wintersportler. 1991 wurde die Rhön als Biosphärenreservat unter Schutz gestellt, womit man den modellhaften Versuch bezeichnet, das zivilisatorische Handeln und Wirtschaften des Menschen möglichst in Einklang mit der Natur zu bringen. Überließe man beispielsweise die Rhönhöhen sich selbst, wüchsen vermutlich wieder große Buchen- und Buchenmischwälder. Seit über tausend Jahren wurden sie ausgebeutet, gerodet, zu Holzkohle und Pottasche (zur Herstellung von Seife und Glas) verarbeitet. Die artenreichen, botanisch wertvollen Bergwiesen entstanden, und damit das »Land der offenen Fernen«. So ist die Rhön bekannt, und so möchten ihre Bewohner sie erhalten, vor allem im Interesse des Tourismus als ihrer wesentlichen Einnahmequelle.

Die Deutsche Alleenstraße verläuft in Thüringen von Meiningen hinüber ins Hessische, nach Fladungen, weiter südlich der Wasserkuppe nach Gersfeld mit seinen drei Schlössern in gepflegtem Park und sodann zum Vogelsberg hinüber, vor Zeiten einer der größten Vulkane Europas. Etliche sehenswerte Orte liegen im Umkreis, voran die bayerischen Bäder Bad Kissingen, Bad Brückenau und Bad Bocklet.

torisch bedeutendsten Thüringens und glänzt neben einer fast vollständig erhaltenen Stadtmauer mit Stadttoren wie Frauentor und Rabentor. Weiter seien genannt: die Posthalterei in der Holzstraße 1, das Antonius-Hospital (1207) in der Holzstraße 13, das barocke Bürgerhaus in der Herrenstraße 19 und das 1697 an Stelle der von Thomas Müntzer bewohnten Pfarrei errichtete Fachwerkpfarrhaus am Ende der Herrenstraße. Nach dem Erfurter Dom ist die von 1317 bis 1380 errichtete fünfschiffige Marienkirche, in der Müntzer wirkte, Thüringens zweitgrößtes Gotteshaus. Vom Obermarkt durch die Ratsgasse gelangt man zum Rathaus, einem Gebäudekomplex mit Elementen aus Gotik, Renaissance und Barock. Den Untermarkt zieren schmucke Patrizierhäuser sowie Höfe. Die hochgotische Kirche St. Blasius wurde 1227 vom Deutschritterorden in Auftrag gegeben.

34 Bad Langensalza Das Schwefelbad blickt auf eine über tausendjährige Geschichte zurück, die sich im gut erhaltenen Mauerring mit seinen 17 Wehrtürmen, im Schloss Dryburg, in der spätgotischen Pfarrkirche St. Bonifatius und in vielen repräsentativen Fachwerkbauten widerspiegelt. Besonders sehenswert sind die Fassaden der Bürgerhäuser in

der Marktstraße, die rechts und links vom Barockbau des Rathauses verläuft und auf den Turm von St. Bonifatius zustrebt. Ein Rokokojuwel: das Friederiken-Schlösschen im Osten der Stadt.

35 Eisenach Das zu den geschichtsträchtigsten deutschen Städten zählende Eisenach am Fuß der mächtigen Wartburg (11. Jh.) liegt unweit der Werra an deren Nebenflüsschen Hörsel und Nesse. Am historischen Markt der Stadt unterhalb der Wartburg stehen das Renaissancerathaus und das barocke Stadtschloss (18. Jh.). Am nahen Lutherplatz lohnt das Lutherhaus einen Besuch. Am Frauenplan 21 steht das Bachhaus, in dem der berühmte Komponist 1685 geboren sein soll. Das Eisenacher Automobilmuseum zeigt sowohl echte Oldtimer als auch den letzten gebauten »Wartburg«.

36 Fulda Die alte Bischofsstadt, das Ziel unserer Route entlang der Deutschen Alleenstraße, liegt reizvoll eingebettet in ein Talbecken des gleichnamigen Flusses zwischen den Vorbergen der Rhön und des Vogelsbergs. Im Jahr 744 gründete Sturmius, ein Schüler des Missionars Bonifatius, die Benediktinerabtei. Nach Bonifatius' Ermordung im Jahr 754 setzte man den Leichnam in der Klosterkirche bei, dem damals

größten Gotteshaus auf deutschem Boden. Heute erhebt sich über der Gruft eine dreischiffige Basilika. Vom ursprünglich karolingischen Bau wurden Teile in die durch Johann Dientzenhofer 1704–1712 barock gestaltete Stiftskirche übernommen. Kunstgeschichtlich nicht minder bedeutend ist die benachbarte Michaelskapelle. Deren Krypta datiert aus karolingischer Zeit. Von Interesse sind hier auch die Wandmalereien. Auf Pläne Dientzenhofers geht das Barockschloss zurück.

Jenseits des Schlossgartens erstreckt sich die Orangerie, die wie das Bischöfliche Palais und das Paulustor 1722–1737 im Barockstil errichtet wurde.

1 Fulda: Blick in die Michaelskirche, eines der ältesten Gotteshäuser in Deutschland. Rotunde und Krypta stammen aus dem Jahr 822.

2 Eisenach: der Georgsbrunnen und das nach dem Stadtbrand von 1636 wieder aufgebaute Rathaus

Rügen Eines der unterschiedlichen Gesichter der viel gerühmten Ostseeinsel: Romantische Baumallee bei Lohme. Außerdem locken hier elegante Seebäder, steile Kreidefelsen und weiße Sandstrände

Stralsund Das Wulflammhaus ist ein spätgotisches Kleinod im Ensemble malerischer Bürgerhäuser am Alten Markt von Stralsund.

Naturpark Jasmund Das Herz des Nationalparks Jasmund ist die Stubnitz mit ihren berühmten Kreidefelsen, deren strahlendes Weiß zwischen den Bäumen und Büschen kilometerweit leuchtet.

Röbel Besonders Segler lieben den hübschen Erholungsort im Südwesten der Müritz als Tor zum Nationalpark Müritz: eine landschaftliche Kostbarkeit aus Sümpfen, Wiesen, Seen und Wäldern.

Goslar Zeugnis einstiger Macht: Das Kaiserhaus im Zentrum der Kaiserpfalz ist einer der bedeutendsten Profanbauten des Mittelalters.

Halberstadt Wahrzeichen der mittelalterlichen Bischofsstadt im nördlichen Harzvorland ist der Dom St. Stephanus. Die dreischiffige, gotische Basilika beherbergt den Domschatz, eine umfangreiche Sammlung liturgischer Gewänder und Geräte.

Schloss Rheinsberg Nicht nur Kronprinz Friedrich, später »der Große«, liebte dieses Schloss, auch Tucholsky verewigte es in seinem »Bilderbuch für Verliebte«.

Berlin Einer der schönsten Plätze der Stadt ist der Gendarmenmarkt mit dem Französischen Dom und dem Schauspielhaus von Karl Friedrich Schinkel. Der Name rührt daher, dass im 18. Jh. eine Regiment der Gendarmen hier Ställe hatten.

Gartenreich Dessau-Wörlitz Unter den zu Zeiten der Aufklärung entstandenen Schlössern und Gärten in und um Dessau ist der Landschaftspark in der Elbaue von Wörlitz der großartigste. Fürst Franz von Anhalt-Dessau ließ ihn von 1764 an als weitläufige Parkanlage anlegen. Besonders schön ist der Floratempel, ein Musikpavillon für die Allgemeinheit.

Potsdam Nach Skizzen König Friedrichs II. wurde Schloss Sanssouci, bestehend aus dem zentralen Marmorsaal und den beiden prächtigen Seitenflügeln, 1745–1747 errichtet.

Fulda Ein Stadtschloss in barockem Stil: In dem 1730 vollendeten Prachtbau residierten früher die Reichs- und Fürstäbte. Eine andere barocke Sehenswürdigkeit ist der von Dientzenhofer 1704–1712 erbaute Dom mit den Reliquien des hl. Bonifatius.

Nationalpark Harz Weite Ausblicke, dunkle Fichtenwälder, bizarre Felsen und Hochmoore prägen den Nationalpark Harz. Sagen wissen von Hexen zu berichten, die hier einst ihr Unwesen getrieben haben sollen. Im Bild der »Hexenaltar«.

Idyllische Lage in einem naturnahen Park: das barocke Wasserschloss Borbeck in Essen

Route 7

Spurensuche im Revier

Die Route der Industriekultur im Ruhrgebiet

Vor wenigen Jahrzehnten hätte sich kaum jemand vorstellen können, im Land der Fördertürme und Schlote auch Ruhe und Erholung zu finden. Doch heute sind Bergbau und Schwerindustrie im Ruhrgebiet weitgehend Geschichte und allenfalls Gegenstand nostalgischer Erinnerungen. Auf der Route der Industriekultur begegnen wir nicht nur Industriedenkmälern, sondern auch einer lebendigen Kulturlandschaft voller Überraschungen.

Einst war die Gegend zwischen den Flüssen Ruhr und Lippe eine ruhige, idyllische Agrarlandschaft. Doch dann geschah es – ein Schweine hütender Hirtenjunge wollte sich ein wärmendes Lagerfeuer machen und richtete eine Feuerstelle mit achtlos gesammelten schwarzen Steinen ein. Und siehe da: Die Steine brannten besser als das Holz. Die Steinkohle war als Energierohstoff entdeckt. Mit der Idylle und Ruhe war's von nun an vorbei.
So der Gründungsmythos des Bergbaus an der Ruhr, wie ihn jedes Kind des Ruhr-

potts in der Schule lernt. Historisch lässt sich der Abbau von Kohle vom Mittelalter an nachweisen. Im 19. und frühen 20. Jh. entstand mit der Erfindung der Dampfmaschine, dem Import von Eisenerz und der Zuwanderung von Millionen Arbeitskräften jener Ballungsraum des Bergbaus und der Schwerindustrie namens Ruhrgebiet.
Fördertürme, Hochöfen und rauchende Schlote waren für viele Generationen die Symbole wirtschaftlicher Stärke, sie versprachen Wohlstand und soziale Sicher-

Moderne Brunnenskulptur auf dem Hansaplatz in Dortmund, im Hintergrund die Probsteikirche

Die Maschinenhalle der Dortmunder Zeche Zollern wurde 1898 erbaut und steht mit ihren »verspielten« architektonischen Formen für den Übergang vom Historismus zum Jugendstil.

Der größte europäische Kanalhafen: altes Hafenamt am Dortmund-Ems-Kanal in Dortmund

heit. Heute sind sie, soweit noch erhalten, museale Erinnerungsstücke in einer weitläufigen Erlebnis- und Erholungslandschaft zwischen Ruhr und Lippe, zwischen Duisburg und Hamm. Die Route der Industriekultur lädt ein zu einer »unsentimentalen Reise« durch diese Region, die heute ihre ökonomischen Chancen in moderner Technologie und im Dienstleistungsbereich sucht.

Wer hierher reist, will Denkmäler der Industrie und Technik besuchen, die die alte Zeit spürbar werden lassen. Das sind stillgelegte Zechen mit Fördertürmen, etwa die berühmte »Zeche Zollverein« bei Essen. Diese Meisterleistung moderner Industriearchitektur galt seinerzeit als die »schönste Zeche des Ruhrgebiets« und beherbergt heute zahlreiche Kulturinstitutionen. Das sind ehemalige Stahlwerke mit Hochöfen, wie der »Land-schaftspark Duisburg-Nord«, in dem alljährlich das Musikfestival »Traumzeit« stattfindet. Oder der Gasometer bei Oberhausen: Mit 116 m Höhe ist er nicht nur ein Aussichtsturm mit großartigem Panoramablick, sondern auch Kulturtempel mit wechselnden Ausstellungen. Wer seine Reise in den Ruhrpott entsprechend plant, kann auch eines der bekannten Festivals »mitnehmen«, so im Mai die Internationalen Kurzfilmtage Oberhausen, im Juni die Ruhrfestspiele in Recklinghausen oder im grauen November die Tage alter Musik in Herne. Ganzjährig locken nicht nur Ausstellungen zur Technikgeschichte, sondern auch eine Reihe bedeutender Museen moderner Kunst, so das Lehmbruck-Museum in Duisburg, die Villa Hügel und das Museum Folkwang in Essen oder das Museum am Ostwall in Dortmund.

Kokerei Zollverein in Essen: Stillgelegte Zechen wurden zu illuminierten Orten für Kultur-Events.

1

Duisburger Hafen

Ruhrort ist der historische Hafenstadtteil von Duisburg, der auf eine über
1100-jährige Geschichte zurückblicken
kann. Bereits im Mittelalter gab es hier
einen Stapelplatz für die Rheinschifffahrt. Zahlreiche Brücken prägen noch
heute das Stadtbild. An der Mündung
der Ruhr in den Rhein wurde ab 1831
der Binnenhafen angelegt, der heute
einer der größten der Welt ist und
rund 22 Hafenbecken umfasst. Hier
hat Kommissar Schimanski auch so
manchen Schurken gestellt.

»Oscar Huber«, der letzte existierende
Rhein-Radschleppdampfer, im Museumshafen von Duisburg-Ruhrort

Aufklärung über die Geschichte des
Duisburger Hafens und der Flussschifffahrt bietet das in einem ehemaligen
Jugendstilhallenbad in Ruhrort untergebrachte Museum der Deutschen
Binnenschifffahrt mit dem Museumshafen.

Unsere Route der Industriekultur deckt sich weitgehend
mit der offiziellen Ferienstraße gleichen Namens. Die
400 km lange Rundtour startet in Duisburg und führt durch
das nördliche Ruhrgebiet bis nach Hamm, von dort geht es
entlang der Ruhr westwärts zurück nach Duisburg.

1 Duisburg Eine Stadt im
Wandel von der Industriemetropole zum Dienstleistungszent-
rum: Zwar sind Stahl und einer
der weltweit größten Binnenhäfen noch immer die tragenden
Säulen der Duisburger Wirtschaft, doch dienen Kühltürme
und Hüttenwerke sowie die
Flüsse Rhein und Ruhr heute nur
mehr als Kulisse für Landschafts-
und Freizeitparks. Seit der Ge-
bietsreform anfangs der 1970er-
Jahre verfügt die an den Flüssen
Rhein und Ruhr gelegene Stadt
auch über linksrheinische Gebie-
te, zu denen das industriell geprägte Rheinhausen und Hom-
berg gehören. Neben Eisen und
Stahl ist das herbe Königs-Pils
ein weit über die Stadtgrenzen
hinaus bekanntes Spitzenerzeug-
nis der Stadt. Eine Brauereibe-
sichtigung in Beeck sollte man
sich nicht entgehen lassen.
Ruhe und Entspannung bieten
der Zoo, der Wedaupark oder
der Landschaftspark »Duisburg
Nord«. Aber auch Kunst und Kultur kommen nicht zu kurz, etwa
im Wilhelm-Lehmbruck-Museum
mit seiner großartigen Sammlung zur Skulptur der Moderne,
im Museum Küppersmühle oder
im Kultur- und stadthistorischen

Museum. Ein Abstecher lohnt
sich zum 15 km nordwestlich der
Stadt gelegenen Kloster Kamp,
dem ersten Zisterzienser-Kloster
in Deutschland.

2 Oberhausen Nicht nur während der Kurzfilmtage ist die
Stadt einen Besuch wert. Ab-
gesehen von der Wasserburg
Vondern und von Schloss Oberhausen, in dessen Ludwig-Gale-
rie bedeutende Kunstausstellun-
gen präsentiert werden, gibt es
kaum noch alte, kunsthistorisch
bedeutende Gebäude.
Dafür entschädigen jedoch die
Industriearchitektur an der Esse-
ner Straße und die Arbeitersied-
lungen aus dem 19. Jh. in Osterfeld. Zum Wahrzeichen der Stadt
ist der monumentale Gasometer
geworden. Das fast 120 m hohe
Industriedenkmal wird mittlerweile als spektakulärer Veranstaltungsort genutzt. Im Rheini-

1 Faszinierendes Industriedenkmal:
Hüttenwerk Bruckhausen in Duisburg

2 Oberhausen: Blick in den 1929
erbauten Gasometer, der heute eine
der außergewöhnlichsten Ausstel-
lungshallen Europas ist.

2

Reiseinformationen

Routen-Steckbrief
Routenlänge: ca. 400 km
Zeitbedarf: 3–4 Tage
Start und Ziel: Duisburg
Routenverlauf: Duisburg,
Oberhausen, Gelsenkirchen,
Bochum, Recklinghausen,
Castrop-Rauxel, Dortmund,
Lünen, Hamm, Unna, Hagen,
Essen, Mülheim, Duisburg

Besonderheiten:
Das Abenteuer Industriekultur kann man auch mit einer
Radtour verbinden. Ein 700
km langes Radwegenetz führt
zu den Highlights der Industriekultur an Emscher und
Lippe, Rhein und Ruhr. Ein
Erlebnisführer mit Infos und
Karten im Maßstab 1:50 000
ist beim Besucherzentrum der
Route der Industriekultur
erhältlich (siehe rechts).

Auskünfte:
Besucherzentrum Route der
Industriekultur in der Zeche
Zollverein XII
Gelsenkirchener Straße 181,
45309 Essen,
Tel. (01 80) 4 00 00 86,
Fax (02 01) 3 71 91 26,
Führungen:
Tel. (02 01) 8 30 36 36,
Email: info@route-
industriekultur.de,
www.route-industriekultur.de
Informationen über Reisen im
Ruhrgebiet sowie Konzert-
karten und Tickets für alle
möglichen Events bei
Ruhrgebiet Tourismus GmbH
& Co. KG
Königswall 21,
44137 Dortmund,
Tel. (02 31)18 16-1 86,
Fax (02 31) 18 16-1 88,
www.ruhrgebiettouristik.de

Die 1985 stillgelegte Meidericher Eisenhütte im Landschaftspark Duisburg Nord wird durch eine spektakuläre Lichtinszenierung des britischen Künstlers Jonathan Park in eine Lichtskulptur verwandelt. Die Lichtshow startet mit Einbruch der Dämmerung, wochentags ist jedoch nur ein Teil beleuchtet.

1

schen Industriemuseum wird die über 150-jährige Geschichte der Eisen- und Stahlverarbeitung in der Region dokumentiert. Das gigantische CentrO steht für modernes Shopping, der Revierpark Vonderort ist eine beliebte Freizeitanlage.

3 Bottrop Einen Besuch wert ist der Museumskomplex »Quadrat«, der ein Museum für Ur- und Ortsgeschichte, die Moderne Galerie, eine Sammlung der Werke des Bottroper Malers Joseph Albers sowie ein Medienzentrum beherbergt. Ein Beispiel für einen gelungenen modernen Sakralbau ist die Heilig-Kreuz-Kirche mit dem berühmten Glasfenster von Georg Meistermann. Nahe dem barocken Wasserschloss Beck wurde ein Märchenwald eingerichtet. Mehr »Action« hingegen bietet der Filmpark Movie World in Kirchhellen, und von dem 58 m hohen, 1993 auf der Halde der ehemaligen Zeche Prosper erbauten Tetraeder hat man einen tollen Panoramablick über das Ruhrgebiet.

4 Gelsenkirchen Erst als Kohle und Stahl von der Mitte des 19. Jh. an ihren Siegeszug antraten, ver-

2

3

4

lor der Ort seinen dörflichen Charakter und hat sich zu einer modernen Großstadt entwickelt. Aus der Zeit vor der Industrialisierung stammen das Renaissanceschloss Horst und das mittelalterliche Schloss Berge. Die

Zeche Consolidation und die Bergarbeitersiedlungen in Buer und Schüngelberg vermitteln immer noch einen lebendigen Eindruck von der einstigen Bedeutung der Kohleförderung. Für Tierfreunde gibt es den Ruhr-

Zoo, der seit dem Jahr 2000 umgebaut wird zur ZOOM-Erlebniswelt. Zu einem idyllischen Park wurde das Gelände der bekannten Zeche Nordstern umgestaltet, während der Revierpark Nienhausen ein attraktives Freizeit-

angebot bereithält. Opern, Musicals und Ballettaufführungen präsentiert das Musiktheater im Revier, moderne Kunst ist in der Städtischen Kunstsammlung zu sehen. Fußballfans zieht es in die 2001 eröffnete Arena auf Schalke.

5

5

6

7

suchsprogramm stehen. Erholung in freier Natur findet man im Stadtgarten von Wattenscheid und auch am Ümminger See.

6 Herne Wo sich einst die Kumpel vor und nach der Schicht umgezogen haben, wird heute gemalt und musiziert: Die Künstlerzeche »Unser Fritz« in Herne ist ein gelungenes Beispiel für die kreative Nutzung stillgelegter Industrieanlagen. Das regionalgeschichtliche Emschertalmuseum ist zum Teil im Schloss Strünkede mit seinem schönen Park untergebracht, in dem sich die Schlosskapelle von 1272 befindet. Eines der modernsten archäologischen Museen Europas ist das Westfälische Museum für Archäologie. Einen Besuch wert ist auch die 1911 erbaute Zechensiedlung Teutoburgia.

7 Recklinghausen Mit den Ruhrfestspielen hat sich die ehemalige Hansestadt Recklinghausen seit der Nachkriegszeit einen Namen als Kulturstadt gemacht. Außerdem gibt es hier eine bedeutende Ikonensammlung sowie moderne Malerei und Grafik in der Städtischen Kunsthalle zu sehen. Nach einem Bummel im

Stadtgarten kann man im Planetarium der Volkssternwarte in entfernte Galaxien vordringen.

8 Marl Am Nordwestrand des Ruhrgebiets entwickelte sich Marl mit der Abteufung zweier Schächte 1905 vom unbedeutenden Dorf zu einer prosperierenden Industriestadt. 1938 siedelte sich zudem die chemische Großindustrie hier an. Dies verwandelte die Region allerdings nicht in eine eintönige Industrieland-

1 Förderturm der stillgelegten Zeche Nordstern in Gelsenkirchen

2 Die alte Wasserburg Vondern im Oberhausener Stadtteil Osterfeld

3 Bochum: das Wasserschloss Haus Kemnade am Kemnader See

4 Herne: das malerisch gelegene Wasserschloss Strünkede

5 Flaggenschmuck vor dem Bergbaumuseum in Bochum

6 Haus Lüttinghof im Gelsenkirchener Ortsteil Buer

7 Schloss Berge in Gelsenkirchen

5 Bochum Ihren Aufschwung verdankte die Stadt einst der Kohle und dem Stahl. Heute gibt es hier keine einzige Zeche mehr, aber die Erinnerung an diese Zeit wird wach gehalten im 1930 eröffneten Deutschen Bergbau-

museum mit dem 68 m hohen Förderturm. Darüber hinaus hat die Universitätsstadt eine Reihe weiterer Museen zu bieten: das Eisenbahnmuseum in Dahlhausen, die Kunstsammlung und das Antikenmuseum, das Museum

Bochum und das Wattenscheider Heimatmuseum Helfs Hof. Das Wasserschloss Haus Kemnade, die vielen alten Kirchen, der Geologische Garten, der Tierpark und das Planetarium sollten ebenfalls auf dem Be-

schaft, wie es der Citysee, der Volkspark in Alt-Marl und die Loemühle sowie der Naturpark Hohe Mark unter Beweis stellen. Ein Museum der besonderen Art ist auch der »Glaskasten« genannte Skulpturenpark.

9 Castrop-Rauxel Die Stadt mit dem eigentümlichen Doppelnamen – für viele der Inbegriff des Ruhrpotts – blickt auf eine lange Geschichte zurück: Am Schnittpunkt zweier Handelsstraßen hatten bereits die Römer einen Militärposten eingerichtet. In karolingischer Zeit wurden entlang dieser einstigen Römerstraßen Stützpunkte angelegt – die so genannten Reichshöfe. So entstand auch der Reichshof Castrop, die 1905 abgerissene Keimzelle der Stadt. Im 19. und 20. Jh. wurde Castrop-Rauxel vom Kohlebergbau geprägt. Von diesem 1983 abgeschlossenen Kapitel der Industriegeschichte zeugen die rekultivierte Abraumhalde der Zeche Graf Schwerin, der Förderturm »Deutsches Strebengerüst Erin« oder das Bergbeamtenhaus. Über die Geschichte der Kohlestadt kann man sich im Alten Rathaus informieren. Eine städtebauliche Besonderheit in Westfalen ist der Altstadtmarkt mit seinen Jugendstilfassaden aus Naturstein.

10 Waltrop Die Stadt am Rande des Ruhrgebiets wartet mit schönen Fachwerkhäusern sowie der mittelalterlichen Kirche St. Peter auf. Am Dortmund-Ems-Kanal 8 km westlich von Waltrop liegt das Schiffshebewerk Henrichenburg. Das alte Hebewerk aus der Zeit um 1900 wurde 1962 stillgelegt und ist heute ein Indus-

triedenkmal. Im alten Maschinenhaus und im Museumshafen kann man sich anschaulich über die 100-jährige Tradition der Binnenschifffahrt informieren.

11 Dortmund Seit dem 10. Jh. hatte Dortmund überragende Bedeutung als freie Reichs-, später als Hansestadt und seit

Mitte des 19. Jh. als Industriemetropole. In der größten Stadt Westfalens gibt es trotz schwerer Kriegszerstörungen noch eine Reihe von Bauten, die vom einstigen Glanz Dortmunds zeugen, so die gotische Hallenkirche St. Johannes der Täufer, die mehrfach zerstörte und wiederaufgebaute Reinoldikirche aus dem

13. Jh., die gotische Petri- und die romanische Marienkirche sowie die Ruine Hohensyburg. Auch die Museumslandschaft kann sich sehen lassen, mit dem Museum für Naturkunde, dem Westfälischen Schulmuseum, dem regionalgeschichtlichen Museum für Kunst und Kulturgeschichte sowie dem Museum am Ostwall mit

12 Lünen Sowohl die Hanse als auch der Bergbau gehören in Lünen längst der Vergangenheit an. Rund 60 % des Stadtgebiets bestehen heute aus Freizeit- und Erholungsanlagen, von denen der Cappenberger See besonders hervorzuheben ist. Auch ein Besuch der Stadtpfarreikirche St. Georg und des Stadtmuseums im einstigen Gesindehaus von Schloss Schwansbell bietet sich an. Einen Abstecher nach Selm in den Ortsteil Cappenberg rechtfertigt allein das in einem herrlichen Park gelegene Schloss. Prunkstück ist die Klosterkirche mit ihrer reichen Innenausstattung. Nach der Säkularisierung wurde die Anlage im Jahr 1803 zur preußischen Staatsdomäne. Der Reformer Freiherr von Stein sorgte für die Erhaltung der historischen Schlossräume und verbrachte hier seine letzten Lebensjahre.

13 Hamm Die ehemalige Hansestadt liegt an den Ufern von Lippe und Datteln-Hamm-Kanal. Von der mittelalterlichen Bedeutung Hamms zeugen noch die Kirchen St. Pankratius, St. Paulus, St. Regina sowie die Wasserschlösser Heessen und Oberwerries. Bemerkenswert sind in der Altstadt einige restaurierte Bürgerhäuser und das Gustav-Lübcke-

Museum mit altägyptischer und moderner Kunst. Eine Attraktion ist der auf dem ehemaligen Zechengelände Maximilian angelegte Freizeitpark mit der mächtigen Stahl-Glas-Konstruktion in Form eines Elefanten – eine 1984 für die damalige Landesgartenschau umgebaute Kohlenwäsche.

14 Kamen In der Stadt am berüchtigten Kamener Kreuz wurde 1983 die letzte Zeche stillgelegt. Kamen wurde bereits im Jahr 1847 an das Eisenbahnnetz angeschlossen; aus diesen Pioniertagen stammen noch das Stationsgebäude und die Fünfbogenbrücke, die beide unter Denkmalschutz stehen. Einen Besuch lohnen auch die romanische St.-Margarethen-Kirche in Methler und das Stadtmuseum in Bergkamen.

15 Unna Salz und Kohle haben lange Zeit die wirtschaftliche Entwicklung von Unna bestimmt. An die Zeit der Hanse erinnern die Fachwerkhäuser zu Füßen der evangelischen Stadtkirche, deren Ursprünge teils bis ins 16. Jh. zurückreichen. In der im 14. Jh. errichteten Burg der früheren Grafen von der Mark befindet sich das Hellweg-Museum mit einer Ausstellung zur Geschichte Unnas. Zum Mythos

Kohle und Stahl gehörte auch das Bier. In Unna stand mit der Lindenbrauerei von 1859 die traditionsreichste Brauerei im Pott. Heute befindet sich in den Gebäuden ein Kulturzentrum, und in den Gewölben darunter ist das Zentrum für internationale Lichtkunst untergebracht.

16 Hagen Schon Anfang des 11. Jh. stand hier am südlichen Rand des Ruhrgebiets die Johanniskirche, um die herum sich die Stadt entwickelte. Seit dem 17. Jh. kam es zu einer rasanten indus-

1 Ein technisches Wunder: das Schiffshebewerk Henrichenburg

2 In der 1979 stillgelegten Zeche Waltrop kann eine alte Fördermaschine besichtigt werden.

3 Maschinenhaus der Zeche Zollern: Ingenieurskunst bildet heute den Rahmen für ein Museum.

4 Bis heute von Nachkommen der Gründer bewohnt wird das auf Holzpfahlrosten stehende Wasserschloss Haus Bodelschwingh in Dortmund.

5 Das Schloss Cappenberg bei Lünen beherbergt heute das Freiherr-von-Stein-Archiv. Der Reformer wählte Cappenberg als Alterssitz.

einer bedeutenden Sammlung moderner Kunst. Die 1302 erstmals urkundlich erwähnte Wasserburg Haus Bodelschwingh beherbergt eine berühmte Bildersammlung. Für Freunde der Botanik gibt es im Revierpark Wischlingen eine Naturschau mit Herbarium und im Rombergpark eine interessante Samensamm-

lung. Dortmunds »Flaggschiff« ist der 1899 eingeweihte Westfalenpark mit Sportangeboten, Freilichtbühne, Sesselbahn, Ausstellungshalle, dem Deutschen Rosarium und dem 220 m hohen Florianturm. Beachtung verdient auch der Hafen (1899) am Dortmund-Ems-Kanal, der als größter Kanalhafen Europas gilt.

Villa Hügel

Der Bürger als Edelmann: Als der Industrielle Alfred Krupp den größten Konzern seiner Zeit aufgebaut hatte, verspürte er den Wunsch nach einer repräsentativen Residenz. Er entwarf

Einst im Besitz der Familie Krupp, heute Kulturtempel: die Villa Hügel in Essen

eigenhändig die Pläne für Villa Hügel, die um 1870 in einem nüchtern klassizistischen Stil erbaut wurde. In einer weitläufigen Parklandschaft am Baldeneysee entstand ein bürgerlicher Bau in feudalen Größenordnungen, aber mit moderner Funktionalität – Ausdruck seines patriarchalischen Selbstverständnisses. Selbst ein privater Bahnhof fehlte nicht.
Bis 1945 Familiensitz, ging Villa Hügel 1954 in eine gemeinnützige Stiftung über und öffnete ihre Pforten der Öffentlichkeit. Heute sind im Haus das originale Mobiliar und die opulenten Innendekorationen zu besichtigen. Eine historische Sammlung informiert über die Geschichte der Familie und des Unternehmens Krupp. Vor allem aber hat sich Villa Hügel in den letzten Jahrzehnten mit hochkarätigen Ausstellungen einen Namen gemacht.

triellen Entwicklung vor allem durch Klingenschmiede, Papier- und Textilmanufakturen, die das Westfälische Freilichtmuseum in Selbecke in rund 100 historischen Werkstätten dokumentiert. Die Geschichte der in den letzten 150 Jahren dominierenden Metallindustrie wird dagegen im Kaltwalzmuseum präsentiert.
Obwohl der größte Teil der Kunstsammlung des Hagener Bankiers Karl-Ernst Osthaus im Jahre 1921 nach Essen verkauft wurde und den Grundstock für das Folkwangmuseum bildete, sollte man einen Besuch des nach dem Mäzen benannten Museums nicht versäumen.

17 Witten In der Ruhrstadt soll der Legende nach der Ruhrbergbau seinen Anfang genommen haben – und dieser industriellen Tradition ist man sich hier sehr wohl bewusst. So erinnert ein Rundwanderweg im Muttental an den frühen Kohleabbau. Aussicht über diesen Abschnitt der Ruhr bieten das 20 m hohe Berger-Denkmal und die Burgruine Hardenstein. Letztere kann auch bei einer Fahrt mit dem Ausflugsschiff auf dem Kemnader See angesteuert werden. In der Nähe von Witten erhebt sich bei Herdecke das imposante Bahnviadukt, dessen zwölf Bögen 30 m hoch aufragen. Bei der Einweihung Ende des 19. Jh. war das Bauwerk eine Sensation.

18 Hattingen Von der Burgruine Blankenstein aus bietet sich ein herrlicher Blick auf die an einer Ruhrschleife gelegene Stadt. Der mittelalterliche Stadtkern mit etwa 140 liebevoll res-

taurierten Fachwerkhäusern und Bürgerhäusern lohnt einen Bummel, und angesichts des Turms der Kirche St. Georg wird man feststellen, dass es schiefe Türme nicht nur in Pisa gibt.

19 Essen In der größten Stadt des Ruhrgebiets gehören rauchende Schlote und die Kohleförderung schon seit einiger Zeit der Vergangenheit an. Die letzte Zeche, »Zollverein«, wurde 1986 geschlossen und zählt seit 2001 zum Weltkulturerbe der UNESCO. Dennoch ist Essen das wichtigste Wirtschaftszentrum der Region geblieben. Von der Blütezeit der Stadt im Mittelalter zeugen das Münster, die Marktkirche, die Werdener Luciuskirche und St. Ludgerus, die Stiftskirche Stoppenberg, das Schloss Hugenpoet, das Wasserschloss Borbeck und das Schloss Landsberg. Inmitten eines großzügig angelegten Parks liegt die Villa Hügel, und die Kunstliebhaber zieht es ins Folkwangmuseum mit seiner grandiosen Sammlung zur Kunst des 19. und 20. Jh.
Der historische Eisenhammer Halbbachhammer, die Museumslandschaft Deilbachtal oder das Ruhrlandmuseum sind der Auftakt zu einer Reise in die frühe Zeit der Industrialisierung. Das Plakatmuseum und das Design-Zentrum NRW runden das kulturelle Angebot ab. Erholung bieten das Ruhrtal, der Baldeneysee sowie der Grugapark.

20 Mülheim Von den mittelalterlichen Ursprüngen zeugen das Schloss Broich, das seit der karolingischen Epoche immer wieder erweitert und umgebaut

wurde, die erstmals um 1000 erwähnte Pfarrkirche St. Laurentius und die 1214 gegründete einstige Zisterzienserinnenabtei Saarn mit Bauteilen vom 13. bis ins 19. Jh. Nach einem Bummel durch die Altstadt mit ihren schönen Fachwerkhäusern lohnt sich ein Besuch in einem der Museen: dem Kunstmuseum, dem Aquarius-Wassermuseum im Park von Schloss Styrum oder im Erlebnismuseum am Wasserbahnhof. Von hier kann man

auch eine Dampferfahrt unternehmen oder den Naturlehrpfad längs der Ruhr erkunden.
Von Mülheim aus ist es dann nur mehr ein Katzensprung zum Ausgangspunkt Duisburg.

1 Der Baldeneysee im Süden der Ruhrmetropole Essen

2 Der Förderturm der Zeche Zollverein in Essen zählt zum UNESCO-Weltkulturerbe.

Landschaftspark Duisburg Nord Eine spektakuläre Lichtinszenierung des britischen Künstlers Jonathan Park verwandelt die 1985 stillgelegte Meidericher Eisenhütte im Landschaftspark Duisburg in eine Lichtskulptur.

Duisburg Ruhrort Der historische Hafenstadtteil von Duisburg heißt Ruhrort und kann auf mehr als 1100 Jahre Geschichte zurückblicken. Schon im Mittelalter gab es hier einen Stapelplatz für die Rheinschifffahrt, und noch heute prägen viele Brücken das Stadtbild.

Herne Das regionalgeschichtliche Emschertalmuseum wurde zum Teil in dem malerisch gelegenen Schloss Strünkede mit seinem schönen Park untergebracht.

Schiffshebewerk Henrichenburg 8 km westlich von Waltrop liegt am Dortmund-Ems-Kanal das Schiffshebewerk Henrichenburg, Wunderwerk der Technik und Industriedenkmal zugleich.

Lünen Rund 60 Prozent des Stadtgebiets von Lünen bestehen aus Freizeit- und Erholungsanlagen. Ein Anziehungspunkt ist der Cappenberger See.

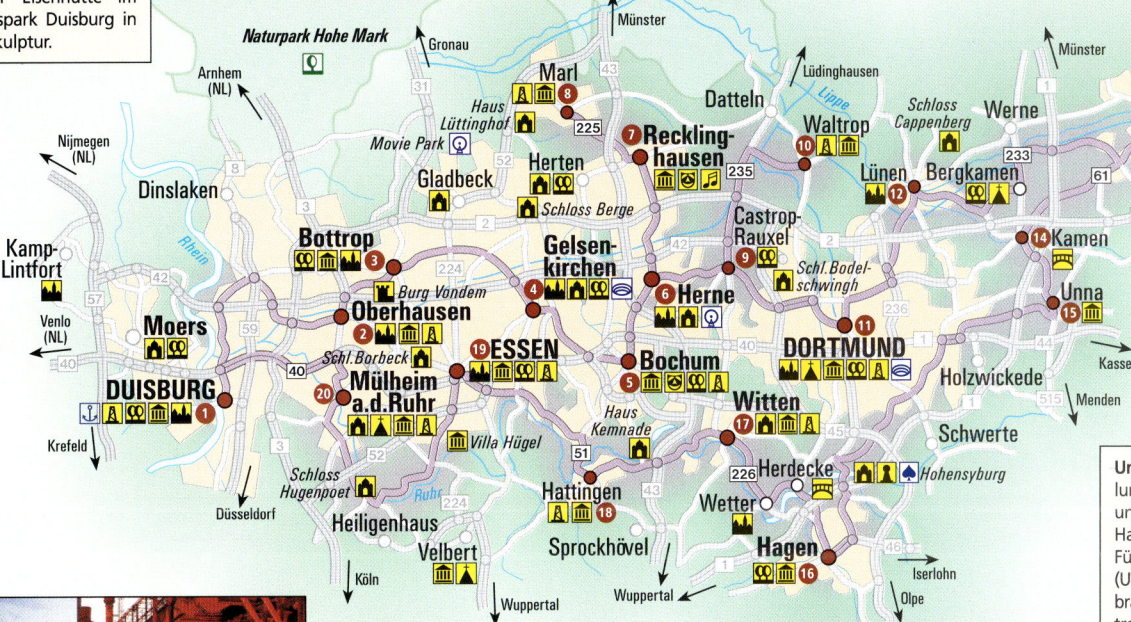

Unna Die wirtschaftliche Entwicklung Unnas wurde lange von Salz und Kohle bestimmt. An die Zeit der Hanse erinnern Fachwerkhäuser zu Füßen der evangelischen Stadtkirche (Ursprünge im 16. Jh.). Mit der Lindenbrauerei (1859) stand in Unna auch die traditionsreichste Brauerei im Pott.

Essen Rauchende Schlote und Kohleförderung gehören auch in Essen inzwischen der Vergangenheit an. Aus illuminierten Zechen werden Kultur-Events wie die Kokerei Zollverein, die seit dem Jahr 2001 Weltkulturerbe der UNESCO gehört.

Villa Hügel Über die Geschichte der Familie und des Unternehmers Krupp informiert die Villa Hügel, eine um 1870 in nüchtern-klassizistischem Stil nach den eigenhändigen Plänen des Firmenpatriarchen Alfred Krupp erbaute Residenz, die sich bis 1945 in Familienbesitz befand und heute Sitz einer gemeinnützigen Stiftung und ein hochkarätiger Kulturtempel ist.

Hohensyburg Teils aus Ruhrsandstein gefertigt wurde das Kaiser-Wilhelm-Denkmal (1893–1902) in Dortmund/Hohensyburg.

Zeche Zollern Mit ihren »verspielten« architektonischen Formen steht die im Jahr 1898 erbaute Maschinenhalle der Dortmunder Zeche Zollern für den Übergang vom Historismus zum Jugendstil, beeindruckendes Baudenkmal und Industriemuseum zugleich.

Ruhrtal Weite Auen, Feuchtwiesen und Brutgehölze prägen das Ruhrtal mit seinem Wechselspiel von steilen Ufern und sanften Hängen. Wanderwege und Radfahrrouten laden dazu ein, das Erholungsgebiet mitten im Pott immer wieder neu und anders zu erleben.

Bochum Das Deutsche Bergbau-Museum gilt als das weltweit bedeutendste seiner Art. Von den Aussichtsplattformen des 71,4 m hohen Fördergerüsts hat man einen phantastischen Blick über Bochum und das Ruhrgebiet.

Dortmund Nur knapp vor dem Abriss bewahrt werden konnte das Alte Hafenamt (1898) in Dortmund, das leicht erhöht auf der nördlichen Rampe der Stadthafenbrücke steht und dem einfahrenden Schiffer schon von weitem als Erkennungsmerkmal diente.

Durchs Land der Wasserburgen
Vom Münsterland in die Kölner Bucht

Am größten Ballungsraum Deutschlands vorbei und dann mitten hinein führt unsere Route, in eine geschichtsträchtige Region, in ein Land der Gegensätze und in eine liebliche Landschaft, die schon die Römer zu schätzen wussten. Ihnen verdankt Mitteleuropa zwei der ältesten Städte: Köln und Xanten. Münster ist deutlich jünger, doch verdiente es sich mit seiner religiösen und kulturellen Bedeutung die Ehrenbezeichnung eines »Roms des niederdeutschen Raumes«.

Das Münsterland ist ein Pferdeparadies: Prachtvolles Gespann auf der Hengstparade in Warendorf

Karneval, Kohle, Kölner Dom – das fällt wohl den meisten Menschen außerhalb Nordrhein-Westfalens zu diesem Bundesland ein. Vielleicht noch Kunst.
Karneval: Wer ihn mag, muss mitmachen, wer ihn nicht mag, flüchtet. Der rheinische Karneval ist kompromisslos. Wer sich in den »närrischen Tagen« auf die Reise begibt, sollte sich beschränken: auf Karneval, Kneipen, Kölsch.
Kohle: Unsere Route weist nur einen Berührungspunkt mit dem Ruhrgebiet auf.

Das ist die Stadt Dorsten mit ihrer Steinkohlezeche. Ansonsten beschreibt unsere Route einen Bogen um den Kohlenpott. Denn dieser faszinierenden Region ist eine eigene Route dieses Bandes gewidmet.
Kölner Dom: Wie kein zweites Bauwerk symbolisiert er die historische und kulturelle Bedeutung der Region. Allein seine unmittelbare Nachbarschaft ist ein rheinischer Kosmos im Kleinen: Die Hohenzollernbrücke und der Hauptbahnhof, das Wallraf-Richartz-Museum, das Römisch-

Das neue Wahrzeichen Düsseldorfs: Frank O. Gehrys Kunst- und Medienzentrum Rheinhafen wirkt wie eine riesige Skulptur.

Romanik und Gotik am Kölner Rheinufer: Hell erleuchtet strahlen die beiden beherrschenden Gotteshäuser über der Altstadt – der gotische Dom und die Kirche Groß St. Martin, eine der zwölf romanischen Kirchen der Stadt.

Germanische Museum. Vor- und Frühgeschichte, römische Zeit, Mittelalter und Neuzeit, gerade auch die jüngere Zeitgeschichte, haben zahllose Zeugnisse hinterlassen. Allein die Archäologie ist eine Reise wert: Xanten war nach Köln die zweitgrößte römische Stadt Niedergermaniens. Der Archäologische Park Xanten bringt dem Besucher diese ferne Vergangenheit eindrucksvoll näher. Für das Mittelalter ist Köln mit einer Vielzahl romanischer und gotischer Kirchen erste Wahl. Im Münsterland und am Niederrhein erwarten den Reisenden mehr als hundert erhaltene Wasserschlösser. Für die moderne Architektur empfiehlt sich Düsseldorf.
Kunst: Rheinland und Ruhrgebiet sind nach New York die weltweit wichtigste Region für zeitgenössische Kunst. Bedeutende Museen finden sich in Krefeld, Düsseldorf, Köln, Bonn sowie als Besonderheit

Schloss Moyland bei Kleve; die Museen in Mönchengladbach und Essen lohnen Abstecher. Eine wahre Perle, aus der Verbindung von Kunst und Landschaft hervorgegangen, ist die Museumsinsel Hombroich bei Neuss. In den Bereichen Theater und Musik locken hochkarätige Festivals wie etwa das Jazzfestival in Moers.
Entlang der Tour gibt es eine reizvolle Landschaften wie das Naturschutzgebiet am Xantener Altrhein. Ein besonderes Schauspiel bietet sich im Winter am Niederrhein, wenn die sibirischen Wildgänse Station machen. Zuweilen trifft man auch auf Szenerien, die an Gemälde alter holländischer Meister erinnern – nicht nur wegen der Windmühlen, die am weiten Horizont auftauchen. Als Pferdeparadies und Land der Wasserschlösser gilt das Münsterland, wo im Merfelder Bruch eine Herde von rund 300 Wildpferden lebt.

Das barocke Wasserschloss Nordkirchen wird auch »Westfälisches Versailles« genannt.

Warendorfer Hengstparade

Ihre Urahnen sollen angeblich aus der Mongolei wie aus Südrussland eingewandert sein, und bis heute streifen die wilden Gesellen – etwa 300 an der Zahl – unbeirrt durch die urwaldartigen Moor- und Sumpflandschaften des Merfelder Bruches westlich von Münster. Die einzige Herde freilebender Wildpferde Europas ist hier zu Hause. Nur einmal im Jahr, jeweils am letzten Samstag im Mai, ist es aus mit der Freiheit, da werden sie zusammengetrieben, um die wilden jungen Hengste auszusondern: ein Ereignis, das regelmäßig Tausende Zuschauer anzieht. Ganz anders die Hengstparade in Warendorf, der 20 Kilometer östlich von Münster gelegenen ehemaligen Hansestadt. Alljährlich an vier Tagen im Herbst erlebt hier das begeisterte Publikum ein Defilee elegant uniformierter Reiter auf edlen Zuchtpferden. Alle einschlägigen Disziplinen sind vertreten: Spring- und Dressurreiten ebenso wie Wagenrennen. Das Pferd gilt in

Schmucke Gespanne auf der Warendorfer Hengstparade

Warendorf als »galoppierender Wirtschaftsfaktor«. 6000 Pferde grasen im Kreis Warendorf, die zu etwa 100 Betrieben gehören und schätzungsweise 2000 Arbeitsplätze garantieren. Eine ganze Reihe pferdebezogener Institutionen haben hier ihren Sitz. Und dass Westfalen durch ein »springendes silbernes Ross« im Landeswappen Nordrhein-Westfalens symbolisiert ist, geht zu einem guten Teil auf das Konto Warendorfs.

Die Route beginnt in der Domstadt Münster und zieht sich durch das südliche Münsterland bis Wesel. Ab Xanten beschreibt sie einen Bogen durch die Niederrheinregion bis Kleve und südwärts bis Krefeld. Dann steuert sie die großen Rheinstädte an: Neuss, Düsseldorf, Köln, Bonn. Als krönender Abschluss wartet das Siebengebirge.

❶ Münster Schon auf den ersten Blick entfaltet die Westfalenmetropole ihren ganzen Charme. Der Prinzipalmarkt mit seinen Dreistaffelgiebelhäusern wurde nach den Zerstörungen von 1943 wieder in seinen Originalzustand versetzt. Das Wahrzeichen der Stadt ist der reich ausgestattete St.-Paulus-Dom aus dem 13. Jh. Auf dem 96 m hohen Turm der gotischen Lambertikirche arbeitet auch heute immer noch ein Türmer. Der Architekt Johann Conrad Schlaun erbaute 1787 das barocke Stadtschloss, die Clemenskirche und den Erbdrostenhof. Auf keinen Fall versäumen sollte man einen Besuch im Rathaus mit dem Friedenssaal, im Haus Rüschhaus und im Mühlenhof-Freilichtmuseum. An vielen Orten der Stadt finden sich zudem weitere Exponate – überall dort, wo die alle zehn Jahre stattfindende Skulpturenausstellung zur weiteren Besichtigung stehen gelassen wurden. Nach so viel Kunst und Altehrwürdigem darf dann auch ein Spaziergang rund um den Aasee oder ein Ausflug zum Allwetterzoo auf dem Programm stehen.

❷ Telgte Um die 80000 Pilger zieht es jährlich an die Ems zur Schwarzen Madonna. Der »Dreiklang« setzt sich aus drei historischen Gebäuden zusammen: der barocken Wallfahrtskapelle mit ihrer Pietà aus dem Jahr 1370, der Clemenskirche und dem Heimathaus Münsterland, in dem auch das berühmte Telgter Hungertuch von 1623 ausgestellt ist. Man sollte keinesfalls abreisen, ohne das Krippenmuseum besichtigt zu haben.

❸ Warendorf In der bezaubernden Altstadt von Warendorf locken historische Giebelhäuser rund um den Marktplatz den Gast, das Heimathaus aus dem Jahr 1404, das Münstertor, die St.-Laurentius-Kirche, der Bentheimer Turm, die Promenade und das Franziskanerkloster. In erster Linie aber ist Warendorf die Stadt des Sports – insbesondere des Pferdesports und des modernen Fünfkampfes.

❹ Freckenhorst In diesem Stadtteil von Warendorf gehört der »Bauerndom« zu den bedeutendsten romanischen Bauwer-

Reiseinformationen

Routen-Steckbrief
Routenlänge: ca. 450 km (ohne Abstecher)
Zeitbedarf: mind. 5–7 Tage
Start: Münster
Ziel: Bad Honnef
Routenverlauf: Münster, Warendorf, Nordkirchen, Wesel, Xanten, Kleve, Moers, Düsseldorf, Köln, Bonn

Besonderheiten:
Das Münsterland ist eine Region des Fahrrads. Die 100 Schlösser Route gilt als Königin unter den deutschen Radrouten. Über 1400 km schlängelt sich die gut markierte Route durch das Münsterland.

Auskünfte:
MÜNSTERLAND TOURISTIK
Grünes Band e.V.
An der Hohen Schule 13,

48565 Steinfurt,
Tel. (0 25 51) 93 92 91,
Fax (0 25 51) 93 92 93,
Email:
touristik@muensterland.com
www.muensterland-tourismus.de
Niederrhein Tourismus GmbH
Willy-Brandt-Ring 13,
41747 Viersen,
Tel. (0 21 62) 81 79 03,
Fax (0 21 62) 81 79 180
Email: info@niederrhein-tourismus.de
www.niederrhein-tourismus.de
KölnTourismus GmbH
Unter Fettenhennen 19,
50667 Köln,
Tel. (02 21) 3 04 00
Fax (02 21) 3 04 10
Email:
info@koelntourismus.de
www.koeln.de/tourismus

Annette von Droste-Hülshoff

Sie war aus ihrer Zeit gefallen: »Ich mag und will jetzt nicht berühmt werden.« Heute fehlt sie in keiner Anthologie deutscher Lyrik. Tief und fest verwurzelt aber war Annette von Droste-Hülshoff in ihrer westfälischen Heimat. Deren unspektakulärer Natur – »… alles fehlt, was man sonst von schöner Gegend zu fordern pflegt – Gebirg, Strom, Felsen« – entlieh sie so manches Motiv für ihre sinnlichen, sensiblen und zuweilen auch etwas rätselhaften Gedichte. Die Provinz als Rückzugsraum aus der »blasierten Zeit«. Sie ist vorbei, diese Zeit; aber auch die sinnstiftende Natur, die provinziellen und poetischen Landschaften sind in dieser Form nicht mehr auffindbar. Am ehesten erkennt man sie noch im Venner Moor bei Münster, wo man sich bei einer herbstlichen Wanderung an das berühmte Gedicht »Der Knabe im Moor« erinnert (»O

Tief verwurzelt in ihrer westfälischen Heimat: Annette von Droste-Hülshoff.

ken Westfalens. Die fünftürmige Stiftskirche geht der Legende nach auf das 10. Jh. zurück. Die Grabplatte der sagenhaften Stiftsgründerin mit lateinischer und altdeutscher Inschrift befindet sich in der Krypta. Der Taufstein mit seinen fast vollplastisch herausgearbeiteten Figuren gilt als bedeutendster des 12. Jh.

5 Drensteinfurth Die Wasserburg Haus Borg liegt idyllisch in einer weitläufigen Parklandschaft. Die verschiedenen Bauteile und Trakte stammen aus Renaissance, Barock und Klassizismus. Im Inneren sind Stuckdekorationen von Antonio Rizzo aus dem frühen 18. Jh. sowie eine Sammlung barocker Möbel zu besichtigen.

6 Ascheberg Frische Luft, viel Wald, romantische Wasserburgen,

alte Rittersitze und edle Pferde findet man in und um Ascheberg. Sehenswert sind Schloss Itlingen, die spätgotische Pfarrkirche St. Lambertus, der Davertturm mit angeschlossenem Museum und die Burgkapelle in Davensberg. Die wichtigste Sehenswürdigkeit ist aber wohl das wunderschön gelegene Schloss Westerwinkel in der Ortschaft Herbern.

7 Nordkirchen Über 30 Jahre lang wurde am Schloss Nordkirchen gebaut, bevor man es 1734 vollendete. Nichts erschien den Bauherren der Familie von Plettenberg zu teuer, und so war das Ergebnis tatsächlich ein »Westfälisches Versailles«. Im barocken Park steht eine Orangerie.

8 Lüdinghausen Die Dreiburgenstadt an der Stever ist das

ideale Ziel für Familien. Das Rosendorf Seppenrade, der historische Stadtkern, die vollkommen erhaltene mittelalterliche Burg Vischering mit dem Münsterlandmuseum, Burg Lüdinghausen, die Wasserburg Kakesbeck, das Hakehaus und die Pfarrkirche St. Felizitas gehören unbedingt auf das Besichtigungsprogramm.

9 Dülmen Die letzten verwilderten Pferde Mitteleuropas findet man im Merfelder Bruch bei Dülmen. Auch die Stadt selbst sollte man nicht unbeachtet lassen. Einige alte Kirchen, Schloss Buldern, Burg Visbeck sowie zahlreiche Bäder sind es wert, besucht zu werden.

10 Reken Das Museum Alte Kirche zeigt die Ausstattungsstücke der ehemaligen Kirche,

entstanden vom späten Mittelalter bis in die Zeit des Barocks. In

1 Prinzipalmarkt in Münster: Der 162 m lange Platz wurde nach seiner Zerstörung 1943 originalgetreu wieder hergestellt und bildet ein Münsteraner Herzstück.

2 Bürgerhäuser mit Staffelgiebeln am Marktplatz von Warendorf

3 Münster: der barocke Festsaal des Erbdrostenhofs, ein Werk Johann Conrad Schlauns

4 Die Vorburg von Schloss Westerwinkel in Herbern, das durch seine harmonische Einbettung in die umliegende Parklandschaft besticht.

5 Die Wasserburg Hülshoff in Havixbeck, Geburtsort der Dichterin

schaurig ist's, übers Moor zu gehn …«). Literaturinteressierte werden zu zwei Bauwerken bei Münster pilgern. In Havixbeck steht die schlichte Wasserburg Hülshoff, 1545 erbaut und 1789 im Inneren umgestaltet. Hier wurde die Dichterin am 12. Januar 1797 geboren, und hier verbrachte sie ihre Jugend. Die Burg enthält heute ein ihr gewidmetes Museum. Von 1826 bis 1846 lebte sie im Haus Rüschhaus, das von Johann Conrad Schlaun erbaut wurde. In diesem Refugium entstanden ihre meisten Werke, darunter auch ihr bekanntestes, die Erzählung »Die Judenbuche« (1842). Das Haus dient heute der Annette-von-Droste-Gesellschaft als Sitz und ist mit den originalen Einrichtungsgegenständen zu besichtigen.

Oben: Schloss Nordkirchen liegt auf einer fast quadratischen Insel und ist von breiten Wassergräben und einer barocken Parkanlage umgeben.
Unten: Die Wasserburg Vischering bei Lüdinghausen gilt als hervorragend erhaltenes Beispiel für eine mittelalterliche Wehrburg im Münsterland.

Oben: Bei Isselburg nördlich von Rees liegt das Wasserschloss Anholt, das bis in das 14. Jh. zurückgeht und im 17. und 18. Jh. im Stil des niederländischen Barocks umgestaltet wurde. Unten: Trutzig ragen die Ecktürme von Schloss Lembeck bei Dorsten in den Himmel.

Das römische Xanten

Colonia Ulpia Trajana, das heutige Xanten, wurde um das Jahr 100 n. Chr. von Kaiser Trajan gegründet und zählte neben Köln zu den wichtigsten römischen Zivilstädten am Rhein. Die Hafenstadt bot etwa 12 000 Menschen ein Zuhause. Um im fernen Germanien nicht auf die Annehmlichkeiten ihrer

Amphitheater und Hafentempel im Archäologischen Park Xanten

Heimat zu verzichten, bauten sie ein Amphitheater, Thermalbäder, Villen, Kneipen, ließen sich über den Rhein mit Oliven, Wein, Feigen, Gewürzen versorgen. Da die Stadt nach der Vertreibung der Römer durch die Franken um 450 n. Chr. nicht überbaut wurde, konnten die Archäologen einzigartige Studien betreiben. Im Archäologischen Park entstand die alte Römerstadt auf den Originalfundamenten neu.

der »Alten Windmühle« ist heute ein Heimatmuseum eingerichtet. Heiratswillige, die das Besondere suchen, können sich in einem Zimmer der Mühle trauen lassen. Ein halbstündiger Spaziergang führt zur Waldkapelle, wo bis zum Jahr 1879 Eremiten lebten.

11 Dorsten Das barocke zweiflügelige Wasserschloss im Stadtteil Lembeck lässt mit der – die Vor- und Hauptburg verbindenden – Straßenachse französische Vorbilder erkennen. Besonders sehenswert ist die Inneneinrichtung mit Stuckdecken, Marmorkaminen und Möbeln. Das Schloss- und das Heimatmuseum zeigen Kunst und Kunsthandwerk vom 16. bis 20. Jh.

12 Raesfeld Schon im 12. Jh. hausten Raubritter auf der damaligen Burg Raesfeld. Alexander I. von Velen baute die Anlage um 1600 neu, und sein Sohn, der »westfälische Wallenstein«, gab dem Anwesen seine barocke Pracht. Nach einer langen Zeit des Verfalls begann man 1922 mit der Restaurierung der Wasserburg.

13 Wesel Nur wenig erinnert an die große Vergangenheit der einstigen Hansemetropole. In den letzten Kriegstagen wurde der wunderschöne Stadtkern fast ganz zerstört. In reduzierter Form wie-

der aufgebaut hat man die Stadtkirche St. Willibrord mit ihren Maßwerkfenstern. Auch Teile der Stadtmauer sind noch erhalten, so das barocke Zitadellentor und das Berliner Tor (1722). Geschmeide aus Gold und Edelsteinen sowie rheinische Kunst kann man im Stadtmuseum an der Ritterstraße besichtigen.

14 Xanten Idyllisch neben alten Rheinarmen gelegen, erheben sich die Türme des romanisch-gotischen Doms von Xanten, dem Märtyrer Victor geweiht, der hier sein Leben ließ. Trotz schwerer Zerstörungen im Zweiten Weltkrieg ist die bedeutende Kirche mit ihrer wertvollen Innenausstattung weitgehend wiederhergestellt worden. Bei einem Bummel durch den mittelalterlichen Stadtkern sollte man auf die Reste der Befestigung und das mächtige Klever Tor achten. Ein Besuch im Regionalmuseum erhellt die Geschichte der Stadt von der Zeit ihrer Gründung durch die Römer bis in die Gegenwart. Im Archäologischen Park mit rekonstruierten Gebäuden und einem Amphitheater wird heute die römische Vergangenheit von Colonia Ulpia Trajana wieder lebendig.

15 Rees Die älteste Stadt am Niederrhein geht zurück auf eine im 6.–9. Jh. auf einer Rhein-

insel entstandene Siedlung, die sich zu einem bedeutenden Handelsplatz entwickelte. Im 15. und 16. Jh. gehörte Rees zu den bedeutendsten Städten des Herzogtums Kleve. In dieser Zeit entstanden zahlreiche Bürgerhäuser, Rathaus und Kirche. Die frühmittelalterliche Stadtumwehrung

samt kasemattiertem Wall und Graben blieb weitgehend erhalten und kann auf einem Spaziergang besichtigt werden.

16 Kalkar Auch dem Städtchen auf der linken Rheinseite blieb sein mittelalterliches Stadtbild glücklicherweise weitgehend er-

17 **Kleve** Das Wahrzeichen der »Lohengrin-Stadt« ist die Schwanenburg, die an den Sagenhelden erinnert. Die Stammburg der Grafen und Herzöge von Kleve stammt in ihren Ursprüngen aus dem 12. Jh. Leider wurden große Teile der Burg wie der gesamten Stadt Opfer von Fliegerbomben im Zweiten Weltkrieg. Besser erhalten sind die mittelalterliche Stiftskirche mit der Grablege der klevischen Herrscher und die Gartenanlagen Johann Moritz' von Nassau-Siegen aus dem 17. Jh.

18 **Kevelaer** Neben Lourdes und Tschenstochau ist Kevelaer einer der wichtigsten Marienwallfahrtsorte Europas. Seit 1645 wird die Muttergottes von Kevelaer, die 1641 einem Kaufmann erschienen sein soll, in der Gnadenkapelle verehrt. Mitte des 19. Jh. entstand die neugotische Wallfahrtskirche St. Maria, die jährlich etwa 500 000 Gläubige besuchen. Viele kleine Geschäfte bieten Pilgerbedarf aller Art an, vom preiswerten Menü bis hin zu Rosenkränzen, Kruzifixen und sonstigen Devotionalien.

19 **Kamp-Lintfort** Die Geschicke der Stadt im Kreis Wesel hängen weitgehend von der Zukunft der Schachtanlage Friedrich-Heinrich ab, dem größten Arbeitgeber der Stadt. Bei der Altsiedlung handelt es sich um eine typische »Kolonie«, die heute zwar herausgeputzt ist und unter Denkmalschutz steht, zu Anfang des Jahrhunderts den Kumpels jedoch nur mäßigen Komfort bot. Aus dem im Jahr 1123 gegründeten Kloster Kamp sind die Zisterzienser schon lange ausgezogen, doch die barocke Klosterkirche und der wunderschöne Terrassengarten bestechen noch heute und rechtfertigen den Titel »Sanssouci vom Niederrhein«. Früher haben die frommen Brüder hier Wein angebaut – eine Tradition, an die man auf den Abraumhalden der Zeche wieder anknüpft.

20 **Moers** Bis in die 1970er-Jahre glich die Altstadt von Moers eher einem Ruinenfeld. Heute beherbergen die Häuser in der Friedrich- und der Pfefferstraße mondäne Boutiquen, erlesene Geschäfte, anspruchsvolle Restaurants. Der nun frisch renovierte »Klompenwinkel« in der Neustraße erinnert an das alte Hand-

1 Das hübsch gelegene Rokokoschloss Benrath südlich von Düsseldorf gilt mit seinen stilvollen Einzelgebäuden als herausragendes Gesamtkunstwerk.

2 Blick von der Rheinbrücke in Wesel auf den Niederrhein

Schloss Moyland

Macht trifft Geist: Im niederrheinischen Wasserschloss Moyland begegnete 1740 Friedrich der Große dem Philosophen Voltaire. Das zwischen Kalkar und Kleve gelegene Schloss kann also als Symbol für den aus dem Geist der französischen Aufklärung geborenen »aufgeklärten Absolutismus« Friedrichs gelten.

Mittelpunkt der beeindruckenden Kunstsammlung im Wasserschloss Moyland ist das Werk von Joseph Beuys (1921–1986), der in Krefeld geboren wurde, aber häufig Kleve als seinen Geburtsort angab.

1332 erstmals erwähnt, während des Dreißigjährigen Krieges zerstört, später barockisiert, 1767 von einem Bankier erworben und 1854 in neugotischem Stil umgebaut, fiel das Schloss dem Zweiten Weltkrieg zum Opfer. Nach umfassenden Umbauten wurde im Jahr 1997 ein Museum für moderne Kunst eröffnet.

halten, sodass noch viele gotische Häuser den Stadtkern zieren. Das dreigeschossige Rathaus wurde im Jahr 1446 errichtet, die Giebelhäuser stammen aus dem 16. Jh. Das absolute Glanzstück ist allerdings die Stadtpfarrkirche St. Nikolai. In ihr blieben noch sieben Schnitzaltäre aus der Zeit um das Jahr 1500 bewahrt. Allein der Hochaltar stellt in einer einzigen Bildfläche mit 208 Einzelfiguren die gesamte Passion dar. Sehenswert ist zudem noch das im Jahr 1508 vollendete Chorgestühl mit seiner reichen Ornamentik und den vielen herrlich geschnitzten Figuren.

Düsseldorf

Die pulsierende Landeshauptstadt ist eine Stadt der Mode und Kultur, ein bedeutendes Finanzzentrum und ein internationaler Messestandort.

Direkt an der Rheinpromenade beginnt die Altstadt. Unermüdlich tragen die »Köbesse« Altbiernachschub zu den durstigen Gästen in den ungezählten Kneipen und Brauhäusern. Düsseldorfs Ruf als Kulturstadt rechtfertigen die Deutsche Oper am Rhein, das Schauspielhaus, die Kunstsammlung Nordrhein-Westfalen sowie zahlreiche kleine Theater und Galerien. Richtig mondän geht es auf die Königsallee zu, an der sich die großen Bankhäuser, die exklusiven Modeboutiquen und die Designerpäpste befinden. Die Auslagen der Geschäfte an der Kö und das Outfit der illustren Gäste in den sündhaft teuren Straßencafés erlauben einen Vergleich mit den europäischen Haute-Couture-Metropolen Mailand und Paris.

An das mittelalterliche Düsseldorf erinnern noch der aus dem 13. Jh. stammende Schlossturm und der ebenfalls im 13. Jh. errichtete Backsteinbau der Lambertuskirche. Den besten Überblick über Stadt und Rhein bietet der Rheinturm mit seinem Drehrestaurant.

Nach dem berühmtesten Sohn der Stadt, Heinrich Heine (1797–1856), in Düsseldorf geboren und in Paris gestorben, ist heute die Universität benannt.

Oben: Markantes Wahrzeichen der Düsseldorfer Rheinkulisse ist der 240,5 m hohe Rheinturm (1979–1982). Unten: Kurfürst Johann Wilhelm II. von Pfalz-Neuburg (1679–1716), »Jan Wellem«, ließ sich sein Denkmal vor dem Rathaus selbst errichten.

Es gibt auch ein Heinrich-Heine-Institut mit einem Museum des Dichters der folgenden Zeilen: »Der Mond ist aufgegangen / Und überstrahlt die Well'n; Ich halte mein Liebchen umfangen, Und unsere Herzen schwell'n.«

1

werk der Holzschuhmacher. Das Schloss im wunderschön angelegten Park beherbergt das kleine, aber feine Schlosstheater sowie ein Heimatmuseum. Sowohl das Jazz- als auch das Comedy-Arts-Festival von Moers sind weit über die Region hinaus bekannt.

21 **Krefeld** Früher gründete der Wohlstand der Stadt auf der Seidenweberei. Daran erinnern das Deutsche Textilmuseum, die alten Weberhäuser am Andreasmarkt und die imposante Stadtresidenz des Seidenbarons Konrad von der Leyen, seit 1860 das Rathaus der Stadt. Aus dem 12. Jh. stammt die Burg Linn, heute ein Landschaftsmuseum. Kunst aus neuerer Zeit wird im Kaiser-Wilhelm-Museum gezeigt, Freunde des Bauhauses kommen im Haus Lange und Haus Esters auf ihre Kosten.

22 **Neuss** Die gegenüber von Düsseldorf an der Mündung der Erft gelegene Hafenstadt gründeten die Römer als *Novaedium*. Daran erinnert heute ein am

2

Rhein originalgetreu errichteter Limeswachtturm. Im Süden der Altstadt ist noch das zweitürmige Obertor (13. Jh.) erhalten. Nördlich des Marktes wartet das Münster St. Quirinus, der wichtigste spätromanische Kirchenbau am Niederrhein, auf seine Besucher. Der 1209 begonnene Bau beeindruckt mit einem mächtigen Vierungsturm und den vier Osttürmen. Sehenswert ist auch die Krypta aus dem 12. Jh.

23 **Düsseldorf** siehe Seite 118. Auf der Weiterfahrt nach dem Stadtbummel sollte man sich einen Besuch im 10 km südöstlich der Stadt gelegenen Wasserschloss Benrath nicht entgehen lassen. Das 1756 von Nicolas de Page entworfene Rokokoschloss besitzt eine prachtvolle Innenausstattung.

24 **Köln** siehe die folgenden Seiten 120 und 121

1 Das Kunst- und Medienzentrum Rheinhafen (Rhein City Düsseldorf) des amerikanischen Architekten Frank O. Gehry besteht aus drei kontrastierenden, asymmetrisch gestalteten Gebäuden, die zusammen wie eine Skulptur wirken. Unterschiedliche Materialien sollen jedem Komplex eine eigene Identität verleihen.

2 Abendstimmung am Wasserschloss Kalkum in Düsseldorf (im 9. Jh. erstmals urkundlich erwähnt).

Abstecher

Zons

Imponieren sollte sie, die Zollfeste am Rheinufer. Vor allem den vorbeifahrenden Frachtschiffen, damit niemand

Stadtbefestigung von Zons

auf den Gedanken verfiel, ohne Zoll (zu Gunsten des Kölner Erzbischofs) passieren zu können. Und imposant erscheint die Befestigungsanlage (1373–1400) bei Dormagen dem Besucher bis heute. Einmalig ist die trotz Kriegen, Pest und Bränden vollständig erhaltene Festung mit Wehrmauer und Türmen.

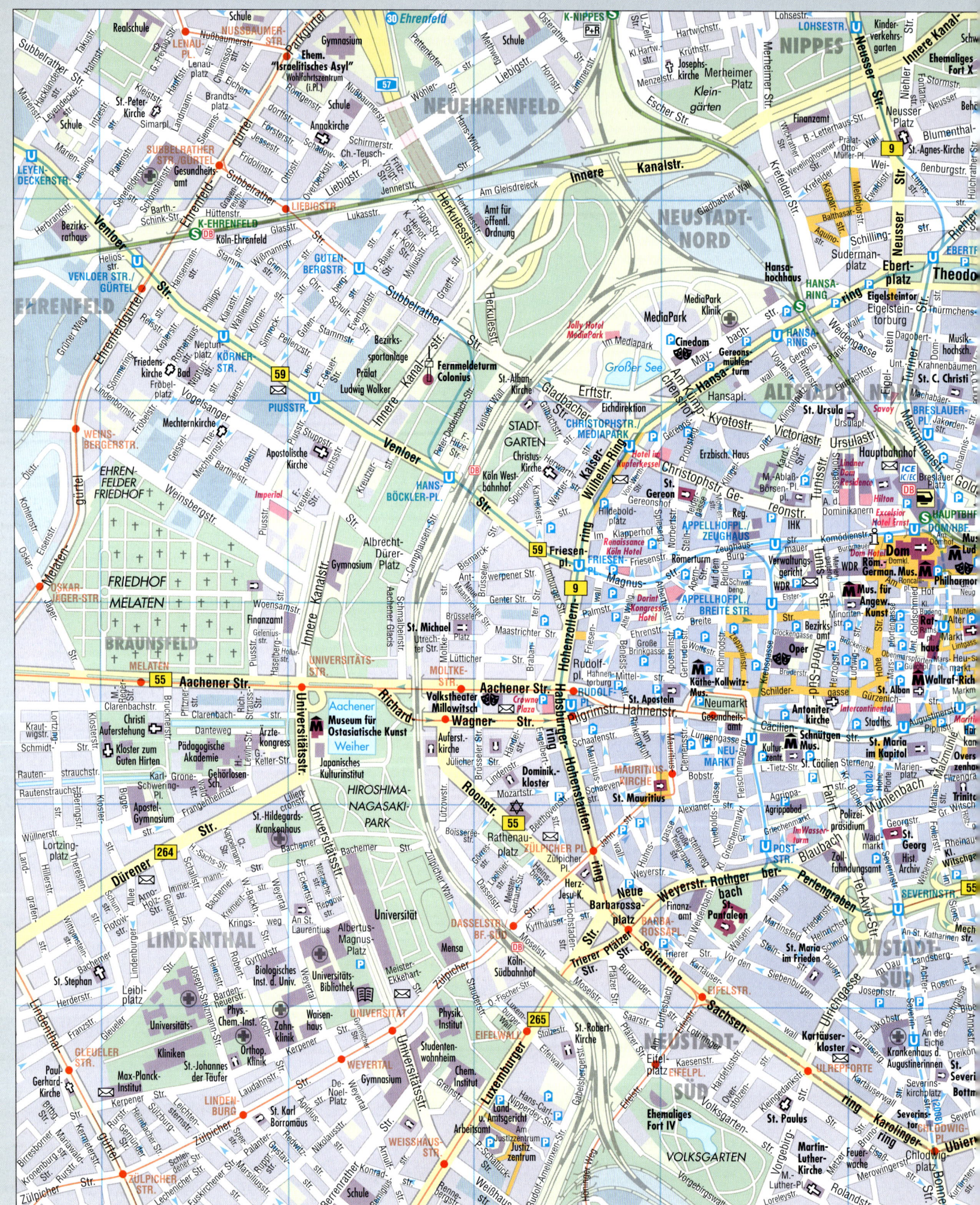

Köln

Der Kölner Karneval ist wohlbekannt, ebenso das Kölsch. Auch kennt man das Wahrzeichen, den herrlichen Dom. Aber es gibt noch viel mehr zu entdecken in der alten Stadt am Rhein, vor allem sehr viel Kunst, alte und neue – und zu erleben gibt es hier nicht zuletzt eine ausnehmend freundliche Atmosphäre.

Im Mittelalter war das von den Römern gegründete Köln die größte und bedeutendste Stadt im deutschsprachigen Gebiet. Als Bischofs-, Reichs- und Hansestadt verfügte sie über eine der längsten und stärksten Befestigungsanlagen Europas. Mit dem Dreißigjährigen Krieg begann der Niedergang. 1815, beim Ende des alten Reiches,

Wallraf-Richartz-Museum zeigt eine exquisite Kunstsammlung (Mittelalter bis 19. Jh.), das Römisch-Germanische Museum birgt das Dionysosmosaik (2. Jh.) und andere frühgeschichtliche Objekte, die Sammlung Ludwig präsentiert moderne Kunst, und das Schnütgenmuseum zeigt mittelalterliche Kirchenkunst in St. Cäcilien. Besuchenswert

Kontraste in einer lebendigen City: der gotische Dom und der moderne Musical-Palast Seit' an Seit'

verlor Köln seine Reichsfreiheit und wurde preußisch. Große Schäden hat der Zweite Weltkrieg in der Altstadt hinterlassen. Heute ist Köln eine Stadt der Museen, der Kunst und der Künstler sowie ein vitaler Medienstandort. Mit dem Bau des Doms (UNESCO-Weltkulturerbe) – ein Meisterwerk der Hochgotik mit 160 m hoher Zweiturmfassade – wurde im Jahr 1248 begonnen. Erst im Jahr 1880 war er dann vollendet. Höhepunkte der kostbaren Ausstattung sind das Gerokreuz von 975, das älteste Monumentalkruzifix des Abendlandes, und der Dreikönigenschrein (1181–1225) des Nikolaus von Verdun – ein figurengeschmückter Goldsarkophag, der der Legende nach die Gebeine der Heiligen Drei Könige enthält. Hinzu kommen weitere Kostbarkeiten in der Domschatzkammer. Unter Kölns romanischen Kirchen herausragend sind St. Gereon mit Bauteilen der 4. Jh. und Groß St. Martin (12. Jh.) mit mächtigem Vierungsturm, die kleine Fischerkirche am Rhein, St. Kunibert, St. Ursula mit »Goldener Kammer« (17. Jh.) und St. Aposteln mit Kleeblattchor. Zu den weiteren Sehenswürdigkeiten zählen die Altstadtgassen, der Alte Markt mit dem Alten Rathaus aus dem 15. Jh. (61 m hoher Turm), der Mitte des 14. Jh. entstandene Hansasaal und die Rathauslaube (16. Jh.). Das

sind auch das Schokoladenmuseum sowie das Museum für Ostasiatische Kunst. In der Umgebung empfiehlt sich eine Besichtigung des Bergischen Doms zu Altenberg, als gelungenes Beispiel der rheinischen Frühgotik, 1259–1379 als Zisterzienserklosterkirche erbaut. Und in der linksrheinischen Stadt Brühl warten zwei herrliche Rokoko-Bauwerke auf die Besucher: Schloss Augustusburg (1725–1768 erbaut) und das Jagdschloss Falkenlust (1729–1737). Beide Schlösser wurden von der UNESCO in die Liste des Weltkulturerbes aufgenommen.

Der mächtige Vierungsturm von Groß St. Martin überragt die Häuser der Altstadt.

Das Siebengebirge

An Tagen mit klarer Luft kann der Wanderer vom Gipfel des Ölbergs, des 460 m hohen und damit höchsten Berges des Siebengebirges, in nordwestlicher Ferne den Kölner Dom erblicken. Das ist nicht nur ein erhebender Anblick, sondern auch eine geologische und architekturgeschichtliche Korrespondenz: Denn der Kölner Dom wurde aus dem Gestein des Siebengebirges erbaut. Aus vulkanischem Gestein also, das bis zu 30 Millionen Jahre alt ist. Wegen der besonderen Struktur der so genannten Trachyte begann der Dom jedoch schon bald zu bröckeln – im Jahr 1880 vollendet, waren bereits 1904 Restaurierungsarbeiten notwen-

Beliebtes Ausflugsziel: die Burg-ruine Drachenfels

dig, und seitdem ist der Kölner Dom eine dauerhafte Baustelle. Man bessert heute mit dem widerstandsfähigeren Basalt aus, und die Steinbrüche des Siebengebirges sind seit langem stillgelegt. Sogar das Wahrzeichen des Siebengebirges, der Drachenfels mit seiner Ruine, war einsturzgefährdet und musste künstlich verankert werden.

25 Brühl Zwischen Köln und Bonn ließ Kurfürst Clemens August von Wittelsbach 1725 ein Schloss erbauen, das von Johann Conrad Schlaun begonnen, dann aber in den Jahren 1728 bis 1737 unter François de Cuvilliés zu einer prächtigen Fürstenresidenz im Rokokostil ausgebaut wurde. Seine ganze Schönheit konnte das als Meisterwerk des Rokokos gefeierte Schloss Augustusburg durch die von dem französischen Gartenarchitekten Dominique Girard geschaffene barocke Gartenanlage entfalten, die zu den authentischsten ihrer Art in Europa zählt. In einem abgeschiedenen Wäldchen liegt nur wenige Gehminuten entfernt das Schloss Falkenlust, das sich der Kurfürst als Lustschloss erbauen ließ. Die UNESCO erklärte beide Schlösser samt der raffiniert konzipierten Brühler Gartenanlage als Gesamtkunstwerk des Rokokos zum schützenswerten Weltkulturerbe. Weitere Sehenswürdigkeiten sind die gotische Pfarrkirche Maria von den Engeln, das Max-Ernst-Geburtshaus und das Max-Ernst-Museum sowie die schönen Bürgerhäuser aus dem 16. bis 18. Jh.

26 Bonn Die frühere Hauptstadt der Bundesrepublik Deutschland liegt am Übergang zwischen dem Rheinischen Schiefergebirge und der Kölner Bucht, beidseitig des Rheins. Gegründet wurde sie von den Römern als *Castra Bonnensia*. Von 1238 bis 1794 hatten die Bischöfe von Köln hier ihre Residenz. Das Münster St. Martin, eine dreischiffige Basilika aus dem 11. bis 13. Jh., gilt als eine

der schönsten romanischen Kirchen am Rhein; der zweigeschossige Kreuzgang stammt aus dem 12. Jh. und ist der einzige gut erhaltene romanische Kreuzgang nördlich der Alpen. Auf dem Münsterplatz steht das Denkmal Ludwig van Beethovens, der hier in der Bonngasse 20 geboren wurde und am 26. März 1778, im Alter von acht Jahren, sein erstes Konzert in Bonn gab. Alle drei Jahre gedenkt man dieses großartigen Komponisten und Musikers mit einem internationalen Beethoven-Fest. Hörrohre, Büsten, Handschriften und Instrumente des Meisters können in seinem Geburtshaus bewundert werden.

An der Adenauerallee wie an ihrer Verlängerung nach Süden, der Friedrich-Ebert-Allee, erstreckt sich die Museumsmeile mit dem Museum Alexander Koenig, dem Haus der Geschichte, dem Kunstmuseum Bonn, der Kunst- und Ausstellungshalle der Bundesrepublik Deutschland und dem Deutschen Museum.

27 Bad Godesberg Wahrzeichen der einst selbstständigen Stadt, nun ein Vorort von Bonn, ist die Godesburg. 1210 wurde mit dem Bau begonnen, der 1583 im Truchsessischen Krieg einer Sprengung zum Opfer fiel. Vom Turm der Ruine aus genießt man eine wunderschöne Aussicht über die Kölner Bucht auf das Siebengebirge. Die Michaeliskapelle stammt ursprünglich aus dem 7. Jh., erhielt aber erst im Barock ihr heutiges Aussehen. Sehenswert ist auch der in Terrassen angelegte Burgfriedhof.

Die spätklassizistische Redoute diente bis vor kurzem dem Bund für repräsentative Staatsbankette und Diplomatenempfänge.

28 Königswinter Die Hauptattraktion des Ortes ist der 321 m hohe Drachenfels. 1883 wurde er mit Deutschlands erster Zahnradbahn erschlossen. Den Gipfel ziert die Ruine gleichen Namens, die von den Kölner Erzbischöfen 1147 erbaut und 1634 zerstört wurde.

29 Bad Honnef In der wie Königswinter am Fuß des Siebengebirges gelegenen Stadt loh-

nen sich vor allem eine Besichtigung der ursprünglich romanischen, später gotisierten Basilika St. Johann Baptist (um 1500) und ein Besuch des Adenauer-Hauses im Ortsteil Rhöndorf.

1 Schloss Augustusburg in Brühl – hier dessen Parkseite – gilt als ein Höhepunkt des Rokokos und zählt zum Weltkulturerbe der UNESCO.

2 Auf dem Bonner Münsterplatz hat man Ludwig van Beethoven (1770 – 1827), dem bedeutendsten Sohn der Stadt, ein Denkmal gesetzt.

Schloss Anholt Die Ursprünge des heute als Hotel genutzten, auf zwei Inseln errichteten Wasserschlosses an der niederländischen Grenze bei Isselburg gehen bis in das 14. Jh. zurück.

Schloss Raesfeld Raubritter hausten schon im 12. Jh. auf der damaligen Burg Raesfeld. 1643–1658 bekam die Anlage ihre heutige Gestalt, 1922 begann man mit der Restaurierung.

Burg Vischering Ein gut erhaltenes Beispiel für eine mittelalterliche Wehrburg im Münsterland ist die Wasserburg Vischering bei Lüdinghausen.

Münster Nach seiner Zerstörung im Jahr 1943 wurde der 162 m lange Prinzipalmarkt mit seinen Dreistaffelgiebelhäusern originalgetreu wieder hergestellt. Heute bildet er das Herzstück der charmanten Westfalenmetropole.

Kleve Wahrzeichen der »Lohengrin-Stadt« ist die Schwanenburg, deren Ursprünge ins 12. Jh. zurückreichen.

Kalkar Das dreigeschossige Rathaus der einstigen Hansestadt beherrscht den von Patrizierhäusern gesäumten Marktplatz.

Schloss Benrath Etwa 10 km südöstlich von Düsseldorf liegt mitten in einem schönen Park das 1756 von Nicolas de Page entworfene Rokokoschloss. Neben der prachtvollen Innenausstattung im Mittelbau sind auch das Museum für Europäische Gartenkunst und das Museum für Naturkunde sehenswert.

Xanten Der Hafentempel und das Amphitheater im Archäologischen Park Xanten zeugen von der römischen Vergangenheit.

Merfelder Bruch In dem Naturschutzgebiet bei Dülmen befindet sich das einzige noch bestehende Wildpferdegestüt in Europa. Mehr als 300 wilde Pferde leben hier nahezu in völliger Freiheit. Erstmals wurden die Wildpferde im Jahr 1316 erwähnt, Mitte des 19. Jh. wurde ein Reservat angelegt.

Schloss Nordkirchen Von Wassergräben und einer barocken Parkanlage umgeben, gilt Schloss Nordkirchen als das »Westfälische Versailles«.

Düsseldorf »Jan Wellem«, Kurfürst Johann Wilhelm II. von Pfalz-Neuburg (1679–1716), ließ sich vor dem Rathaus (16. Jh.) ein Denkmal errichten. Großzügige Park- und Stadtanlagen des Klassizismus prägen das Antlitz der quicklebendigen Rheinmetropole.

Köln Mit dem Bau des Kölner Doms – ein heute zum Weltkulturerbe der UNESCO gehörendes Meisterwerk der Hochgotik mit 160 m hoher Zweiturmfassade – wurde im Jahr 1248 begonnen; 1880 war er dann erst vollendet. Die von den Römern gegründete Stadt am Rhein war im Mittelalter die größte und bedeutendste Stadt im deutschsprachigen Gebiet und bietet heute neben viel (alter und neuer) Kunst und Kultur eine ganz eigene, freundliche Atmosphäre.

Schloss Augustusburg Als Meisterwerk des Rokokos gefeiert wird Schloss Augustusburg in Brühl, UNESCO-Weltkulturerbe, das ab 1725 auf den Ruinen einer Wasserburg entstand.

Bonn Mittelpunkt der Altstadt ist der Marktplatz mit dem 1738 fertiggestellten Alten Rathaus, dessen Grundstein Kurfürst Clemens August legte.

Weit erstrecken sich die gelb blühenden Rapsfelder vor den blauen Wassern des Möhnesees.

Route 9

Berg- und Talfahrt

Durch Sauerland und Siegerland ins Lahntal

Das Sauerland ist das ländliche Erholungsgebiet schlechthin für die großen Städte des Ruhrgebiets – ein Land mit tausend Bergen, grünen Tälern und zahlreichen Talsperren. Das Lahntal weiter südlich gilt als eines der schönsten Flusstäler Deutschlands. Kurz vor der Mündung der Lahn in den Rhein bei Koblenz bietet sich noch ein Abstecher zur Kannenbäckerstraße an.

Das Sauerland ist eigentlich das »Söderland«, das »Südland« Westfalens. Es befindet sich südlich des »Ruhrpotts« und bildet einen denkbar starken Kontrast zu dessen urbaner Landschaft. Unsere Tour beginnt mit einem Juwel aus dem Herbst des Mittelalters: Soest. Es gehörte einst zu den bedeutendsten Städten des Heiligen Römischen Reiches. Das Sauerland südlich von Soest ist übersät mit Talsperren – wie etwa denjenigen von Henne-, Sorpe- und Biggesee oder der Versetalsperre –, deren älteste noch vom Ende des 19. Jh. stammen. Sie versorgen die umliegenden Großstädte mit Strom und Trinkwasser und sind nebenbei beliebte Naherholungsgebiete. Traurige Berühmtheit erlangte die Möhnetalsperre, die 1943 von den Briten zerstört wurde. Die Flutwelle kostete damals mehr als 1100 Menschen das Leben.

Schon vor hundert Jahren war das Sauerland ein Wanderparadies, das vor allem junge Leute anzog. Der Altenaer Lehrer Robert Schirrmann sann darüber nach, wie und wo man den Jugendlichen eine billige Unterkunft zur Verfügung stellen könnte. So entstand in der Burg über der Stadt Altena die erste Jugendherberge, und vom Sauerland aus verbreitete sich die Jugendherbergsbewegung rasch über die ganze Welt.

Fantastische Welten aus Stalagmiten und Stalagtiten: die Atta-Höhle im Sauerland

Einen herrlichen Anblick bietet der »Alte Flecken« von Freudenberg im Siegerland mit seinem stilvollen Fachwerk-Ensemble.

Wiesen, Wälder und beschauliche Dörfer – so präsentiert sich das idyllische Sauerland.

Weiter südlich liegt das Siegerland, aufgrund seines Erzreichtums einst eine Bergbauregion. Die Tradition des Hüttenwesens dort reicht bis in vorrömische Zeiten zurück. Östlich davon passiert man an den südlichen Ausläufern des Rothaargebirges das Quellgebiet von Sieg und Lahn. Die Lahn mäandert von hier aus in einem weiten Bogen zum Rhein und legt dabei mehr als 200 km zurück, obwohl zwischen Quelle und Mündung nur 80 km Luftlinie liegen.

Bei Biedenkopf wechselt die Route in die Nebentäler von Aar und Dill und trifft bei Wetzlar wieder auf die Lahn, die den Reisenden dann bis zum Ziel Koblenz begleitet. Wetzlar und das weiter flussabwärts gelegene Limburg sind gleichermaßen sehenswert mit malerischer Altstadt, verwinkelten Gassen und Barockgebäuden. Auch wer nicht jede Kirche sehen will, sollte auf alle Fälle beim Dom zu Limburg Halt machen.

Die Kannenbäckerstraße beginnt 15 km nordöstlich von Koblenz und führt auf einer Schleife durch den südwestlichen Westerwald. Hier findet man vielerorts die Verwitterungsprodukte feldspat- und glimmerhaltiger Gesteine – feinen Ton. Man brennt ihn bei hohen Temperaturen, sodass das Steinzeug – nicht zu verwechseln mit Steingut! – durch Sinterung die typisch glasartige Beschaffenheit des graublauen Scherbens erhält. Die Stücke werden mit Salz glasiert und erhalten ein Dekor aus tiefblauen Kobaltfarben. An der Kannenbäckerstraße gibt es noch über 30 traditionelle Eulereien – wie die Töpferbetriebe dort heißen, vom lateinischen »aula« für »Topf«. Mehrere Museen zeigen Zeugnisse alter und neuer Töpferkunst.

Auf einem Kalkfelsen hoch über der Lahn thront der prächtige Limburger Dom.

Stauseen im Sauerland

Das Sauerland gilt als der »Wasserturm des Ruhrgebietes«. Insgesamt 14 Talsperren regulieren im Einzugsgebiet der Ruhr – südwärts bis Wuppertal und Siegen, ostwärts bis Brilon – den Fluss, sorgen für einen jahreszeitlichen Ausgleich des Pegelstandes und somit für eine sichere Trinkwasserversorgung von 5 Millionen Einwohnern des Ruhrgebiets.

Daneben sind die Stauseen aber auch attraktive Freizeitrefugien, vor allem für Wassersportler und Wanderer. Auf Bigge-, Sorpe- und Möhnesee beispielsweise kann man segeln, rudern und surfen. Auch Gelegenheit zum Tauchen und Baden findet sich hier. Wer es gemütlicher mag, setzt sich zu

1

Oben: Ein beliebtes Freizeitrevier ist der Biggesee.
Mitte: Die Möhnetalsperre wurde 1913 für die Wasserversorgung des Ruhrgebiets errichtet.
Unten: Mitten in einer waldreichen Gegend liegt der Sorpesee.

Kaffee und Kuchen auf eines der Fahrtgastschiffe, die im Sommer auf Bigge- und Sorpesee verkehren. Wanderern sei der Weg am Ostufer des Sorpesees empfohlen.

Auf der Fahrt vom Sauerland über Siegen und Limburg durch das Lahntal nach Koblenz berührt und befährt man verschiedene Ferienstraßen wie die Sauerland-Brauerstraße, die Sieg-Freizeitstraße, die Solmser Straße und die Lahn-Ferienstraße. Abwechslung verheißen schmucke Städtchen und die Spuren historischer Industriestandorte.

1 Soest Im Mittelalter galt die Stadt als die reichste und mächtigste Westfalens. Sie drohte sogar zu einer Konkurrenz für das große und berühmte Köln zu werden. So kam es in der Mitte des 15. Jh. zur Soester Fehde, die schließlich zur Unabhängigkeit der Stadt führte. Viele Bauwerke verbreiten noch heute den einstigen Glanz, wenngleich die Luftangriffe während des Zweiten Weltkriegs schlimme Narben hinterlassen haben.
Sehenswert sind das romanische St.-Patrokli-Münster, die Petrikirche aus dem 12. Jh., St. Maria zur Höhe, ferner die Hallenkirche St. Maria zur Wiese und die Alt-Thomä-Kirche mit dem schiefen Turm. Außerdem sollte man eine Besichtigung des Rathauses aus dem 18. Jh. und der Reste der Befestigungsanlagen nicht versäumen. Im Burghofmuseum sowie im Osthofentormuseum erfährt man Wissenswertes über die Stadtgeschichte. Das Wilhelm-Morgner-Haus beherbergt eine reichhaltige expressionistische Sammlung.

2 Möhnetalsperre Die gigantische Talsperre dient nicht nur der Trinkwasserversorgung des Ruhrgebiets, sondern ist auch Naherholungsgebiet mit zahlreichen Gelegenheiten zum Wassersport. 135 Mio. m³ Wasser der Möhne, eines Nebenflusses der Ruhr, werden an der 40 m hohen und 650 m langen Staumauer des »Westfälischen Meeres« aufgestaut.

3 Arnsberg Auf einem von der Ruhr umflossenen Bergrücken liegt Arnsberg. Altes Rathaus und Marktplatz mit Glockenturm und Maximiliansbrunnen (1779), die mittelalterliche Probsteikirche St. Laurentius und Fachwerkhäuser prägen das Antlitz der Altstadt. Darüber thront die Ruine eines Schlosses. Im Landsberger Hof ist das Sauerlandmuseum untergebracht. Von 1816 an wurde Arnsberg unter preußischer Herrschaft umfassend ausgebaut. Unter Friedrich Wilhelm III. entstand das »Preußenviertel« mit klassizistischen Bauwerken. Pompöse Jagdsze-

2

Reiseinformationen

Routen-Steckbrief
Routenlänge: ca. 480 km
Zeitbedarf: mind. 4–5 Tage
Start: Soest
Ziel: Koblenz bzw. Montabaur
Routenverlauf: Soest, Arnsberg, Altena, Siegen, Dillenburg, Wetzlar, Limburg, Lahnstein, Koblenz, Höhr-Grenzhausen, Montabaur

Auskünfte:
Sauerland-Tourismus e.V.
Bad Fredeburg
Johannes-Hummel-Weg 1,
57392 Schmallenberg,

Tel. (0 29 74) 9 69 80,
Fax (0 29 74) 96 98 33,
www.sauerland-touristik.de
Lahntal Tourismus
Verband e.V.
Karl-Kellner-Ring 51
35576 Wetzlar
Tel. (0 70 00) 5 24 68 25,
Fax (0 64 41) 407-19 03,
www.daslahntal.de
Info zur Kannenbäckerstraße:
Tourist-Information
Rheinstraße 60a,
56203 Höhr-Grenzhausen,
Tel. (0 26 24) 1 94 33,
www.hoehr-grenzhausen.de

3

5

det sich eine Waffensammlung, im ehemaligen Kommandantenhaus das Deutsche Drahtmuseum und im Alten Bau das Märkische Schmiedemuseum.

7 Plettenberg Umgeben von bewaldeten Höhen erstreckt sich die »Vier-Täler-Stadt« entlang der Flüsse Lenne, Else, Oester und Grüne. Hauptsehenswürdigkeiten sind die romanische Christuskirche (13. Jh.) und die Burgruine Schwarzenberg. In der näheren Umgebung ist die Oestertalsperre einen Ausflug wert.

8 Attendorn Nach einem Großbrand 1783 wurden in dem Städtchen am Nordufer des Biggesees zahlreiche Fachwerkhäuser erbaut, wie sie etwa noch in der »Vergessenen Straße« zu bewundern sind. Wahrzeichen von

nen zeigt das Hirschberger Tor. Einen wehrhaften Eindruck vermittelt Schloss Herdringen, dessen heutiges Erscheinungsbild aus dem 19. Jh. stammt.

4 Balve Unweit des Ortes im Hönnetal befindet sich die größte Kulthöhle Deutschlands. Funde aus der Bronze- und der Eisenzeit sind im Museum Balve ausgestellt. Nach einer Besichtigung der Pfarrkirche St. Blasius kann man sich in der Luisenhütte über Bergbau und Erzgewinnung zu Beginn der Industrialisierung informieren. Auf der Weiterfahrt lohnt sich kurz vor Iserlohn eine Wanderung durch

das Hemer Felsenmeer, eine bizarre Karstlandschaft in einem Naturschutzgebiet.

5 Iserlohn Die von Hügeln umgebene Stadt war um 1800 ein bedeutendes Industriezentrum. Eine Reminiszenz daran ist das Nadelmuseum in der historischen Fabrikanlage Maste-Barendorf. Sehenswert ist auch die Obere Stadtkirche St. Marien mit romanischem Westwerk und flandrischem Schnitzaltar.

6 Altena Von der Burg an der Lenne nahm die deutsche Jugendherbergsbewegung ihren Ausgang. Im Neuen Bau befin-

1 Morgenstimmung am Biggesee, der größten Talsperre Westfalens

2 Schloss Herdringen im Arnsberger Wald

3 Das Hemer Felsenmeer, eine bizarre Felslandschaft bei Iserlohn

4 Burg Schnellenberg bei Attendorn, heute Hotel und Restaurant

5 Burg Altena, die älteste Jugendherberge der Welt

Historische Hüttenindustrie im Sauerland und Siegerland

Im Sauer- und Siegerland ist der Begriff der Eisenzeit sehr handfest zu verstehen, denn hier wurden schon vor der Zeitenwende tatsächlich Eisenerze abgebaut und verhüttet. Zwei Jahrtausende lang brachten Bergbau und Hüttenwesen den Sauer- und Siegerländern gute Einkommen. Im aufkommenden 20. Jh. trübten sich jedoch die Aussichten. Importiertes Eisenerz wurde billiger, und erste wirtschaftliche Krisen stellten sich ein. In den 1960er-Jahren mussten die Stollen und Erzhütten ihre Pforten schließen.

Die verbliebenen Stollenportale sind heute in Siegen und Umgebung zu besichtigen. Südlich von Siegen führt der 18 km lange »Gruben-Wanderweg Daadener Land-Herdorf« zu mehreren

Oben: Historisches Hammerwerk in der Wendener Hütte
Unten: Zeugnisse der Eisenverarbeitung im Drahtmuseum Altena

historischen Bergbauorten mit Hütteneinrichtungen, Fördermaschinenhäusern, Aufbereitungsanlagen, Stollenportalen und Schlackenhalden. Auf der Strecke liegt Sassenroth mit einem Bergbaumuseum. Eine holzkohlenbefeuerte Hochofenanlage aus dem 17. Jh., bereits seit 1866 stillgelegt, ist in Wenden nordwestlich von Siegen erhalten. Für das Sauerland ist Brilon-Gudenhagen zu nennen, dort stehen die Reste einer Hochofenanlage, die vom 12. bis 17. Jh. in Betrieb war. Besonders eindrucksvoll ist es, auf den Spuren früherer Bergleute in ein Besucherbergwerk – wie in Siegen-Eiserfeld, Marsberg oder Bestwig-Ramsbeck – einzufahren und sich das Reich der Erze »unter Tage« anzuschauen.

Attendorn ist die Pfarrkirche St. Johannes Baptist, der »Sauerländer Dom«. Der um 1200 begonnene Turm bekam später eine barocke Haube. Das Langhaus wurde im 14. Jh. über Vorgängerbauten errichtet. Hoch über der Stadt thront die trutzige Burg Schnellenberg (13. Jh.). In eine verwunschene Welt ganz eigener Art entführt ein Abstecher in die Atta-Höhle, eine der größten Tropfsteinhöhlen Deutschlands.

9 Olpe Die Kreisstadt am Südufer des Biggesees entstand an der Stelle, wo sich vor mehr als 1000 Jahren zwei wichtige Handelsstraßen kreuzten – Römerweg und Eisenstraße. An die Tradition der Eisenverarbeitung erinnert der »Pannenklöpper«. Diesem Pferdeschmied widmeten die Bewohner von Olpe auf ihrem Marktplatz ein Monument. Reste der mittelalterlichen Stadtbefestigung sind noch vorhanden, darunter der früher als Gefängnis dienende Hexenturm. Weitere architektonische Schmuckstücke sind die im Stil der Neogotik errichtete Pfarrkirche St. Martinus (1907–1909), die Kreuzkapelle (1737) mit eindrucksvoller Rokokoausstattung und der Geschichtsbrunnen auf dem Kurkölner Platz. Die Reliefs auf dem Brunnen dokumentieren die Geschichte von Olpe.

10 Freudenberg Ein einmaliges Ensemble von alten Fachwerkhäusern, der unter Denkmalschutz stehende »Alte Flecken«, vermittelt einen Eindruck davon, wie eine Kleinstadt im 17. Jh. ausgesehen hat. In einem der restaurierten Häuser befindet sich das Stadtmuseum.

11 Siegen Das Zentrum des Siegerlandes gehörte lange Zeit den Nassauer Grafen. Das Obere Schloss war im Mittelalter deren Stammburg und ist trotz mancher Umbauten bis heute eine befestigte Höhenburg geblieben. Das Untere Schloss hingegen stammt erst aus dem 17. Jh. Im Oberen Schloss residiert das Siegerlandmuseum, das neben Porträts der Nassauer und Oranier auch Gemälde und Grafiken des in Siegen geborenen niederländischen Malers Peter Paul Rubens (1577–1640) ausstellt. An die Tradition des Erzbergbaus in der Region erinnert heute ein Schaubergwerk unter dem Schlosshof.

12 Bad Laasphe Der liebliche Kneipp-Kurort liegt im Wittgensteiner Land, wo sich das Lahnbecken erstmals erweitert. Über der Lahn thront Schloss Wittgenstein (1174), dessen ursprüngliche Gebäude direkt in den Fels gebaut worden waren. Einen Abstecher wert ist ein weiteres

tische Silhouette des Ortes. Der Kern des Schlosses geht auf das Jahr 1260 zurück. Nach einem Großbrand 1679 wurde fast die gesamte Anlage barock überarbeitet. Im 19. Jh. ließ Fürst Ferdinand die Kernburg mit mittelalterlichen Ecktürmen und einem Zinnenkranz bewehren. Der scheinbar alte Bergfried sowie der Nordtrakt entstanden erst zwischen 1881 und 1885. Das geschlossene Stadtbild wird von Fachwerkhäusern aus dem Barock bestimmt.

18 Weilburg Hoch über einer Lahnschleife gelegen, dominiert

Schloss derer von Wittgenstein, nämlich die barocke Dreiflügelanlage Bad Berleburg.

13 Biedenkopf Hoch über dem beschaulichen Ort am Ostrand des Rheinischen Schiefergebirges thront, im gotischen Stil errichtet, das Landgrafenschloss, das heute das Hinterland-Heimatmuseum beherbergt. Die gemütliche Altstadt wird von engen Gassen, Fachwerkfassaden, einem schmucken Rathaus und dem Löwenbrunnen geprägt.

14 Dillenburg Dem Gedenken Wilhelms I. von Oranien, der im später geschleiften Schloss Dillenburg 1533 geboren wurde, ist

der von 1872 bis 1875 errichtete Wilhelmsturm mit dem dort untergebrachten Nassau-Oranischen Museum gewidmet. Eine ausführliche Erkundung wert sind die darunter liegenden Kasematten, die weitläufigsten ihrer Art in ganz Deutschland.

15 Herborn Das Städtchen wartet mit einer Vielzahl von Fachwerkbauten aus dem 16. und 17. Jh. auf, die meist mit Schiefer verschalt sind. Schöne Beispiele dafür finden sich am Marktplatz, am Kornmarkt und in der Hauptstraße. An erster Stelle sind das Rathaus und seine Nachbargebäude zu nennen. Gleich um die Ecke öffnet sich der Renaissance-

bau der 1584 gegründeten ehemaligen Hohen Schule, der heute ein Museum beherbergt. Von der Stadtmauer aus dem 14. Jh. sind noch der Dill-, der Hain-, der Mühlbach-, der Hexen- und der St.-Leonhardsturm erhalten geblieben.

16 Wetzlar In »Die Leiden des jungen Werthers« hat Goethe seine Erlebnisse während der Zeit am Reichskammergericht von Wetzlar verarbeitet. So wie sich 1772 der Dom St. Maria dem Dichter als bauliches Konglomerat von romanischen und gotischen Stilelementen zeigte, sehen wir ihn auch heute noch. Im 15. Jh. wurde der markante Süd-

turm des neuen Westbaus fertig gestellt. Der Nordturm präsentiert sich noch immer in seiner romanischen Urform, auch wenn die Innenausstattung zu Goethes Zeiten reicher war. Im Zweiten Weltkrieg ging vieles verloren, erhalten blieben aber das Vesperbild aus dem 14. Jh. und der schmiedeeiserne Kronleuchter aus dem 16. Jh. Als ganz neu hat Goethe die Hospitalkirche erlebt, die 1755–1764 errichtet wurde. Als man die benachbarte Bürgerhospital erbaute (1784), hatte der Dichter Wetzlar bereits wieder verlassen.

17 Braunfels Hochmittelalterliche Türme prägen die roman-

1 Schloss Berleburg: Zu der barocken Dreiflügelanlage gehört auch ein schöner Schlosspark.

2 Wetzlar: Hinter der Lahnbrücke ragt der »Dom«, die ehemalige Stifts- und Pfarrkirche St. Maria, auf.

3 Herborn: Schieferverkleidete Fachwerkfassaden prägen das romantische Stadtbild.

4 Braunfels: Vom Marktplatz fällt der Blick auf das Schlosstor.

5 Weilburg: Hoch über der Lahn thront das Schloss.

Der Limburger Dom

Deutsch-französische Begegnung à la Mittelalter: Unter diesem Motto könnte das bauhistorische Programm des Limburger Doms Sankt Georg und Nikolaus stehen. Friedrich I. Barbarossa war erst wenige Jahre tot, als 1211 mit dem Bau begonnen wurde. Die Romanik stand hierzulande in höchster Blüte, doch jenseits des Rheins hatte sich als Dernier Cri in der Baukunst schon längst die Gotik durchgesetzt.

Im Limburger Dom – nicht mehr rein romanisch, noch nicht gotisch – verband sich nun beides aufs Schönste. Deutscher Tradition folgt der Grundriss als so genanntes gebundenes System, bei dem die Vierung als Maßstab des gesamten Grundrisses dient. Sehr französisch aber ist die vertikale Gliederung der Wand in vier Zonen: Über der Ar-

Die imposante Westfassade des Limburger Doms

kade mit leicht gespitzten Rundbögen folgen Empore plus Triforium – die entscheidende Neuerung im Übergang von der Romanik zur Gotik. Über dem Triforium zieht sich als vierte Zone der Obergaden durch die Hochwand. Beim Triforium mit seiner vierfachen Bogenstellung fällt die Verwendung des dunklen Trachyts auf. Dies und die ursprünglich farbige Ausmalung des Innenraums verliehen der Kirche große Lebhaftigkeit. Entsprechend auch die Westfassade: gotisch die Fensterrose, romanisch die Farbigkeit.

Die Begegnung der beiden so unterschiedlichen Stile konnte also gewisse Diskrepanzen nicht überspielen, aber ein folgenreicher Anfang war gesetzt: Der Siegeszug der Gotik war auch hierzulande nicht mehr aufzuhalten.

die Weilburg die gleichnamige Stadt. Die weitläufige Anlage besteht aus mehreren Baukomplexen. Der entzückendste von ihnen ist das Renaissanceschloss aus dem 16. Jh., dessen von Treppentürmen, Portalen und Galerien geprägte vier Flügel sich um einen Innenhof gruppieren. Unter Fürst Johann Ernst (1675–1719) entstanden die beiden Orangeriegebäude im Stil des Barock und die Schlosskirche, die gleichzeitig das Rathaus ist. Die bauliche Einheit setzt sich im Städtchen fort; auch dessen Planung unterstand dem Hofarchitekten Julius Ludwig Rothweil.

19 Runkel Einige Lahnbiegungen flussabwärts setzt die Burg Runkel einen Akzent. Die im Kern romanische Residenz der Grafen Wied wächst förmlich aus dem steilen Naturfels empor. Vom Hof der mit meterdicken Mauern versehenen oberen Burg aus hat man einen weiten Blick auf das Lahntal. Auf dem gegenüberliegenden Lahnufer erhebt sich Burg Schadeck, die ursprünglich als Trutzburg gegen Runkel errichtet worden war.

20 Limburg Zwar geht die Gründung der Stadt Limburg, wie der Name besagt, auf eine Burg zurück. Wichtiger war hier-

bei jedoch die Stiftskirche St. Georg, der Dom. Heute beherbergt die Burg das Diözesanmuseum und dieses wiederum den kostbarsten Domschatz: die »Limburger Staurothek«, ein byzantinisches Reliquiar. Mit dem Bau der siebentürmigen Stiftskirche wurde zu Beginn des 13. Jh. begonnen. Heute zeigt sich das Kircheninnere wieder in seiner ursprünglichen Ausmalung.

In Limburg steht eines der ältesten Fachwerkhäuser Deutschlands (auch bekannt als »Römer 1«): Untersuchungen haben ergeben, dass dessen Rückseite bereits im Jahre 1296 erbaut wurde. Die Vorderseite des Hau-

ses wurde im 16. Jh. im spätgotischen Stil errichtet – ebenso wie die meisten anderen Fachwerkgebäude an Domplatz, Bischofsplatz, Kornmarkt, Rossmarkt und Fischmarkt.

21 Nassau Auf dem Burgberg über Nassau thront die im 12. Jh. errichtete Stammburg des Grafenhauses Nassau-Oranien, die von 1976 bis 1981 restauriert wurde. Unten in der Stadt ist vor allem das Stein'sche Schloss von Interesse. In dem Fachwerkgebäude aus dem Jahre 1621 wurde 1757 der als preußischer Reformer bekannte Reichsfreiherr vom und zum Stein ge-

2

boren. Der neugotische Turm wurde dem Hof 1814 angefügt.

22 Bad Ems Kuren im ursprünglichen Sinne oder auch Wellness nach Maß genießt der Besucher in Bad Ems, in dem sich einst gekrönte Häupter aus ganz Europa zur Kur einfanden. So sind die Bade- und Kurhäuser, vor allem die barocke Karlsburg (1669), neben den Kirchen (Kaiser-Wilhelm-Gedächtniskirche, romanische St.-Martin-Kirche, russisch-orthodoxe Kirche) und Schloss Balmoral die Attraktionen der Stadt. Von Bad Ems aus lassen sich Dreiflüsse-Fahrten auf Lahn, Rhein und Mosel unternehmen.

Eingang in die Weltgeschichte fand der Kurort durch die Emser Depesche: Aufgrund der Veröffentlichung einer redigierten Fassung eines Telegramms, in dem über die Unterredung zwischen König Wilhelm I. und dem französischen Gesandten berichtet wurde, durch Reichskanzler

1 Seit der Außenrenovierung 1969 bis 1973 erstrahlt der siebentürmige Limburger Dom wieder in den Originalfarben.

2 Burg Runkel erhebt sich auf einem senkrecht abfallenden Felsen über dem Lahntal.

Bismarck wurde der Deutsch-Französische Krieg von 1870/71 ausgelöst.

23 Lahnstein Weiter flussabwärts, an der Mündung der Lahn in den Rhein, beherrscht die mehrfach zerstörte und wieder aufgebaute Burg Lahneck das verträumte Städtchen Lahnstein. Stolze Bürgerhäuser, mittelalterliche Kirchen wie die romanische

Emporenbasilika St. Johannes Baptist, Reste der Stadtbefestigung, Hexenturm, Altes Rathaus sowie die Martinsburg lohnen eine ausführliche Besichtigung.

24 Koblenz An der Mündung der Mosel in den Rhein hatten schon die alten Römer im Jahre 9 v. Chr. ihr »castrum apud confluentes« zur Sicherung des Moselüberganges errichtet. An

Architektur hat Koblenz so ziemlich alles zu bieten, was der Rheintourist erwartet: mittelalterliche Kirchen, prachtvolle Residenzen und die für den Rhein so typischen romantischen Burgen.
Die Hauptsehenswürdigkeiten der Stadt sind das klassizistische Schloss (18. Jh.), die romanischen Kirchen St. Castor (12. Jh.), St. Florin (um 1100) und Liebfrau-

enkirche (12./13. Jh.) jeweils mit monumentalen Doppelturmfassaden, das Deutsche Eck an der Mündung der Mosel und die bis 1832 errichtete mächtige Festungsanlage Ehrenbreitstein auf der gegenüberliegenden Rheinseite. Unterhalb der Festung liegt das Dikasterialgebäude, ein herrlicher Barockbau, der nach Plänen von Balthasar Neumann errichtet wurde.

Neben einem Besuch des Mittelrheinischen Museums sollte man auch eine Besichtigung des Museums für zeitgenössische Kunst einplanen. Koblenz ist außerdem Sitz des Bundesarchivs.

1 Ein Wanderparadies ist der Naturpark Nassau, dessen Hauptachse die Lahn bildet. Hier der Blick vom Gabelstein.

Kannenbäckerstraße

Die Kannenbäckerstraße führt über die bewaldeten Höhen des südlichen Westerwaldes. Auf der 40 Kilometer langen Strecke locken Töpfermuseen, Töpfereien und Töpfermärkte, wo sich manches schöne Stück erstehen lässt.

25 Neuhäusel Die erste Station der Kannenbäckerstraße ist über die B 49 erreichbar. Zur Einstimmung empfiehlt sich eine Rundwanderung, auf der die Ruine Sporkenburg, eine Römerquelle und der Römerturm auf dem Großen Kopf (mit schöner Aussicht) besucht werden können.

26 Hillscheid Der Ort bietet sich an als Ausgangspunkt für eine Wanderung auf den 540 m hohen Köppel. Dort hat man einen umfassenden Panoramablick über das Kannenbäckerland.

27 Höhr-Grenzhausen Hier befindet sich das Mekka der »Kannenbäcke-

Das Schloss von Montabaur war lange Zeit im Besitz der Trierer Erzbischöfe.

rei«, das Zentrum der Westerwälder Töpferkunst. Archäologische Funde belegen, dass hier seit fast 3000 Jahren Keramik gebrannt wird. Neben Lehr- und Forschungsinstitutionen für Glas und Keramik gibt es in Höhr-Grenzhausen ein Keramikmuseum, das Kannen, Krüge und Schüsseln mit blaugrauer Salzglasur und dunkelblauen

Ornamenten in all ihren vielfältigen und anmutigen Variationen zeigt – nicht nur traditionelle Formen, sondern auch zeitgenössische Kreationen. Für den Einkauf empfiehlt sich besonders der internationale Keramikmarkt jeweils am ersten Wochenende im Juni. Einen Besuch wert ist auch die Burg Grenzau mit ihrem dreieckigen

Bergfried und einer Keramiksammlung. Wanderlustigen bietet sich eine Tour über die Montabaurer Höhe an.

28 Alsbach Auf der Weiterfahrt sollte man in Alsbach anhalten und die evangelische Pfarrkirche mit ihrem romanischen Turm besichtigen.

29 Hilgert Pfeifenraucher werden sich hier umschauen, wo in der ehemaligen »Pfeifenbäckerei« noch Tonpfeifen hergestellt werden – auch ungeraucht ein hübsches Souvenir.

30 Ransbach-Baumbach Mit seinen Töpfereien und keramischen Betrieben sowie zwei Museen ist die Doppelgemeinde ein weiteres Zentrum des hiesigen Töpfergewerbes. An jedem ersten Wochenende im Oktober findet hier der sehenswerte »Westerwälder Töpfermarkt« statt. Die evangelische Pfarrkirche besitzt noch einen romanischen Turm; die Innenausstattung stammt aus barocken Zeiten.

31 Wirges Einen Besuch wert ist hier die katholische Pfarrkirche St. Bonifatius mit ihrer Innenausstattung aus dem Jahr 1885.

32 Boden In der Umgebung der vorletzten Station der Kannenbäckerstraße lassen sich auf einer kleinen Wanderung Tongruben besuchen, die das Material für die Töpfereien lieferten. Hier wurden auch Werkzeuge aus der Jungsteinzeit gefunden. Östlich von Boden liegt das ehemalige Wasserschloss Langwiesen aus dem 16. Jh.

33 Montabaur Hoch über der Kreishauptstadt des Unterwesterwalds erhebt sich das Schloss, das im 13. Jh. als erzbischöfliche Grenzburg gegen die Grafen Nassau erbaut und um 1700 barock umgestaltet wurde. Es blickt auf eine historische Altstadt, mit schmalen, von Fachwerkhäusern aus dem 17. Jh. gesäumten Gassen. Sehenswert ist auch das kleine Schustermuseum.

Altena Ursprung der Jugendherbergsbewegung: Auf der Burg über der Stadt Altena entstand die erste Jugendherberge der Welt.

Hemer Felsenmeer Hohe Buchen überragen die bizzaren Felsen und Höhlen des Hemer Felsenmeeres.

Möhnesee Mit über 10 km² Wasserfläche ist der Möhnesee der größte See Westfalens. Die Talsperre ist Trinkwasserreservoir und Naherholungsgebiet.

Soest Das Osthofentor ist das einzige noch erhaltene Stadttor der westfälischen Stadt.

Biggesee Zwischen Olpe und Attendorn erstreckt sich Westfalens größte Talsperre. Mit der Listertalsperre bildet sie ein beliebtes Ausflugsziel für Wassersportler, Radfahrer und Wanderer.

Arnsberg Auf einem von der Ruhr umflossenen Bergrücken erstreckt sich die Altstadt von Arnsberg. Fachwerkhäuser, Probsteikirche, Rathaus und Marktplatz prägen ihr Stadtbild.

Attahöhle Im Reich des Fürsten Atta, nach dem die Tropfsteinhöhle bei Attendorn benannt wurde, sind märchenhafte Sintergebilde zu bewundern.

Kannenbäckerland Zwischen Neuhäusel und Montabaur finden Freunde schöner Töpferwaren alles, was ihr Herz begehrt. Die beiden Zentren Höhr-Grenzhausen und Ransbach-Baumbach sind für ihre Keramikmärkte bekannt.

Siegen Das Obere Schloss aus dem 13. Jh. beherbergt seit 1905 das Siegerland-Museum.

Freudenberg Der »Alte Flecken«, ein wunderschönes Ensemble restaurierter Fachwerkhäuser, steht unter Denkmalschutz.

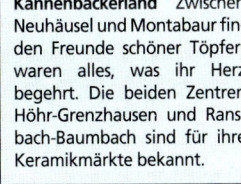

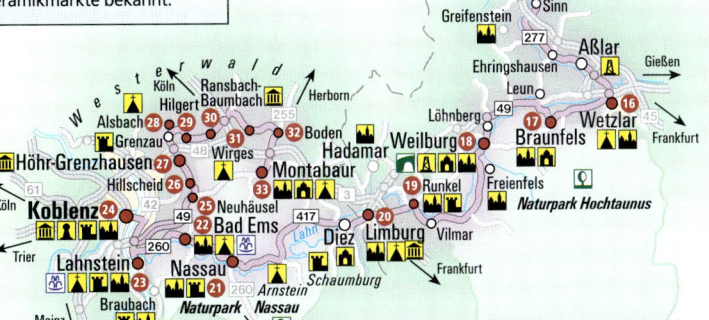

Burg Runkel Scheinbar aus dem Naturfels gewachsen baut sich die Stammburg der Grafen von Wied mächtig oberhalb des Lahnufers auf.

Koblenz Am Deutschen Eck, der nach dem ehemaligen Deutschherrenhaus benannten Landspitze zwischen Rhein und Mosel, thront das Kaiser-Wilhelm-Denkmal. Sehenswert in der einstigen Römersiedlung sind u. a. auch das klassizistische Schloss, die Kirche St. Castor (12. Jh.) und die Festung Ehrenbreitstein.

Bad Ems Blick über die Lahn auf das Kurhaus von Bad Ems, das schon im 14. Jh. Heilbad war und im 19. Jh. zum Bad von Weltruf mit internationalem Publikum wurde.

Limburg Hoch über der Lahn thront der Dom (13. Jh.), ein Meisterwerk aus der Zeit des Übergangs von der Romanik zur Gotik. Zu seinen Füßen liegt die Altstadt mit engen Gassen und malerischen Fachwerkhäusern.

Fachwerkgiebel in der schmucken Altstadt von

Route 10

Stille Wälder, tiefe Seen

Große Eifeltour

Was Vielfalt und Abwechslung betrifft, darf die Eifel einen Spitzenplatz unter den deutschen Mittelgebirgen für sich beanspruchen. Burgen, Kirchen und alte Städtchen mit Fachwerkhäusern besichtigen, Fossilien sammeln, Vulkanseen bestaunen, Tiere beobachten, sich in die Geschichte seit der Steinzeit versenken, Autorennen verfolgen oder einfach über stille Höhen wandern – in der Eifel mangelt es nicht an Möglichkeiten. Unsere Route schlägt von Aachen aus einen weiten Bogen durch die Eifel bis Bonn.

Es waren Nachwirkungen des schlummernden Vulkanismus, die Karl den Großen an den Nordrand der Eifel, nach Aachen, zogen. Dort gab es heiße Quellen zur Linderung seiner Gicht. Er blieb und errichtete seine kunsthistorisch einmalige Pfalz, für Jahrhunderte Krönungskapelle der deutschen Könige. Die Eifel lag in der Mitte des Reiches. Ruhe bedeutete dies nicht; endlose Streitereien und Fehden suchten den Landstrich heim, und

zur Freude heutiger Besucher wurden zahlreiche Burgen errichtet, deren Ruinen romantische Akzente setzen. Geologie, Geschichte, Kunst – das sind drei gute Gründe, in die Eifel zu reisen. Und wie sich zeigt, ergeben sich zwischen diesen Bereichen überraschende Beziehungen. Die Jahrhunderte zwischen Karl dem Großen und der Gegenwart hinterließen eindrucksvolle Zeugnisse der Baukunst. Ein Juwel der romanischen Epoche ist die

Büste Karls des Großen im Dom zu Aachen

Abtei Maria Laach. Zumindest Reste aus gotischer Zeit finden sich in vielen Kirchen. Im Zeitalter des Barocks blühte manches Kloster wieder auf, und man erbaute neue Kirchen, zum Beispiel in Prüm. Fachwerkhäuser und prächtige Rathäuser in vielen malerischen Eifelstädtchen zeugen von bescheidenem Wohlstand dank der einst blühenden der Tuchmacherei, der aber die industrielle Revolution nicht überdauerte. Franzosen kamen, dann die Preußen. Das Land wurde arm, man nannte es das »preußische Sibirien«. Zwei Weltkriege setzten der Region schwer zu. Heute liegt die Eifel dank offener Grenzen zu Belgien und Luxemburg wieder »in der Mitte« – mit neuen Perspektiven.

Vielfältige Einflüsse des Klimas und des Gesteinsuntergrundes machen das Gebirge zu einem landschaftlichen »Flickenteppich«. Das Hohe Venn am Beginn unserer

Wer die Abgeschiedenheit sucht, findet sie an den stillen Kraterseen der Dauner Maare. Das Weinfelder Maar, auch Totenmaar genannt, entstand vor rund 10 500 Jahren bei einer vulkanischen Gasexplosion.

Adenau nahe dem bekannten Nürburgring

Route ist eine nordisch anmutende Hochmoorlandschaft mit sehr herben Reizen. In der Eifel wechseln Hochflächen mit Senken ab, Kalk- mit Vulkangebieten, stille Wälder mit offenen Acker- und Wiesenfluren. Am Nordrand des Gebirges warten die lieblichen Weinberge des Ahrtales, die einen hervorragenden Rotwein reifen lassen – ein Abstecher lohnt sich! Ein Eldorado ist die Eifel für Sammler von Versteinerungen und für Vulkanfreunde. Vor 395 bis 345 Millionen Jahren wogte hier ein tropisches Flachmeer mit Korallenriffen und einer üppigen Tierwelt, deren fossile Überreste in vielen paläontologischen Museen Glanzstücke sind. Und dann der Vulkanismus: Basaltkuppen findet man in einigen deutschen Mittelgebirgen, die berühmten Maare aber nur hier: vulkanische Explosionstrichter, die sich später mit Wasser füllten und sich heute als Seen präsentieren. Zur Erkundung dieser Zusammenhänge bieten sich die geologischen Lehrpfade bei Prüm und Schönecken an. Übrigens ist der Eifelvulkanismus noch nicht erloschen: Zu den Spätfolgen gehören Mineral- und Thermalquellen. Dass der schlummernde Vulkanismus in ferner geologischer Zukunft wieder erwacht, können Geologen nicht ausschließen.

Unsere Eifelroute schließt an andere Ferienstraßen an oder kreuzt diese, etwa die »Grüne Straße Eifel–Ardennen« bei Manderscheid. Weiter nach Norden in die Kölner Bucht und ins Münsterland führt unsere Route 8. Die deutsche Wildstraße verbindet Wildparks bei Gerolstein, Daun, Klotten und Gonsdorf. Als Abstecher kann man die bereits erwähnte Ahr-Rotweinstraße erkunden, bevor unsere Route dann in der ehemaligen Bundeshauptstadt Bonn ihren Abschluss findet.

Stahlskulpturen vor der Fassade des Rheinischen Landesmuseums in Bonn

Aachener Dom

Das Herzstück des heutigen Aachener Doms, von Karl dem Großen um 800 n. Chr. begründet, ist die karolingische Pfalzkapelle, ein in der europäischen Kunstgeschichte einmaliges Werk und wie der gesamte Dom UNESCO-Welt-

Oben: Im Karlsschrein (13. Jh.) ruhen die Gebeine Karls des Großen.
Unten: Fabelwesen auf einem Brunnen vor dem Aachener Dom

kulturerbe. Hier wurden bis ins 16. Jh. die deutschen Könige gekrönt. Zu den erhaltenen Ausstattungsstücken gehört der Königsthron Karls des Großen. Die Domschatzkammer gilt als bedeutendster Kirchenschatz nördlich der Alpen.

Glanzvoller Auftakt ist die Pfalzkapelle Karls des Großen in Aachen. Durch das Hohe Venn geht es nach Monschau. Auf dem Weiterweg über Bütgenbach und Büllingen streifen wir kurz belgisches Terrain, durchqueren bei Gerolstein das Vulkangebiet der Westeifel, besuchen Totenmaar, Pulvermaar und das Ulmener Maar. Nach einem Schlenker zum Nürburgring führt die Route zum größten Eifelmaar, dem Laacher See. Ab Andernach folgen wir dem Rhein bis Bonn.

❶ Aachen Für den Besuch der alten Römerstadt Aachen sollte man auf alle Fälle etwas Zeit einplanen. Der Bau des Kaiserdoms wurde von Karl dem Großen angeregt, das Gebäude 805 eingeweiht. Man sollte sich unbedingt einer Führung anschließen, um die vielen Facetten des einzigartigen Münsters und die Kostbarkeiten der Schatzkammer auch angemessen würdigen zu können. Ebenfalls auf die karolingische Zeit geht das 1349 fertig gestellte Rathaus am Markt zurück. Der 20 m breite Reichssaal im Obergeschoss diente dem Krönungsmahl der deutschen Könige. Im Suermondt-Ludwig-Museum sind alte Meister und moderne Malerei zu sehen. Möbelfreunde kommen im Couven-Museum auf ihre Kosten, und im Stadtpuppentheater gibt es regelmäßig Aufführungen mit rheinischen Stockpuppen.

❷ Monschau Am Fuß des Hohen Venn liegt Monschau, ein idyllisches Städtchen mit Fachwerkhäusern, die teilweise mit einheimischem Schiefer gedeckt sind und sich im engen Tal der Rur pittoresk aneinander drängen. Darüber thront die zur Jugendherberge umgebaute turm-

reiche Burgruine. Unter den Bürgerhäusern ragt das um das Jahr 1765 erbaute prächtige Rote Haus hervor, das heute ein Museum beherbergt.

❸ Bütgenbach Dieser Ort gab der malerischen Bütgenbacher Talsperre den Namen. Sie wurde im Jahr 1932 zur Wasserregulierung gebaut und bietet heute vielfältige Möglichkeiten für den Wassersport. Trockenen Fußes spaziert man um den See auf einem Rundwanderweg; ehrgeizigere Wanderer können von hier aus in das Hohe Venn aufbrechen.

❹ Büllingen Wenige Kilometer weiter liegt an der Warche, einem Zufluss der Bütgenbacher Talsperre, Büllingen, belgisch Bullange. Die Ortschaft blickt auf eine bewegte Geschichte zurück: An der Römerstraße von Köln nach Reims gelegen, entstand hier im frühen Mittelalter ein Königshof. Für das Jahr 850 ist ein Besuch

1 Monschau: Fachwerkpartie an der »wilden« Rur

2 Auf dem Weg von Büllingen nach Prüm: Bach in der Schneifel

Reiseinformationen

Routen-Steckbrief
Routenlänge: ca. 440 km (ohne Abstecher)
Zeitbedarf: mind. 5–8 Tage
Start: Aachen
Ziel: Bonn
Routenverlauf: Aachen, Monschau, Bütgenbach (Belgien), Büllingen (Belgien), Prüm, Mürlenbach, Gerolstein, Daun, Totenmaar, Manderscheid, Pulvermaar, Ulmen, Adenau, Monreal, Mayen, Maria Laach, Andernach, Bad Breisig, Remagen, Bad Godesberg, Bonn

Auskünfte:
Eifel Tourismus (ET) GmbH
Kalvarienbergstraße 1,
D-54595 Prüm,

Tel. (0 65 51) 96 56 0,
Fax (0 65 51) 96 56 96,
Email: info@eifel.info
www.eifel.info
Ahr Rhein Eifel Tourismus & Service GmbH
Felix-Rütten-Straße 2,
53474 Bad Neuenahr-Ahrweiler,
Tel. (0 26 41) 97 73-0,
Fax (0 26 41) 97 73-73,
Email: info@wohlsein365.de
www.wohlsein365.de
Ausführliche Tourentipps, Infos zu Übernachtung, Gastronomie, Kunst, Kultur und Natur sowie detaillierte Informationen zu den jeweiligen Regionen und Orten erhält man auch unter:
www.eifeltour.de

Der Aachener Dom zählt heute zum UNESCO-Weltkulturerbe. Sein Herzstück ist der achteckige Mittelbau, den Karl der Große als Pfalzkapelle auf römischen Tempelfundamenten errichten ließ. Blick in das Oktogon (oben) und auf den in Marmor gehauenen Kaiserthron (unten).

Kaiser Lothars belegt. Aus dem Mittelalter blieb der um das Jahr 1130 erstmals erwähnte Kirchturm erhalten. Über die Höhen der Schneifel – so die übliche Kurzform für die Schnee-Eifel – führt die Route nun nach Prüm.

5 Prüm Bertrada, die Großmutter der Gemahlin König Pippins des Jüngeren, gründete hier im Jahr 721 eine Benediktiner-Abtei. 752 begann Pippin mit der großzügigen Erweiterung der Anlage zum königlichen Kloster, die unter Karl dem Großen abgeschlossen wurde. Seit 1721 entstand als neue Klosterkirche die barocke Sankt-Salvator-Basilika mit einer doppeltürmigen Fassade. Wenig später wurden auch neue Klostergebäude erbaut; in der Fassade des Nordflügels halten sich klassische Strenge und barocke Dynamik harmonisch die Waage.

6 Mürlenbach Am Ortsrand thront auf einem Bergvorsprung die Ruine der Bertrada-Burg, um das Jahr 700 Wohnsitz der Gründerin des Klosters in Prüm. Archäologische Funde beweisen, dass der Ort schon zur Römerzeit besiedelt war. Möglicherweise führte hier eine Römerstraße über die Kyll. Das flussabwärts gelegene benachbarte Densborn geht auf eine Keltensiedlung zurück.

7 Gerolstein Das Besichtigungsprogramm ist randvoll: Bizarre steile Felsstufen, überschwänglich »Dolomiten der Eifel« genannt, wo die Kletterer ihr Revier haben, berühmte Fundstellen für Versteinerungen des Devonmeeres im *GeoPark*, ein jungeiszeitlicher, maarähnlicher Vulkan mit dem kauzigen Namen Papenkaule, die Ruine der Burg Gerolstein, eine bekannte Mineralquelle, der Adler- und Wolfspark Kasselburg und die Erlöserkirche aus dem 20. Jh., die im Inneren mit Mosaiken ausgekleidet ist. Archäologen bargen in der Stadt und ihrer Umgebung Funde aus der Stein- und Bronzezeit, aus keltischer und römischer Zeit, die in den örtlichen Museen ausgestellt sind. Weiter geht es durch die Vulkaneifel nach Daun.

8 Daun Trotz der Zerstörungen im Zweiten Weltkrieg sind die Pfarrkirche St. Nikolaus, die Reste der Befestigung, das Haus Rodemacher aus dem 16. Jh. und der spätmittelalterliche Waldenhof eine Besichtigung wert. Das Heimatmuseum präsentiert Funde aus römischer und vorrömischer Zeit sowie Versteinerungen und volkskundliche Exponate.

9 Totenmaar Allgemein unter der Bezeichnung Weinfelder Maar bekannt, gibt der Name Totenmaar die melancholische Stimmung mit der Weinfelder Kapelle und dem Friedhof am See recht treffend wieder. Das teilweise von Ginsterheiden umgebene Maar gehört zu den Dauner Maaren, alle mehr als 10 000 Jahre alt. Die benachbarten Maare, Gemündener und Schalkenmehrener Maare, sind jeweils nur ein paar hundert Meter entfernt; ein schöner Rundweg verbindet sie. Der See mit dem auffallend klaren Wasser besitzt eine maximale Tiefe von 51 m. Die Umgebung bietet naturkundlich Interessierten eine ganze Menge Möglichkeiten für verschiedene geologische Beobachtungen.

10 Manderscheid Auf den felsigen Flanken des bewaldeten Liesertales stehen die Ruinen zweier Burgen, die ältere Ober- und die jüngere Niederburg mit einem erhaltenen Bergfried. Ein Vulkanweg lädt zu vulkanologischen Beobachtungen ein. Er führt in die wildromantische Wolfsschlucht, in der bis zu haushohe Basaltsäulen anstehen.

11 Pulvermaar Das Pulvermaar bei Gillenfeld, nach dem Laacher See das zweitgrößte Maar der Eifel, liegt in einer landwirtschaftlich genutzten Umgebung und wird von bewaldeten Krater-

wänden umsäumt. Der fast kreisrunde See weist einen Durchmesser von etwa 700 m auf. Seine maximale Tiefe beträgt 74 m. Bei einem Rundgang kann man sich davon überzeugen, dass der See keinen Zu- oder Abfluss besitzt. Er ist rundum von einem buchenbestandenen Ringwall aus Tuffen und den namengebenden pulverfeinen Aschen umgeben: Material, das bei der Explosion herausgeschleudert wurde.

12 Ulmen Der Ort liegt am Ufer des Ulmener Maares. Die Temperatur des blaugrünen Wassers nimmt mit der Tiefe zu, daher wird am Grund eine warme Quelle vermutet – Hinweis darauf, dass der Eifelvulkanismus nicht endgültig erloschen ist. Über dem See stehen die Ruinen der Ober- und Niederburg aus dem 12. und 13. Jh. Auf der anderen Seite der Gleise und der Autobahn liegt der fischreiche

Jungfernweiher, bekannt für seltene Vogelarten.

13 Adenau Das Eifelstädtchen ist nicht nur Anlaufpunkt für den Besuch des benachbarten Nürburgrings. Wer die Stille vorzieht, kann zu einer Wanderung zum – mit 747 m – höchsten Gipfel der Eifel aufbrechen, zur Hohen Acht mit dem Kaiser-Wilhelm-Turm. In der Stadt sind am Marktplatz die barocken Fachwerkhäuser mit

3

Nürburgring

Wenn im Zusammenhang mit der Eifel von der »grünen Hölle« die Rede ist, vermuten wohl nur unverbesserliche Pfadfinder einen vergessenen Urwald in einem verschwiegenen Tal. Die Motorsportfans aber verstehen sofort: Gemeint ist die berühmt-berüchtigte Nordschleife des Nürburgrings. Der Name bezieht sich auf die Schönheit der umgebenden Eifellandschaft und auf die haarsträubende Gefährlichkeit der Rennstrecke. Auf einer Länge von fast 23 km verteilen sich 33 Links- und 40 Rechtskurven, die Rennfahrer-Legenden wie Rudolf Caracciola, Hans Stuck oder Wolfgang Graf Berghe von Trips auf ihrem Weg zum Ruhm »erfahren« mussten. Für viele wurde die Hölle zu heiß. 1976 verunglückte Niki

**Oben: Tourenwagenrennen auf der Nordschleife des Nürburgrings
Unten: Oldtimertreffen**

Lauda hier schwer. Dies war zwar nicht der ursächliche Anlass, gab aber wohl den Ausschlag für den Bau einer neuen, 1984 eröffneten Stecke mit 4,5 km Länge und 14 Kurven. Seit 2002 ist sie 5,1 km lang. Aber längst wird der Nürburgring nicht mehr nur als Rennstrecke genutzt, sondern auch als Freizeitzentrum mit Rennsportmuseum, Rennwagen-Simulator, Crash-Test-Tunnel und Fan-Shops. Durch die »grüne Hölle« flitzten nicht nur vierrädrige Rennmaschinen, sondern auch Motorräder und Rennräder. Rudi Altig holte sich hier 1966 den Weltmeistertitel als Straßenrennfahrer. Heute werden aber auch Oldtimer-Rennen, der »Truck-Grand-Prix« und Schlittenhunde-Rennen ausgetragen – sowie ein alljährlich stattfindendes Rockfestival. Über allem aber thront auf einem 679 m hohen Basaltkegel unberührt von Geschwindigkeitsräuschen die Ruine der Nürburg, von der aus sich ein Rundblick über das grüne Paradies der Eifel bietet.

Giebeln und Dächern aus Schiefer sehenswert.

14 Monreal Fachwerkhäuser mit rot gestrichenem Balkenwerk drängen sich malerisch an den Elzbach, der von mittelalterlichen Brücken überspannt wird. Die spätgotische Pfarrkirche ist für ihre reiche Innenausstattung bekannt. Von der im 17. Jh. zerstörten mittelalterlichen Burg sind noch der Bergfried und Teile der gotischen Kapelle erhalten.

15 Mayen Bei der Eifelstadt öffnet sich das Bergland zum Neuwieder Becken hin, das geologisch aus Bimssteinen und Tuffen aufgebaut wird, die in zahlreichen Steinbrüchen gewonnen werden. In der Stadt steht die wiederaufgebaute Genovevaburg mit dem Landschaftsmuseum des Eifelvereins, dessen Sammlungen über Geologie, Geschichte und Volkskunde informieren. Im Sommer werden Burgfestspiele veranstaltet. Die gotische Pfarrkirche Sankt Clemens fällt durch ihren windschiefen Turm mit der gedrehten Spitze auf.

16 Maria Laach Der Laacher See ist das größte der Maare in der Vulkaneifel. Seit dem 12. Jh. steht an seinem Südostrand ein Benediktinerkloster, dessen Abteikirche zu den am besten erhaltenen Bauwerken der deut-

schen Romanik zählt. Nach über 110 Jahren Bautätigkeit wurde das Gotteshaus von Maria Laach um 1230 vollendet. Die Nikolauskapelle hat einen romanischen Westturm, Langhaus und Chor stammen von 1757. Die übrigen Klostergebäude wurden durch einen Brand im Jahr 1855 stark beschädigt und in veränderter Form wieder aufgebaut.

17 Andernach Schon die Römer errichteten in Andernach ein Grenzkastell, dann folgten ihnen die Franken nach, und im Mittelalter entwickelte sich die Stadt zu einem wichtigen Handelszentrum. Bedeutende Sakralbauten sind die Liebfrauenkirche aus dem 12. Jh. und die gotische Christuskirche. Der im Jahr 1554 fertig gestellte Rheinkran wurde bis 1911 benutzt und ist immer noch betriebsfähig.

18 Bad Breisig Auf dem Areal des heutigen Thermal- und Heilbades fühlten sich schon Kelten und Römer wohl. Die barocke Pfarrkirche Mariae Himmelfahrt ist für ihre reiche Original-Ausstattung bekannt. Spätromanisch ist die kleine Kirche Sankt Viktor, in der sich Wandgemälde aus dem 13. Jh. erhalten haben. Einen Ausflug rheinaufwärts lohnt die Burg Rheineck, von deren staufischer Anlage noch Teile der Ringmauer und der Bergfried zu sehen sind.

19 Remagen Wer das Ahrtal wegen des Rotweins erkunden möchte und so auf das Fahrrad umsteigt, sollte in Remagen starten. Die Stadt geht auf ein römisches Grenzkastell zurück, das Anfang des 20. Jh. ausgegraben wurde. Die romanische Pfarrkirche Sankt Peter und Paul, Mittelschiff aus dem 11. Jh., wurde 1900 an eine neue Kirche als deren Querschiff angefügt. Sehr eindrucksvoll ist das Pfarrhoftor aus dem 12. Jh. Die Apollinariskirche ist ein Beispiel der romantisch inspirierten Neogotik des 19. Jh. Das Heimatmuseum besitzt eine reiche Sammlung römischer Fundstücke. Die Brücke von Remagen wurde berühmt durch ihre Eroberung am 7. März 1945 durch die 9. US-Panzerdivision.

20 Bad Godesberg Auf der Weiterfahrt nach Bad Godesberg winkt von der anderen Rheinseite das vulkanische Siebengebirge herüber, das den Abschluss der Route durch die Kölner Bucht bildet und dort beschrieben ist. Wer sich für Vulkane begeistert, der sollte die Fahrt in Mehlem unterbrechen und den benachbarten Rodderberg besuchen, ein gut erhaltener, aus Tuff aufgebauter Vulkanstumpf. Der Basaltschlot, auf dem in Bad Godesberg die Godesburg thront, ist der letzte Vulkan unserer Route. Hier wurde in heidnischen Zeiten den Göttern geopfert;

heute genießt man vom Bergfried der mittelalterlichen Burg den Blick auf die Stadt und das Siebengebirge. Die Michaeliskapelle stammt ursprünglich aus dem 7. Jh., erhielt aber erst im Barock ihr heutiges Aussehen. Sehenswert ist auch der in Terrassen angelegte Burgfriedhof. Die spätklassizistische Redoute diente früher dem Bund für repräsentative Staatsbankette und Diplomatenempfänge.

1 Die Bertradaburg über den Dächern von Mürlenbach. Rund 30 m über dem Talboden im Scheitel einer Flussbiegung gelegen, gewährt sie einen umfassenden Ausblick nach allen Seiten und markiert seit ihrem Bestehen die östliche Grenze des Herrschaftsgebietes der Abtei Prüm, zu der auch Mürlenbach gehört.

2 Hoch ragen die Türme und Zinnen von Schloss Bürresheim empor. Errichtet wurde es zwischen dem 12. und 15. Jh. Im Gegensatz zu den meisten anderen Burgen der Region wurde es nie erobert oder zerstört.

3 Die Benediktinerabtei Maria Laach, am Rande des Laacher Sees gelegen, zählt zu den bedeutendsten romanischen Bauten Deutschlands. In der Vorhalle der Kirche findet man das »Laacher Paradies«: eine symbolische Darstellung des Garten Eden und ein Höhepunkt spätromanischer Steinmetzkunst.

Beethoven

Uns erscheint er heute als Prototyp des wilden Genies – jenes Künstlertyps, wie ihn das 19. Jh. hervorbrachte. Unbeirrbar seinen selbstgewählten künstlerischen Auftrag erfüllend, sich keiner Autorität und keinen störenden Konventionen unterordnend, als Person wohl eher schwierig, privat ein misanthropischer Junggeselle, der durch den Verlust seines Gehörs auf tragische Weise vereinsamte. Auf Josef Stielers berühmtem Porträt von 1819 – Vorla-

Oben: »Beethon« – Betonskulptur (1986) von Klaus Kammerichs vor der Beethovenhalle in Bonn
Unten: Bronzestandbild (1845) von Ernst Hähnel vor dem ehemaligen Palais Fürstenberg, dem heutigen Hauptpostamt, auf dem Bonner Münsterplatz

ge auch für Klaus Kammerichs' modernen »Beethon« – schaut er mit seiner charakteristischen wilden Mähne dem Betrachter skeptisch-herausfordernd in die Augen. Ernst Hähnels Bronzestandbild von 1845 zeigt ihn in heroischer Geniepose. Das Denkmal steht auf dem Münsterplatz seiner Geburtsstadt Bonn, wo der herausragende Komponist und Klavierspieler am 17. Dezember 1770 getauft wurde. In seinem Geburtshaus in der Bonngasse 20 ist seit 1889 das Beethoven-Museum eingerichtet, das heute mit über 150 originalen Ausstellungsstücken in das Leben und Werk des Komponisten einführt. Sein letzter Flügel ist dort ebenso zu sehen wie etwa die Originalhandschrift der »Mondscheinsonate«. 1792 siedelte Beethoven nach Wien um, wo er bis zu seinem Tod 1827 lebte.

21 Bonn Genau 41 Jahre lang, von 1949 bis 1990, war Bonn Hauptstadt der Bundesrepublik. Die Stadtgeschichte reicht gut 2000 Jahre in die Vergangenheit zurück. Auf römischen Fundamenten der Gräber christlicher Märtyrer wurde in der Spätromanik das Bonner Münster errichtet. Aus barocken Zeiten stammen die Kurfürstliche Residenz, in die 1818 die Rheinische Friedrich-Wilhelms-Universität einzog, und das Poppelsdorfer Schloss, das heute ebenfalls Universitätsinstitute beherbergt. Eine weitere Rokokoschönheit ist das 1738 erbaute Bonner Rathaus. Den Weg zu jenen Stätten, die des großen Sohns der Stadt, Ludwig van Beethoven, gedenken, weist ein eigener Abschnitt dieses Kapitels. Berühmt ist Bonns »Museumsmeile« entlang der Adenauer- und der Friedrich-Ebert-Allee. Ihre Stationen sind die von Gustav Peichl entworfene Bundeskunsthalle mit den markanten kegelförmigen Oberlichtern, das gegenüberliegende Kunstmuseum, das Haus der Geschichte und das Museum Alexander Koenig. Ein wenig Kanzlernostalgie lässt sich im einstigen Regierungsviertel beschwören: das Bundeshaus und der »Lange Eugen«, die Villa Hammerschmidt als nunmehr zweiter Sitz des Bundespräsidenten und das Palais Schaumburg, das einst (bis zum Jahr 1976) der Sitz des Bundeskanzlers war.

1 Bonn: vormals Stadt der Politik, heute Stadt der Kunst. Skulpturen von Niki de Saint Phalle vor der Kunst- und Ausstellungshalle der Bundesrepublik Deutschland

Die Ahr-Rotweinstraße

Am 23. April 1978 wurde die Rotweinstraße durch das Tal der Ahr unter tätiger Mithilfe der damals amtierenden Rotweinkönigin Bernadette Rossi eröffnet. Dass sich die Königin ihren Namen (italienisch rosso = rot) eigens für dieses Event zulegte, ist wahrscheinlich, aber nicht belegt. Rund 90 km misst der Flusslauf der Ahr von der Quelle im Ahrgebirge, einem Ausläufer der Osteifel, bis zur Mündung in den Rhein bei Sinzig. Felshänge und Burgruinen, Weinberge und Winzerorte säumen ihre Ufer. Das Ahrtal ist das nördlichste zusammenhängende Weinbaugebiet der Welt. 80 Prozent der Rebfläche liefern Trauben für Rotweine, die zu den besten in Deutschland zählen. Blauer Burgunder und Portugieser sind die bevorzugten Rebsorten. Möglicherweise experimentierten hier schon die Römer mit Weinbau, belegt ist der Weinbau seit dem frühen Mittelalter. Feudalherren und Klöster waren Besitzer der Weinberge und Hauptabnehmer ihrer Produkte.

Der heutige Straßenverlauf der Rotweinroute führt von Sinzig auf der B 266 bis Bad Neuenahr-Ahrweiler und weiter auf der B267 bis Altenahr. Für fitnessbewusste Zeitgenossen ist ein Rotweinwanderweg durch die Sonnenhänge markiert, der den Fluss von Altenahr bis Lohrsdorf begleitet sowie Ab- oder Aufstiege zu den Weinbauorten anbietet. Ob der Wanderer die Wegstrecke von 30 km als kurz oder lang empfindet, hängt auch von seiner »Gründlichkeit« bei der Verkostung des Rebensaftes ab. Von Ahrweiler führt auch ein Weinlehrpfad nach Walporzheim.

1 Inmitten von Weinbergen liegt der beschauliche Weinort Mayschoß im Ahrtal, dem nördlichsten zusammenhängenden Weinanbaugebiet der Welt.

2 Ahrweiler ist ein Stadtteil von Bad Neuenahr-Ahrweiler, wo schon seit mehr als 1100 Jahren Weinbau betrieben wird.

Aachen Kernstück des Aachener Doms ist der als Pfalzkapelle um 800 errichtete Mittelbau mit dem von Kaiser Friedrich I. Barbarossa gestifteten großen Radleuchter.

Nationalpark Eifel Er ist einer der jüngsten Nationalparks (2004 gegründet) in Deutschland und dient vorwiegend dem Schutz der Buchenwälder in der nördlichen Eifel. Rund 240 bedrohte Tier- und Pflanzenarten gibt es im Schutzgebiet. Rothirsch, Wildkatze, Biber, Schwarzstorch und Uhu sowie die seltene Mauer-Eidechse leben hier. Eine pflanzliche Besonderheit ist die Gelbe Narzisse, die als Wildpflanze in Deutschland nur an der westlichen Landesgrenze gedeiht.

Bonn Auf dem Münsterplatz hat man Ludwig van Beethoven, dem weltberühmten Sohn der Stadt, ein Denkmal gesetzt. Das Geburtshaus des Komponisten in der Bonngasse 20 wurde als Museum eingerichtet.

Maria Laach Die Klosterkirche (1093–1230) der 1093 gegründeten Benediktinerabtei Maria Laach, am Rande des Laacher Sees gelegen, zählt zu den vollkommensten romanischen Bauwerken in Deutschland und ist berühmt für den reichen plastischen Schmuck der Paradiesvorhalle (um 1225).

Ahrtal Die Ahr ist ein Nebenfluss des Rheins. Zu Füßen steiler Rebhänge drängen sich dicht an die Weinorte wie Mayschoß, Dernau oder Marienthal mit ihren Weinbergen und Burgruinen. Den Wanderfreunden sei ein Besuch dieser Orte auf einer Tour entlang des Ahr-Rotweinwegs empfohlen.

Monschau Am Fuß des Hohen Venns liegt im engen Tal der Rur das beschauliche Städtchen Monschau mit seinen hübschen Fachwerkfassaden.

Adenau Barocke Fachwerkhäuser säumen den Marktplatz. Sehenswert sind auch die Pfarrkirche aus dem 11. Jh. und das Eifeler Bauernhausmuseum am Kirchplatz.

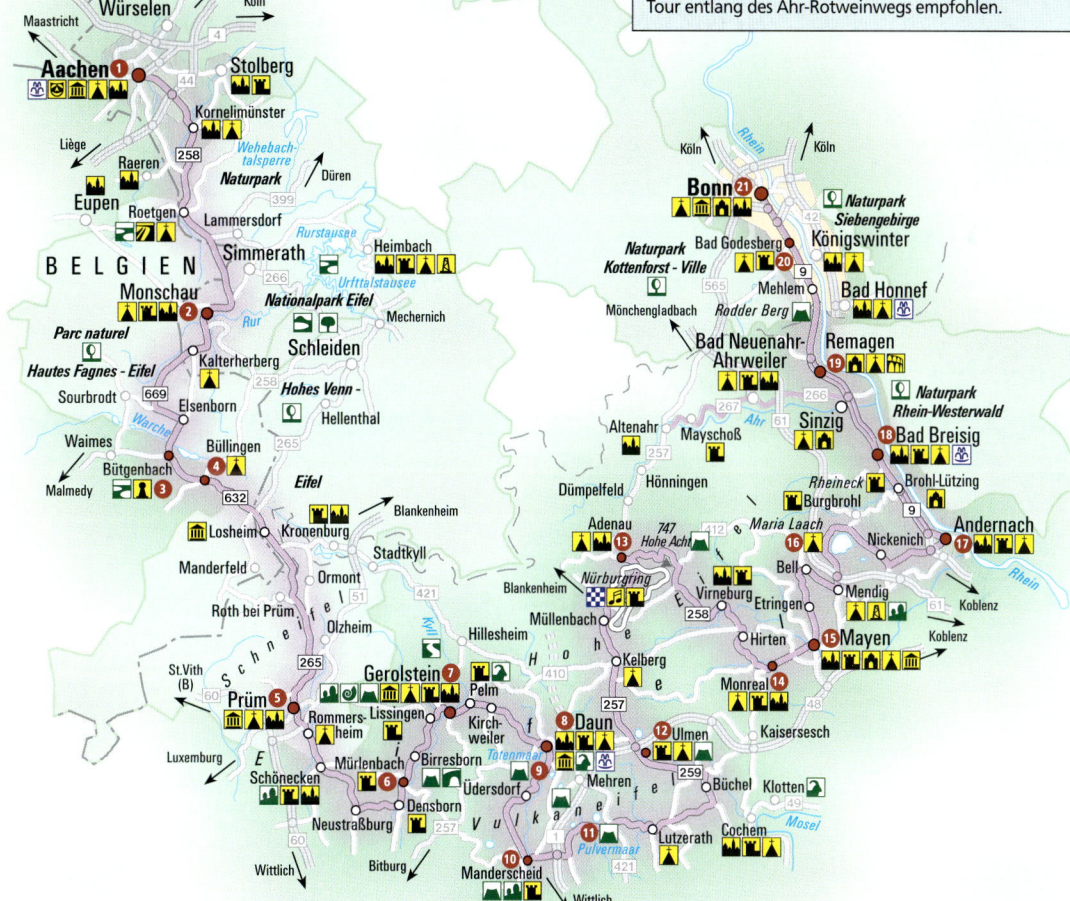

Manderscheid Neben den Ruinen der älteren Ober- und der jüngeren Niederburg mit dem gut erhaltenen Bergfried lädt hier auch ein Vulkanweg die Besucher ein.

Weinfelder Maar Wer die Abgeschiedenheit sucht, findet sie an den stillen Kraterseen der Dauner Maare. Das Weinfelder Maar ist mit 51 m das tiefste der drei Dauner Maare.

Nürburg Auf dem *mons nore*, dem schwarzen Berg, ließen die Grafen von Are im 12. Jh. eine weitläufige Burganlage erbauen, von der nur noch eine Ruine erhalten blieb. Vom mächtigen Bergfried aus hat man einen herrlichen Rundblick über die waldreiche Landschaft der Eifel.

Blick auf die Winzergemeinde Löf. Hier an der unteren Mosel, kurz vor der Mündung in den Rhein,

Gesegnete Täler

Moselweinstraße und Rheingauer Riesling-Route

Der viel besungene »deutscheste aller Flüsse«, der Rhein, zählt sicher zu den schönsten Europas. Ähnliches gilt für seinen längsten Nebenfluss, die Mosel, die am Deutschen Eck in Koblenz in den Rhein mündet. Beide Flüsse winden sich durch imposante, von Burgen und steilen Weinbergen gesäumte Täler. Immer wieder durchquert man auf dieser Tour von Trier nach Frankfurt malerische Weinorte, in denen man vor allem Rieslingweine verkosten kann.

Mit 1320 Flusskilometern ist der Rhein einer der längsten Flüsse Europas und zugleich eine der bedeutendsten Wasserstraßen des Kontinents. Der junge Rhein entspringt im schweizerischen Graubünden, durchfließt den Bodensee, »springt« bei Schaffhausen über den Rheinfall und fließt als Hochrhein weiter nach Basel. Dort wendet er sich als Oberrhein gen Norden und wird auf seinem Weg durch die Oberrheinische Tiefebene endgültig »deutsch«. Als Mittelrhein durchbricht er

Fachwerk im Moseltal, hier in Bernkastel-Kues

auf spektakuläre Weise das Rheinische Schiefergebirge, links von den Höhen des Hunsrücks und rechts von den Ausläufern des Taunus begleitet. Bei Bonn tritt er in die Niederrheinische Tiefebene hinaus. Nachdem er die Rheinmetropolen Köln, Düsseldorf und Duisburg passiert hat, verlässt der Niederrhein kurz hinter Kleve das deutsche Staatsgebiet, um nach einigen Flusskilometern in den Niederlanden schließlich in die Nordsee zu münden.
2002 wurde das Mittelrheintal zwischen Bingen und Koblenz von der UNESCO zum Weltkulturerbe erklärt: eine Hommage an die landschaftliche Schönheit des Landstrichs, aber auch Anerkennung der kulturellen, historischen und nicht zuletzt auch önologischen Bedeutung dieses Rheinabschnitts. Schließlich ist das Tal auf dieser Teilstrecke untrennbar mit dem »Rheingold« der Nibelungensage ver-

knüpft, begleiten ihn diesseits und jenseits seiner Flussschleifen steile Berghänge mit hervorragenden Weinlagen und trutzigen mittelalterlichen Burgen. Jede Burg und fast jeder in den Fluss ragende Felsen ist mit einer Sage verknüpft – etwa jener der schönen Loreley, die durch ihren Gesang so viele Rheinschiffer in den Tod gelockt haben soll, oder derjenigen der beiden feindlichen Brüder auf Burg Katz und Burg Maus.
Aber vielleicht waren all diese Sagen und Legenden auch nur vom berühmten Rheinwein beflügelt, dessen Rebstöcke das Bild des Flusses ebenso prägen wie die zahlreichen Burgen links und rechts. Bestimmt hat der Rheinwein etwas zu tun mit der »rheinischen Fröhlichkeit«, die im Karneval förmlich explodiert. Eine moderne Rheinspezialität ist das Spektakel »Rhein in Flammen«, das mehrmals jähr-

Über dem romantischen Mosel-Weinstädtchen Cochem thront die gleichnamige Reichsburg, einst Sitz der Pfalzgrafen.

weitet sich das sonst enge Flusstal.

Burg Gutenfels und die Flussfestung Pfalzgrafenstein bei Kaub am Mittelrhein

lich den nächtlichen Rhein zwischen Rüdesheim und Bonn mit Feuerwerkskörpern in eine Farbenflut taucht.

Ähnlich weinselig wie der Mittellauf des Rheins gibt sich auch der vielleicht romantischste Nebenfluss, die Mosel. Der für seine malerischen Mäander bekannte Fluss entspringt als Moselle in den südlichen Vogesen, fließt bei Perl auf deutsches Territorium, markiert bis kurz vor Trier die deutsch-luxemburgische Grenze, windet sich dann zwischen Eifel und Hunsrück Richtung Nordwesten, um schließlich nach 545 Flusskilometern in Koblenz in den Rhein zu münden. Das Moseltal ist eine jahrtausendealte Kulturlandschaft, die bereits in keltischer und römischer Zeit besiedelt war. Die Römerstadt Trier etwa blickt auf eine fast 2000-jährige Geschichte zurück. Mit Ausnahme dieser in einer Talweitung gelegenen Stadt haben sich jedoch wegen der Enge des Moseltales an seinen Ufern keine weiteren größeren Ansiedlungen entwickelt. Vor allem im Bereich der Mittelmosel zwischen Bernkastel-Kues und Cochem wird das Landschaftsbild von den Hügeln des Rheinischen Schiefergebirges und seinen Burgen, Weinbergen und Weinorten bestimmt. Auf den teils über 50 Grad steilen Schieferhängen gedeiht die Rieslingrebe besonders gut..

Auf unserer Tour entlang von Moselweinstraße und Rheingauer-Riesling-Route bieten sich einige Abstecher zu weiteren Ferienstraßen an: etwa zur Saar-Riesling-Straße zwischen Konz und Merzig, zur Hunsrück-Höhenstraße zwischen Saarburg und Koblenz, zur Loreley-Burgenstraße zwischen Kamp-Bornhofen und Kaub oder zur Rheingoldstraße zwischen Rhens und Trechtingshausen.

Prachtvolle Giebel und Erker zieren die historische Gaststätte »Altes Haus« in Bacharach.

Die Römer in Trier

Trier wurde bereits im Jahre 16 v. Chr. von Kaiser Augustus gegründet und gilt damit als älteste deutsche Stadt. Kaiser Augustus hatte den Standort an einer strategisch günstigen Stelle in einer Talweitung der Mosel (lateinisch *Mosella*) gewählt. Hier hatte Cäsar die keltischen Treverer geschlagen, weshalb die Neugründung auch *Augusta Treverorum* genannt wurde.

Etwa um 100 n. Chr. herum entstand ein heute noch teilweise erhaltenes, 20 000 Zuschauer fassendes Amphitheater, vom Jahr 117 an wurde *Augusta Treverorum* Hauptstadt der römischen Provinz *Belgica prima*, Verwaltungssitz der Präfektur für die Provinzen Gallien, Britannien und Spanien sowie kaiserliche Residenzstadt. Bereits 273 wurde Trier Bischofssitz. Kurz darauf

Oben: Kaiserthermen (um 300 n. Chr.)
Unten: Römisches Stadttor Porta Nigra

wurde es durch einen Alemanneneinfall zerstört, jedoch bald unter der Herrschaft Konstantin des Großen wiederaufgebaut. Während des 3. und 4. Jh. war Trier eine Art antike Weltstadt mit damals bemerkenswerten 70 000 Einwohnern.

Von der römisch-antiken Blütezeit zeugen noch heute außer den Resten des Amphitheaters die Aula Palatina (in der einst Konstantin der Große residierte) sowie die Kaiser- und die Barbarathermen. Wahrzeichen Triers ist jedoch die Porta Nigra, das nie ganz vollendete ehemalige römische Stadttor aus dem 2. Jh., das unter fränkischer Herrschaft im 11. Jh. zur Simeonskirche umgebaut wurde.

Im Jahre 402 wurde die *Praefectura Galliarum* von Trier nach Arles verlegt, 475 eroberten die Franken die Stadt und verteidigten sie fortan erfolgreich gegen Rückeroberungsversuche.

Entlang an weinseligen Flüssen: Die Route beginnt in Trier und folgt entlang der Moselweinstraße dem Lauf der Mosel bis zu ihrer Mündung in den Rhein bei Koblenz. Flussaufwärts geht es dann vorbei an unzähligen Burgen durch das Mittelrheintal und entlang der Rheingauer Riesling-Route nach Mainz und von dort aus noch zu einer kurzen Stippvisite mainaufwärts bis nach Frankfurt.

❶ Trier Die von den bewaldeten Bergen des Hunsrücks und der Eifel umrahmte Stadt liegt in einer der wenigen Talweitungen der Mosel. Nordöstlich der Porta Nigra steht die nach Plänen von Balthasar Neumann erbaute Kirche St. Paulin (18. Jh.), einer der bedeutendsten Barockbauten im Moseltal. Wesentlich älter ist der romanische Dom St. Peter. Die daneben stehende Liebfrauenkirche (13. Jh.) ist eine der ältesten gotischen Kirchen Deutschlands. Der Hauptmarkt mit dem Marktkreuz und dem Petrusbrunnen gilt als einer der schönsten Plätze Deutschlands.

❷ Bernkastel-Kues Die Fachwerkhäuser und der Marktplatz von Bernkastel im mittleren Moseltal werden von der Burgruine Landshut überragt, Weinberge

Reiseinformationen

Routen-Steckbrief
Routenlänge: ca. 340 km
Zeitbedarf: mind. 6–7 Tage
Start: Trier
Ziel: Frankfurt/Main
Routenverlauf: Trier, Bernkastel-Kues, Cochem, Koblenz, Boppard, Kaub, Bingen, Rüdesheim, Eltville, Wiesbaden, Mainz

Auskünfte:
Rheinland-Pfalz Tourismus GmbH
Löhrstr. 103-105,
56068 Koblenz,
Tel. (02 61) 9 15 20 40,
Fax (02 61) 9 15 20 40,
Email: info@rlp-info.de

www.rlp-info.de
Mosellandtouristik GmbH
*Kordelweg 1,
54770 Bernkastel-Kues,
Tel. (0 65 31) 9 73 30,
Fax (0 65 31) 97 33 33,
Email:
info@mosellandtouristik.de
www.mosellandtouristik.de*
Rheingau-Taunus Information
*An der Basilika 11 a,
65375 Oestrich-Winkel,
Tel. (0 67 23) 99 55 99,
Fax (0 67 23) 99 55 55,
Email: Tourist@rheingau-taunus-info.de
www.rheingau-taunus-info.de*
oder auch: *www.rheingau.de*

Reichsburg Cochem

Auf einem weithin sichtbaren Kegel erhebt sich 100 m über der Mosel eine mächtige Burg mit markanter Silhouette – das Symbol deutscher Burgenromantik schlechthin. Die vieltürmige Burg Cochem mit ihrem mächtigen Bergfried beherrscht hier den gleichnamigen Weinort und das Moseltal.

Die um 1000 von Pfalzgraf Ezzo erbaute Burg wurde unter den Staufern eine

Oben: Die imposante Reichsburg hoch über Cochem
Mitte: Burg Cochem unter festlicher Abendbeleuchtung.
Unten: Der im neugotischen Stil gestaltete Rittersaal

Reichsburg mit Reichsgrafen als Verwaltern. Kurfürst Balduin ließ sie im 14. Jh. zu einer starken Festung ausbauen. Eine in der Burg verankerte starke Kette ermöglichte es, die Mosel zu sperren, um dann den Zoll einzutreiben.

1689 wurde die Burg von französischen Truppen zerstört. Ihre heutige Gestalt erhielt sie im 19. Jh. durch den Kaufmann Louis Ravené, der – belacht von den heimischen Winzern – die Ruinen 1868 für 300 Goldmark erwarb und sie zu seinem Sommersitz wiederaufbauen ließ.

4

schen engen Gassen und historischen Fachwerkhäusern. Auf der Weiterfahrt flussabwärts empfiehlt sich bei Müden ein Abstecher zur Burg Eltz.

6 Cochem Die Stadt am linken Ufer der Mosel zählt zu den malerischsten Orten im Tal. Überragt wird sie von der schon 1070 erbauten, 1689 zerstörten und im 19. Jh. im neugotischen Stil wieder erbauten Reichsburg. Das Rathaus am Marktplatz mit schönen alten Häusern stammt aus dem Jahr 1739.

Auf dem Weg zum Weinort Kobern-Gondorf liegt bei Löf-Hatzenport auf der rechten Moselseite die Burgruine Ehrenburg. Bei Alken grüßen vom rechten Moselufer die Zwillingstürme von Burg Thurant herüber.

1 Eines der eindrucksvollsten Panoramen im Moseltal: die Moselschleife bei Bremm (rechts im Bild) vom Calmont aus gesehen

2 Hauptmarkt von Trier mit Kirche St. Gangolf, dem Marktkreuz und der Steipe (bis zum 18. Jh. auch Rathaus)

3 Blick auf den mittelalterlichen Weinort Bernkastel-Kues im Moseltal

4 Burg Landshut oberhalb von Bernkastel-Kues, seit 1692 eine Ruine

ziehen sich bis zu ihren Mauern hinauf. Eine Brücke führt von Bernkastel nach Kues, dem Geburtsort des Philosophen Nikolaus von Kues (1401–1464), der im St.-Nikolaus-Hospital begraben liegt.

3 Traben-Trarbach Das romantische Weinbaustädtchen erstreckt sich über beide Uferseiten und wird von schönen Fachwerk- und Patrizierhäusern geprägt. Mit dem Brückentor, der Huesgen-Villa, dem Schlöss-

chen Sonora sowie dem Hotel Bellevue wartet es mit einer Reihe von Jugendstilbauten auf, die an die Blütezeit der Weinhandelsmetropole zu Beginn des 20. Jh. erinnern. Überragt wird der Doppelort von der Grevenburg. Auf dem von einer Flussschleife umschlossenen Mont Royal liegt die Ruine einer von Vauban geplanten Festungsanlage.

4 Zell Der bekannte Weinbauort mit Resten einer sehr alten Stadtbefestigung, der Peterskir-

che und einem ehemals kurfürstlichen Schloss liegt am rechten Moselufer. Auf dem Weg nach Bremm führt bei Alf eine Abzweigung zur Burg Arras aus dem 9. Jh.

5 Moselschleife bei Bremm Zu den bekanntesten unter den vielen Moselschleifen zählt diejenige beim Winzerort Bremm. Dessen Weinhänge am Bremmer Calmont gelten als die steilsten Rieslingweinhänge Europas. Der Ort selber besticht mit maleri-

Burg Eltz zählt zu den schönsten mittelalterlichen Burgen Deutschlands. Die auf einem 70 m hohen Felsen errichtete und auf drei Seiten vom Elzbach umflosse-
ne Burg wurde niemals zerstört. 1268 wurde sie eine »Ganerbenburg«, in der verschiedene Familienlinien des Hauses gemeinsam unter einem Dach lebten. Im

Laufe der 500-jährigen Bauzeit entstand eine befestigte Wohnburg mit acht um einen engen Innenhof gruppierten Wohntürmen. Aufgrund der langen Bauzeit finden sich auf der Burg alle Stilrichtungen von der Romanik bis zum Barock.

Der Binger Mäuseturm

Auf einer winzigen Felseninsel mitten im Rheinstrom bei Bingen-Bingerbrück steht der ehemalige Wacht- oder Zollturm aus dem 13. Jh. Der Name Mäuseturm leitet sich nicht, wie vermutet, von der Legende um den Bischof Hatto ab, sondern von der Maut, die hier erhoben wurde.

Schon in römischer Zeit gab es am heutigen Standort des Turms eine kleine Befestigungsanlage zum Schutz vor den Germanen. Berühmt wurde der Turm jedoch durch die Legende um den Tod des Bischofs Hatto II. Dieser hatte sich während einer verheerenden Hungersnot vor einem Heer von Mäusen auf die im Jahr 968 errichtete

Seit dem 13. Jh. ragt der Mäuseturm am Binger Loch auf.

kleine Wasserburg retten wollen. Die Nager schwammen hinter ihm her und überfielen ihn trotzdem.

Der heute noch erhaltene Turm wurde im 13. Jh. von den Mainzer Erzbischöfen errichtet und im 14. Jh. ausgebaut. Ab 1298 diente er in Verbindung mit Burg Ehrenfels als Wach- und Zollturm für die durchfahrenden Rheinschiffe. Der Rheinzoll war eine wichtige Einnahmequelle des Mainzer Erzbistums. 1689 brannte der Turm zur Ruine ab, doch bereits im 18. Jh. nutzte man ihn wieder als Überwachungsturm an der gefährlichen Engstelle des Binger Lochs im Rhein.

Sein heutiges Aussehen erhielt der Turm um das Jahr 1855, als ihn der preußische Staat zum Signalturm ausbauen ließ. Erst 1974 endete seine Funktion, als die Felsen, die die Durchquerung des Rheins so riskant machten, zu einem großen Teil gesprengt wurden.

Von Kobern aus lohnt sich ein Abstecher nach Maria Laach, der berühmten romanischen Abtei in der Südeifel.

7 Koblenz Die Stadt am Zusammenfluss von Mosel und Rhein war schon in römischer Zeit von großer strategischer Bedeutung und vom 11. Jh. an Residenzstadt der Erzbischöfe und Kurfürsten von Trier. Auf einer Landzunge direkt an der Mündung der Mosel in den Rhein liegt das Deutsche Eck mit dem monumentalen Kaiser-Wilhelm-Denkmal. Neben der Basilika St. Castor sind die ursprünglich mittelalterliche Alte Burg, der Münzplatz mit dem Geburtshaus des Fürsten Metternich, die Liebfrauenkirche (12./13. Jh.) und die Florinskirche (12. Jh.) sowie am Rheinufer das klassizistische Kurfürstliche Schloss (18. Jh.) weitere Sehenswürdigkeiten. Auf der rechten Rheinseite liegt Ehrenbreitstein, eine der größten Festungsanlagen Europas.

Ab Koblenz folgt die malerische Route der linksrheinisch verlaufenden B 9 bis Bingen.

zwei verfeindeten Brüdern im 14. Jh. erbaut wurden.

🔟 **Loreley** Nur einige Flussschleifen flussaufwärts schiebt sich rechtsrheinisch der sagenumwobene 133 m hohe Loreley-Felsen in den Strom, der hier nur knapp 150 m breit ist und deshalb früher eine gefährliche Engstelle war. Von dem auch auf einer Fahrstraße zu erreichenden Aussichtspunkt mit multimedialem Besucherzentrum bietet sich eine fantastische Sicht auf St. Goarshausen und das Mittelrheintal.
Clemens Brentano und Heinrich Heine haben die »schönste Jungfrau« mit dem goldenen Haar jeweils in einem Gedicht besungen. Berühmt wurde vor allem die Vertonung Heines durch Friedrich Silcher: »Ich weiß nicht, was soll es bedeuten …«

⓫ **Oberwesel** Immerhin 16 von den ursprünglich 21 Wehrtürmen der Ringmauer sind bis heute in dem reizvollen Städtchen mit seinen Wohnhäusern aus dem 16. bis 18. Jh. erhalten. Die Frauenkirche (1308–1331) birgt eine kostbare Ausstattung (Barockorgel). Die riesige Schönburg oberhalb des Ortes ist das Paradebeispiel einer Ganerbenburg. Sie ist mit ihren drei Bergfrieden und Gebäuden so aufgeteilt, dass drei Zweige der Familie jeweils ihren eigenen Lebensbereich haben.

⓬ **Kaub** Eine Fähre ermöglicht die Überfahrt in das romantische Städtchen am rechten Rheinufer. Eine gut erhaltene mittelalterliche Stadtmauer umgibt den bedeutenden Weinort am Mittelrhein. Überragt wird Kaub von Burg Gutenfels aus dem 13. Jh. Auf einer kleinen Felsinsel mitten im Rhein liegt der ehemalige Zollturm Pfalzgrafenstein, die »Pfalz bei Kaub«.

⓭ **Bacharach** Das idyllische, linksrheinisch gelegene Wein-

⬛ **1** Über Bacharach thront Burg Stahleck. Hier beendeten Welfen und Staufer 1194 ihre Feindschaft.

⬛ **2** Auf einer Rheininsel gelegen: Burg Pfalzgrafenstein, die »Pfalz bei Kaub«.

⬛ **3** Bester Aussichtspunkt für den Blick auf die Pfalz und Kaub: die Schönburg in Oberwesel

⬛ **4** Malerisch gelegen und von Mauern bewehrt: der Weinort Bacharach am Rhein

⑧ **Boppard** Das idyllische Städtchen liegt an einer Talschlinge des Rheins. Auf dem Weg dorthin passiert man zunächst Burg Stolzenfels aus dem 13. Jh. sowie die Burgen Lahneck und Marksburg. Letztere ist die einzige nie zerstörte Höhenburg am Rhein.
In Boppard selbst sind die Reste der mittelalterlichen Stadtmauer, die Ruinen des römischen Kastells Bodobriga und die St.-Severus-Kirche aus dem 12. bis 13. Jh. lohnende Ziele.

⑨ **St. Goar und St. Goarshausen** Die beiden Weinorte liegen einander unmittelbar gegenüber. St. Goar auf der linken Rheinseite wird von Burg Rheinfels überragt, einst die mächtigste Festungsanlage im Rheintal. In Sichtweite von St. Goarshausen erheben sich die Ruinen von Burg Katz und Maus, die von

4

städtchen wird von einer turmreichen Stadtmauer aus dem 16. Jh. umgeben. Über ihr thront Burg Stahleck, in der sich eine Jugendherberge befindet. Flussaufwärts unweit von Bacharach ragt Burg Sooneck in den Himmel. Auf dem Weg nach Bingen passiert man noch die linksrheinisch liegenden Burgen Reichenstein und Rheinstein.

⑭ Bingen Das Wahrzeichen der Stadt an der Einmündung der Nahe in den Rhein ist Burg Klopp, deren Fundamente bis in die Römerzeit zurückreichen. Hier tritt der Rhein am Binger Loch eindrucksvoll in das Rhei-

nische Schiefergebirge ein. Auf der linken Rheinseite thront Burg Ehrenfels aus dem 13. Jh. Mitten im Rhein steht der Binger Mäuseturm, der in Verbindung mit Burg Ehrenfels als Wach- und Zollturm diente.
Bei Bingen queren Autofähren den Rhein nach Rüdesheim. Von nun an bis kurz vor Frankfurt verläuft die Tour rechtsrheinisch entlang der Rheingauer Riesling-Route.

⑮ Rüdesheim Der Weinort ist vor allem wegen der Drosselgasse berühmt, in der sich eine Weinstube an die andere reiht. Das Stadtbild prägen ehemalige

Adelshöfe wie der Brömserhof und die Ruinen der Boosen-, Vorder- und Brömserburg aus dem 10. Jh. Letztere beherbergt das Rheingau-Weinmuseum.
Hoch über dem Ort thront das Niederwalddenkmal, eine monumentale Germania-Statue, die 1883 zum Gedenken an die deutsche Reichsgründung (1871) errichtet wurde. Es kann zu Fuß, mit dem Auto oder der Zahnradbahn erreicht werden.

⑯ Geisenheim Inmitten eines Weinbergs des Rheinstädtchens steht Schloss Schönborn, ein Herrenhaus im Renaissancestil mit vier Ecktürmchen. Ein weiterer

sehenswerter Renaissancebau ist das 1681–1683 errichtete Schloss Kosakenberg. Das herausragende Gebäude des Weinorts, in dem auch die Forschungsanstalt für Wein- und Gartenbau angesiedelt ist, stellt der »Rheingauer Dom« dar. Der aus dem 16. Jh. stammende Kirchenbau wurde 1837–1839 erweitert und um die beiden neugotischen Westtürme ergänzt. Am Lindenplatz erfreut eine 700 Jahre alte Sommerlinde das Auge.

⑰ Oestrich-Winkel Das Wahrzeichen des fachwerkbunten Weinorts ist der historische Weinverladekran aus dem Jahre

1744. Schloss Vollrads mit Wohnturm und barockem Herrenhaus, seit Jahrhunderten Stammsitz der Familie Greiffenclau, wird heute als Restaurant genutzt. Auf dem Friedhof der spätgotischen Kirche St. Walburga in Winkel liegt die Dichterin Karoline von Günderode begraben.
Eine Besichtigung wert ist auch die weitgehend in ursprünglichem Zustand erhaltene romanische Basilika St. Aegidius im Ortsteil Mittelheim.

⑱ Kloster Eberbach Das Zisterzienserkloster in einem kleinen Seitental des Rheins ist fast

klassizistischen Kurhaus (1907) und der Kurhauskolonnade, der längsten Säulenkolonnade Europas, befindet.

Schräg gegenüber dem Kurhaus steht die repräsentative Hessische Landesbibliothek. Westlich des Kurbezirks gelangt man zum Kochbrunnen, der 15 Thermalbrunnen zusammenführt, sowie zum Kaiser-Friedrich-Bad mit hübscher Jugendstilausstattung.

1 Burg Ehrenfels bei Rüdesheim war Zollstation und Hoflager der Erzbischöfe von Mainz. 1689 wurde sie im Pfälzischen Erbfolgekrieg von französischen Truppen zerstört.

2 Die Basilika St. Ägidius im Ortsteil Mittelheim von Oestrich-Winkel repräsentiert einen klassischen romanischen Kirchenbau.

3 Im Museum der Zisterzienserabtei Eberbach wird das mittelalterliche Klosterleben veranschaulicht.

4 Hinter Weinreben versteckt sich die romanische Abteikirche von Kloster Eberbach. Der Weinbau wird dort schon seit dem 12. Jh. gepflegt.

5 Schloss Vollrads in Oestrich-Winkel bildet mit Wohnturm und barockem Herrenhaus das Herzstück eines bekannten Weingutes.

Rheinwein

Zwischen Koblenz und Bingen und im Rheingau reifen all die Riesling-, Müller-Thurgau-, Kerner- und Burgundersorten, die den Rheinwein so berühmt gemacht haben. Die Bedingungen sind ideal: Die steilen Hanglagen entlang des Rheins bieten einen opti-

Weinkeller in Rüdesheim

malen Einfallswinkel für die Sonne. Das Schiefergestein strahlt nach Sonnenuntergang die tagsüber gespeicherte Wärme ab. Zudem sind die Weinberge nicht gefährlichen Nachtfrösten ausgesetzt, weil die vom Fluss aufsteigende Warmluft über die Hänge streicht. Durch das milde Klima können die Rheinweine bis in den Herbst hinein reifen und werden nach der Ernte fachkundig ausgebaut.

---

vollständig in seiner mittelalterlichen Anlage im romanischen und frühgotischen Stil erhalten geblieben. Nicht zuletzt deshalb war die Klosteranlage auch Drehort für die Verfilmung von Umberto Ecos Roman »Der Name der Rose«. Besonders eindrucksvoll ist die Klosterkirche aus dem 12. Jh., die sich als eine dreischiffige romanische Pfeilerbasilika präsentiert. Die Klostergebäude stammen aus dem 12.–14. Jh. Das Mönchsrefektorium wurde im 18. Jh. abgerissen und durch einen barocken Nachfolgebau ersetzt, dessen Decke durch den Mainzer Hofstuckateur Daniel Schenk gestaltet wurde.

Seine eigentliche Bedeutung verdankt Kloster Eberbach jedoch seiner jahrhundertealten Weinbautradition. Bereits im 12. Jh. hatten die Mönche hier den Weinbau kultiviert und im Mittelalter eines der weltweit erfolgreichsten Weinhandelsunternehmen etabliert. Heute ist das Kloster im Besitz einer Stiftung und hessisches Staatsweingut.

19 Eltville Vorbei an zahlreichen Schlössern geht die Fahrt in das ebenfalls malerisch zwischen Weinbergen gelegene Eltville, die älteste Stadt des Rheingaus. Überragt wird der Ort von der Ruine einer Burg aus dem 14. Jh.

Lediglich der Wohnturm der ursprünglichen Anlage ist erhalten, der Ostflügel wurde wiederaufgebaut. Zu den Sehenswürdigkeiten der Altstadt zählen einige ehemalige Adelshöfe, viele Fachwerkhäuser und die Kirche St. Peter und Paul aus dem 14. Jh.

20 Wiesbaden Die hessische Landeshauptstadt liegt am Fuß der bewaldeten Höhen des Taunus. 20 Thermalquellen haben sie seit Römerzeiten zu einem beliebten Kurort werden lassen. Hauptverkehrsader der Stadt ist die Wilhelmstraße, an deren nördlichem Ende sich der Kurbezirk mit dem imposanten neo-

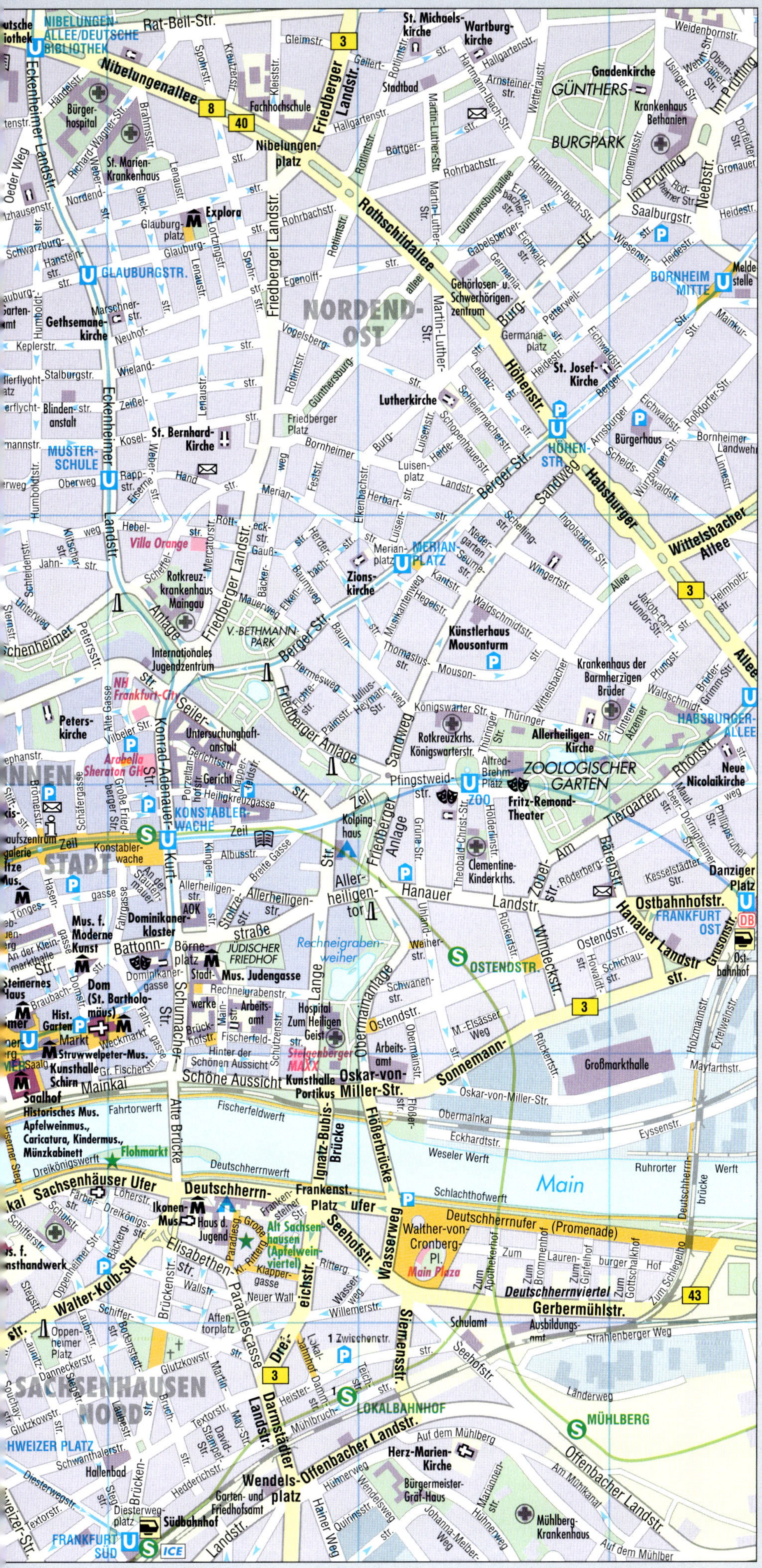

Frankfurt am Main

»Mainhattan« oder »Bankfurt« wird die Mainmetropole oft ironisch genannt, nicht ganz zu Unrecht. Denn die Skyline mit ihren zahlreichen Wolkenkratzern erinnert tatsächlich ein wenig an das amerikanische Vorbild.

Frankfurt ist der größte Finanzplatz Deutschlands und nach London sogar der zweitgrößte Europas. Mit 259 m war der Wolkenkratzer der Commerzbank bis vor kurzem das höchste Gebäude Europas. Und der Rhein-Main-Flughafen zählt zu den größten des Kontinents. Frankfurt ist aber auch als Messe- und Verlagsstandort international von Bedeutung – in der Geburtsstadt Goethes findet alljährlich die weltweit größte Buchmesse statt.

In der deutschen Geschichte spielte Frankfurt schon immer eine große Rolle. Erstmals 794 als Kaiserpfalz erwähnt, wurde es 876 Hauptstadt des Ostfränkischen Reiches. Zwischen 1356 und 1802 wurden hier die deutschen Könige und Kaiser gewählt und gekrönt. 1848/49 tagte in der Frankfurter Paulskirche die deutsche Nationalversammlung im verzweifelten Versuch, Demokratie in Deutschland hoffähig zu machen. Als »Mainhattan« hat

Auf der anderen Mainseite liegen ein halbes Dutzend weltweit renommierter Museen und das bei Touristen beliebte Sachsenhausen.

Sehenswertes in der Altstadt: Römerberg mit Römer, dem alten Rathaus mit seinen Staffelgiebeln (15.–18. Jh.), der Kaisersaal war einst Schauplatz von Krönungsbanketten; Ostzeile gegenüber dem Rathaus mit sechs Fachwerk- und Patrizierhäusern; Alte Nikolaikirche (1290 geweiht); Domplatz mit Kaiserdom (13.–15. Jh.), ab 1562 Krönungskirche; Paulsplatz mit der klassizistischen Paulskirche (1796–1833), Verleihungsort des Goethepreises der Stadt Frankfurt und des Friedenspreises des deutschen Buchhandels; barocke Hauptwache (1729/30); Geburtshaus Goethes mit Goethemuseum; die neoklassizistische Börse (1879); Eschenheimer Turm (Rest der alten Stadtbefestigung); spätklassizistische Alte Oper von 1880.

»Mainhattan«: Zwillingstürme der Deutschen Bank, Messeturm, Stahlskulptur und Marriott-Hotel, Verwaltungsgebäude der DG-Bank

Frankfurt bei manchen einen schlechten Ruf – zu Unrecht, denn trotz schwerer Zerstörungen im Zweiten Weltkrieg und des anschließenden Baubooms hat sich Frankfurt viel von seinem historischen Erbe und seinem hessischen Charme bewahren können. Dazu gehört vor allem der historische Stadtkern rund um den Römerberg.

Museen: Kunsthalle Schirn (deutsche Malerei ab der Renaissance); Museum für moderne Kunst (ab 1960); Jüdisches Museum im ehemaligen Stadtpalais der Familie Rothschild; Naturmuseum Senckenberg; Museum für Kunsthandwerk; Deutsches Architekturmuseum; Städelsches Kunstinstitut (Gemäldesammlung).

Johannes Gutenberg

Eine der großen technischen Revolutionen nahm in Mainz ihren Lauf, als Johannes Gutenberg um 1450 in seiner Heimatstadt mit in Blei gegossenen

Der Dom und das Gutenberg-Museum in Mainz

beweglichen Lettern die ersten Bücher druckte: 200 Bibeln, von denen heute weltweit noch 48 Exemplare existieren. Am Domplatz befindet sich das Gutenberg-Museum mit einer Ausgabe der berühmten Gutenberg-Bibel und einer Rekonstruktion der historischen Satz- und Druckwerkstatt.

Im Stadtzentrum liegt das 1837 bis 1841 erbaute Stadtschloss, das seit 1946 der Sitz des Hessischen Landtags ist. Schräg gegenüber beeindruckt das Alte Rathaus (1610). Überragt wird das Bauensemble von der ziegelroten neugotischen Marktkirche, die im Jahre 1862 vollendet wurde.

21 Mainz Die gegenüber der Mündung des Mains in den Rhein gelegene Landeshauptstadt von Rheinland-Pfalz geht auf das kurz vor der Zeitenwende angelegte römische Kastell Moguntiacum zurück. Der hl. Bonifatius machte den Ort im Jahre 742 zu seinem Bischofssitz. Nur wenige Kilometer westlich von Mainz ließ Karl der Große im 8. Jh. die Kaiserpfalz von Ingelheim errichten. 1477 wurde die erste Mainzer Universität gegründet. Der berühmteste Sohn der Stadt ist Johannes Gutenberg, der hier um 1450 den Buchdruck erfand.

Im Stadtzentrum ragt der sechstürmige, rötlich schimmernde Dom St. Martin und Stephan empor, ein Höhepunkt romanischer

Baukunst. Der Marktbrunnen am Domplatz gilt als einer der schönsten Renaissancebrunnen Deutschlands. Im ehemaligen Kurfürstlichen Schloss am Rheinufer ist heute das Römisch-Germanische Zentralmuseum untergebracht.

Südöstlich des Universitätsgeländes liegen die Römersteine, Reste eines im 1. Jh. n. Chr. erbauten Aquädukts. Liebhaber Marc Chagalls pilgern zur gotischen Kirche St. Stephan, in der der Künstler 1978–1985 neun Glasfenster mit Bibelmotiven bemalt hat.

22 Frankfurt am Main siehe Seite 152–153

1 Geschichte und Gegenwart im unmittelbaren Nebeneinander: Blick auf den Römer, die Paulskirche und das Bankenviertel von Frankfurt

2 Das Hessische Staatstheater in Wiesbaden mit klassischem Säulenportikus und dem Denkmal Friedrich Schillers wurde 1894 im neobarocken Stil errichtet.

Cochem Blickfang und Symbol deutscher Burgenromantik ist Burg Cochem über der an der unteren Mosel gelegenen gleichnamigen Stadt. Die Burg wurde 1070 erbaut, 1689 zerstört und im 19. Jh. wieder aufgebaut.

Burg Eltz Die malerisch auf einem Felsen gelegene, turm- und erkerreiche Burganlage geht auf das Jahr 1160 zurück.

Koblenz Die Stadt am Zusammenfluss von Mosel und Rhein war schon in der Römerzeit von großer Bedeutung und ab dem 11. Jh. Residenzstadt der Erzbischöfe und Kurfürsten von Trier. Sehenswert sind vor allem das Kurfürstliche Schloss, die Festung Ehrenbreitstein und das Deutsche Eck mit dem Kaiser-Wilhelm-Denkmal.

Bacharach und Burg Stahleck Hoch über Bacharach thront Burg Stahleck, heute eine Jugendherberge. Das am linken Rheinufer gelegene Wein- und Fachwerkstädtchen ist von einer turmreichen Stadtmauer aus dem 16. Jh. umgeben.

Moselschleife bei Bremm Die spektakuläre Flussschlinge vom Calmont aus gesehen, der steilsten Riesling-Weinlage in Europa.

Rhein bei Kaub Das romantische Städtchen zählt zu den bedeutendsten Weinorten am Mittelrhein. Überragt wird Kaub von Burg Gutenfels aus dem 13. Jh. Auf einer Flussinsel liegt der ehemalige Zollturm Pfalzgrafenstein, die so genannte »Pfalz bei Kaub«, aus dem Jahre 1326.

Loreley 133 m hoch baut sich der Loreley-Felsen über dem Rhein auf. Der auf einer Fahrstraße zu erreichende Aussichtspunkt bietet einen herrlichen Blick auf das Mittelrheintal.

Rheingau Schloss Vollrads zählt zu den Höhepunkten der Rheingauer Riesling-Route. Im Bild links das Herrenhaus, rechts der Wohnturm.

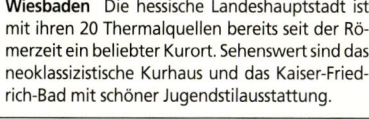

Kloster Eberbach Das mittelalterliche Zisterzienserkloster erlangte seine eigentliche Bedeutung durch den Weinbau, der hier vom 12. Jh. an betrieben wurde.

Wiesbaden Die hessische Landeshauptstadt ist mit ihren 20 Thermalquellen bereits seit der Römerzeit ein beliebter Kurort. Sehenswert sind das neoklassizistische Kurhaus und das Kaiser-Friedrich-Bad mit schöner Jugendstilausstattung.

Bernkastel-Kues Bis zu den Mauern der Burgruine Landshut hoch über Bernkastel-Kues ziehen sich die Weinberge hinauf.

Bingen Das bekannteste Bauwerk des Ortes ist der auf einer Rheininsel gelegene Binger Mäuseturm. Im Hintergrund Burg Ehrenfels.

Trier Über einer konstantinischen Palastanlage, die 330 durch die größte christliche Kirche der Antike überbaut wurde, erhebt sich der Trierer Dom. Der romanische Kirchenbau gehört zum Weltkulturerbe der UNESCO.

Mainz Fachwerkzeilen prägen den historischen Kern von Mainz, einer der ältesten Städte Deutschlands. Einen Besuch wert sind ferner das dem größten Sohn der Stadt gewidmete Gutenberg-Museum und der Dom.

Frankfurt Einige der höchsten Gebäude Europas prägen »Mainhattans« Skyline, sein Flughafen zählt zu den größten der Kontinents. Auch als Messe- und Bankenstandort ist Goethes Heimatstadt bedeutend. Am Mainufer entlang der Museumsmeile erwarten den Besucher mehrere Museen.

Mosaik im Hochzeitsturm der Darmstädter Künstlerkolonie Mathildenhöhe

Sagen und Mythen
Nibelungen- und Siegfriedstraße

Die von Worms über Würzburg zurück nach Lorsch verlaufende Rundtour folgt im Wesentlichen zwei Ferienstraßen, die thematisch eng zusammengehören und den Urmythos der Deutschen schlechthin berühren. Sie leiten ihren Namen ab von den historischen Schauplätzen der Nibelungen und der Abenteuer Siegfrieds. Am Westrand des Odenwalds bietet sich zudem eine Fahrt entlang der Bergstraße von Darmstadt bis Wiesloch an.

Die Sage, der die Nibelungen- und die Siegfriedstraße ihre Namen verdanken, handelt von einem Volk mit einem großen Schatz, den Nibelungen. Im zweiten Teil des Epos werden sie auch Burgunden genannt. Eine herausgehobene Rolle spielt dabei der Held Siegfried aus Xanten. Er tötet den Drachen Fafner und badet in dessen Blut. Dadurch wird er unverwundbar – bis auf eine kleine Stelle am Rücken, wo ein Blatt unbemerkt hängen geblieben war. Siegfried kämpft

Worms: Hagen-Standbild am Rhein

gegen die Nibelungen und holt sich deren Schatz sowie die Tarnkappe, die ihn unsichtbar macht und ihm die Stärke von zwölf Männern verleiht. Der Held fährt nach Island, kämpft dort mit Brunhild, will aber nicht ihr Mann werden, obwohl er von ihr geliebt wird. Stattdessen wirbt er um die schöne Kriemhild, die Schwester des Burgundenkönigs Gunther. Dieser wiederum begehrt Brunhild, muss aber erst seine Kräfte mit ihr messen. Da seine Aussichten nicht gut sind, soll ihm Siegfried dabei helfen. So kommt es schließlich zur Doppelhochzeit.
Doch Brunhild liebt Gunther nicht und argwöhnt überdies, dass es beim Wettkampf nicht mit rechten Dingen zugegangen sei. Sie liebt Siegfried, woraufhin Kriemhild eifersüchtig wird. Bei einem Jagdausflug im Odenwald ermordet Hagen, Gunthers treuer Ritter, Siegfried. Er

raubt Kriemhild auch den Schatz und versenkt ihn im Rhein. Kriemhild will Vergeltung und heiratet deshalb den Hunnenkönig Etzel. Zur Hochzeit lädt sie das Volk der Burgunden nach Ungarn ein. Am Ende gehen alle Protagonisten in einem blutigen Gemetzel unter.
Im Nibelungenlied mischen sich vorchristliche germanische Sagen mit christlichen Elementen. Den Episoden der Sage liegen durchaus historische Ereignisse zugrunde. König Etzel beispielsweise ist Attila, und in Dietrich von Bern erkennen wir Theoderich von Verona.
In dem Umstand, dass Kriemhild den Tod ihres Geliebten Siegfried an ihrem Bruder Gunther rächt, hat man den Wechsel von der germanischen Sippen- an die Liebesbindung gesehen, wie sie sich vielleicht in jener Zeit, ungefähr im 6. Jh., gerade herausbildete. Die Ereignisse liegen jeden-

Weihnachtsmarkt auf dem Marktplatz von Michelstadt. Das spätgotische Rathaus mit den beiden Ecktürmchen ist ein herausragendes Beispiel der fränkisch-hessischen Fachwerkarchitektur.

Brunnenfigur des Frankoniabrunnens vor der Würzburger Residenz

falls weit zurück, und historisch gesicherte Verbindungen zwischen den Orten unserer Tour und den Nibelungen sind eher dünn. In Worms allerdings sind sie gegeben. Die Kelten nannten diese älteste Stadt Deutschlands *Borbetomagus*, und diese Bezeichnung ist die Wurzel des heutigen Namens.

Auch im Odenwald ist »die Nibelungensage zu Hause«, wie die Fremdenverkehrswerbung suggeriert. Dies ist das Land der Fachwerkhäuser, der mittelalterlich anmutenden Städtchen mit verwinkelten Gassen. Oft thront eine Burg hoch über der Stadt. Ein Ort ist hier, entlang der Nibelungenstraße, anheimelnder als der andere: Bensheim, Lindenfels, Reichelstein, Erbach, Freudenberg, Wertheim. Am schönsten sind vielleicht Michelstadt mit seinem einzigartigen Rathaus und Miltenberg, das uns vor Augen führt, wie

bezaubernd es sein kann, wenn nicht alles mit rechten Winkeln zugeht. Die Stationen auf der Siegfriedstraße heißen Tauberbischofsheim, Walldürn, Amorbach, Hesseneck, Beerfelden, Mossautal mit dem Lindelbrunnen, wo Siegfried zu Tode gekommen sein soll, und schließlich Lorsch. Die dortige Königshalle geht auf das Jahr 764 zurück und ist damit fast so alt wie die Nibelungen.

Unweit von Lorsch verläuft die von Darmstadt nach Wiesloch führende Bergstraße. Der Name dieser Straße ist gleichzeitig auch Bezeichnung für die Landschaft zwischen Rheingraben und Westabdachung des Odenwalds. Schon die alten Römer hatten dort eine Heer- und Handelsstraße gebaut. Erst hieß sie *strata publica*, also »öffentliche Straße«, seit ungefähr dem Jahr 1000 ist der Begriff *montana platea*, »Bergstraße«, belegt.

Zeitreise ins Mittelalter: das Auerbacher Schloss an der Bergstraße

Die Nibelungen-Festspiele

In den Jahren 2002 und 2003 sahen rund 50 000 Besucher die Freilichtaufführungen eines Nibelungenstücks des Berliner Dramatikers Moritz Rinke. Die Inszenierung leitete der bekannte Regisseur Dieter Wedel, die Protagonisten waren Mario Adorf, Manfred Zapatka, Maria Schrader und weitere Bühnengrößen. Die Aufführungen fanden vor der Kulisse des Wormser Kaiserdoms statt, und es ging dabei um Liebe, Politik und Rache. Millionen sahen das Stück auch bei einer Fernsehübertragung. Mit viel Wagemut und Optimismus war es Worms gelungen, sich einen Namen als Festspielstadt zu machen.

Szenenfotos von den Nibelungenfestspielen 2004

Für 2004 studierte die Regisseurin Karin Baier Friedrich Hebbels eher sperriges Drama »Die Nibelungen« ein. Den Siegfried spielte Martin Lindow, den Gunther Joachim Król, den Hagen Manfred Zapatka. Karin Baier stellte vor allem die Schicksale der beiden Frauen – Maria Schrader als Kriemhild und Wiebke Puls als Brunhild – heraus. Das Publikum jubelte, und auch die Theaterkritik lobte den Witz und den Ideenreichtum sowie die grotesk packenden Bilder. Der ganze Park um den Dom verwandelte sich nach der Aufführung in einen glamourösen Treffpunkt mit Fontänen, bunten Lichtern und klassischen Klängen.

Zunächst schlängelt sich die Nibelungenstraße auf kurvenreicher Strecke in West-Ost-Richtung von Worms nach Wertheim, von wo aus sich eine Verlängerung nach Würzburg anbietet. Auf der im Süden parallel zur Nibelungenstraße verlaufenden Siegfriedstraße kehrt man wieder nach Westen zurück und endet in Lorsch.

1 Worms Die über 2000-jährige Nibelungenstadt war zur Zeit der Völkerwanderung das Zentrum des Burgundenreiches, das 437 von den Hunnen vernichtet wurde und bis heute im Nibelungenlied weiterlebt. Im 2001 eröffneten Nibelungen-Museum sowie bei den alljährlichen Nibelungen-Festspielen pflegt die Stadt ihr historisches Erbe.
In Worms wurde aber auch in der Antike und im Mittelalter Geschichte geschrieben. Unter den Römern erlebte es als *Civitas Vangionum* eine erste Blüte, später stand es als Königspfalz und Bischofssitz in enger Verbindung mit den karolingischen, salischen und staufischen Kaisern und Königen. Hier verteidigte auch Martin Luther auf dem Reichstag 1521 seine Thesen gegenüber Kaiser Karl V.
Am Aufstieg von Worms hatte die dort fast 1000 Jahre lang – bis zur Vertreibung und Vernichtung im Nationalsozialismus – ansässige jüdische Gemeinde Anteil. Vom regen jüdischen Leben im einstigen »Klein-Jerusalem« künden noch heute mehrere bauliche Monumente wie der Judenfriedhof und die mittelalterliche Synagoge.
Das dominierende Bauwerk ist der Kaiserdom St. Peter. Ende des 13. Jh. war er in seiner heutigen Form fertig gestellt. Mit

den vier Türmen, zwei Kuppeln und den fünf Sandsteinreliefs im nördlichen Seitenschiff ist er ein Höhepunkt des romanischen Baustils. Am attraktivsten ist seine Westfront mit dem fünfseitigen Chorabschluss, den runden Flankentürmen und dem zwölfteiligen Radfenster. Sehenswert ist auch das um 1300 entstandene Hauptportal am südlichen Seitenschiff, das nach dem Vorbild der französischen Portalplastik als eine Art Bilderbibel gestaltet wurde. Im Laufe der Jahrhunderte erfuhr der Dom im Inneren mehrere Umgestaltungen. So erhielt er einen barocken Hochaltar von Balthasar Neumann und ein prachtvolles Chorgestühl (beides 18. Jh.).
Sehenswert sind darüber hinaus die Kirchen St. Martin, St. Paul und St. Magnus. Die Stiftung Kunsthaus Heylshof wartet mit Kunstwerken vom Mittelalter bis zum 19. Jh. auf.

2 Lorsch Das im Jahre 764 gegründete Kloster galt lange als eines der einflussreichsten des Mittelalters. Unter Karl dem Großen avancierte die Benediktinerabtei zum Reichskloster, und der Abt wurde zum Reichsfürsten. Erhalten blieb aber nur die Torhalle aus der karolingischen Blütezeit, ein in Deutschland einzigartiges Baudenkmal,

Reiseinformationen

Routen-Steckbrief
Routenlänge: ca. 300 km; Bergstraße ca. 70 km
Zeitbedarf: mind. 3–5 Tage
Start: Worms
Ziel: Lorsch
Routenverlauf: Worms, Lorsch, Bensheim, Michelstadt, Miltenberg, Wertheim, Würzburg, Tauberbischofsheim, Amorbach, Beerfelden, Heppenheim, Lorsch; Bergstraße: Darmstadt bis Wiesloch

Besonderheiten:
Entlang der Nibelungen- und Siegfriedstraße und an der Bergstraße gibt es zahlreiche Rad- und Wanderwege.

Auskünfte:
Arbeitsgemeinschaft Nibelungen-Siegfriedstraße

Burgstraße 37–39, 64678 Lindenfels, Tel. (0 62 55) 3 06 40, Email:touristik@lindenfels.de www.nibelungen-siegfriedstrasse.de
Touristinformation Worms Neumarkt 14, 67547 Worms, Tel. (06241) 2 50 45, Fax (06241) 2 63 28, Email: touristinfo@worms.de www.worms.de
Tourist-Information Bergstraße Hauptstraße 39 64625 Bensheim/Bergstr., Tel. (0 62 51) 5 82 63-14 Fax (0 62 51) 5 82 63-31 Email touristinfo@bensheim.de www.ferienstrasse-bergstrasse.de

das im Obergeschoss kunstgeschichtlich bedeutende Wandmalereien beherbergt. An die einstige Größe der 1621 durch spanische Truppen zerstörten Abtei erinnern nur noch die Fundamente.

3 Bensheim Die im 8. Jh. erstmals erwähnte frühfränkische Siedlung konnte schon auf eine rund 1000-jährige Geschichte zurückblicken, als im 18. Jh. jene Bauten entstanden, die den Ort heute auszeichnen – die Adelshöfe. Deren stattlichster, der Rodensteiner Hof, geht auf das Jahr 1739 zurück; er dient heute als Rathaus. Der Wambolter Hof stammt aus dem Jahre 1743. Der ehemalige Lorscher Klosterhof am Marktplatz wird heute als Heimatmuseum genutzt.

4 Lautertal Von hier aus lohnt sich eine Wanderung zum so genannten Felsenmeer. Den Hang

des Felsbergs bedecken an dieser Stelle Tausende von Granitblöcken. Bereits die Römer nutzten den Felsberg als Steinbruch. In den Buchenwäldern verstreut liegen viele unvollendete Reste von vor 2000 Jahren bearbeitetem Granit, wie etwa die Formationen »Altarstein« oder »Riesensäule«.

5 Lindenfels Die weltliche Burg steht in direktem Zusammenhang mit dem Kloster Lorsch und sollte die Besitzungen der Geistlichkeit schützen. Gut im Blickfeld hatte sie den vorderen Odenwald auf jeden Fall, denn der Bergvorsprung bietet noch heute einen ausgezeichneten Panoramablick. Diesen hatte schon Konrad von Staufen, der Bruder Friedrich Barbarossas und Vogt über die Lorscher Ländereien, genossen, als er die Burg von 1155 bis 1195 erbauen ließ.

Nach einer wechselvollen Geschichte verfiel Lindenfels rasch. Heute sind nur noch Teile der Burgmauer mit der Stadtbefestigung (14. Jh.) und zwei Ecktürme (16. Jh.) erhalten.

6 Reichelsheim Der Luftkurort besitzt mit dem Zent- und Rathaus (1554) einen der ältesten Fachwerkbauten Deutschlands. Die Ständer zeigen unten zwei schräge Fuß- und oben entsprechende Kopfstreben. Diese Art Ständer wird auch »stehender Mann« genannt. Das Regionalmuseum zeigt Sammlungen zum Fachwerk- und Bergbau.

7 Michelstadt Aufgrund der vielen Fachwerkhäuser rund um den Marktplatz ist der Ort ein Paradebeispiel für die hessisch-fränkische Architektur. Hohe Zimmermannskunst verrät das Rathaus mit seiner außergewöhnlich schönen, dem Markt

zugewandten Schmalseite. Rund 100 Jahre jünger ist das Alte Schloss Fürstenau, ein Renaissancebau, der die alte Wehrburg als seinen Kern durchaus erkennen lässt. Das Neue Palais wurde 1810 fertig gestellt. Die beiden Schlösser befinden sich in einem herrlichen Englischen Park.

8 Erbach Auch im nahe gelegenen Erbach lockt ein Schloss – diesmal am Marktplatz gelegen und von hübschem Fachwerk umgeben. Der Bergfried von 1497 ist der älteste Teil des

1 Nach der von Weinbergen umgebenen Liebfrauenkirche von Worms ist die »Liebfrauenmilch« benannt.

2 Aus karolingischer Zeit (8. Jh.) stammt die Torhalle von Lorsch.

3 Keimzelle von Michelstadt ist die Burg, Kellerei genannt.

Abstecher

Das Felsenmeer

Der Odenwald entstand vor rund 350 Millionen Jahren, als zwei Urkontinente aufeinander stießen und einen magmatischen Gebirgsbogen bildeten. Heiße Lava quoll aus dem Erdinneren und verfestigte sich. Später lagerten sich kilometerdicke Sedimentschichten darüber ab. Im Laufe der Jahrmillionen wurde dieses Deckengebirge wieder abgetragen. So kam der Gesteinskörper aus Graniten und Quarzdioriten zum Vorschein.

Das Felsenmeer bei Lautertal-Reichenbach entstand aber erst in jüngerer Zeit. Es ist sozusagen ein »Fenster« in diese ferne Vergangenheit. Durch Verwitterungsprozesse im Tertiär wurden die granitartigen Gesteine zunächst in kleinere kantige Blöcke aufgespalten. Dann setzte die Verwitterung

Das Felsenmeer bei Lautertal-Reichenbach wurde schon von den Römern als Steinbruch genutzt.

an den Kanten an, die die größte Angriffsfläche bieten. So bildeten sich allmählich runde geröllartige Gesteinsblöcke heraus. Sie bewegten sich während der Eiszeiten zu Tale und sammelten sich auf einer Länge von rund 1 km im heutigen Felsenmeer.

Der Volksmund erklärte sich diese Ansammlung zugerundeter Blöcke mit der Sage von den zwei Riesen. Der eine lebte auf dem Felsberg, der andere auf dem Hohenstein. Sie gerieten in Streit und bewarfen sich gegenseitig mit Steinen. Der Hohensteiner war überlegen und begrub seinen Gegner schließlich unter den Blöcken. Gelegentlich soll man Letzteren heute noch darunter brüllen hören. Ein geologisch-historischer Lehrpfad mit 16 Tafeln erschließt das Gelände.

Deutsches Elfenbein-museum in Erbach

Erbach kam durch gräflichen Wunsch zur Elfenbeinschnitzerei. Franz I. zu Erbach-Erbach führte diese Kunst 1783 ein. Dank seiner Initiative entwickelte sich Erbach zu einem bedeutenden Zentrum der Elfenbeinverarbeitung.

Graziöse Skulpturen im Deutschen Elfenbeinmuseum

Im Gefolge dieser Entwicklung entstand das Deutsche Elfenbeinmuseum, das einzige Museum dieser Art weltweit, das in ständiger Ausstellung über 2000 Exponate zeigt: Elfenbeinkunst aus verschiedenen Epochen und Ländern vom Mittelalter bis zur Gegenwart. Die Geschichte dieses Handwerks ist hier ebenso dokumentiert wie die technologische Entwicklung. Täglich finden Schnitzvorführungen in der Museumswerkstatt statt – wegen der Artenschutzbestimmungen aber nur mit fossilem Mammutelfenbein!

Schlosses, 1736 hat man einen relativ schlichten Barockflügel angesetzt. Der Rittersaal erhielt sein neugotisches Gepräge 1804; die Glasmalereien sind jedoch echte Gotik und stammen aus Altenberg an der Lahn. Auch das Rathaus aus dem 16. Jh. und das zu den Burgmannenhöfen zählende Templerhaus auf der Städtelmauer haben ihren besonderen Charme. Ein Unikum ist das Deutsche Elfenbeinmuseum in Erbach, in dem sich alles ums Elfenbein dreht.

⑨ Miltenberg Das Schnatterloch, der schmucke Marktplatz in der dicht gedrängten Altstadt auf dem linken Mainufer, ist eines der meist fotografierten Motive in Deutschland. Hochgiebelige Fachwerkhäuser aus verschiedenen Jahrhunderten säumen den leicht ansteigenden Platz mit dem achteckigen Renaissancebrunnen in seiner Mitte. Das älteste und stattlichste Haus stammt aus der Spätgotik. Über der Stadt ragt stolz die um 1200 errichtete Mildenburg empor.

⑩ Bürgstadt In dem idyllischen Weinort am Main gibt es mehrere ganzjährig geöffnete Häckerwirtschaften, die eine deftige Vesper zum selbst erzeugten Wein anbieten. Die Martinskapelle stammt aus dem 10. Jh., die Ruine der Centgrafenkapelle aus dem 16. Jh., und das Rathaus geht auf das Jahr 1590 zurück.

⑪ Freudenberg Das Mainstädtchen mit seinen Fachwerkhäusern und den verwinkelten Gassen hat eine sehenswerte Burg aus dem 11. Jh. mit einem einzigartigen Bergfried. Alle zwei Jahre finden dort die Burgfestspiele statt. In der Friedhofskapelle sind schöne Fresken aus dem 13. Jh. freigelegt worden.

⑫ Wertheim Über der idyllischen Altstadt ragt der Burgberg mit einer der am besten erhaltenen Burgruinen Deutschlands auf. Graf Wolfrum I. ließ die Burg zu Anfang des 12. Jh. erbauen; der bekannte Zehnringeturm wurde dann erst im 15. Jh. zur Sicherung der Schlucht errichtet. Von hier oben genießt man einen wunderbaren Blick weit hinein in Spessart und Taubertal. Im Stadtzentrum liegt die gotische Pfarrkirche aus dem 14. Jh. mit den zehn Renaissance-Grabmälern der Wertheimer. Auf dem Marktplatz, den beiderseitig gut erhaltene Fachwerkhäuser zieren, befindet sich der 1574 aus rotem Sandstein geschaffene Engelsbrunnen.

⑬ Würzburg Schon in vorgeschichtlicher Zeit war der links des Mains gelegene Würzberg besiedelt. Die Stadt Würzburg wurde 742 durch den päpstlichen Legaten Bonifatius zum kanonischen Bistum erhoben.
Zu den wichtigsten Sehenswürdigkeiten zählt heute die Festung Marienberg hoch über dem Main, in der das Mainfränkische Museum seinen Sitz hat. Hier beeindrucken in erster Linie die Werke des Bildhauers Tilman Riemenschneider.
Die Residenz, ein Meisterwerk des Barocks und der wohl vollkommenste Palastbau im 18. Jh., wurde im Wesentlichen von Balthasar Neumann entworfen. Das Schloss war nicht nur Stadtpalais, sondern gleichzeitig auch ein Denkmal für die Familie der Fürstbischöfe von Schönborn. Napoleon bezeichnete es als »Europas größten Pfarrhof«. Neumann war nicht nur ein genialer Baumeister, sondern auch ein großartiger Organisator, der die namhaften Künstler seiner

Zeit versammelte, wie etwa den Stuckateur Antonio Bossi oder den venezianischen Maler Giambattista Tiepolo, der um 1750 nach Würzburg gekommen war, um im Treppenhaus der Residenz das größte Deckenfresko der Welt sowie die Fresken im Kaisersaal zu schaffen.

Die bedeutendsten Kirchen der Stadt sind der romanische Kiliansdom, die mittelalterliche Marienkapelle auf dem Marktplatz, die ebenfalls von Neumann geschaffene Wallfahrtskirche Käppele und die Neumünsterkirche mit ihrer herrlichen Barockfassade. Im Lusamgärtlein im Norden der Neumünsterkirche soll der Minnesänger Walther von der Vogelweide begraben sein.

14 Tauberbischofsheim Das Fechtsportzentrum im Taubertal wird vom ehemaligen Kurmainzischen Schloss, dem dazugehörigen Türmersturm und einem schönen Fachwerkensemble aus dem 15. und 16. Jh. geprägt. Sehenswert ist auch der Altar aus der Riemenschneider-Schule in der Pfarrkirche St. Martin.

15 Hardheim Den baulichen Charakter des alten Dorfes repräsentiert am besten das Gasthaus »Ochsen« mit den benachbarten Häusern. Schloss und Marstallgebäude stammen aus der Mitte des 16. Jh. Die heutige Erftalhalle ist ein im Stil der Renaissance ausgeführter Bau, ursprünglich eine Zehntscheuer.

16 Walldürn Der Ort ist durch die Wallfahrt zum Heiligen Blut bekannt geworden. Sie geht auf eine Legende zurück, nach der sich 1330 konsekrierter Wein als Blut auf das Kelchtuch ergossen haben soll. Die Basilika zählt zu den schönsten Barockkirchen der Umgebung. Einen Besuch wert ist auch das Odenwälder Freilandmuseum.

17 Buchen Die Buchener Mariensäule ist das Wahrzeichen des »Madonnenländchens«, das den badischen und bayerischen Teil des Odenwaldes umfasst. Die Bezeichnung stammt von den vielen Bildstöcken, die über das Land verteilt sind. Rund um Buchen wird viel Grünkern an-

gebaut, also unreif geernteter und gedarrter Dinkel.

18 Amorbach Am östlichen Ausläufer des Odenwalds versteckt sich der Ort in einem Talkessel. Seinen Namen verdankt er dem heiligen Amor, der im Jahre 734 hier ein Benediktinerkloster gründete. Von dessen Grundbestand ist nichts mehr erhalten – dafür hat die mit dem Barock aufgekommene Baulust gesorgt. 1742–1747 wurde die Abteikirche mit neuem Chorgestühl, Deckenfresken und herrlichem Stuck der Wessobrunner Schule, von der auch der Hochaltar stammt, im Stil des Rokokos komplett neu errichtet. Die Kirche enthält Europas größte Barockorgel. Auch die ehemaligen Konventsbauten wurden 1782 bis 1789 im Stil des Rokokos umgestaltet. Der letzte Abt von Amorbach hatte für den Umbau Franz Ignaz Michael Neumann verpflichtet, den Sohn des berühmten Barockarchitekten.

1 Historisches Mainstädtchen wie aus dem Bilderbuch: Miltenberg

2 Berühmt für seine bedeutende Geweihsammlung: Schloss Erbach

3 Würzburg: die Gartenseite der fürstbischöflichen Residenz

4 Wertheim mit Tauberpromenade, Kittsteinturm und Burgruine

Eberstadter Tropfsteinhöhle

Die Entdeckung der Eberstadter Tropfsteinhöhle erfolgte 1971 durch Zufall. Bei einer Sprengung im Steinbruch öffnete sich ein mannsgroßer Spalt. Bereits die erste Besichtigung offenbarte die einzigartige Schönheit der Tropfsteine in der zwischen 1 und 2 Millionen Jahre alten Höhle. In dieser Zeitspanne entstanden an den Decken und am Höhlenboden einzigartige Sinterformationen: die herabhängenden Stalaktiten und die aufrecht stehenden Stalagmiten.

Stalaktiten und Stalagmiten in der Eberstadter Tropfsteinhöhle

Höhepunkte einer Besichtigung sind ein durch Sinterterrassen entstandener kleiner Höhlensee sowie eine Gruppe mit Namen versehener riesiger Tropfsteine: »Weiße Frau von Eberstadt«, »Elefantenrüssel« oder »Hochzeitstorte«. Rund 100 000 Besucher jährlich lassen sich durch diese märchenhaft anmutende Unterwelt führen.

1

Bergstraße

An der Westflanke des Odenwalds reihen sich entlang der rund 70 km langen Bergstraße beschauliche Fachwerkstädtchen, mittelalterliche Burgen und alte Adelshöfe wie Perlen an einer Schnur. Aber auch die Flora dieser Region ist von großem Reiz: Aufgrund des sehr milden Klimas am Rand des Rheingrabens und geschützt vor rauen Ostwinden zieht hier der Frühling früher als sonst in Deutschland ein, gedeihen Zedern und Mammutbäume, Mandel-, Pfirsich- und Kirschbäume, ja in manchen Lagen selbst Südfrüchte.

25 Darmstadt Die viertgrößte Stadt Hessens hat sich ihren Charakter als alte Residenzstadt bewahren können. Die feudale Vergangenheit – Darmstadt war Sitz der Landgrafen und späteren Großherzöge von Hessen-Darmstadt – ist rund um die Ludwigssäule am Luisenplatz noch immer lebendig.
Den Mittelpunkt der Stadt bildet das Schloss, mit dessen Bau 1375 begonnen wurde. Im 16. Jh. erhob man es zur

Residenz, und Anfang des 18. Jh. wurde sein Erscheinungsbild durch zwei Flügel ins Monumentale gesteigert. Im Glockenbau des Schlosses residiert ein sehenswertes Museum mit Hans Holbeins »Darmstädter Madonna«. Das Hessische Landesmuseum befindet sich am Eingang zum Herrngarten, dem Schlosspark. Dieser erstreckt sich nach Norden hin bis zum Prinz-Georg-Palais aus dem 18. Jh., das die Großherzogliche Porzellansammlung beherbergt. Auf Großherzog Ernst Ludwig geht die Mathildenhöhe zurück, eine aus mehreren Häusern und einem gemeinsamen Atelier bestehende Künstlerkolonie im Jugendstil, die sieben Architekten, Maler und Bildhauer – darunter Joseph Maria Olbrich und Bernhard Hoetger – um die Zeit der vorletzten Jahrhundertwende errichteten. Weithin sichtbar ist der das Ausstellungsgelände überragende »Hochzeitsturm« mit dem charakteristischen fünffach gestuften Dach. Einen Besuch wert ist auf dem höchsten Punkt der Mathildenhöhe das städtische Aus-

stellungsgebäude mit seinen kubischen Baukörpern.

26 Bickenbach Hier hatte sich nach den Napoleonischen Kriegen die Tabakverarbeitung etabliert, die rund ein Jahrhundert lang dominierte. 1846 wurde die Gemeinde an die Bahn angeschlossen. Beiden Themen sind Ausstellungen im Heimatmuseum gewidmet.

27 Zwingenberg Die gleichnamige Burg sicherte einst die Bergstraße, die ja lange Zeit ein bedeutender Handelsweg war. Um sie herum entstand seit dem 13. Jh. eine Unterstadt, die zahlreiche ansehnliche Fachwerkhäuser, ein barock umgestaltetes Schlösschen sowie die ehemalige Kellerei mit ihrem geschweiften Renaissancegiebel umfasst.

28 Auerbach Hauptattraktionen des Orts sind der herrliche Blick über die Rheinebene, den man von der malerischen Schlossruine – der größten an der Bergstraße – aus genießt, und der im 18. Jh. entdeckte Gesundbrunnen.

2

Außerdem sind hier einige Bauwerke aus dem 18. Jh. wie Herrenhaus und Wachgebäude sehenswert.
Über Bensheim und Heppenheim, die auch an der Straße der Nibelungen bzw. der Siegfriedstraße liegen, gelangt man nach Weinheim an der Bergstraße.

29 Weinheim an der Bergstraße Die Stadt knapp 20 km nördlich von Heidelberg weist noch Reste einer mittel-

alterlichen Befestigung auf. Die sorgfältig renovierten Fachwerkhäuser werden von der Burgruine Windeck aus dem 12. Jh. und der Wachenburg von 1913 überragt.

30 Schriesheim Trotz mehrerer Zerstörungen des Städtchens ist das historische Zentrum erhalten geblieben. Krumme Gassen und gewundene Stichstraßen lassen eine gemütliche Stimmung aufkommen. In der Altstadt

in Leimen gegründet. Das Fabrikgebäude von 1954 ist sehenswert.

33 **Wiesloch** In dem Weinstädtchen findet alljährlich das »Kurpfälzische Weinfest« statt, das größte seiner Art in Baden-Württemberg. Wein war hier seit dem Mittelalter ein »Grundnahrungsmittel«. Aus jener Zeit stammen noch Reste der Stadtmauer mit drei Wehrtürmen, darunter der »Sauermilchhaffe«. Wiesloch rühmt sich der ersten »Tankstelle« der Welt: Bertha Benz kaufte 1888 auf der ersten Fernfahrt mit dem Motorwagen ihres Gatten in der hiesigen Apotheke Benzin!

1 Blick über den Neckar auf die Schlossruine, die Alte Brücke und die Altstadt von Heidelberg

2 Hochzeitsturm, russische Kapelle und Wasserbecken in der Künstlerkolonie Mathildenhöhe in Darmstadt

3 Fachwerk in Zwingenberg

4 Altstadtgasse in Weinheim an der Bergstraße

---

befinden sich zahlreiche Gasthäuser und Weinstuben, in denen der einheimische Wein ausgeschenkt wird. Das Fachwerkrathaus stammt aus dem Jahre 1648, wurde in späteren Jahrhunderten aber verändert. In der Erdgeschosslaube steht ein Pranger aus dem Jahre 1540.

31 **Heidelberg** Die idyllisch gelegene altehrwürdige Universitätsstadt am Neckar gilt als eine der Wiegen der deutschen Romantik. Die Altstadt wird von der berühmten Schlossruine überragt. Der riesige und terrassenförmig angelegte Schlosskomplex wurde vom 13. bis 16. Jh. mehrfach um- und ausgebaut; er stellt deshalb heute eine faszinierende Mischung aus Burg und Schloss mit Gotik- und Renaissance-Elementen dar. Glanzlichter des Schlosses sind die Renaissancebauten, hier vor allem der Ottheinrichsbau (1557–1566) und der Friedrichsbau (1601–1607).

Vom Schloss herab bieten sich herrliche Blicke auf die Altstadt, in deren Zentrum die spätgotische Heiliggeistkirche mit Grabmälern der Kurfürsten steht. Sie liegt direkt am Marktplatz mit seinem historischen Marktbrunnen.
Zu den Wahrzeichen der Stadt gehört auch die Alte Brücke mit ihrem noch erhaltenen mittelalterlichen Brückentor. Hat man sie überquert, ist es nicht mehr weit zum berühmten Philosophenweg am Hang des Michelsbergs.

Von hier präsentieren sich Altstadt, Neckar und das Schloss von ihrer schönsten Seite.

32 **Leimen** Die Stadt ist heute vor allem als Geburtsort des »Leimeners« Boris Becker bekannt. Kurz nach 1900 wurde hier Baustoffgeschichte geschrieben, als der Österreicher Ludwig Hatschek den Faserzement Eternit (von lateinisch »aeternus« = ewig) entwickelte. 1929 wurden die Eternit-Werke

Naturpark Bergstraße-Odenwald

Der Odenwald ist eine klassische Mittelgebirgslandschaft mit Buchenhallen- und Eichenmischwäldern sowie zahlreichen Hecken aus Schlehdorn, Liguster, Haselnuss und Holunder, die Tieren Unterschlupf und Nahrung bieten. Die abwechslungsreiche Land-

Blumenwiesen im Naturpark

schaft ermöglicht eine große Artenvielfalt. Hier kann man exemplarisch die mitteleuropäische Fauna kennen lernen, etwa Waldohreule und Steinkauz, Sperber und Turmfalke, Eisvogel und Wasseramsel sowie Rothirsche. Der 3200 km² große Naturpark Bergstraße-Odenwald zwischen Rhein, Neckar und Main soll mit dazu beitragen, diese einzigartige Landschaft zu erhalten. Besonders gefährdete und empfindliche Ökosysteme sind als Naturschutzgebiete ausgewiesen, wie das Felsenmeer bei Lautertal-Reichenbach und die Bruchwiesen von Dorndiel.

Mit der Säkularisierung im Jahr 1803 fiel die Abtei dem Fürsten von Leiningen zu, der sie zum Schloss umbauen ließ. Unbedingt besichtigen sollte man den Grünen Saal und die Bibliothek der Benediktiner, die beide bereits auf den beginnenden Klassizismus hinweisen.

19 Hesseneck Unweit des Ortsteiles Hesselbach, wo die Bundesländer Baden-Württemberg, Bayern und Hessen aneinander stoßen, markieren Turmreste und rekonstruierte Wachttürme mit Palisadenzaun den einstigen Verlauf des Odenwald-Limes, der damals die Grenze zwischen dem Römischen Reich und den Germanenstämmen bildete. Ein jüngeres historisches Bauwerk ist das imposante Haintal-Viadukt bei Kailbach, einem weiteren Ortsteil von Hesseneck. Es wurde 1881 beim Bau der Eisenbahnlinie durch den Odenwald errichtet.

20 Beerfelden Vom Galgenberg aus bietet sich ein idyllischer Rundblick. Hier steht der besterhaltene Galgen Deutschlands: drei Säulen aus Buntsandstein mit Querträgern, datiert 1597. Die grandiose Umgebung galt als strafverschärfend: Der Missetäter sollte noch einmal der Schönheit der Welt gewahr werden, bevor er sie verlassen musste.

21 Mossautal Hier soll sich das Jagdrevier der Nibelungen be-

funden haben und am Lindelbrunnen Siegfried erschlagen worden sein. Allerdings wetteifern auch noch andere Brunnen in der Umgebung um dieses Privileg. Die Papiermühle wurde vor 150 Jahren in eine Getreidemühle umgewandelt, die Anlagen für die Papierherstellung sind noch vorhanden.

22 Grasellenbach Das noch ursprüngliche Handwerker- und Bauerndorf hatte im 19. Jh. durch die Verarbeitung des Buntsandsteins eine Blütezeit erlebt. Die Etymologie des Namens ist nicht restlos geklärt: Vermutlich setzt er sich aus »Gras« und »Ellen« für »Ulme« und »Biegung« zusammen. Dem-

nach hieße der Ort »Wiesengrund an einer Bachkrümmung«.

23 Fürth Die Gemeinde mit ihren elf Ortsteilen rühmt sich eines 450 km langen Netzes von Wanderwegen, die die ausgedehnten Mischwälder erschließen. Der Ort selbst glänzt durch Fachwerkbauten und Kirchen, einen Bergtierpark im Ortsteil Erlenbach und die Wallfahrtskirche der hl. Walburga in Weschnitz.

24 Heppenheim In der Stadt an der Bergstraße findet alljährlich im Frühsommer ein großes Weinfest statt. Mit ihren Fachwerkhäusern im Zentrum, vor allem um den Großen Markt, hat sich

die Stadt ihr mittelalterliches Aussehen bewahrt. Die Pfarrkirche St. Peter wirkt vielleicht im Vergleich dazu etwas mächtig. Aber dieser »Bergsträßer Dom« ist ja auch neugotischen Stils. Auf einem Hügel im Süden liegt die Starkenburg, heute Sitz der Jugendherberge. Von Heppenheim sind es nur noch wenige Kilometer nach Lorsch, wo sich Siegfried- und Nibelungenstraße vereinigen.

1 Heppenheim: Blickfang am Marktplatz ist das Fachwerk-Rathaus, dahinter der »Bergsträßer Dom St. Peter«.

2 Amorbach: Abteikirche und Konventsgebäude, im 18. Jh. im Rokokostil umgestaltet

Darmstadt Mosaik »Die Treue« von Friedrich Wilhelm Kleukens im Hochzeitsturm auf der Mathildenhöhe. Die aus mehreren Häusern und einem gemeinsamen Atelier bestehende Künstlerkolonie wurde um 1900 in Darmstadt von sieben Jugendstilkünstlern errichtet.

Worms Der mächtige, die Rheinbrücke überspannende Nibelungenturm bildet das Eingangstor nach Worms, einer der ältesten Städte Deutschlands.

Lorsch Die karolingische Torhalle, inzwischen UNESCO-Weltkulturerbe, ist das einzige erhaltene Relikt eines 764 gegründeten Klosters.

Erbach Die Hirschgalerie in Schloss Erbach präsentiert in einem Prunksaal eine der bedeutendsten Sammlungen von Geweihen. Sehenswert ist auch der Rittersaal.

Michelstadt Das Rathaus mit seinen Turmerkern zählt zu den schönsten seiner Art. Der auf schweren Eichenpfosten ruhende Bau von 1484 ist ein Glanzstück hessisch-fränkischer Fachwerkarchitektur.

Miltenberg Das romantische Mainstädtchen erstreckt sich auf einem schmalen Uferstreifen zu Füßen der Mildenburg. Hochgiebelige Fachwerkhäuser bilden eine einmalige Kulisse, wie etwa am Schnatterloch, dem Marktplatz mit dem Renaissancebrunnen von 1583.

Wertheim Die an der Mündung der Tauber in den Main gelegene Stadt hat die Ruine einer der ältesten Steinburgen Süddeutschlands vorzuweisen (rechts im Bild). Im Vordergrund die Tauber und der runde Kittsteinturm.

Heppenheim Das Fachwerkrathaus mit seinem Glockenspiel ist eine der Hauptattraktionen des Städtchens an der Bergstraße.

Weinheim/Bergstraße Fachwerkhäuser und die Burgruine Windeck machen den Charme dieses mittelalterlichen Städtchens aus.

Naturpark Bergstraße-Odenwald Im 1960 eingerichteten Naturpark laden zahlreiche Wanderparkplätze und -wege dazu ein, die vielfältige Fauna und Flora des Odenwalds zu erkunden.

Amorbach Glanzpunkt des Odenwaldorts ist die 1742–1747 errichtete Abteikirche mit einer der größten Barockorgeln Europas.

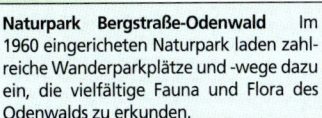

Heidelberg Die berühmte Schlossruine überragt Heidelberg, die altehrwürdige Universitätsstadt, die als eine Wiege der deutschen Romantik gilt. Der von 1300 bis 1600 mehrfach umgebaute Komplex stellt eine höchst eigenwillige Mischung aus Burg und Schloss dar und vereint gotische und Renaissance-Elemente.

Würzburg Als ein Meisterwerk der Barockarchitektur gilt die Würzburger Residenz von Balthasar Neumann. Vor dem Palast steht der Frankoniabrunnen mit den Figuren Walthers von der Vogelweide, Tilman Riemenschneiders und Matthias Grünewalds.

Schloss Geyerswörth in Bamberg: Das einstige fürstbischöfliche Stadtschloss wurde 1587 vollendet.

Route 13

Burgen und Schlösser

Auf der Burgenstraße von Mannheim nach Bayreuth

Rund sechzig Burgen, Schlösser und Ruinen verbindet die bereits 1954 als Ferienstraße ausgewiesene Burgenstraße zwischen Mannheim und Bayreuth. Sie führt von West nach Ost durch touristische Kleinode und reizvolle Landschaften mit ständig wechselnder Szenerie. Außerdem warten etwa hundert Museen entlang der Route auf Besucher. Im Jahr 1994 wurde die Burgenstraße bis Prag verlängert. Dieser Beitrag beschränkt sich jedoch auf den deutschen Abschnitt der Ferienstraße.

Die Burgenstraße nimmt beim Kurfürstlichen Schloss in Mannheim ihren Anfang und verläuft weiter über Schloss Schwetzingen und Schloss Heidelberg. Erst später kommt die erste Burg, die Kaiserpfalz in Wimpfen. Tatsächlich ist diese Burgenstraße überwiegend eine Schlösserstraße. Was macht aber nun eine Burg aus, was ein Schloss?

Im frühen Mittelalter war die Burg zunächst einmal eine große Wohnanlage

mit Erdwällen und Holzpalisaden, vielleicht auch schon mit Steinmauern. Sie diente den Bewohnern und den Menschen des Umlandes als Fluchtburg. Solche Anlagen waren auch kirchliche Zentren. Aus ihnen entstanden später Städte, und die Bezeichnung »...burg« ist heute oft noch im Ortsnamen anzutreffen, etwa bei Augsburg oder Rothenburg.

Vom 12. Jh. an bekamen viele Adlige das Recht, ihre Häuser zu Festungen auszu-

Heiligenfiguren auf dem Zwölfbotenaltar in der Jakobskirche zu Rothenburg ob der Tauber

Hoch über Altstadt und Neckar erhebt sich die Ruine des Heidelberger Schlosses. Fünf Jahrhunderte lang regierten hier die Kurfürsten von der Pfalz.

Die Veste Coburg, auch die »Fränkische Krone« genannt, ist eine der größten mittelalterlichen Burgen in Deutschland.

bauen. So entstanden an schwer zugänglichen Stellen wie auf Höhenzügen oder inmitten von Wasser Festungen mit mehrfachen Wehrmauern, Zwingern (dem Raum zwischen den Mauern), Toren, Türmen, Sälen, Wohnbauten, Kapellen, Ställen und heizbaren Räumen. Man bezeichnete sie mit einem Lehnwort als Kemenaten – von *camera caminata*, »Kaminzimmer«. Zu jener Zeit war der König oder Kaiser ein Reisender in Sachen Macht. Er zog dauernd im Land umher. Als Unterkunft gab es an vielen Orten eine Pfalz wie in Wimpfen oder Forchheim. Sie war meist burgartig befestigt und wurde von einem Grafen verwaltet. Mit dem Aufkommen der Feuerwaffen seit dem 14. Jh. verlor die Burg als befestigter Ort allmählich an Wert. Im 16. Jh. war sie den Sprengmitteln nicht mehr gewachsen und wurde zum Schloss. Schlösser waren nun nicht mehr

befestigt und dienten als repräsentative Residenzen. Bald wurden sie so prächtig und prunkvoll, wie es im Mittelalter nur die Kirchen gewesen waren. Die große Zeit der Schlösser war das Barock.
Rund 100 Museen ermöglichen längs der Burgenstraße eine Reise in die Vergangenheit. Zum Beispiel gibt das Hohenloher Freilandmuseum bei Schwäbisch Hall Einblicke in die bäuerliche Kultur von anno dazumal. Von der Flussschifffahrt erzählen das Museumsschiff in Mannheim und das Neckar-Schifffahrtsmuseum in Heilbronn. Liebhaber von Oldtimern besuchen die Sammlung des Schlosses Langenburg und das Verkehrsmuseum in Nürnberg. Auffallend ist die Zahl der Spielzeugmuseen: In Nürnberg, Coburg, Neustadt bei Coburg, Kulmbach, Gößweinstein und Rothenburg ob der Tauber taucht man ein in die Welt der Kindheit.

Heidelberg: Der Karzer im Pedellenhaus wurde in den Jahren 1778 bis 1914 benutzt.

Perkeo und das Große Fass

Das weltberühmte, 1751 in Auftrag gegebene Riesenfass im Heidelberger Schloss mit seinen 221 726 Liter Fassungsvermögen hatte schon zwei Vorgänger. Sie sollten den Zehnten der Weinernte als kurfürstlichen Anteil aufnehmen. Darin wurde der gesamte Wein aus der Pfalz mit all seinen Fehlern zusammengemixt und dann an der kurfürstlichen Tafel ausgeschenkt. Dass es also mehr auf Quan-

Perkeo: Fasswächter und Hofnarr

tität denn auf Qualität ankam, zeigt auch die Gestalt des Südtirolers Klemens Perkeo: Der zwergenwüchsige Hofnarr galt als so trinkfest, dass behauptet wurde, er könne das ganze Fass alleine austrinken. Seinen Namen soll er von der Antwort haben, die er auf jede Einladung zum Trinken gab: »Perchè no?« – »Warum auch nicht?« Seine Statue steht auf einem Sockel gegenüber dem Großen Fass.

Die Burgenstraße verbindet Städte wie Heidelberg, Schwäbisch Hall, Rothenburg, Bamberg und Bayreuth. Die Schlösser und Burgen liegen oft einmalig eingebettet in romantische Landschaften. Zur Burgenstraße gehören auch ungezählte Veranstaltungen, von Mittelalterfesten über Dampflokfahrten bis zum Wohnen im Schloss.

❶ Mannheim Wo der Neckar in den Rhein mündet, liegt die ehemalige vorderpfälzische Residenzstadt – im 17. Jh. planmäßig auf einem schachbrettartigen Grundriss in 144 Rechtecken angelegt. Bis heute gibt es in der Innenstadt deshalb keine Straßennamen – jeder Häuserblock ist vielmehr mit einem Buchstaben und einer Zahl gekennzeichnet. Gründervater der Schachbrettanlage war Kurfürst Johann Wilhelm, der der Stadt auch einen Festungsring gab. Der eigentliche Aufstieg Mannheims begann mit Kurfürst Carl Philipp, der ab 1720 das neue Residenzschloss errichten ließ. Es geriet zu einer der größten barocken Schlossanlagen Deutschlands, wurde im letzten Krieg jedoch völlig zerstört und dient nach seiner Restaurierung mit seinen über 400 Räumen hauptsächlich der Universität. Originalgetreu restauriert wurden dagegen das Treppenhaus mit den Deckenfresken von Cosmas Damian Asam und der Rittersaal mit dem Deckenfresko ebenfalls von Asam. Unversehrt erhalten blieb das 1755 von Nicolas de Pigage für die Kurfürstin Elisa-

beth Augusta errichtete Bibliothekskabinett. Die Schlosskirche präsentiert sich mit den Deckenfresken von Cosmas Damian Asam komplett erneuert.

❷ Ladenburg Bis in die römische Zeit datiert die Geschichte der Stadt am unteren Neckar, die als Hauptort des Lobdengaus während der fränkisch-karolingischen Herrschaft und als Sitz der Wormser Bischöfe im Mittelalter ihre Blütezeiten erlebte. Im gut erhaltenen mittelalterlichen Zentrum erinnert eine Markierung vor der gotischen St.-Gallus-Kirche an die ehemalige römische Marktbasilika. Sehenswert sind auch die frühromanische St.-Sebastians-Kirche und der Bischofshof (16./17. Jh.), in dem das Lobdengau-Museum über die Ortsgeschichte informiert. Von hier sind es nur rund 20 km bis Schwetzingen.

❸ Schwetzingen Nicht nur als Zentrum des Spargelanbaus ist diese Stadt berühmt, sondern auch wegen eines herrlichen Lustschlosses. Im 18. Jh. kam die kurpfälzische Hofgesellschaft aus Mannheim, um den Sommer im

Reiseinformationen

Routen-Steckbrief
Routenlänge: ca. 530 km (ohne Abstecher)
Zeitbedarf: mind. 6–8 Tage
Start: Mannheim
Ziel: Bayreuth
Routenverlauf: Mannheim, Schwetzingen, Heidelberg, Neckargmünd, Bad Rappenau, Heilbronn, Öhringen, Schwäbisch Hall, Rothenburg o.d. Tauber, Ansbach, Nürnberg, Forchheim, Waischenfeld, Bamberg, Lichtenfels, Coburg, Kronach, Kulmbach, Bayreuth

Besonderheiten:
Von Burg zu Burg und von Schloss zu Schloss auf dem Fahrrad – das können Pedalritter auf dem Burgenstraßen-Radweg. Die Strecke führt auf ca. 1000 km Länge von

Mannheim bis nach Prag vorbei an den prachtvollen Zeugen der Geschichte.

Auskünfte:
»Die Burgenstraße« e.V., Allee 28, 74072 Heilbronn, Tel. (0 71 31) 56 40 28, Fax (0 71 31) 56 40 29, www.burgenstrasse.de
Hohenlohe und Schwäbisch Hall Tourismus e.V.
Stauffenbergstr. 35–37, 74523 Schwäbisch Hall, Tel. (07 91) 58 01-20, Fax (07 91) 58 01-13, www.hohenlohe-tourismus.de
Tourismusverband Franken
Postfach 440453, 90209 Nürnberg, Tel. (09 11) 9 41 51-0, Fax (09 11) 9 41 51-10, www.frankentourismus.de

3

4

heim verlegt wurde, verlor Heidelberg zwar an Bedeutung, doch das kulturelle Leben der Universitätsstadt blühte weiter und schuf den fruchtbaren Boden für die deutsche Romantik.

Beherrscht wird die Stadt von der Ruine des kurfürstlichen Schlosses aus dem 13. Jh., dessen berühmtester Bauteil, der Ottheinrichsbau, aus der Zeit der Renaissance stammt. Im Jahr 1693 fiel das Schloss den Angriffen der Franzosen zum Opfer. Flaniert man vom Bismarckplatz über die von Läden und Cafés gesäumte Hauptstraße und ihre Nebenstraßen zum Karlstor, besucht man sozusagen im Vorbeigehen die meisten Sehenswürdigkeiten, darunter den Marktplatz mit Rathaus von 1700 und die Heilig-Geist-Kirche aus dem 15. Jh., die Friedrich-Ebert-Gedenkstätte und das Großherzogliche Palais mit prunkvollen Repräsentationsräumen. Ein beliebtes Fotomotiv ist der Blick von der Karl-Theodor-Brücke auf das zweitürmige Brückentor und das Schloss.

Viel Wissenswertes über die Pfalz erfährt man im Kurpfälzischen Museum im barocken ehemaligen Palais Morass.

5 **Neckargemünd** Die einstmals freie Reichsstadt drängt sich auf engem Raum um die Mündung der Elsenz in den Neckar. Im historischen Stadtkern erwarten den Besucher prächtige Fachwerkhäuser, das klassizistische Karlstor von 1788 und das ursprünglich als Kirche erbaute Alte Rathaus aus dem Jahr 1771.

6 **Neckarsteinach** Vier Burgen bewachten einst das Städtchen am Zusammenfluss von Steinach und Neckar. Zwei der alten Adelssitze der Ritter von Steinach sind heute Ruinen. Das Wahrzeichen der Stadt, die aus dem 13. Jh. stammende Ruine Schadeck, wird wegen ihrer La-

1 Blick über den Fluss auf das Städtchen Neckargemünd

2 Eines der Wahrzeichen Mannheims: der 1888 errichtete Wasserturm am Friedrichsplatz

3 Am Fuß der Burg: das Städtchen Hirschhorn am unteren Neckar

4 Der Marktplatz von Ladenburg mit dem Marienbrunnen

Schloss und in seinen herrlichen Gärten zu verbringen. Seine heutige Form erhielt die Residenz unter Kurfürst Johann Wilhelm (1690–1716). Karl Theodor ließ ein Rokokotheater erbauen und den Park neu anlegen. Von 1777 an wurde die Anlage durch den

Architekten Ludwig Sckell um einen englischen Landschaftsgarten erweitert. In die mit Skulpturen, Wasserflächen, Alleen und Terrassen ausgestatteten Gärten ist eine historisierende Architektur eingestreut. Die »Moschee« spiegelt die im 18. Jh. aufkom-

mende Kunstrichtung des Orientalismus wider.

4 **Heidelberg** Im Mittelalter ein Fischerdorf, vergrößerte sich Heidelberg bis zum 14. Jh. zur Residenzstadt der Pfälzer Kurfürsten. Als die Residenz 1720 nach Mann-

ge auf einer Bergkuppe auch »Schwalbennest« genannt. Vom Aussichtsturm der Ruine Hinterburg genießt man einen herrlichen Blick auf den Ort, das Neckartal und den Odenwald.

7 Hirschhorn Wo der Neckar in einer großen Schleife einen Felsriegel des Odenwalds umfließt, liegt das Städtchen Hirschhorn. Die »Perle des Neckartals« wird von der Burg der Herren von Hirschhorn bewacht. Die als Stadtmauern weitergeführten Burgmauern umfassen die malerische Altstadt mit dem spätgotischen Karmeliterkloster und der Marktkirche aus dem 17. Jh.

8 Eberbach Dieser liebenswerte Kurort liegt im Herzen des Naturparks Neckar-Odenwald. In der noch heute von den Resten der alten Befestigungsanlage umgebenen staufischen Altstadt bestimmen beachtenswerte Kirchen, Fachwerkhäuser, Brunnen und Türme das Bild. Auffällig sind die Sgraffito-Malereien an einigen Häusern. Von den Ecktürmen der Stadtmauer, die teilweise bestiegen werden können, genießt man eine fantastische Aussicht. Oberhalb der Stadt erhebt sich

die aus drei Burgen bestehende Burgruine Eberbach (11. Jh.). Die Funde der Burgen sind im Museum der Stadt ausgestellt. Am linken Neckarufer steht die Ruine Stolzeneck.

9 Zwingenberg Auf einem Höhenzug über dem Neckar erstreckt sich die gut erhaltene Anlage der einstigen Burg Zwingenberg mit der gleichnamigen Ortschaft. Über den Resten der im 13. Jh. zerstörten Burg errichtete man im 15. Jh. einen Neubau, der im 16. Jh. Veränderungen erfuhr.

10 Mosbach Das Städtchen an den südlichen Ausläufern des Odenwalds lädt ein zu einem Bummel durch die malerische Altstadt. Der Spaziergang führt an liebevoll restaurierten Wohnhäusern aus dem 15.–19. Jh. vorbei zum Marktplatz, zur spätgotischen Stadtkirche St. Juliana und zur ebenfalls spätgotischen Friedhofskapelle mit Wandmalereien.

11 Bad Rappenau Das historische Zentrum der modernen Bäderstadt ist das um 1600 erbaute dreigeschossige Wasserschloss. Am nördlichen Stadtrand liegt

einer der größten und schönsten Judenfriedhöfe Deutschlands mit 1137 Grabsteinen.

12 Bad Wimpfen Zu den Sehenswürdigkeiten des von einer Stadtmauer umgebenen Ortsteils Wimpfen im Tal gehört die frühromanische Ritterstiftskirche (13. Jh.) mit angrenzendem Kloster. Sichtbare Wahrzeichen von

Wimpfen am Berg sind die staufischen Türme der Kaiserpfalz. Romantische Fachwerkhäuser (darunter das Bügeleisenhaus, das ehemalige bürgerliche Spital, das Gasthaus Krone, das Riesenhaus, das Stadthaus der Herren von Ehrenberg) geben der Oberstadt ein mittelalterliches Gepräge. Einen Besuch lohnen auch die kostbar ausgestattete Stadtkirche,

die imposante Ritterstiftskirche mit einem hochgotischen Kreuzgang und die Pfarrkirche zum Heiligen Kreuz. Der schönste Blick auf die Altstadt und das Neckartal bietet sich vom westlichen Bergfried der Kaiserpfalz.

13 Heilbronn Das Renaissance-Rathaus (15./16. Jh.) mit seiner Astronomischen Uhr (16. Jh.) be-

werkhäusern (15./16. Jh.), barocken Bürgerhäusern und überdachten Holzbrücken geprägte Altstadt, die sich über dem Kocher aufbaut, gilt als eine der schönsten Süddeutschlands. Beeindruckend ist der von historischen Bauten gesäumte Marktplatz mit dem barocken Rathaus und dem gotischen Pranger. Über der Stadt thront weithin sichtbar die Stadtkirche St. Michael (15. Jh.). Eine Freitreppe führt zu ihr hinauf; im Sommer finden dort Freilichtspiele statt. In einem Wohnturm aus staufischer Zeit dokumentiert das Hällisch-Fränkische Museum die Geschichte der Reichsstadt Hall und ihrer Umgebung. Die Kunsthalle Würth präsentiert hochkarätige Kunst der Klassischen Moderne bis hin zur Gegenwart. Am linken Kocherufer erhebt sich St. Katharina, deren älteste Teile in die Zeit um das Jahr 1240 zurückreichen.

17 Langenburg Das fast 800 Jahre alte Städtchen liegt weithin sichtbar auf einer Bergnase. Die längliche, von zahlreichen Fachwerkhäusern geprägte Altstadt ist von Mauern, Stadttoren und Türmen umgeben. An ihrem östlichen Ende erheben sich die

reich ausgestattete evangelische Stadtpfarrkirche (16. Jh.) und das Obere Tor. Auf der gegenüberliegenden Seite des Stadtkerns thront an der Spitze des Bergsporns das Schloss Langenburg. Zu besichtigen sind die Schlosskapelle, der schöne Renaissance-Innenhof, der herrliche Barockgarten, die alte Bastion Lindenstamm und die im Schloss eingerichteten Museen. Unerwartet im historischen Gemäuer ist das Oldtimer-Museum, das etwa 80 verschiedene Modelle zeigt. Vom Rosengarten genießt man einen traumhaften Blick ins Jagsttal.

18 Rothenburg ob der Tauber Das romantische Städtchen Rothenburg ob der Tauber, dessen mittelalterliches Erscheinungsbild nahezu unversehrt bis heute

1 Schwäbisch Hall: Blick über den Kocher auf die Altstadt mit Michaeliskirche und dem »Neubau«

2 Burg Zwingenberg auf einem Höhenzug über dem Neckar

3 Das Rödertor im romantischen Rothenburg ob der Tauber

herrscht den Marktplatz. Mit dem Bau der nahe gelegenen Kilianskirche wurde schon 1278 begonnen. Südwestlich vom Marktplatz liegt der Deutschhof, einst Sitz des Deutschritterordens.

14 Öhringen In dem Schloss am Marktplatz ist die Stadtverwaltung untergebracht; die Innenausstattung stammt teilweise

noch aus dem 18. Jh. Das Lustschloss Friedrichsruhe kann man heute als Hotelgast erleben. Sehenswert ist noch die Stiftskirche mit dem geschnitzten Hochaltar (um 1500) und das Weygang-Museum, ein Dorado für Freunde des Zinns.

15 Neuenstein Das Renaissanceschloss derer von Hohenlohe ent-

stand um 1560 aus einer Wasserburg. Hervorzuheben sind der gotische Kaisersaal sowie die riesige Küche. Im Schloss ist das Hohenlohe-Museum samt Archiv untergebracht.

16 Schwäbisch Hall Die ehemalige Freie Reichsstadt liegt im tief eingeschnittenen Tal des oberen Kocher. Ihre von Fach-

erhalten geblieben ist, pries der Maler Ludwig Richter als »Märchen einer Stadt«.

Das einzigartige Stadtbild mit seinen roten Dächern, den ungezählten Türmchen, breiten niedrigen Zollhäuschen, viel Fachwerk und der Hafengasse aus dem späten Mittelalter, die noch original erhalten blieb, versetzt den Besucher in eine andere Zeit. Allein die in den Jahren 1350–1380 erbaute Stadtmauer, deren Wehrgänge auf einer Länge von 2 km vom Spitaltor zum Klingentor führen, besitzt zwölf Türme.

19 **Ansbach** Die einstige Residenzstadt ist stark vom Rokoko geprägt. Einer der bedeutendsten Schlossbauten des 18. Jh. ist das am Stadtrand gelegene Markgrafenschloss. Seine herrliche Barockfassade schuf Gabriel de Gabrieli. Hier beeindrucken der Prunksaal von 1734 mit üppigen Fresken von Carlo Carlone und das Spiegelkabinett mit seinen sehenswerten Porzellanfiguren. Im Hofgarten, um das Jahr 1723 angelegt, erinnert ein Gedenkstein an den hier am 17.12.1833 ermordeten Kaspar Hauser, der auf dem hiesigen Friedhof begraben wurde. Noch heute sind seine genaue Herkunft und der

Name des Mörders ungeklärt. Die Pfarrkirche St. Gumbertus erhebt sich mit ihren drei Türmen von 1594 eindrucksvoll über der Stadt. Die Hofkirche wurde mit ihrer ausladenden Saalkonstruktion zum Vorbild vieler anderer Kirchen in Bayern. In ihrem Inneren befinden sich die Grabstätten zahlreicher Herrscher von Ansbach, insbesondere der Hohenzollern. Der Ort ist am Ende jedes ungeraden Jahres Schauplatz eines internationalen Bach-Festivals.

20 **Wolframs-Eschenbach** Seit 1917 darf Eschenbach mit königlich-bayerischem Privileg Wolfram im Namen führen, den berühmten Dichter des Parzival. Wolfram von Eschenbach (um 1170–1220), einer der bedeutendsten Minnesänger des Mittelalters, stammte von hier und wurde hier begraben. Ein Museum im alten Rathaus informiert über sein Werk und seine Zeit. Die Stadt besitzt noch einen vollständig erhaltenen Mauerring. Das einstige Deutschordens-Schloss aus dem 17. Jh., heute Neues Rathaus, steht im harmonischen Gegensatz zu den einfacheren Fachwerkbauten am Marktplatz. Das Liebfrauenmünster wurde im 13. Jh. vom Deutschen Orden errichtet. Größtes

Kleinod der Kirche ist der Rosenkranzaltar mit einem bemerkenswerten Relief von 1520.

21 **Roth** Die Industrialisierung begann in Roth noch vor dem Jahr 1800 mit dem Fabrikanten Sieber. Er stellte seit dem Jahr 1774 vergoldete und versilberte Drähte z. B. für Gewebe her, die so genannten leonischen (oder Lyoner) Waren. Das Gewerbe lebt noch heute in der Kabelherstellung weiter. Sieber kaufte auch das mitten in der Stadt gelegene Schloss Ratibor, das Markgraf Georg der Fromme um 1535 in den kraftvollen Formen

der Renaissance hatte erbauen lassen. 1895 wurde es historisch ausgebaut. Ein Museum im Schloss informiert über die Geschichte der Stadt

22 **Schwabach** Ein wundervoller Stadtkern mit ansehnlichen Fachwerkhäusern: In der gotischen Stadtkirche befinden sich ein 13 Meter hohes Sakramentshäuschen und ein schöner Hochaltar, beide aus der Zeit um 1505.

23 **Nürnberg** siehe Seite 173

24 **Forchheim** Die Kaiserpfalz in Forchheim ist eine von Gräben

umgebene, nahezu quadratische Wasserburg, in deren Innerem sich wertvolle Wandgemälde befinden. Im gut restaurierten Altstadtkern mit seinen Fachwerkhäusern wie der Kammermühle steht auch der Barockbau der Gießerei Roth mit prächtigen Hauszeichnungen aus dem Jahr 1712. Von der mittelalterlichen

1 Am Tiergärtnertor unterhalb der Nürnberger Kaiserburg

2 Das Alte Rathaus (14.–16. Jh.) in Forchheim; die Stadt geht auf eine karolingische Kaiserpfalz zurück.

Nürnberg

Bereits in Mittelalter und Renaissance gehörte die Freie Reichsstadt Nürnberg zu den wichtigsten Kunst- und Handelsmetropolen Europas.

Wahrzeichen der an Kunstschätzen und Museen reichen Stadt ist die Kaiserburg. Zwischen 1050 und 1571 waren alle deutschen Kaiser und Könige hier zu Gast. Viele Reichs- und Hoftage wurden auf ihr abgehalten. Der Burgkomplex besteht aus den Resten der Burggrafenburg und der im 12. Jh. errichten Kaiserburg (Umbauten bis ins 15./16. Jh.). Sehenswerte Räume im Innern sind der spätgotische Kaisersaal, der Rittersaal und das Empfangszimmer im Palas der Kaiserburg sowie die romanische Doppelkapelle.

Unterhalb der Kaiserburg, am Tiergärtnertor, liegt das Albrecht-Dürer-Haus (15. Jh., Museum), wo der Maler von 1509 bis zu seinem Tod 1528 lebte. Ein Bummel durch die geschichtsträchtige Dürer- und Meistersingerstadt führt zum Fembohaus (16. Jh., heute Stadtmuseum) und zum Rathausplatz mit dem Rathaus von 1622, der Sebalduskirche (1225–1273) mit Sebaldusgrab von Peter Vischer sowie zum Hauptmarkt, auf dem im Advent der Christkindlesmarkt stattfindet, mit dem figurenreichen »Schönen Brunnen« (1385), der gotischen Frauenkirche (1352–1361)

Oben: der Palas der Kaiserburg mit dem Heidenturm
Unten: der Weinstadel, im 15. Jh. als Siechenhaus für Aussätzige errichtet, und der Henkersteg an der Pegnitz

und der Kunstuhr »Männleinlaufen« von 1509. Außerdem sehenswert: die St.-Lorenz-Kirche (13.–15. Jh.) mit Werken von Veit Stoß, das Germanische Nationalmuseum, das Verkehrsmuseum mit dem »Adler«, der ersten deutschen Eisenbahn, und das Spielzeugmuseum.

Kaiser Heinrich II. machte Bamberg zum *caput orbis*, dem Haupt der Welt, und begründete im Jahr 1007 das bald mächtige Bistum, das über den Dreißigjäh-rigen Krieg hinaus eine Bastion der römischen Kirche blieb. Seit dem Mittelalter steht das Alte Rathaus mit dem Fachwerkbau des Rottmeisterhäuschens auf

Pfählen in der Mitte der Regnitz, die einst Bischofstadt und Bürgerstadt trennte. Im 18. Jh. wurde der Bau von Johann Michael Küchel mit Wappen und Balkonen im Rokokostil umgestaltet. Die prachtvollen Fresken an den Längsseiten stammen von Johann Anwander.

Der Bamberger Reiter

Das Original des Bamberger Reiters befindet sich im Inneren des Domes – nicht an der Fassade, wie viele glauben! Wahrscheinlich geht es auf einen oder mehrere Meister zurück, die aus Frankreich kamen und die Bildwerke kannten, die zu Anfang des 13. Jh. in Reims angefertigt wurden. Diese Handwerker waren wohl von 1225 bis 1229 in Bamberg tätig. Ihre Namen kennt man nicht. Ebenso wenig wusste man bisher, wen denn der Bamberger Reiter darstellt. Spekulationen gab es genug: Ist es Kaiser Heinrich II., der Bistumsgründer, Kaiser Konstantin der Große, der Heilige Georg oder einer der Heiligen Drei Könige? Die Nazis stilisierten den Reiter gar zum Inbegriff des nordischen Menschen. Dabei hatte er dunkelbraunes bis schwarzes, nicht blondes Haar. Das weiß man von einer kürzlich durchgeführten Untersuchung der ersten Farbfassung mit dem Mi-

Der Bamberger Reiter im Georgenchor ist die wohl bekannteste unter den wertvollen Steinskulpturen, mit denen unbekannte Meister den Dom ausgestalteten.

kroskop: Das Pferd war weiß mit dunkleren Flecken, der Mantel rot mit goldenen und silbernen Bereichen. Ein Schimmel und ein purpurner Mantel waren damals königliche Attribute. Die Figur trägt auch eine Königskrone. Und da sie in einer Kirche aufgestellt ist, muss sie gleichzeitig einen Heiligen darstellen. Dies alles passt – mit weiteren Indizien – auf König Stephan I. von Ungarn, der in Bamberg bis ins 18. Jh. verehrt wurde.

Befestigung ist nur noch der Sattlertorturm erhalten.

25 Gößweinstein Der Luftkurort steht ganz im Zeichen seiner gotischen Burg. 1890 wurde sie im Stil der damaligen Burgenromantik saniert. Im Ortszentrum steht die Wallfahrtskirche zur Hl. Dreifaltigkeit (1730–1739), die nach Plänen von Balthasar Neumann erbaut wurde. Mit ihren filigranen Stuckarbeiten und dem Gnadenbild auf dem Hochaltar ist sie ein Meisterwerk des Barocks.

26 Pottenstein Inmitten der Fränkischen Schweiz liegt Pottenstein: Natur, so weit das Auge reicht, durchsetzt von bizarren Kalkfelsen. Hier befindet sich auch die 1200 m lange Teufelshöhle. Es geht die Mär, dass einst der Satan höchstpersönlich seine Opfer in der Neujahrsnacht in die Hölle zerrte. In der südöstlich gelegenen Burg lebte im Jahre 1227 die hl. Elisabeth von Thüringen nach dem Tod ihres Gatten. Ihr zu Ehren wurde am Marktplatz der Elisabeth-Brunnen erbaut.

27 Waischenfeld Der Ort im Herzen der Fränkischen Schweiz hat neben alten Bäumen vor allem Burgen und Höhlen: Rabeneck und Rabenstein, Ludwigshöhle und Sophienhöhle – mit einer der schönsten Tropfstein-

höhlen Deutschlands. Auf der Weiterfahrt kommt man bei Heiligenstadt am barocken Schloss Greifenstein vorbei.

28 Bamberg Der Besuch der alten Bischofs- und Universitätsstadt mit ihrem historischen Zentrum ist ein vielschichtiges Erlebnis. Im Stadtzentrum befinden sich das Alte Rathaus, das im Mittelalter auf Pfählen mitten in den Fluss gebaut wurde, sowie das alte Fischerviertel »Klein-Venedig«. Im großartigen spätromanischen Dom steht der ebenso berühmte wie rätselhafte Bamberger Reiter, die bedeutendste deutsche Steinskulptur des 13. Jh. 1499–1513 schuf Tilman Riemen-

schneider die Reliefs am Doppelgrab Kaiser Heinrichs II. und seiner Gattin Kunigunde. Im Westchor befindet sich das einzige Papstgrab Deutschlands, und im Diözesanmuseum bewundert man den imposanten Domschatz. Gegenüber vom Dom steht die barocke Neue Residenz der Bamberger Fürstbischöfe, ein Hauptwerk Leonhard Dientzenhofers. Schönster Raum ist der Kaisersaal mit Fresken von Melchior Steidl.

29 Bad Staffelstein Adam Riese stammte aus diesem entzückenden altfränkischen Fachwerkstädtchen. Von hier gelangt man zum schlossartigen barocken Benediktinerkloster Banz und zu

der berühmten Wallfahrtskirche Vierzehnheiligen, erbaut in den Jahren 1743 bis 1772 nach Plänen von Balthasar Neumann.

30 Lichtenfels Die »deutsche Korbstadt« nennt sich Lichtenfels – hier dreht sich alles um das Thema »Korb«: Fachschule, Werkstätten, Designzentrum und Korbmarkt. Der Stadtkern bildet ein hübsches Ensemble mit Rathaus, Kirche, Schloss.

31 Coburg Die imposante Veste Coburg überragt die Stadt seit dem 11. Jh. und zählt zu den größten Burgen Deutschlands. Die herzogliche Familie von Sachsen-Coburg und Gotha wurde zur Wiege der meisten europäischen Fürstenhäuser, auch der englischen Windsor. Sehenswert in der schönen Altstadt sind: gotische Moritzkirche, Gymnasium Casimirianum, Münzmeisterhaus, das Renaissance-Rathaus und das romantisch-neugotische Schloss Ehrenburg.

32 Kronach Die Veste Rosenberg ist eine der besterhaltenen Festungsanlagen in Deutschland, weil sie nie eingenommen wurde. Die heutige Anlage stammt aus dem 16. Jh. Sie enthält das Frankenwald-Museum und die Fränkische Galerie. Die Altstadt ist wundervoll erhalten mit intaktem Mauerring. Im Fachwerkhaus zum scharfen Eck soll der berühmteste Sohn der Stadt, der Maler Lucas Cranach, geboren worden sein.

33 Kulmbach In der schönen Altstadt gibt es viele herrliche Bauten, etwa die Spitalkirche (um 1740), die Markgräfliche Kanzlei (1563), den Amtshot des Klosters Langheim (Ende 17. Jh.) oder das Renaissance-Schlösslein. Und doch ist die hoch über der Stadt aufragende Plassenburg nicht nur optisch der Höhepunkt eines Besuchs der Stadt am Weißen Main. Die Burg wurde Mitte des 16. Jh. nach einem Brand neu aufgebaut und ist mit ihrem Arkadenhof eines der schönsten Renaissancebauwerke Deutschlands. Im Inneren zeigt das Zinnfigurenmuseum eine Welt im Kleinen.

34 Bayreuth Die Barock- und Rokokobauten der Residenz bestimmen bis heute das Bild der berühmten Festspielstadt Richard Wagners. Markgräfin Wilhelmine verdankt die Stadt ihre architektonische Blütezeit. Die Lieblingsschwester Friedrichs des Großen erweiterte von 1736 an die etwas außerhalb gelegene Eremitage sowie das Alte Schloss, das Neue Schloss und den Hofgarten. Auf ihre Initiative geht auch das Markgräfliche Opernhaus zurück, ein barockes Meisterwerk, das Wag-

ner dazu veranlasste, nach Bayreuth zu kommen. Obwohl ihm der Raum für seine Zwecke nicht zusagte, blieb er in der Stadt. Sein Gönner König Ludwig II. ermöglichte 1872 die Grundsteinlegung für das Festspielhaus, vier Jahre später wurde hier der »Ring der Nibelungen« uraufgeführt.

1 Einzigartige Lage inmitten einer großartigen Kulisse von Dolomitfelsen: das »Felsendorf« Tüchersfeld bei Pottenstein

2 Die barocke Wallfahrtskirche Vierzehnheiligen bei Staffelstein beeindruckt vor allem durch ihren prachtvollen Innenraum.

Mannheim Der 1888 erbaute Wasserturm am Friedrichsplatz ist eines der Wahrzeichen der Stadt. Die aus dem 17. Jh. stammende schachbrettartige Anlage der Innenstadt spiegelt sich wider im System der Straßennamen, die, ähnlich wie in US-Großstädten, lediglich aus Buchstabe und Zahl bestehen.

Hirschhorn Die »Perle des Neckartals« wird von einer eindrucksvollen Burg überragt. Die Burgmauern werden als Stadtmauer weitergeführt. Innerhalb des Mauerrings ist vor allem das spätgotische Karmeliterkloster sehenswert.

Bad Wimpfen Von der auf einer Anhöhe hoch über dem Neckar gelegenen Oberstadt mit der Kaiserpfalz, dem weithin sichtbaren Blauen Turm und den alten Fachwerkhäusern bietet sich ein herrlicher Blick auf Fluss und Umgebung.

Ladenburg Die Mariensäule auf dem Markplatz wurde bereits um 1700 errichtet, der Brunnen kam 1976 hinzu. Die Geschichte der Stadt reicht bis in die vorrömische Epoche zurück. Ihre Blütezeit erlebte sie im Mittelalter.

Zwingenberg Hoch über dem Neckar liegt die imposante Burg Zwingenberg. Die im 13. Jh. erbaute Anlage ist heute im Besitz eines Nachfahren von Großherzog Karl Friedrich von Baden.

Mosbach An den südlichen Ausläufern des Odenwaldes liegt dieses idyllische Städtchen, das mit seinen wunderbar renovierten Fachwerkhäusern zu faszinieren vermag. Unbedingt sehenswert ist die spätgotische Kirche St. Juliana.

Langenburg Das Schloss des über der Jagst gelegenen und mit einer Wehrmauer versehenen Städtchens besticht durch seinen Renaissance-Innenhof und den Barockgarten. Im Marstall ist heute das deutsche Auto-Museum untergebracht.

Schwetzingen Das prächtige Schloss wurde im 18. Jh. im Barock- und Rokokostil prachtvoll ausgebaut. Äußerst sehenswert ist der von Sckell gestaltete englische Landschaftsgarten.

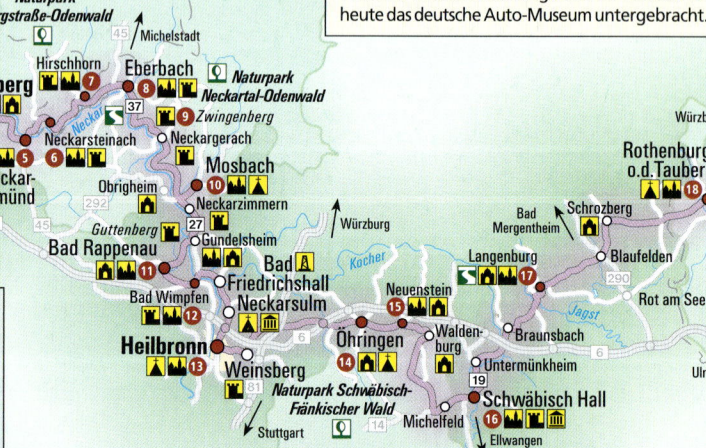

Neckargemünd Ihren Namen verdankt die Stadt der Mündung der Elsenz in den Neckar. Im historischen Stadtkern gibt es zahlreiche gut erhaltene Fachwerkbauten zu bewundern. Im Bild rechts die evangelische Kirche St. Ulrich, links die katholische Pfarrkirche St. Johannes Nepomuk.

Odenwald Das Mittelgebirge erstreckt sich östlich der Oberrheinischen Tiefebene zwischen Darmstadt und Heidelberg. Die Burgenstraße führt an seinen südlichen Ausläufern entlang, wo sich auch die höchste Erhebung, der Katzenbuckel (624 m), befindet. Mit seinen ausgedehnten Wäldern ist der Odenwald ein beliebtes Wandergebiet.

Heidelberg Hoch über der Stadt thront die Ruine des kurfürstlichen Schlosses. Es wurde im 13. Jh. errichtet und 1697 zerstört. Nicht minder berühmt ist die Alte Brücke, die in ihrer heutigen Form auf Kurfürst Karl Theodor zurückgeht. Das auf der Stadtseite gelegene mittelalterliche Brückentor mit seinen beiden Türmen war einst Teil der Stadtmauer.

Heilbronn Die Astronomische Uhr an der Frontseite des Rathauses ist eine der Attraktionen der Neckarstadt. Der Renaissancebau aus dem 16. Jh. ist das dominierende Gebäude am Marktplatz. Am Ende des 19. Jh. war Heilbronn die zweitgrößte Industriestadt Württembergs; auch heute noch ist es ein bedeutender Industriestandort.

Schwäbisch Hall Die ehemalige Freie Reichsstadt fasziniert den Besucher mit ihren barocken Bürgerhäusern und den Fachwerkbauten. Die Altstadt gilt als eine der schönsten Süddeutschlands.

Coburg Das Stadthaus mit dem doppelgeschössigen Schmuckerker und der prächtigen Renaissancefassade ist das schönste Gebäude des Coburger Marktplatzes.

Kulmbach Die Plassenburg mit dem Arkadenhof ist einer der schönsten Renaissancebauten Deutschlands. Sie beherbergt ein sehenswertes Zinnfigurenmuseum.

Bayreuth Das markgräfliche Opernhaus besitzt einen der schönsten barocken Theatersäle Deutschlands, der an probefreien Tagen besichtigt werden kann. Das Opernhaus war für Wagner einer der Anlässe, nach Bayreuth zu gehen und dort sein Festspielhaus zu errichten.

Fränkische Schweiz
Die eindrucksvolle Naturparklandschaft mit ihren Burgen, wilden Felsformationen und Höhlen liegt im Städtedreieck Bamberg, Bayreuth und Nürnberg. Dem sportlich Ambitionierten bieten sich hier vielfältige Möglichkeiten. Besonders Kletterer schätzen die Region. Auf den zahllosen Wanderwegen findet man aber auch Ruhe und Beschaulichkeit. Auf Naturlehrpfaden kann man sich zudem über Flora und Geologie informieren.

Vierzehnheiligen Die prachtvolle, bei Lichtenfels gelegene Barock-Rokoko-Kirche ist ein Meisterwerk von Balthasar Neumann. Die Altarbilder stammen vom kurfürstlichen Mainzer Hofmaler Giuseppe Appiani.

Waischenfeld Im Herzen der Fränkischen Schweiz liegt das Städtchen Waischenfeld, dessen mittelalterliches Stadtbild von zahlreichen Fachwerkhäusern geprägt ist. Der »Steinerne Beutel«, ein wuchtiger Rundturm, ist das Wahrzeichen des Luftkurortes. Neben Burg Waischenfeld und den Burgen Rabeneck und Rabenstein zählen die Pfarrkirche, die Stadtkapelle (1641–1701) und auch die 3 km entfernt liegende Sophienhöhle zu den Attraktionen des Ortes. Letztere gehört zu den schönsten Tropfsteinhöhlen in Deutschland.

Gößweinstein Der Luftkurort steht ganz im Zeichen der gotischen Burg. Sehenswert ist auch die nach Plänen von Balthasar Neumann erbaute Wallfahrtskirche Hl. Dreifaltigkeit.

Pottenstein Reizende Fachwerkhäuser und die idyllische Lage inmitten der Fränkischen Schweiz machen den Ort zu einem beliebten Ausflugsziel.

Rothenburg ob der Tauber Das Rathaus am Marktplatz der mittelalterlichen Stadt zählt zu den schönsten im süddeutschen Raum. Rechts daneben befindet sich die Ratstrinkstube mit einer Kunstuhr.

Bamberg Die Altstadt der Bischofs- und Universitätsstadt mit dem mittelalterlichen Kaiserdom (links), der den berühmten Bamberger Reiter beherbergt, und dem alten Rathaus (vorne) gehört als Gesamtensemble zum UNESCO-Weltkulturerbe.

Nürnberg An die einstige Bedeutung der alten Reichsstadt gemahnt die Kaiserburg mit dem Turm Luginsland. Daneben zeugen zahlreiche weitere Bauwerke und Museen von Nürnbergs großer Vergangenheit, etwa das Rathaus von 1622 oder das Albrecht-Dürer-Haus.

Fresko in der Klosterkirche von Maulbronn, die zum Weltkulturerbe der UNESCO gehört

Route 14

Schwäbische Vielfalt

Württemberger Wein- und Schwäbische Dichterstraße

Dichter, Denker, »Viertelesschlotzer«: In keiner Region gehen Wein und Intellekt eine so enge Verbindung ein wie in Württemberg, und nirgendwo lebten mehr Literaten, von denen die meisten einen guten Tropfen durchaus zu schätzen wussten. Unsere Route führt durch einige der schönsten und literarisch bedeutendsten Orte des schönen Schwabenlandes und kombiniert dabei die Schwäbische Dichterstraße mit der Württemberger Weinstraße.

In Bad Mergentheim beginnt die Dichterstraße. Eduard Mörike lebte dort von 1844 bis 1851 und heiratete in dem damals gerade aufstrebenden Kurort Margarethe von Speeth. Da er immer wieder den Wohnsitz wechselte, begegnen wir ihm auf der Dichterstraße noch mehrmals; etwa in Stuttgart, wo er starb, oder in Tübingen, wo er Theologie studierte. Schöntal wäre literarisch nicht weiter bemerkenswert, wenn ein Ortsteil nicht Ber-

lichingen hieße. In Weinsberg liegt Justinus Kerner begraben, und die muskattönige Kernerrebe ist tatsächlich nach ihm benannt, weil sie in der Versuchsanstalt Weinsberg gezüchtet wurde. Den Ort kennen wir aber vor allem von Gottfried August Bürgers Gedicht »Die Weiber von Weinsberg«: »... Kömmt mir einmal das Freien ein / So werde ich eins aus Weinsberg frein.« In Heilbronn spielt Heinrich von Kleists historisches Ritterschauspiel

Annette von Droste-Hülshoff lebte von 1841 bis 1848 im Alten Schloss von Meersburg.

Am heutigen Schillerplatz hinter dem Schloss, mit dem von Bertel Thorvaldsen 1839 im Auftrag des Stuttgarter Liederkranzes errichteten Schiller-Denkmal, soll um das Jahr 950 ein Gestüt gelegen haben, der »Stutengarten« – Ursprung und Namensgeber der Universitätsstadt.

Herzog Carl Eugen ließ sich 1763–1767 südlich von Stuttgart auf einer Anhöhe das Lustschloss Solitude errichten.

»Das Käthchen von Heilbronn«, im 19. Jh. das meistgespielte Stück des Dichters. Im dazwischen geschalteten Abschnitt der Weinstraße von Lauffen am Neckar bis Ludwigsburg widmet man sich am besten dem Trollinger, dem Lemberger und dem Riesling. Diese Rebsorten ergeben hier die besten Weine. Der Trollinger gilt oft als Charakterrebe Württembergs. Aber er ist nicht etwa autochthon, sondern stammt von weiter südlich. Seine Herkunft trägt er im Namen. Er ist ein Tirolinger, und gemeint ist damit die Vernatschrebe Südtirols. Doch auch auf der Weinstraße begegnet man der Literatur, denn hier kommt man durch die Schiller-Stadt Marbach mit ihrem berühmten Literaturarchiv, das ständig erweitert wird.
Zu Stuttgart gehört Gustav Schwab, den wir vor allem von seinen klassischen Sagen des Altertums kennen. Hier wurde auch Wilhelm Hauff geboren; auf dem Hoppenlau-Friedhof liegt er begraben. Als Stuttgarter Trilogie bezeichnet man zudem drei Romane von Wilhelm Raabe: »Der Hungerpastor«, »Abu Telfan« und »Der Schüdderump«. In der Universitätsstadt Tübingen kam Ludwig Uhland 1787 auf die Welt. Mitten in Tübingen verbrachte Friedrich Hölderlin die zweite Hälfte seines Lebens in zunehmender geistiger Umnachtung und bekam immer wieder Besuch von Wilhelm Friedrich Waiblinger, der ebenfalls zur Schwäbischen Schule gehörte.
1826 erschien von Wilhelm Hauff der Roman »Lichtenstein«. Er inspirierte den Grafen Wilhelm von Württemberg zum Bau der gleichnamigen neugotischen Burg, die fast so schön wie Neuschwanstein ist. Meersburg am Bodensee, das Ziel unserer Route, wurde zur zweiten Heimat von Annette von Droste-Hülshoff.

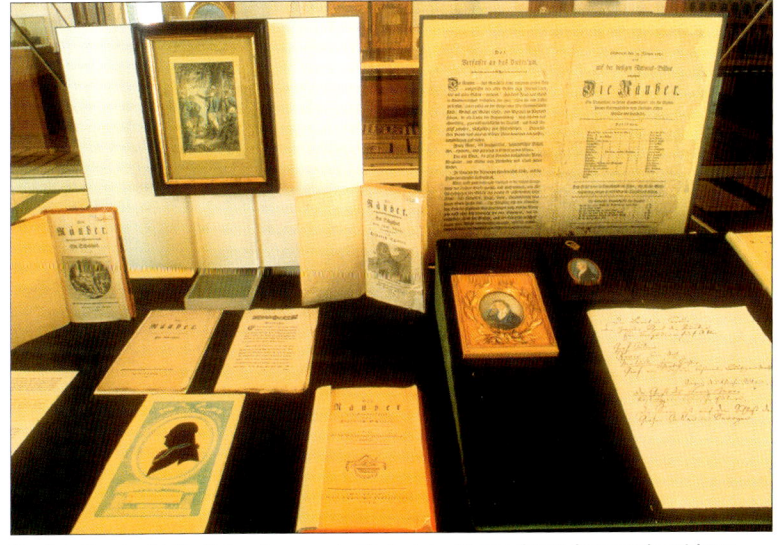

Handschriften im Schiller-Nationalmuseum in Marbach am Neckar, dem Geburtsort des Dichters

Abstecher

Kloster Maulbronn

Maulbronn gilt als die besterhaltene deutsche Klosteranlage. Das im Jahr 1147 gegründete Zisterzienserkloster blieb fast unverändert erhalten, obwohl es schon 1530 säkularisiert wurde. Den großen Klosterhof umgeben schöne Fachwerkbauten. Die Klosterkirche ist romanisch mit einigen gotischen Formen. Den Idealen des Bernhard von Clairvaux folgend, wirkt die Architektur nüchtern. Dafür ist die Steinbearbeitung außerordentlich präzise. Einen scharfen Gegensatz zu der asketischen Grundhaltung bilden das Netzgewölbe und das prächtige Chorfenster – beides spätere Hinzufügungen. Auch die üppige Ausstattung der Kirche ist aus späterer Zeit; viele

Oben: Klostergebäude
Unten: spätgotisches Brunnenhaus

Bildwerke stammen von der Parler-Familie. Das Deckengemälde in der Brunnenkapelle zeigt, wie es zur Gründung des Klosters gekommen sein soll: Mönche machten hier Halt, um ihre Maultiere zu tränken, und blieben schließlich. Maulbronn spielt zudem im Werk seines Schülers Hermann Hesse als Marienbronn eine große Rolle – vor allem in »Narziß und Goldmund«.

Auf unserer Tour, die von Bad Mergentheim im Taubergrund bis nach Meersburg am Bodensee führt, verdienen die geografischen Schönheiten ebenso viel Beachtung wie der Weinbau und die Dichter. Besonders abwechslungsreich sind die weinseligen Landschaften in den Tälern von Jagst, Neckar und Nagold.

❶ Bad Mergentheim Zentrum des Städtchens ist das Deutschordensschloss, das im 16. Jh. errichtet wurde. Nicht versäumen sollte man einen Blick in die barocke Schlosskirche, an der zwei so berühmte Baumeister wie Balthasar Neumann und François Cuvilliés mitwirkten. In der Stadt sieht man viele repräsentative Häuser vergangener Jahrhunderte, die sich Beamte des Deutschen Ordens bauen ließen. 1844 zog sich Eduard Mörike (1804–1875) in das – ihm von einem vorangegangenen Kuraufenthalt bekannte – Bad zurück, wo er die »Idylle vom Bodensee« schrieb. Heute liegt die Bedeutung des Orts vor allem in seinen Heilquellen; an das Schloss grenzt der weitläufige Kurpark.
In den Bad Mergentheimer Ortsteil Stuppach fährt man, um die Stuppacher Madonna in der ansonsten nicht weiter bemerkenswerten Kirche zu bestaunen, ein Tafelgemälde (1519) von Mathis Gothart Nithart, der Matthias Grünewald genannt wird.

❷ Dörzbach Die Jagst, die durch Dörzbach fließt, ist einer der letz-

ten weitgehend intakten Flüsse Baden-Württembergs. Am Ufer begegnet der Wanderer vielen verschiedenen Lebensräumen mit seltenen Tier- und Pflanzenarten.

❸ Kloster Schöntal In der kleinen Ortschaft wurde 1515 die erste hölzerne Jagstbrücke erbaut (1609 durch die Steinerne Brücke ersetzt). Das im Jahr 1157 von Zisterziensermönchen aus Maulbronn gegründete Kloster Schöntal, in dem bis 1807 Mönche lebten, zählt zu den schönsten barocken Sakralgebäuden der Region. Heute beherbergt es u.a. das Rathaus. Im sehenswerten Kreuzgang des ehemaligen Klosters befindet sich das Grab des berühmten Ritters Götz von Berlichingen. Auf einem Hügel hinter dem Kloster steht die Kreuzkapelle, die nach Plänen Johann Balthasar Neumanns in den Jahren 1716/17 errichtet wurde.

❹ Jagsthausen Der im Jahr 1090 erstmals urkundlich erwähnte Ort ist der Geburtsort des Götz von Berlichingen. Im 2. Jh. n. Chr. bauten die Römer an dieser Stelle ein Kastell, um den vorgelagerten

Reiseinformationen

Routen-Steckbrief
Routenlänge: ca. 395 km (ohne Abstecher)
Zeitbedarf: mind. 4–7 Tage
Start: Bad Mergentheim
Ziel: Meersburg
Routenverlauf: Bad Mergentheim, Heilbronn, Lauffen, Stuttgart, Calw, Tübingen, Münsingen, Biberach, Bad Waldsee, Ravensburg, Meersburg

Auskünfte:
Tourismus-Marketing GmbH
Baden-Württemberg (TMBW)
Esslinger Str. 8,
70182 Stuttgart,
Tel (07 11) 23 85 80,
Fax (07 11) 23 85 8-99,
Email: info@tourismus-baden-wuerttemberg.de

www.tourismus-baden-wuerttemberg.de
Infos zur Württemberger Weinstraße
Touristik-Information Stuttgart
Königstraße 1A,
70173 Stuttgart,
Tel. (07 11) 22 28 -0,
Fax (07 11) 22 28 -253,
Email: info@stuttgart-tourist.de
www.stuttgart-tourist.de
Internationale Bodensee Tourismus GmbH
Insel Mainau,
78465 Konstanz
Tel. (0 75 31) 90 94 90,
Fax (0 75 31) 90 94 94,
Email: info@bodensee-tourismus.com
www.bodensee-tourismus.com

Limes zu bewachen. Römische Reste und römische Geschichte präsentiert das kleine Freilichtmuseum Römerbad. Wahrzeichen sind der achteckige Kirchturm der evangelischen Jakobuskirche, das Rote Schloss und die mächtige Götzenburg (Burgmuseum, Burghotel), einst die Stammburg des Ritters und Veranstaltungsort der Burgfestspiele.

5 Weinsberg Wahrzeichen der Stadt ist die über Weinhängen thronende Burgruine Weibertreu, die einstige Reichsburg Weinsberg. Der heutige Name rührt von einer Geschichte, die sich 1140 zutrug und die im Museum im Rathaus erläutert wird. Als der Stauferkönig Konrad III. im Kampf gegen die Welfen die Burg einnahm, sollten alle männlichen Bewohner sterben. Die Frauen verschonte

er und gewährte ihnen, ihre liebste Habe mitzunehmen: Sie überlisteten den König und trugen ihre Männer huckepack den Burgberg hinab. Ein zweites Museum widmet sich dem Arzt, Dichter und Philosophen Justinus Kerner (1786–1862), der hier 43 Jahre lang lebte.

6 Neckarsulm In der Stadt an Neckar und Sulm sind das ehemalige Deutschordensschloss und die barocke Pfarrkirche sehenswert. Ein Anziehungspunkt ist auch das Deutsche Zweirad- und NSU-Museum mit rund 350 Fahr- und Motorrädern, besonders der heimischen Marke NSU, die in Audi aufging.

7 Heilbronn Der Hafen der Handels- und Industriestadt avancierte zum siebtgrößten Binnenhafen Deutschlands. In der – im

Zweiten Weltkrieg stark zerstörten – Altstadt beeindrucken das Renaissance-Rathaus mit seiner astronomischen Uhr und die Kilianskirche. An ihrer Außenseite steht mit dem Siebenröhrenbrunnen ein Alemannen-Heiligtum, auf das der Name Heilbronn zurückgeht. Die Stadt ist Zentrum eines der größten Weinbaugebiete Deutschlands und ist der Geburtsort des Erzählers und Lyrikers Friedrich Wilhelm Waiblinger (1804–1830) sowie des Lyrikers und Publizisten Ludwig Pfau (1821–1894), der den »Eulenspiegel« gründete, das erste politische Karikaturenblatt Deutschlands.

8 Brackenheim In Deutschlands größter Rotweingemeinde kam Theodor Heuss (1884–1963) auf die Welt. Ein Museum erinnert an den ersten Präsidenten der Bundesrepublik. Der Stadt-

kern ist noch weitgehend intakt mit der frühgotischen Stadtkirche St. Jakob, dem Rathaus und dem Renaissanceschloss. Bedeutend ist die spätromanische Basilika St. Johannis auf dem Friedhof.

9 Lauffen am Neckar Die Geburtsstadt Friedrich Hölderlins (1770–1843) liegt inmitten von Weinbergen. Zu den Sehenswürdigkeiten gehören u. a. die Burg (11. Jh.) auf der Neckarinsel – seit 1818 Rathaus –, das Alte (13. Jh.) und das Neue Heilbronner Tor (18. Jh.), die Alte Neckarbrücke (1532), die Alte Ölmühle (18. Jh.), das Hölderlin-Haus und die Hölderlin-Gedächtnisstätte.

10 Beilstein Trotz eines verheerenden Brandes 1693 hat das Weinstädtchen noch viele schöne alte Bauten vorzuweisen. Auf der Burg Hohenbeilstein hat eine

Falknerei ihren Sitz. In Beilstein geboren wurde Friedrich Julius Krais (1807–1878), ein Dichter vorwiegend religiöser Schriften.

11 Marbach Die hoch über dem Neckar gelegene Stadt wurde als Geburtsort von Friedrich Schiller (1759–1805) berühmt. An ihn erinnern das Schiller-Geburtshaus, das Schiller-Nationalmuseum, das Deutsche Literaturarchiv und das Schiller-Denkmal (1876). Das Bild der verwinkelten Altstadt prägen neben Fachwerkhäusern und den Resten der Stadtbefestigung der malerische Torturm, das Rathaus mit den Arkaden (18. Jh.), die Wendelinskapelle (1433) und die Alexanderkirche (ab 1450) mit einem prächtigen Netzgewölbe.

12 Ludwigsburg Inspiriert von der Pracht französischer Hofhaltung, legte Herzog Eberhard Ludwig im Jahr 1704 den Grundstein

1 Der Nordteil des Ludwigsburger Schlosses: Blick auf das 1704–1709 erbaute Alte Corps de Logis

2 Marktplatz von Bad Mergentheim mit seinem Rathaus aus dem 16. Jh

3 Das Zisterzienserkloster Schöntal

4 Für die Jagd angelegt wurde der Favoritepark im Nordteil des Ludwigsburger Schlosses mit dem aparten Rokokoschlösschen Favorite (18. Jh.)

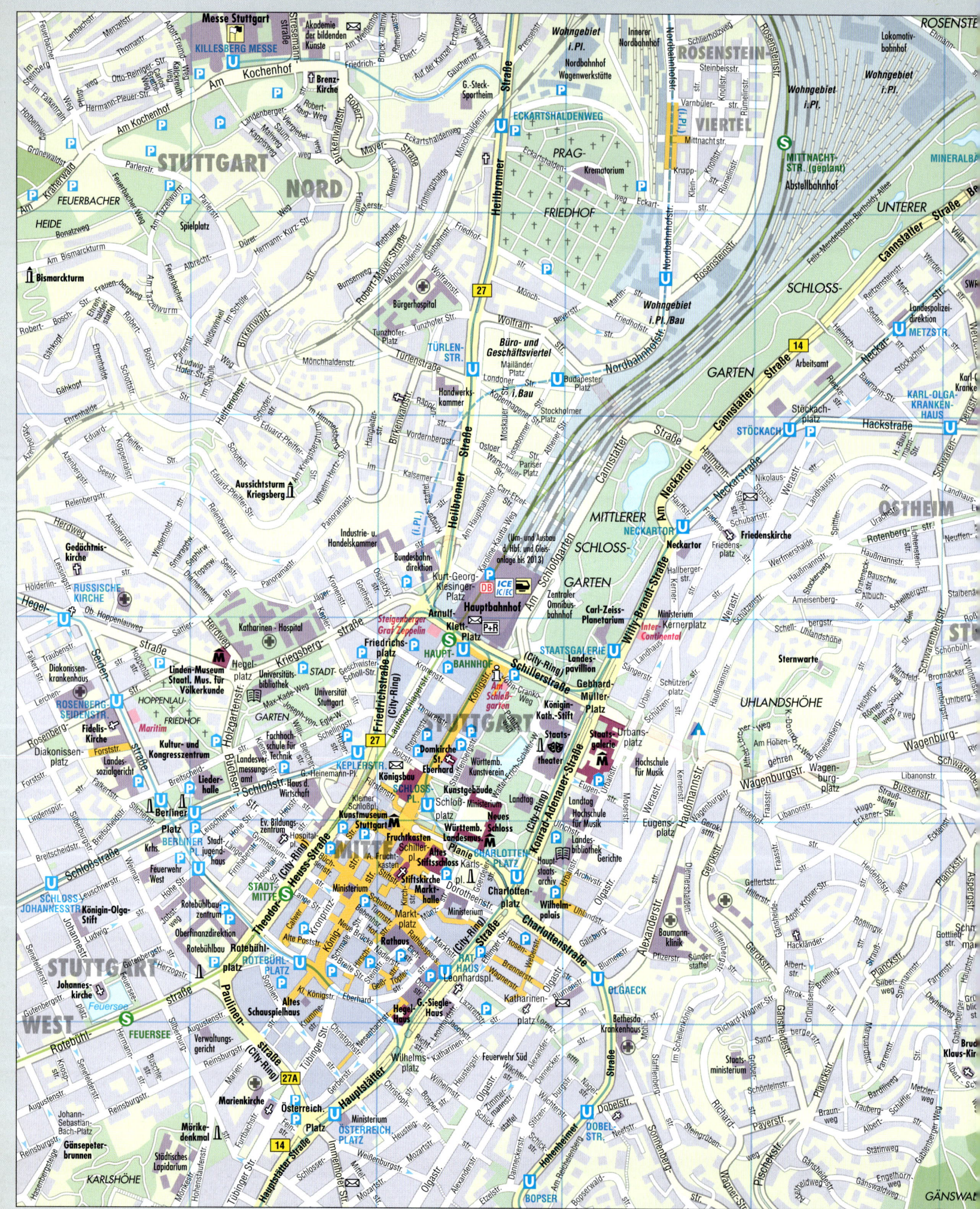

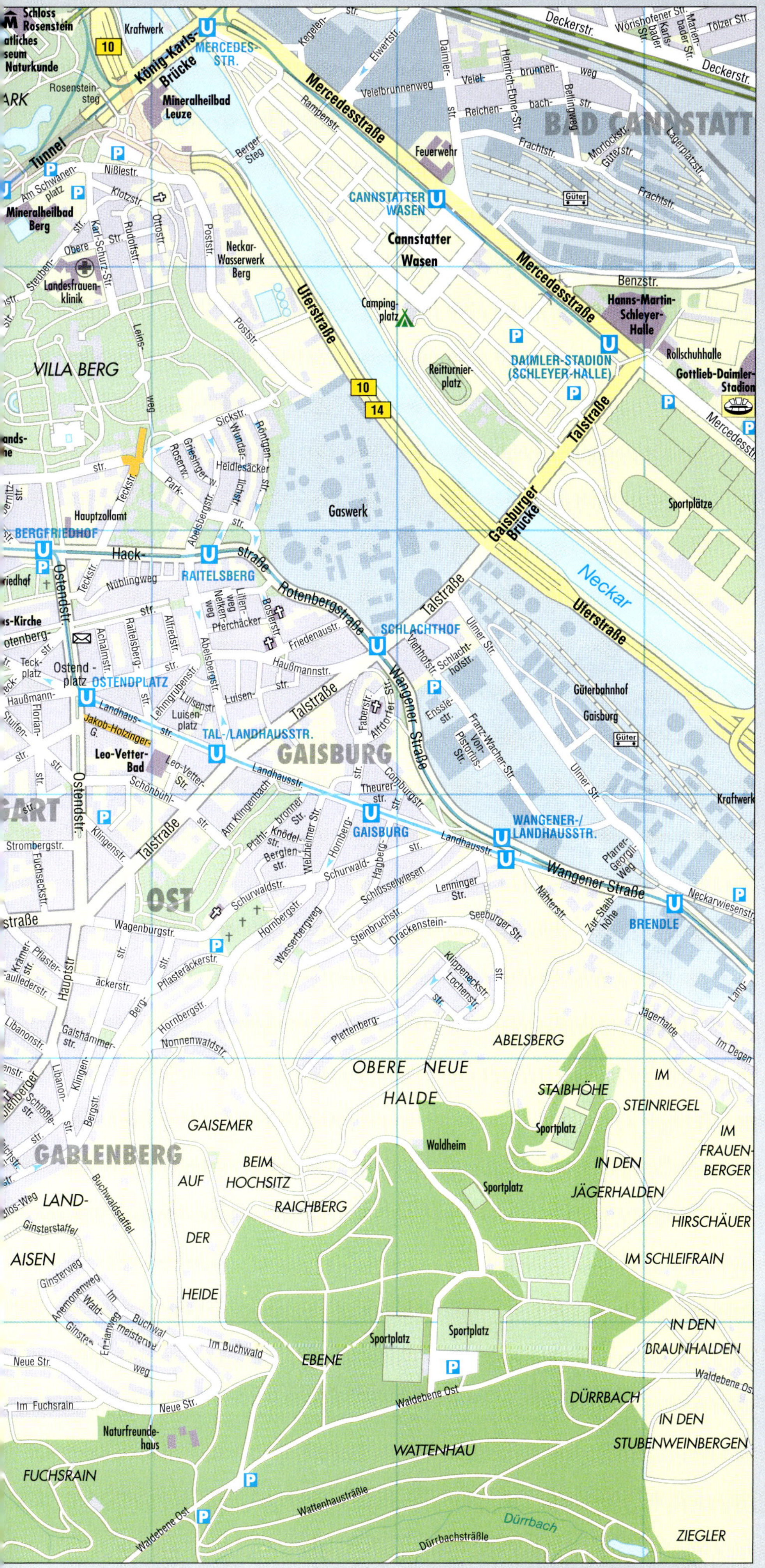

Stuttgart

Die baden-württembergische Landeshauptstadt Stuttgart liegt umgeben von malerischen Weinbergen und Wäldern im Neckarbecken. Bereits im 10. Jh. gab es hier ein von dem Alemannenherzog Liutolf angelegtes Gestüt, den »Stutengarten«, auf den der Name der Stadt zurückgeht.

Herzog Ulrich I. errichtete hier im 13. Jh. eine Wasserburg, in deren Nähe sich schon bald ein Ort entwickelte. Im 14. Jh. bestimmten die Württemberger Grafen, die ihren Stammsitz Wirtemberg auf dem Rotenberg verloren hatten, Stuttgart zur neuen Residenz. Mit der Erhebung des Grafen Eberhard zum Herzog wurde Stuttgart 1495 Hauptstadt eines Herzogtums. Zu Beginn des 16. Jh. erhielt die Stadt eine neue äußere Ummauerung, die auch die Obere und Untere Vorstadt mit ein-tarium, das mit einer Multimedia-Astroshow in die grandiosen Weiten des Universums entführt. Wer sich für die Baukunst des Deutschen Werkbundes (Bauhaus) interessiert, der sollte unbedingt die Weißenhofsiedlung besichtigen, die unter anderem von Walter Gropius, Ludwig Mies van der Rohe und Le Corbusier geplant wurde. Den schönsten Blick auf Stuttgart, seine Einbettung in ein Seitental des Neckars und die umgebende Weinberglandschaft hat man vom Fernsehturm.

Oben: Vier »Flussgenien« am Brunnen auf dem Schlossplatz
Rechts: Das maurische Schlösschen im Zoologisch-Botanischen Garten Wilhelma

bezog. Herzog Friedrich II. wurde im Jahr 1803 zum Kurfürsten und 1805 als Friedrich I. von Napoleon zum König erhoben. Auf diese Weise wurde Stuttgart zur Hauptstadt des Königreichs Württemberg, und damit setzte auch eine rege Bautätigkeit ein, die das Gesicht des Zentrums bis zum heutigen Tag bestimmt.

Vom Hauptbahnhof führt die Königstraße, eine beliebte Flanier- und Einkaufsmeile, zum Schlossplatz, den das Neue Schloss – erbaut in den Jahren 1746 bis 1807 – und der klassizistische Königsbau säumen. Das schon vorher in den Jahren 1553 bis 1578 errichtete Alte Schloss öffnet sich in einen hübschen Arkadenhof und beherbergt heute das Württembergische Landesmuseum. Nördlich vom Neuen Schloss gelangt man in den weitläufigen Schlossgarten, der zum Staatstheater und zur Staatsgalerie führt. Im Park befindet sich auch das Carl-Zeiss-Plane-

für die im Regelmaß des 18. Jh. angelegte Stadt und das gleichnamige Schloss. Der verschwenderisch ausgestattete Barockbau trägt die Handschrift mehrerer Architekten und wurde vielfach erweitert. Die Schöpfung gilt als die größte erhaltene Barockanlage Deutschlands. Im Corps de Logis präsentiert eine Dauerausstellung zeitgenössische Porzellane aus der traditionsreichen Porzellanmanufaktur sowie Einrichtungsgegenstände. Die barocke Anlage des Gartens und ein im englischen Stil angelegter Landschaftsgarten ziehen mit der Dauer-Gartenschau »Blühendes Barock« die Besucher in den Bann. Im Norden des Schlosses schließt sich der herzogliche Jagdpark mit dem Rokokoschlösschen Favorite (1715–1723) an. In der barocken Innenstadt beeindruckt der weiträumige, von Arkaden gesäumte Marktplatz mit dem Standbild des Herzogs Eberhard Ludwig. Etwas außerhalb liegt Schloss Monrepos, das sich Herzog Karl Eugen von 1760 bis 1764 an einem kleinen See erbauen ließ. In Ludwigsburg geboren wurden Justinus Kerner, Eduard Mörike und der humoristisch-satirische Erzähler Friedrich Theodor Vischer (1807–1887). Friedrich Schiller lebte dort als Kind in den

Jahren 1762 und 1763 sowie ab Ende 1766 zuerst in der heutigen Mömpelgardstraße (Gedenktafel) und dann in der Druckerei von Ch. F. Cotta in der Stuttgarter Straße 26. Er besuchte dort auch die Lateinschule (Obere Marktstraße 1), ließ sich 1772 in der Garnisonskirche konfirmieren und kam im Jahr 1796 erneut nach Ludwigsburg (Gedenktafel in der Wilhelmstraße 17), wo er im Oktober den Tod und die Beisetzung Herzog Karl Eugens erlebte.

13 Stuttgart siehe Seite 184/185.

14 Leonberg Die entzückende Kleinstadt besitzt steile Gassen und viele Fachwerkbauten. Un-

terhalb des Schlosses (um 1560) liegt der nach italienischem Vorbild angelegte Pomeranzengarten, die einzige Spätrenaissanceanlage dieser Art in Deutschland. Der Philosoph Friedrich Wilhelm Joseph von Schelling (1775–1854) wurde in Leonberg geboren, der Astronom und Physiker Johannes Kepler (1571–1631) besuchte dort die Lateinschule und absolvierte 1583 sein »Landexamen«, das ihn zu einem Theologiestudium als Stipendiat berechtigte. Seine Mutter stammte aus Leonberg, er selbst wurde in Weil der Stadt geboren.

15 Weil der Stadt Der ungewöhnliche Name ist erst seit 1854 amtlich. Die idyllische Kleinstadt

mit einer weitgehend erhaltenen Stadtmauer und Wehrtürmen wird geprägt von hochgiebeligen Fachwerkhäusern und der Pfarrkirche. Dem großen Sohn Johannes Kepler ist ein Museum gewidmet.

16 Calw gelangte durch Textilgewerbe, Salz- und Holzhandel zu ansehnlichem Reichtum. Mit der gotischen Nikolauskapelle besitzt die Stadt im Nagoldtal eine der wenigen erhaltenen, für das Mittelalter typischen Brückenka-

4

5

pellen. Hervorzuheben sind das Rau'sche Haus von 1694 und das Rathaus am Marktplatz. Diesem gegenüber steht das Geburtshaus des Schriftstellers Hermann Hesse (1877–1962), dem auch ein Museum gewidmet ist.

17 **Herrenberg** liegt malerisch an einem Ausläufer des Naturparks Schönbuch. Ein Streifzug durch den hübschen Stadtkern zur »wandernden Kirche« – so genannt wegen des instabilen Baugrunds – lohnt den kleinen Abstecher.

18 **Tübingen** ist eine altehrwürdige Universitätsstadt und liegt anmutig am Neckar sowie an dem parallel dazu verlaufenden Hö-

henzug. Mittelalterliche Fachwerkhäuser, schmale Gassen und romantische Plätze machen den unvergleichlichen Charme der Stadt aus, wo 1477 die Universität eröffnet wurde. Der Hölderlin-Turm erinnert an den Dichter, der hier die zweite Hälfte seines Lebens in geistiger Umnachtung verbrachte. Die Tübinger Kunsthalle erwarb sich als Veranstaltungsort weltbekannter Wanderausstellungen einen guten Ruf. In Tübingen starb der Philosoph Ernst Bloch (1885–1977). Seine Wohnung befand sich in der heutigen Ernst-Bloch-Straße, begraben ist er auf dem Bergfriedhof.

19 **Bebenhausen** Die Klosteranlage von Bebenhausen (12. Jh.)

ist fast noch ganz intakt und gehört zu den schönsten Deutschlands. Die Zisterzienser bauten sie auf. Nach der Reformation wurde daraus eine evangelische Schule, an der auch Schelling studierte. Später war das Kloster ein königliches Jagdschloss. Als die Anlage vom Abbruch bedroht war, setzte sich unter anderem der in Tübingen geborene Schriftsteller und Germanist Ludwig Uhland (1787–1862) für den Erhalt ein.

20 **Reutlingen** gibt es seit dem 11. Jh. Die Blütezeit im 13. und 14. Jh. spiegelt sich noch in der Marienkirche. 1726 brannte die Stadt; auch der Weltkrieg brachte viele Zerstörungen. Erhalten blieb aber eine hübsche Altstadt mit vielen Fachwerkbauten.

21 **Schloss Lichtenstein** Die alte Burg Lichtenstein wurde im Jahr 1802 abgebrochen. 1826 veröffentlichte der in Stuttgart geborene Märchendichter Wilhelm Hauff (1802–1827) seinen Roman »Lichtenstein«. Nach Hauffs Beschreibung baute man dann eine neue Burg, ein Märchenschloss.

22 **Münsingen** hat eine schöne verwinkelte Altstadt mit vielen Fachwerkbauten. Aus ihr ragt die

Stadtkirche St. Martin hervor. Sie stammt aus dem späten 13. Jh. und zeigt im Inneren spätgotisches Maßwerk. Das Schloss wirkt einfach und wuchtig. Es erhielt seine heutige Gestalt im 17. Jh.

23 **Ehingen** Aus dem barocken Ensemble dieser Kleinstadt ragen drei Kirchen hervor, zunächst die Pfarrkirche St. Blasius und die Liebfrauenkirche, beide ursprünglich gotisch und später barock verändert. Am bedeutendsten ist die Konviktskirche Herz Jesu mit ihrem hallenartigen zentralen Innenraum aus der Zeit um 1715.

1 Tübingen: Malerische Neckarpartie mit Hölderlinturm

2 Fachwerkgiebel in Calw, der Geburtsstadt von Hermann Hesse

3 Markt vor dem Tübinger Rathaus. Sgraffitomalerei und eine kunstvolle astronomische Uhr von Johannes Stöffler (1452–1531) zieren das prächtige Gebäude.

4 Herzog Wilhelm v. Urach ließ Schloss Lichtenstein im Stil einer mittelalterlichen Ritterburg erbauen.

5 In der Klosteranlage von Bebenhausen studierte Schelling.

Abstecher

Bad Urach

Der Marktplatz von Bad Urach mit seinen Fachwerkhäusern aus dem 15. und 16. Jh. gehört zu den schönsten in ganz Süddeutschland. Während der württembergischen Landesteilung (1442–1482) residierten die Grafen von Württemberg in der Stadt und bauten sich ein neues

Naturwunder am Albrand: die Uracher Wasserfälle

Residenzschloss. Heute birgt es Sammlungen des Landesmuseums. Besonders üppig ist der Goldene Saal ausgeschmückt. Die Kirche St. Amandus enthält noch die Ausstattung ihrer Entstehungszeit (1477–1500), darunter den Betstuhl des Grafen Eberhard und die Kanzel.

24 Warthausen Der Ort ist Ausgangspunkt der Öchsle-Museumsbahn, die im Sommerhalbjahr ins 19 km weit entfernte Ochsenhausen fährt. In dem ehemaligen Bahnhofsgebäude befindet sich jetzt ein originelles Knopf-Museum. Das heutige Erscheinungsbild des Schlosses Warthausen geht hauptsächlich auf das 17. Jh. zurück.

25 Biberach Im 15. und 16. Jh. war Biberach ein wirtschaftliches Zentrum Oberschwabens. Um 1500 standen über 400 Webstühle in der Stadt. Aus jener Zeit stammt das heutige Stadtbild. Der Marktplatz mit den prächtigen Bürgerhäusern ist einer der schönsten in Süddeutschland. Die Stadtpfarrkirche St. Martin ist gotisch, wurde aber barock umgestaltet. Von der Stadtbefestigung sind lediglich drei Türme übrig geblieben. Zu den sehenswerten Städtischen Sammlungen gehört auch das Braith-Mali-Museum, das neben Objekten zu Naturkunde, Geschichte und Kunst die einstige Ateliereinrichtung der Münchner Maler Anton Braith (1836-1905) und Christian Mali (1832-1906) zeigt. Dem Schriftsteller Christoph Martin Wieland (1733–1813), der in der Nähe von Biberach geboren wurde, in der Stadt aufwuchs und lebte, ist ein weiteres Museum gewidmet. In der alten Stadtmetzig inszenierte

Wieland das erste Shakespeare-Stück in deutscher Sprache.

26 Bad Waldsee Der Kern von Bad Waldsee liegt malerisch eingebettet zwischen dem Schloss- und dem Stadtsee. Die historische Innenstadt verströmt ein südliches Flair. Ihr Wahrzeichen ist die Stiftskirche St. Peter, zwar mit gotischem Baukörper, aber im 18. Jh. barock umgestaltet. Auch das Rathaus und das Kornhaus stammen im Wesentlichen aus der Gotik. Schloss Waldsee war erst eine Wasserburg. 1745 erweiterte man sie und gab ihr das heutige barocke Aussehen.

27 Ravensburg Nach Ulm war Ravensburg seit jeher die wichtigste Stadt Oberschwabens. Ihr

mittelalterlicher Kern bildet noch heute ein bemerkenswertes Ensemble, das von den Türmen und Toren der Stadtbefestigung eingeschlossen wird. Die Hauptachse bildet der lang gezogene Marienplatz mit Rathaus, Waaghaus und Kornhaus. Die evangelische Stadtkirche enthält Fresken aus dem 14. und 15. Jh. Das Städtische Museum in einem Fachwerkbau des Vogthauses zeigt Exponate zur Wohnkultur des 15. bis 18. Jh. Die Veitsburg hoch über der Stadt ist ein Barockschlösschen von 1750. Ravensburg nennt sich auch Stadt der Spiele; wenige Kilometer südlich liegt das Spieleland mit über 40 Attraktionen. Mit Ravensburg zusammengewachsen ist mittlerweile die Stadt Wein-

garten, die durch ihre mächtige Abteikirche auf sich aufmerksam macht: »Schwäbisch Sankt Peter« wird Deutschlands größte Barockbasilika auf dem Martinsberg auch genannt.

28 Markdorf Als Sommerresidenz der Konstanzer Fürstbischöfe diente Markdorf. Bemerkenswert sind das Alte Schloss, der Walsener Hof von 1616, die Pfarrkirche St. Nikolaus sowie drei Türme der ehemaligen Stadtbefestigung.

29 Meersburg Von 1841 bis zu ihrem Tod wohnte die Dichterin Annette von Droste-Hülshoff (1797–1848) mehrere Jahre im Alten Schloss des Bodenseestädtchens. Sehenswert in dem schön

gelegenen Ort mit seiner attraktiven Seepromenade und der malerischen Altstadt: das Alte Schloss (mit Museum und Dagobertsturm), das Neue Schloss (1741–1750) sowie oberhalb in den Weinbergen das »Fürstenhäusle« (um 1640, mit Annette-von-Droste-Hülshoff-Museum).

1 In der »Meersburg«, dem Alten Schloss von Meersburg am Bodensee, lebte zeitweilig die Dichterin Annette von Droste-Hülshoff.

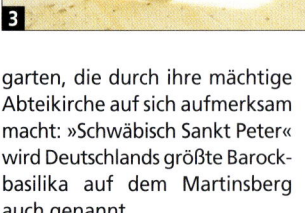

2 Der Marktplatz in Ravensburg

3 Das Untere Zimmer im Fürstenhäusle in Meersburg, das Annette von Droste-Hülshoff 1843 erworben hatte (heute Droste-Museum).

Maulbronn Fresko im Kloster Maulbronn, der besterhaltenen deutschen Klosteranlage. Hermann Hesse verewigte sie literarisch als »Marienbronn«.

Lauffen Inmitten von Weinbergen liegt Lauffen am Neckar, die Geburtsstadt Friedrich Hölderlins. An den Dichter erinnert das Hölderlin-Haus und die Hölderlin-Gedächtnisstätte.

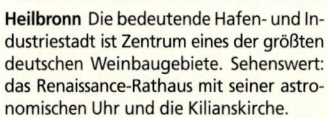

Heilbronn Die bedeutende Hafen- und Industriestadt ist Zentrum eines der größten deutschen Weinbaugebiete. Sehenswert: das Renaissance-Rathaus mit seiner astronomischen Uhr und die Kilianskirche.

Bad Mergentheim Im 16. Jh. wurde hier das Deutschordensschloss errichtet. Nicht versäumen sollte man einen Blick in die barocke Schlosskirche der Stadt mit ihren bedeutenden Heilquellen.

Ludwigsburg In frischem Glanz strahlt das alte Corps de Logis von Schloss Ludwigsburg, das Herzog Eberhard Ludwig von Württemberg ab 1704 bauen ließ.

Marbach Berühmt wurde die hoch über dem Neckar gelegene Stadt als Geburtsort Friedrich Schillers. Sehenswert ist die verwinkelte Altstadt mit Fachwerkhäusern und Resten der Stadtbefestigung.

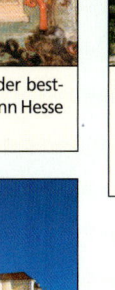

Tübingen Anmutig am Neckar liegt die altehrwürdige Universitätsstadt Tübingen mit ihren mittelalterlichen Fachwerkhäusern, schmalen Gassen und romantischen Plätzen.

Stuttgart Schiller-Denkmal am heutigen Schillerplatz hinter dem Stuttgarter Schloss. Hier soll um das Jahr 950 das Gestüt »Stutengarten« gelegen haben, Ursprung und Namensgeber der Universitätsstadt Stuttgart. Umgeben von Weinbergen und Wäldern liegt die baden-württembergische Landeshauptstadt malerisch eingebettet in ein Seitental des Neckars.

Biberach Der Weiße Turm in Biberach, Teil der mittelalterlichen Stadtbefestigung, stammt aus dem 15. Jh., als Biberach ein wirtschaftliches Zentrum Oberschwabens war.

Schloss Lichtenstein Nachdem die alte Burg 1802 abgebrochen wurde, veröffentlichte Wilhelm Hauff den Roman »Lichtenstein« – Inspiration für eine neue Burg, ein Märchenschloss.

Bad Urach Mit seinen Fachwerkhäusern aus dem 15. und 16. Jh. gehört der Marktplatz von Bad Urach zu den schönsten in ganz Süddeutschland.

Ravensburg Nach Ulm ist Ravensburg seit jeher die wichtigste Stadt Oberschwabens. Hauptachse des von den Türmen und Toren der Stadtbefestigung eingeschlossenen mittelalterlichen Kerns ist der lang gezogene Marienplatz mit Rathaus, Waaghaus, Kornhaus. Ravensburg nennt sich zudem Stadt der Spiele – wenige Kilometer südlich liegt das Spieleland.

Meersburg »Auf der Burg haus' ich am Berge, unter mir der blaue See«: Annette von Droste-Hülshoff wohnte mehrere Jahre lang im Alten Schloss des Bodenseestädtchens mit seiner fachwerkbunten Altstadt.

Bodensee An drei Länder grenzt der 571,5 km² große und bis zu 254 m tiefe Bodensee, an Deutschland, Österreich und die Schweiz. Romantische Städte und idyllische Ortschaften säumen die Ufer des »Schwäbischen Meers«, das seine Entstehung den Kräften des eiszeitlichen Rheingletschers verdankt. Dieser formte hier eine tiefe Mulde, die mit Wasser verschiedener Zuflüsse gefüllt wurde.

Barockes Fresko (1723–1728) im Treppenhaus des Schlosses von Bad Wurzach

Route 15

Der Himmel auf Erden

Oberschwäbische Barockstraße

Oberschwaben ist ein Eldorado für Liebhaber barocker Baukunst. In der hügeligen Moränenlandschaft zwischen Schwäbischer Alb und Allgäuer Alpen, zwischen Donau, Bodensee und Iller erwartet den Reisenden eine Fülle von prächtigen Schlössern, Klöstern und Kirchen im Barockstil.

Bereits um das Jahr 1965 entstanden erste Pläne, die barocken Kleinode Oberschwabens durch Ausweisung einer entsprechenden Ferienstraße besser zu vermarkten. Bald stellte sich heraus, dass die barocken Sehenswürdigkeiten dieser Region zu zahlreich und zu weit gestreut sind, als dass sie durch eine einzige Route allein erschlossen werden könnten. So kristallisierten sich nach und nach eine Hauptroute und drei Nebenrouten heraus.

Ulm an der Donau ist Ausgangs- und Endpunkt der Hauptroute, die als Rundstrecke über Biberach, Bad Wurzach, Isny, Friedrichshafen, Weingarten, Steinhau-

sen, Zwiefalten und Blaubeuren verläuft. In Riedlingen zweigt die Westroute ab, die über Meßkirch, Birnau und Meersburg nach Friedrichshafen führt. Die Ostroute zwischen Rot an der Rot und Kißlegg macht einen Schlenker ins bayerische Schwaben mit den Höhepunkten Memmingen, Ottobeuren und Kempten. Die Südroute schließlich mit den Stationen Konstanz, St. Gallen, Bregenz und Lindau umrundet auf Schweizer und österreichischem Terrain den Bodensee. So verbindet das Symbol des gelben Putto auf grünem Untergrund – das offizielle Emblem der Oberschwäbischen Barockstraße – auf

Barockes »Puttenspiel« im Kloster Zwiefalten (Figurenschmuck von Johann Joseph Christian)

Blick in die prachtvolle Bibliothek des Benediktinerklosters Ulm-Wiblingen, das im Jahr 1093 gegründet wurde. Die Stuckaturen schuf Gaspare Mola, die Gemälde Franz Martin Kuen (1744) und die Figuren Dominikus Hermenegild Herberger (1744/45).

Wandgemälde in der Pfarrkirche St. Martin in Biberach (14. Jh., 1746–1748 barockisiert)

über 500 Straßenkilometern die Sehenswürdigkeiten der Region.

Es sind aber nicht nur die Klöster und Kirchen, die den kulturellen Reichtum der Region begründeten. Neben einigen bedeutenden Burgen und Schlössern wie in Bad Wurzach, Kißlegg oder Meersburg findet sich entlang der Oberschwäbischen Barockstraße eine bemerkenswerte Häufung von einstmals Freien Reichsstädten, die unabhängig von weltlichen und geistlichen Herren agieren konnten. In Ulm, Biberach, Memmingen, Wangen, Leutkirch, Ravensburg, Kempten, Isny und Lindau hatte sich so schon früh ein selbstbewusstes Bürgertum herausgebildet, das seinen durch Handel erwirtschafteten Reichtum durch die Errichtung repräsentativer Bürger- und Rathäuser nach außen dokumentierte. Und neben dem Kunstgenuss bietet die Oberschwäbische Barock-straße auch eine abwechslungsreiche Landschaft, die auf ihre Weise die üppigen und sinnlichen Formen des Barocks vorwegzunehmen scheint. Im nördlichen Abschnitt bei Blaubeuren und Zwiefalten streift die Ferienstraße noch die schrofferen Kalksteinformationen des Schwäbischen Juras, ehe sie dann südlich der Donau allmählich in die sanft geschwungene Moränenlandschaft des westlichen Voralpenlandes übergeht. Zwischen den Hügeln, Riedgebieten, Mooren, Viehweiden, Wäldern und den Flusstälern von Iller, Riß und Schussen schlängelt sich die Oberschwäbische Barockstraße kurvenreich durch die Landschaft. Den südlichen Abschluss der Tour bildet die Uferregion des Bodensees. Sie ist geprägt durch intensiven Wein- und Obstbau; ihr mildes Klima und südliches Ambiente machen sie zu einem der beliebtesten Ausflugs- und Urlaubsziele.

Inmitten von Weinbergen das schönste Gotteshaus am Bodensee: die Wallfahrtskirche Birnau

Das Ulmer Münster

Die Bauarbeiten am Ulmer Münster begannen 1377 unter Heinrich Parler. Das heutige Aussehen geht jedoch auf Ulrich von Ensingen zurück, der die Kirche vergrößerte. Ursprünglich war sie nur als Pfarrkirche konzipiert. Aber der Bürgerstolz wollte es, dass die Kirche 20 000 Menschen aufnehmen konnte! Um 1475 war der Bau im Wesentlichen vollendet. Damals fertigte der Architekt Matthäus Böblinger eine

Kontrast am Münsterplatz: das gotische Münster und das neue Stadthaus von Richard Meier

Zeichnung des Turms mit einer bis dahin noch nie erreichten Höhe an. Bei den Bauarbeiten traten aber bald Risse auf, Böblinger fiel in Ungnade, und der Turm blieb unvollendet. Erst in der Romantik baute man nach Böblingers Aufriss weiter. 1890 erreichte der Turm die Höhe von 161 Metern. Er ist damit der höchste Kirchturm der Erde.

Unsere Tour beginnt in Ulm und führt entlang der Hauptroute zunächst an den Bodensee. Über Ravensburg geht es wieder zurück an die Donau nach Riedlingen. Von dort folgen wir der Westroute und gelangen über Meßkirch wieder ans Schwäbische Meer zum Endpunkt Meersburg.

1 Ulm Vom höchsten Kirchturm der Welt (161 m) aus überblickt man die Stadt und alles um Ulm herum. Der Turm des Münsters ist das Wahrzeichen der geschichtsträchtigen Reichsstadt. Das wohl bedeutendste Kunstwerk im Münster (1377 bis 1529, im 19. Jh. ausgebaut) ist das Chorgestühl von Jörg Syrlin d. Ä. Am Marktplatz steht das gotische Rathaus mit dem Fischkasten, einem weiteren Werk Syrlins. Das Fischer- und Gerberviertel vermittelt einen Eindruck vom früheren Gesicht der im Zweiten Weltkrieg stark zerstörten Stadt. Weitere Sehenswürdigkeiten sind das Museum mit einer Sammlung oberschwäbischer Kunst sowie das Deutsche Brotmuseum, das sich Brot und Backen zum Thema gemacht hat. Liebhaber barocker Kunst besuchen das in der Nähe von Ulm gelegene Benediktinerstift Wiblingen mit seiner prachtvollen Bibliothek.

2 Wiblingen Das ehemalige Benediktinerkloster Wiblingen wurde im Jahr 1093 als Reformkloster gegründet. 1772 machten sich die Mönche an den Neubau der Klosterkirche. Der

Zentralraum lässt den herannahenden Klassizismus ahnen. Trotzdem ist das Innere noch prächtig ausgestattet – ebenso der Bibliothekssaal im Klostergebäude.

3 Laupheim In Laupheim lebten von 1724 an verhältnismäßig viele Juden. Dem Zusammenleben zwischen diesem Landjudentum und den Christen ist das Museum im Schloss Großlaupheim gewidmet. Äußerst sehenswert ist auch der jüdische Friedhof mit noch rund 1000 Grabsteinen. Das Wahrzeichen der hübschen Kleinstadt ist aber die barocke Stadtpfarrkirche, erbaut ab 1623 von den italienischen Brüdern Barbieri.

4 Gutenzell hat seinen Namen vom ehemaligen Zisterzienserinnenkloster *Bona cella*, wörtlich »Gute Zelle«. Die frühere Klosterkirche geht auf einen gotischen Bau zurück, den Dominikus Zimmermann in der Mitte des 18. Jh. barockisierte. Damals war seine Tochter Äbtissin. Der Hochaltar und die Kanzel sind Werke von Franz Xaver Feuchtmayer. Im Dezember und Januar wird in der Kirche die berühmte Barockkrippe ausgestellt.

Reiseinformationen

Routen-Steckbrief
Routenlänge: ca. 440 km (ohne Abstecher)
Zeitbedarf: mind. 5–7 Tage
Start: Ulm
Ziel: Meersburg
Routenverlauf: Ulm, Biberach, Bad Wurzach, Isny, Tettnang, Friedrichshafen, Bad Waldsee, Zwiefalten, Bad Saulgau, Meßkirch, Salem, Meersburg

Besonderheiten:
Der Radwanderweg Donau-Bodensee führt in mehreren Routen teils parallel zur Barockstraße von Ulm zum Bodensee.

Auskünfte:
Gebietsgemeinschaft Allgäu-Bodensee-Oberschwaben »Oberschwäbische Barockstraße«
Ravensburger Str. 1,

88331 Bad Waldsee,
Tel. (0 75 24) 94 13 43,
Fax (0 75 24) 94 13 45,
Email: info@bad-waldsee.de
Internationale Bodensee Tourismus GmbH
Insel Mainau,
78465 Konstanz
Tel. (0 75 31) 90 94 90,
Fax (0 75 31) 90 94 94,
Email: info@bodensee-tourismus.com
www.bodensee-tourismus.com
Tourismus-Marketing GmbH Baden-Württemberg (TMBW)
Esslinger Str. 8,
70182 Stuttgart,
Tel. (07 11) 23 85 80,
Fax (07 11) 23 85 8-99,
Email: info@tourismus-baden-wuerttemberg.de
www.tourismus-baden-wuerttemberg.de

3

5 Biberach Die ehemalige Freie Reichsstadt Biberach, eine staufische Gründung (nach 1170, Stadtrecht um 1218) liegt im Tal der Riß, die sich hier durch die hügelige oberschwäbische Moränenlandschaft schlängelt. Mittelpunkt der gut erhaltenen historischen Altstadt ist der von prächtigen Patrizierhäusern aus dem 15. bis 19. Jh. umrahmte Marktplatz. Den Platz beherrscht die Pfarrkirche St. Martin aus dem 14. Jh., deren Inneres von 1746 bis 1748 barockisiert wurde. Sehenswert sind auch die Spitalkirche, das Alte und das Neue Rathaus, die mittelalterliche Zunftsiedlung Weberberg und der »Weiße Turm«.

6 Ochsenhausen verdankt seine Existenz der ehemaligen Benediktinerreichsabtei, die 1093 geweiht wurde und sich im Barock zu einem Zentrum von Wissenschaft und Kunst entwickelte. An die Klosterkirche lagern sich die Reste eines gotischen Kreuzgangs und der Prälatur an. Im Süden und im Osten befinden sich Konventsgebäude, die im frühen 17. Jh. angelegt und im 18. Jh. ausgestaltet wurden. Der Große Bibliothekssaal atmet bereits den Geist des Klassizismus.

7 Rot Der Klosterweiler liegt nur wenige Kilometer westlich der Iller in einem sanften Wiesental und besticht mit einer prächtig ausgestatteten ehema-

ligen Klosterkirche von 1782. Ihr Inneres zeigt mit Fresken und Stuck die ganze Pracht des ausgehenden Barocks.

8 Bad Wurzach Das Barocktreppenhaus des Bad Wurzacher Schlosses gilt mit seinem Deckenfresko als eines der Juwelen der Barockstraße. Auch das Kloster

1 Blick von der bayerischen Donauseite in Neu-Ulm auf das Ulmer Münster mit dem höchsten Kirchturm der Welt (161 m), das idyllische Fischerviertel und den Metzgerturm samt Stadtmauer.

2 Pfarrkirche St. Verena und Mariä Himmelfahrt (1777–1786) in Rot an der Rot mit Fresken von Januarius Zick im Kirchenschiff (1784), Andreas Meinrad von Au im Chor (1780).

3 Monumentales Deckengewölbe von Johannes Zick in der Pfarrkirche St. Martin in Biberach (von 1746 bis 1748 barockisiert), die seit 1548 von beiden Konfessionen genutzt wird (Simultaneum).

4 Blick ins Deckengewölbe der Pfarrkirche St. Kosmas und Damian in Gutenzell (1755/1756 umgestaltet). Der Stuck stammt von Franz Xaver Feuchtmayer, die Fresken schuf Johann Georg Dieffenbrunner.

5 Deckengemälde im barocken Treppenhaus des 1723–1728 erbauten Schlosses von Bad Wurzach

4

5

Abstecher

Lindau

Die Inselstadt im Bodensee stand noch vor 150 Jahren auf drei Einzelinseln. Das »bayerische Venedig« mit seinem von Löwen und Leuchtturm bewachten Hafen besticht mit seinen malerischen Altstadtgassen, dem bemalten Rathaus und den bodenständigen Gasthöfen. In der Altstadt prägen Bauwerke aus Gotik, Renaissance und Barock das Straßenbild. An der Maximilianstraße stehen alte Patrizierhäuser mit Erkern, Fachwerk und Laubengängen. Das alte Rathaus von 1422 hat eine reich bemalte Hauptfassade und einen volutenverzierten Staffelgiebel. Den Marktplatz dominiert das 1729 errichtete Haus »Zum Cavazzen«. Der dreistöckige Barockbau beeindruckt mit einer reichen Bemalung und gilt als das schönste Bürgerhaus am Bo-

Oben: Hafeneinfahrt mit Leuchtturm und bayerischem Löwen
Unten: das Rathaus (1422–1436)

densee. Außer den prächtigen Bürgerhäusern sind auch noch große Teile der spätmittelalterlichen Stadtbefestigung erhalten. Zur ältesten Wehranlage gehört die Heidenmauer am Ostzipfel der Insel. Der Petersturm war einst der Wachtturm der Fischersiedlung, der Mangturm am Hafenplatz diente bis 1856 als Leuchtturm, und der Diebsturm entstand 1375 als Beobachtungsturm am höchsten Punkt der Insel. Die ehemalige Peterskirche ist die älteste Kirche der Stadt (um die Jahrtausendwende). Ihr Inneres birgt die einzigen erhaltenen Fresken von Hans Holbein d. Ä. Entstanden sind die Fresken zwischen 1485 und 1490. Im Ortsteil Bad Schachen finden sich noch zahlreiche elegante Villen aus der Gründerzeit.

Maria Rosengarten neben der klassizistischen Pfarrkirche St. Verena hat ein hübsches Treppenhaus und »die schönste Hauskapelle der Welt« im Rokokostil (1763). Eine ganz andere Sehenswürdigkeit ist das Wurzacher Ried, das größte noch intakte Hochmoorgebiet Mitteleuropas mit dem Haidgauer Torfwerk, das heute Industriedenkmal und Museum ist.

9 Wolfegg Nach dem Besuch des kunsthistorisch bedeutenden Schlosses und der prächtigen Pfarrkirche St. Katharina mit ihrem reichen Stuck- und Freskenschmuck teilen sich Familien möglicherweise auf: Die einen besuchen das Automobilmuseum von Fritz B. Busch mit seinen 200 Oldtimern, die anderen begeben sich auf die Spuren von Bauern, Dienstboten und Tagelöhnern im Bauernhaus-Museum.

10 Kißlegg, das in eine Moorseelandschaft eingebettet liegt, bietet mehrere Barockdenkmäler: etwa das Alte, leider nicht zugängliche Schloss und das Neue Schloss von Johann Georg Fischer mit seinem Rokoko-Treppenhaus, der Schlosskapelle und dem Lüstersaal. Auch die mit reichem Stuck versehene Pfarrkirche St. Gallus und Ulrich geht auf diesen Baumeister zurück. In der Sakristei wird der Augsburger Silberschatz aus der Werkstatt von Franz Christoph Mäderl aufbewahrt.

11 Isny Die Stadtmauer aus dem 13. Jh. ist noch zum großen Teil erhalten. Die dreischiffige Nikolaikirche stammt ursprünglich von

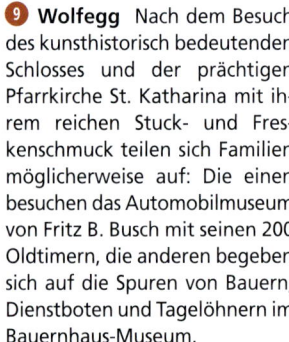

1288 und hat im Inneren einen spätgotischen Chor mit Sternrippengewölbe. Im Obergeschoss der Sakristei befindet sich die berühmte Predigerbibliothek. Die Georgskirche ist im Barock- bzw. Rokokostil gehalten und hat eine prächtige Innenausstattung.

12 Wangen Liebhaber mittelalterlicher Städtebaukunst zieht es ins württembergische Allgäu: Die gesamte Altstadt von Wangen steht als Ensemble unter Denkmalschutz. Man schlendert vorbei an stattlichen Giebelhäusern, Gaststätten mit kunstvollen Wirtshausschildern, der gotischen Pfarrkirche St. Martin, der Heilig-Geist-Kirche und über den Friedhof zur Rochuskapelle.

13 Tettnang war einst die Residenz der Grafen von Montfort. Sie stammten nicht aus Frank-

reich, sondern leiteten ihren Namen vom Stammsitz Montfort (»befestigter Berg«) bei Götzis in Vorarlberg ab. Auf sie geht das heutige Rathaus – ein altes Schloss – und das viertürmige, innen prächtig ausgestattete Neue Schloss von 1720 zurück.

14 Langenargen Direkt am See bauten die Grafen Montfort im 14. Jh. eine Burg. Später verfiel sie; ihre Ruine wurde von der Dichterin Annette von Droste-Hülshoff besungen. Im Jahr 1866 ließ Wilhelm I. von Württemberg Schloss Montfort im maurischen Stil errichten. Kunsthistorisch bedeutender ist aber die schöne barocke Pfarrkirche St. Martin.

15 Friedrichshafen verdankt seinen Namen zwar der Sommerresidenz des ersten württembergischen Königs, seine Bedeutung

erhielt es jedoch durch die Technik: Vom Hafen legte 1824 der erste Raddampfer »Wilhelm« ab, hier baute Ferdinand Graf Zeppelin im Sommer 1900 das erste Luftschiff, und Claudius Dornier schuf so berühmte Flugboote wie den Dornier Wal (1922) und die zwölfmotorige Do-X (1929). Architektonisch interessantester Bau der Stadt ist die Schlosskirche mit ihren zwei

1 Langenargen: Bevor im 19. Jh. das orientalisch anmutende Schloss Montfort errichtet wurde, stand hier eine Ruine, die Annette von Droste-Hülshoff als »die schönste, die ich je gesehen habe« beschrieb.

2 Wangen im Allgäu: die Pfarrkirche St. Martin (13. Jh., 1684 barock ausgestattet) und der Pfaffenturm neben dem barocken Rathaus

Orgel- und Deckengemälde der Pfarrkirche St. Katharina (1733–1736) in Wolfegg, ein Werk des Füssener Baumeisters Johann Georg Fischer (1673–1747). Den in
Rosa, Ocker und einem kräftigen Türkisgrün gehaltenen spätbarocken Stuck schuf Johannes Schütz (1704–1752), die Fresken Franz Josef Spiegler (1691–1756).

Fasnacht in Bad Waldsee

Die Geschichte der Waldseer Fasnacht reicht bis ins 15. Jh. zurück. Zu ihr gehören typische Masken wie Federle, Faselhannes, Narro, Schrättele und Schorrenweible sowie Bräuche wie das Gschellabstauben, die Eröffnung der

Fasnachtsfiguren Federle und Schrättele in Bad Waldsee

Fasnacht, das Narrenrechtabholen, das Narrenbaumstellen, die Umzüge, der Schrättelestanz und das Besenverbrennen mit dem anschließenden Fasnetsvergraben.

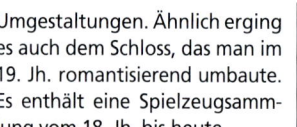

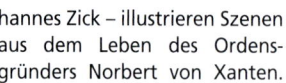

malerischen Zwiebeltürmen. Errichtet wurde sie bis 1701 von Christian Thumb. Wessobrunner Stuckateure schufen den opulenten Stuck. Wertvolle Ausstattungsstücke sind der Hochaltar und das prachtvolle Chorgestühl.

🔴 **Ravensburg** Auf einem Spaziergang durch das mittelalterliche Zentrum überquert man den Marienplatz, um den sich das spätgotische Rathaus, das Waag-, das Leder- und das Kornhaus gruppieren. Von diesem Platz aus wendet sich die malerische Marktstraße, an der samstags der Wochenmarkt stattfindet, zum Oberen Tor. Hier erhebt sich mit dem »Mehlsack« das Wahrzeichen der Stadt, ein weiß getünchter Rundturm aus dem 15. Jh.

🔴 **Weingarten** ist mittlerweile mit Ravensburg zusammengewachsen und macht durch die mächtige barocke Klosterkirche (1715–1724) mit Deckenfresken von Cosmas Damian Asam und Stuck von Franz Schmuzer auf sich aufmerksam. Die im Hauptaltar aufbewahrte Heilig-Blut-Reliquie mit Blutstropfen aus der Seitenwunde Christi wird jedes

Jahr beim Blutritt durch die Stadt getragen.

🔴 **Bad Waldsee** Ein großes Waldgebiet umgibt die Kurstadt, die ihren landschaftlichen Reiz zwei Seen verdankt. Die ehemalige Augustiner-Chorherrenstiftskirche St. Peter aus dem 15. Jh. versah man im Zuge einer barocken Umgestaltung mit einer geschwungenen Westfassade. Der Hochaltar im stuckierten Innenraum lässt die Handschrift Dominikus Zimmermanns erkennen. Auch weltliche Macht hinterließ in Waldsee beachtenswerte Zeugnisse. Auffälligstes Bauwerk ist das Rathaus von 1426 mit seinem aufwändig gestalteten Fassadengiebel. Ihm gegenüber steht der imposante Bau des Kornhauses aus dem frühen 15. Jh., heute Sitz des Städtischen Museums. Westlich der Stiftskirche trifft man auf das Schloss der Fürsten Waldburg-Wolfegg, das im 16. Jh. als Wasserburg errichtet und im 18. Jh. erweitert wurde.

🔴 **Aulendorf** Die Pfarrkirche St. Martin entstand wohl im 14. Jh., erfuhr aber in jedem weiteren Jahrhundert erhebliche

Umgestaltungen. Ähnlich erging es auch dem Schloss, das man im 19. Jh. romantisierend umbaute. Es enthält eine Spielzeugsammlung vom 18. Jh. bis heute.

🔴 **Bad Schussenried** liegt an der Hauptroute der durch Putten ausgeschilderten Schwäbischen Barockstraße. Eine bedeutende Sehenswürdigkeit des auch als Moorheilbad bekannten Ortes ist eine prämonstratensische Stiftsanlage mit Trakten aus Mittelalter und Barockzeit. Das im Jahr 1183 gegründete Kloster wurde im 18. Jh. nach Plänen von Dominikus Zimmermann umgestaltet. Die Klosterkirche St. Magnus, ein Museum sowie der herrliche Bibliothekssaal können besichtigt werden. Das Innere von St. Magnus zeigt noch deutlich die Grundform der hochromanischen dreischiffigen Pfeilerbasilika, deren Arkaden im 18. Jh. umgestaltet wurden. Die Gotik hat sich im Chor und den Gewölben der Seitenschiffe überliefert. Stuckaturen und Altäre stammen aus dem 17. und 18. Jh. Die illusionistischen Deckenbilder von 1745 – ein Werk des Münchner Hofmalers Jo-

hannes Zick – illustrieren Szenen aus dem Leben des Ordensgründers Norbert von Xanten.

🔴 **Steinhausen** Noch während des Baus bezeichnete man die Wallfahrtskirche St. Peter und Paul als »eine der herrlichsten im ganzen Schwabenland«. Heute preist man sie als die »schönste Dorfkirche der Welt«. Sie gilt als ein Meisterwerk des Rokokos – schließlich wurde sie von den Brüdern Dominikus und Johann Baptist Zimmermann gestaltet.

🔴 **Bad Buchau** Der Ort liegt am Federsee, an dessen Ufern schon in der Steinzeit Menschen

---

1 Als vollendetes Gesamtkunstwerk des Rokoko gilt die Klosterbibliothek Bad Schussenried (1749–1763).

2 Die Ausstattung der Klosterkirche in Weingarten gehört zu den Hauptwerken des süddeutschen Barock (Fresken u. a. von Cosmas Damian Asam, Stuckaturen von Franz Schmuzer).

3 Spätbarock: Deckengewölbe der Stifts- und Pfarrkirche St. Cornelius und Cyprianus in Bad Buchau

Abstecher

Naturpark Obere Donau

Das Durchbruchstal der Oberen Donau
ist dank seiner landschaftlichen Schönheit und Naturvielfalt ein einzigartiges
Juwel. Es bietet vielfältige Nutzungs-
möglichkeiten auf über 3500 km Wan-
der- und Radwegen. Kletterer und
Kanufahrer müssen allerdings strenge
Auflagen beachten.
Eine geologische Sensation ersten
Ranges in dem 1980 gegründeten Naturpark südlich und nördlich der Oberen
Donau sind die faszinierenden Donauversickerungen bei Immendingen und
Fridingen, an denen das Flusswasser
mitunter komplett verschwindet, um
Kilometer entfernt ebenso eindrucksvoll wieder ans Tageslicht zu treten.
Drei Viertel des Naturparks gründen
auf harten, von der jungen Donau tief
zerfurchten Weißjurakalken, die oft
als bizarre Felsen aufragen und damit
den Naturpark zu einem Paradies für
Kletterer machen. Auf den ertrags-
armen Böden, auf denen alle Nieder-
schläge rasch versickern, finden sich
Trocken-, Hecken- und Heidelandschaf-

ten, in denen seltene Reliktpflanzen
überdauern konnten.
Nahezu die Hälfte der Naturparkfläche wird von Wald bedeckt – be-
waldet mit Fichten und Buchen sind
vor allem die Taleinhänge der Donau
und ihrer Seitentäler sowie die zur
Vernässung neigenden Altmoränen-
platten im Osten des Naturparks.
Etwa 37 Prozent der Naturparkfläche
werden landwirtschaftlich genutzt.
Weitere sechs Prozent rechnet man als
Brachland, Heckenriegel, Feuchtge-
biete und Gewässer dem landwirtschaftlichen Bereich zu. Als traditionelle
Nutzungsart spielt die Grünlandwirt-
schaft im Naturpark Obere Donau bis
heute die größte Rolle.
Die Felsen des Donautals bieten Pflanzen Standorte, auf denen von Natur

aus kein Wald Fuß fassen konnte. Die
Humusschicht ist hier nur wenige
Zentimeter dünn. In Anpassung an die
widrigen Standortbedingungen entwickelten sich Pflanzengemeinschaf-
ten, die heute überaus gefährdet sind.
Im Naturpark kommen so genannte
Reliktpflanzen wie etwa das Stein-
röschen vor, die ansonsten in den arkt-
ischen oder alpinen Regionen ihren
Verbreitungsschwerpunkt haben.
Auch für die Tierarten erfordern die
hier herrschenden Lebensbedingun-
gen eine besondere Anpassung. Bekannt ist das Donautal für das Vorkom-
men felsenbrütender Vogelarten wie
Wanderfalke, Uhu, Kolkrabe und Dohle.
Die Heckenzeilenlandschaft der Alb-
hochfläche, Holzwiesen und Wacholder-
heiden bieten seltene Einblicke in eine

erhaltens- und schützenswerte Tier-
und Pflanzenwelt.

1 Der Donaudurchbruch durch die
Schwäbische Alb ist einer der landschaftlich eindrucksvollsten Abschnitte
des 2860 km langen Flusses.

2 Den seltenen Eisvögeln kann
man im Naturpark Obere Donau
noch begegnen.

3 Auch der Uhu hat an den waldreichen Donauufern seinen Lebensraum gefunden.

4 Dohlen leben in Verbänden. Eine
große Kolonie ist bei Sigmaringen
beheimatet.

Sigmaringen

Mittelpunkt des hohenzollerischen
Residenzstädtchens ist das Schloss.
Seine Vorgängerburg war schon im
Mittelalter eine starke Festung. Als sie
1893 in Flammen aufging, nutzte Fürst
Leopold die Gelegenheit, das Schloss
in seiner heutigen Gestalt neu erste-

Blick auf das hoch über der Donau
auf einem steilen Felsen thronende
Schloss der Fürsten von Sigmaringen-
Hohenzollern.

hen zu lassen (heute Museum). Die
barocke Pfarrkirche St. Johann Evan-
gelist stammt von 1763.

siedelten, deren Jagdlager, Moor-siedlungen und Pfahlbauten aus-gegraben wurden. Die Funde sind im Federseemuseum ausgestellt. Seit dem 16. Jh. war in der Stadt eine große jüdische Gemeinde ansässig. Die Judengasse und der Jüdische Friedhof erinnern daran. Sehenswert sind auch die Stifts-kirche und das Stiftsgebäude.

23 Riedlingen konnte sich sein mittelalterliches Aussehen mit einem Teil der Stadtbefestigung und vielen Fachwerkhäusern vor allem am Marktplatz und in der Rösslegasse bewahren. Wahrzei-chen der Stadt ist die St.-Georgs-Kirche (13.–15. Jh.) mit Resten einer spätgotischen Ausmalung. Berühmt ist sie auch für die Orgel, die Hartwig Späth 1997 baute. Einen Besuch verdient zu-dem die barocke Weilerkapelle.

24 Zwiefalten Der Name spielt auf die beiden Bäche an, die sich in der Stadt vereinigen. Seine Bedeutung verdankt der Ort dem ehemaligen Kloster. Mittelpunkt ist heute noch das Münster Un-serer Lieben Frau, erbaut von Johann Michael Fischer. Es gilt als eines der bedeutendsten Werke des Spätbarocks in Deutschland. Die üppigen Stuckaturen stam-men von Johann Michael Feucht-mayer. Das spätgotische Gnaden-bild wurde barock umgestaltet.

25 Bad Saulgau Die Pfarrkirche St. Johannes stammt aus der Gotik, die Innenausstattung ist vorwiegend neugotisch. In der Nähe der Kirche stehen noch ei-nige alte Bürgerhäuser im Fach-werkstil. Die Kreuzkapelle am Südrand der Stadt beherbergt den Saulgauer Kruzifixus aus dem 12. Jh. Im Stadtteil Sießen findet man ein Franziskanerinnenklos-ter mit einer Barockkirche der Gebrüder Dominikus (Kirchenbau und Stuckaturen, 1727–1729) und Johann Baptist Zimmermann (Freskenzyklen, 1729).

26 Meßkirch Hier wurden der Religionsphilosoph Bernhard Wel-te und Martin Heidegger gebo-ren. An letzteren erinnert ein Museum im bemerkenswerten Renaissanceschloss, sein Grab befindet sich auf dem örtlichen Friedhof. Die gotische Stadtpfarr-kirche St. Martin wurde barocki-siert und stellt die letzte große Spätrokokokirche in Oberschwa-ben dar. Die angebaute Johann-Nepomuk-Kapelle statteten die Brüder Asam aus München aus.

27 Pfullendorf Seit dem Jahr 1220 ist Pfullendorf eine Stadt. Zum sehenswerten Ensemble ge-

1

hören viele Fachwerkhäuser, der Mauerring ist noch weitgehend erhalten. Im Zentrum befindet sich die dreischiffige Pfarrkirche St. Jakob d. Ä. (1481), im 17. Jh. mit barocken Elementen verse-hen und später umgebaut. Für die prächtige Innenausstattung sorgen vor allem die Fresken An-dreas Meinrads von Au (1751) und die Stuckaturen im Chorraum (1751), von Johann Georg Graf begonnen, von Johann Schwarz-mann vollendet.

28 Heiligenberg Das imposan-teste Gebäude ist das Schloss der Fürsten von Fürstenberg. Es steht an einer Stelle mit grandiosem Blick über den Bodensee. Im We-sentlichen stammt das Schloss aus der Renaissance. Bedeutend ist der Rittersaal mit seiner geschnitz-ten Kassettendecke.

29 Salem Herausragende Se-henswürdigkeit der ehemaligen Zisterzienserabtei ist die Kirche (Münster) des einstmals reichs-ten Klosters in Süddeutschland. Der Kirchenraum ist einheitlich gotisch, die eher strenge Innen-ausstattung geht jedoch auf das 18. Jh. zurück. Die großen Klos-tergebäude (um 1700) sind heu-te ein markgräfliches Schloss mit mehreren Museen und dem be-rühmten Internat.

30 Überlingen Die ehemalige Freie Reichsstadt mit ihrem mit-telalterlichen Stadtbild strahlt eine geradezu mediterrane At-mosphäre aus. In der Altstadt reihen sich prächtige Bürger-häuser aus dem 16. und 17. Jh. aneinander. Besonders sehens-

2

3

wert ist das Münster St. Nikolaus aus dem 15. Jh. Es birgt in einem Kapellenkranz eine ganze Reihe von Überlinger Bürgerfamilien gestiftete und überreich ausge-stattete Renaissance- und Ba-rockaltäre. Glanzstück ist der viergeschossige holzgeschnitzte Hochaltar der Brüder Zürn. Er entstand bis 1616 und enthält neben prachtvoller Ornamentik 23 lebensgroße Schnitzfiguren.

31 Wallfahrtskirche Birnau Die schönste Rokokokirche des gan-zen Bodenseeraums thront hoch über dem See. Bis 1750 schufen Peter Thumb als Baumeister, Joseph Anton Feuchtmayer als Stuckateur und Gottfried Bern-hard Goetz als Maler einen

»himmlischen Festsaal«. Wer die berühmte Figur des »Honigschle-ckers« von Feuchtmayer sucht, findet sie am Altar des heiligen Bernhard von Clairvaux.

32 Meersburg Von dem ver-träumten Fischerdorf, das zu Zeiten der Dichterin Annette von Droste-Hülshoff zu Füßen der Burg lag, entwickelte sich Meersburg bis heute zu einem Zentrum des Bodenseetourismus. Seine attraktive Lage zwischen Weinbergen, die schöne See-promenade mit dem ehemali-gen Kornspeicher von 1505 und die steil ansteigende Haupt-straße faszinieren jährlich viele tausend Besucher. Neben dem Alten Schloss, dessen Ursprünge

bis ins 7. Jh. zurückreichen, lie-ßen sich die Konstanzer Bischöfe nach Entwürfen von Balthasar Neumann 1741–1750 das Neue Schloss errichten.

1 Das von Johann Michael Fischer erbaute Münster Unserer Lieben Frau im Kloster Zwiefalten gehört zu den bedeutendsten Werken des Spät-barocks (Baubeginn 1741).

2 Schloss Salem wurde 1134 als Zisterzienserkloster gegründet.

3 Der Bodensee als Ziel der Barock-straße lädt ein zu weiteren Erkundun-gen – etwa nach Unteruhldingen mit seinen rekonstruierten Pfahlbausied-lungen aus der Stein- und Bronzezeit.

Wiblingen Prächtig ausgestattet ist das Innere des ehemaligen Benediktinerklosters Wiblingen (1093 als Reformkloster gegründet, Neubau der Klosterkirche 1772). Vor allem der Bibliothekssaal im Klostergebäude prunkt im üppigsten Barock.

Ulm Unübersehbar ragt das Ulmer Münster in den Himmel über der im Zweiten Weltkrieg stark zerstörten, heute aber wieder hergestellten, sehenswerten Stadt. Der Kirchturm des ab 1377 errichteten Münsters ist mit 161 m der höchste der Welt.

Bad Wurzach Das Barocktreppenhaus mit seinem monumentalen Deckenfresko macht das in den Jahren 1723 bis 1728 erbaute Bad Wurzacher Schloss zu einem sakralen Juwel an der Oberschwäbischen Barockstraße.

Zwiefalten Mittelpunkt der Gemeinde ist das von Johann Michael Fischer erbaute Münster Unserer Lieben Frau, eines der bedeutendsten Werke des Spätbarocks in Deutschland.

Naturpark Obere Donau Dank seiner landschaftlichen Schönheit und Naturvielfalt ist das Durchbruchstal der Oberen Donau ein Dorado für Wanderer, Radfahrer, Kletterer und Kanuten. Als geologische Sensation gelten die faszinierenden Donauversickerungen bei Immendingen und Fridingen, wo das Flusswasser völlig verschwindet.

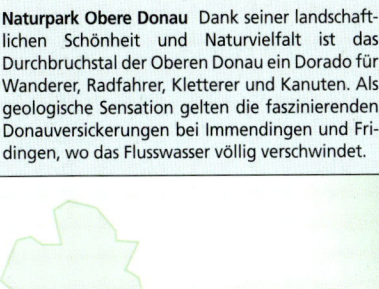

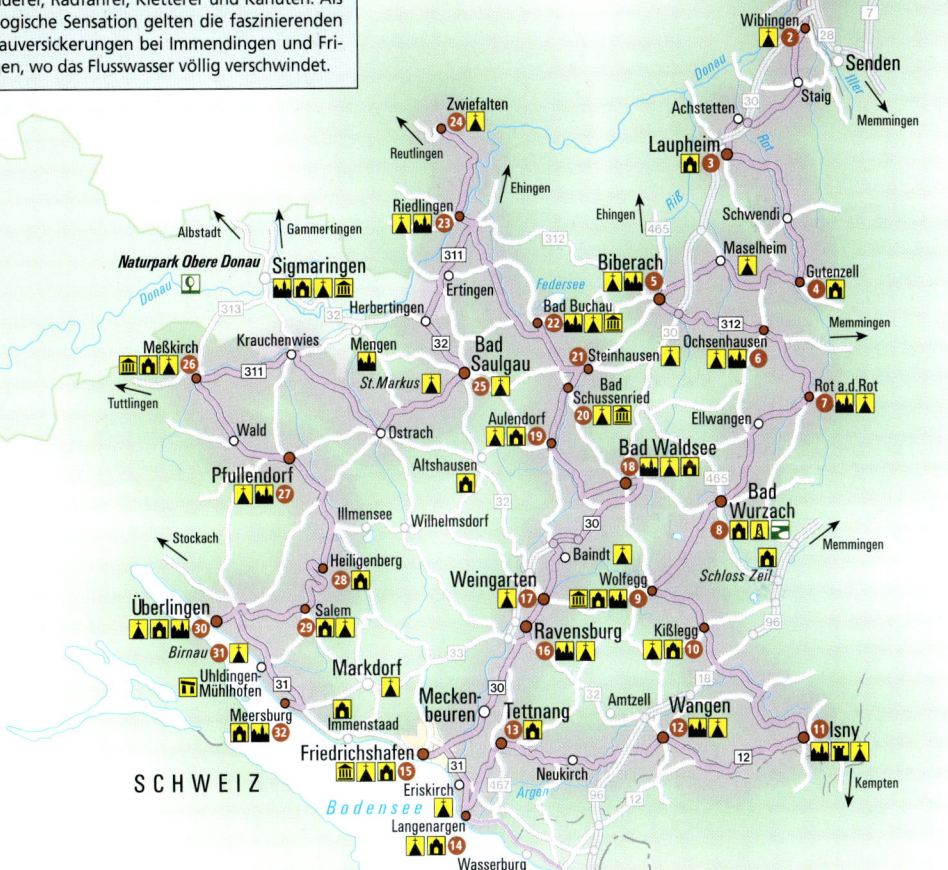

Sigmaringen Hoch über der Donau thront auf einem steilen Felsen das Schloss der Fürsten von Sigmaringen-Hohenzollern (heute ein Museum).

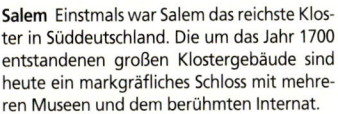

Weingarten Die Deckenfresken von Cosmas Damian Asam und der Stuck von Franz Schmuzer zieren die 1715 bis 1724 errichtete Klosterkirche in Weingarten.

Salem Einstmals war Salem das reichste Kloster in Süddeutschland. Die um das Jahr 1700 entstandenen großen Klostergebäude sind heute ein markgräfliches Schloss mit mehreren Museen und dem berühmten Internat.

Birnau Edle Tropfen und ein kulturhistorisches Denkmal: Die Wallfahrtskirche Birnau (1747–1750) gilt als die schönste Rokokokirche des ganzen Bodenseeraums.

Langenargen Direkt am See, wo im 14. Jh. die Grafen Montfort eine Burg gebaut hatten, entstand im 19. Jh. Schloss Montfort im maurischen Stil.

Lindau Der bayerische Löwe wacht über der Hafeneinfahrt der Inselstadt am Bodensee, auch das »bayerische Venedig« genannt. Malerische Altstadtgassen laden zum Bummeln ein.

Wangen Aus dem 13. Jh. stammt die Pfarrkirche St. Martin in Wangen im Allgäu. 1684 wurde sie barock ausgestattet. Links der Pfaffenturm neben dem barocken Rathaus.

Üppiger Blumenschmuck: Schwarzwaldhaus im malerischen Dorf Geschwend bei Todtnau

Route 16

Gebirge im Südwesten
Von Baden-Baden durch den Schwarzwald

Dunkle Wälder, verträumte Seen, romantische Täler: Unter allen deutschen Mittelgebirgen bietet der Schwarzwald die reichste Auswahl an eindrucksvollen Landschaften. Wir reisen auf Abschnitten von vier verschiedenen Ferienstraßen von Baden-Baden im Nordschwarzwald bis in den südlichen Schwarzwald und weiter bis ins schweizerische Schaffhausen.

Als Mark Twain 1878 eine große Reise durch Europa unternahm, besuchte er auch Baden-Baden und »machte den üblichen Abstecher in den Schwarzwald«. Das war damals schon gang und gäbe. Und damals wie heute schätzte man die »edlen Wälder«, »die Waldlieblichkeit und die raue Wildnis«, »den Wasserfall mit den glitzernden Kaskaden«. Darüber hinaus spottete Mark Twain über die Größe der Misthaufen und die soziale Stellung ihrer Besitzer. Die Kuckucksuhren verschonte er, obwohl es sie damals auch schon gab. Der Legende nach soll der gelernte Drechsler

Franz Ketterer aus Schönwald auf die Idee gekommen sein, die einfachen örtlichen Holzräderuhren, die man seit dem Jahre 1630 fertigte, durch einen Klang aufzuwerten. Zunächst imitierte er den Hahnenschrei, aber erst mit dem Kuckucksruf gelang ihm der Durchbruch. Dessen Ruf wird durch zwei hölzerne Orgelpfeifen mit jeweils eigenem Blasebalg erzeugt. Das ist das Standardmodell. Bei der Wachteluhr ruft die Wachtel – »quip-quip« beim Weibchen – alle Viertelstunden, der Kuckuck zur vollen Stunde. Dazu kommen die Bewegungen der Vögel. Die

Kunstvoll geschnitzte Kuckucksuhr

kompliziertesten Kuckucksuhren konzentrieren deutsche Klischees: Figuren tanzen auf mehreren Etagen, hölzerne Mühlräder drehen sich, Hirsche röhren. Die Gewichte sehen aus wie Tannenzapfen, und die Melodie spielt auch »In München steht ein Hofbräuhaus«. Diese »gesamtdeutsche Kuckucksuhr« entzückt vor allem Amerikaner und Japaner.

Noch heute ist der Schwarzwald eine der beliebtesten Urlaubsregionen der Deutschen. Unsere Route setzt sich aus vier Ferienstraßen zusammen. Den Anfang macht Baden-Baden. Wer das Baden gleich doppelt im Namen führt, muss der Inbegriff der Kurstadt sein. Das stimmt. Trotzdem hat der Name andere Wurzeln. Er geht auf die Teilung des Fürstenhauses in zwei Linien zurück, nämlich Baden-Durlach und Baden-Baden. Die Schwarzwald-Hochstraße führt über die Bühler-

Einsamer Schwarzwaldhof im tiefverschneiten Winterwald. Beim typischen Schwarzwaldhaus reicht das mit Holzschindeln gedeckte Dach auf der Wetterseite bis tief zum Boden und schützt so vor Sturmschäden und großen Schneelasten.

Abendstimmung: Rathaus, Marktbrunnen und Haigeracher Torturm im romantischen Gengenbach

höhe, an der Hornisgrinde vorbei bis nach Freudenstadt. Entlang der Strecke bieten sich herrliche Ausblicke in die Schwarzwaldtäler, über den Oberrheingraben und ins Elsass. Freudenstadt verströmt mit seinen Arkadengängen italienisches Flair. Als Grundriss nahm der Architekt ein Schachbrett, und damit die Geometrie stimmt, hat die Stadtkirche zwei rechtwinklig zueinander stehende Schiffe. Im Inneren befindet sich ein bemerkenswertes romanisches Lesepult: Früher kam während der Lesung aus den Mündern der dargestellten Evangelisten richtiger Weihrauch!

In Freudenstadt gelangt man auf die Schwarzwald-Tälerstraße, die nach Alpirsbach mit seinem berühmten romanischen Kloster führt. Von Schiltach geht es durch das Kinzigtal in die Heimat des Bollenhuts nach Wolfach und Gutach. Weiter südlich in Hornberg stoßen wir auf die Deutsche

Uhrenstraße, die 30 Gemeinden verbindet, die alle etwas zum Thema »Zeit« und vor allem zur Kuckucksuhr beizutragen haben. Seit der zweiten Hälfte des 17. Jh. werden im Schwarzwald Uhren hergestellt. Zwischen Triberg und Titisee-Neustadt entwickelte sich die Uhrenproduktion zum dominierenden Industriezweig.

Die in Waldkirch beginnende Schwarzwald-Panoramastraße gestattet bei schönem Wetter einen Blick bis zu den Alpen. St. Peter und St. Märgen sind für ihre Klosterkirchen berühmt. Der Endpunkt der Straße ist Hinterzarten. Der Kurort hieß noch 1554 »hinder der Straß in der Zarten«; »Zarten« ist ein keltischer Flussname. Die letzte Etappe führt – wenn auch nicht auf einer offiziellen Ferienstraße, so doch landschaftlich nicht weniger reizvoll – durch den Südschwarzwald zum Rheinfall nach Schaffhausen.

Blick vom 1415 m hohen Belchen über wolkenverhangene Schwarzwaldhöhen

Baden-Baden –
Kurbad der Prominenz

Im kühlen Germanien wollten die Römer das tun, was sie auch zu Hause am liebsten taten: baden in warmen Quellen. So gründeten sie etwa um 70 n. Chr. eine Stadt, die sie einfach Aquae, »Wasser«, später Aquae Aureliae nannten. Im Jahr 260 wurde alles von Alemannen zerstört, und erst im 19. Jh. entwickelte sich die Stadt dann zum Weltbad und zur Sommerhauptstadt Europas.

Die Badekuren, das Glücksspiel, die Pferderennen, die schöne Landschaft und kulturelle Ereignisse zogen nicht nur den Blut- und Geldadel, sondern auch Künstler aus ganz Europa an. Gustave Courbet und Anselm Feuerbach zeichneten und malten hier. Clara Schumann, Johannes Brahms, Franz Liszt und Hector Berlioz waren zu Gast und gaben Konzerte. Eine besondere Anziehungskraft übte Baden-Baden

Oben: Oldtimertreffen im Kurpark
Mitte: Wandelgang in der 1842 erbauten Neuen Trinkhalle
Unten: Laubengang im Rosengarten

auf Russen aus. Fjodor Dostojewski erlag hier 1863 dem Reiz des Glücksspiels und beschrieb seine Spielsucht im Roman »Der Spieler«. Iwan Turgenjew lebte sieben Jahre in der Kurstadt. Und auch heute noch gibt sich hier die Prominenz vor allem aus Film und Fernsehen gern ein Stelldichein.

1

Bei der Nord-Süd-Durchquerung des Schwarzwalds ist man gemächlich unterwegs, von einem Höhepunkt zum anderen. Und das ist mancherorts ganz wörtlich zu nehmen: Die Straße klettert an mehreren Stellen auf über 1000 m Meereshöhe. Und die Deutsche Uhrenstraße mahnt, sich auch wieder Zeit zu nehmen.

❶ Baden-Baden Unsere Route beginnt gleich mit einem ersten Höhepunkt: Der mondäne Kurort Baden-Baden an der Oos lebt noch ganz von der Pracht vergangener Zeiten. Nachdem bereits die Römer das heilende Wasser genutzt hatten, entwickelte sich erst im 19. Jh. ein Kurbetrieb in großem Stil. Links der Oos errichtete Friedrich Weinbrenner das Kurhaus (1821–1823), in dem sich heute auch das Kasino befindet. Die freskengeschmückte Trinkhalle im Kurpark stammt von Friedrich Hübsch. Rechts der Oos zieht sich die pittoreske Altstadt den Berg hinauf. Dicht beieinander stehen hier das prunkvolle Friedrichsbad (1869–1877) und die Caracalla-Therme. Im Zentrum erheben sich die Ruine des Alten Schlosses sowie das Neue Schloss.

❷ Bühlerhöhe Weiter geht die Fahrt entlang der Schwarzwaldhochstraße zum nur knapp 16 km entfernten Schlosshotel Bühler-

höhe, das mit dem Namen von Hertha Isenbart verbunden ist. Diese heiratete einst einen jungen Offizier, der aber wegen dieser Ehe mit einer geschiedenen Jüdin die Armee verlassen musste. Um doch noch Anerkennung in den Adelskreisen zu finden, ließ sie von 1911 bis 1914 auf der Höhe ein barockes Genesungsheim für Offiziere errichten. Daraus entstand das heutige Luxushotel. Etwas südlich liegt die 1164 m hohe Hornisgrinde mit schönen Wanderwegen und der sagenumwobene Mummelsee.

❸ Ruhestein Der Ski- und Ausflugsort Ruhestein in über 900 Metern Höhe hat ein sehenswertes Naturschutz-Zentrum. In einer Dauerausstellung werden die Tier- und Pflanzenwelt sowie die Geologie des nördlichen Schwarzwaldes erklärt. Wanderungen führen zum Beispiel um den Vogelskopf und zu sechs Naturschutzgebieten.

❹ Kniebis Hier verlief einst die Grenze zwischen Baden und Württemberg. 1734 wurde die Passhöhe mit einer Wehranlage, der Alexanderschanze, gesichert. Der Anstieg war recht mühselig – Kniebis heißt Kniebrecher. Auf Wanderungen begegnet man noch Zeugen des einstigen Wald-

bauernlebens, etwa Nadelbäumen mit Harzrinnen und mit Steinmauern eingezäunten kargen Weideflächen. Nahe dem Mineral- und Moorbad Bad Rippoldsau-Schapbach locken Naturdenkmäler wie der Glaswaldsee, der Burgbachwasserfall und die Felsformation des Kastelsteins.

Reiseinformationen

Routen-Steckbrief
Routenlänge: ca. 350 km (ohne Abstecher)
Zeitbedarf: mind. 5–7 Tage
Start: Baden-Baden
Ziel: Schaffhausen (Schweiz)
Routenverlauf: Baden-Baden, Freudenstadt, Schramberg, Furtwangen, Titisee-Neustadt, St. Blasien, Schaffhausen

Auskünfte:
Schwarzwald Tourismus GmbH
Ludwigstr. 23, 79104 Freiburg,
Tel. (0 7 61) 29 62 27 1,
Fax (0 7 61) 29 62 27 0,
Email: mail@schwarzwald-tourismus.info,
www.schwarzwaldserver.de
Baden-Baden Kur & Tourismus GmbH
Solmsstr.1,
76530 Baden-Baden,

Tel. (0 72 21) 27 52 06,
Fax (0 72 21) 27 52 61,
Email: bbt@baden-baden.com
www.baden-baden.de
Informationen zur Schwarzwald-Hochstraße und zur Schwarzwald-Tälerstraße findet man unter:
www.baden-baden-tourist.info
Informationen und eine Karte zur Schwarzwald-Panoramastraße unter:
www.schwarzwald123.de
Arbeitsgemeinschaft Deutsche Uhrenstraße
c/o Tourist Information
78054 Villingen-Schwenningen,
Tel. (0 77 20) 81 02 78,
Fax (0 77 20) 81 02 79,
info@deutscheuhrenstrasse.de
www.deutsche-uhrenstrasse.de

2

5 Freudenstadt Der Kur- und Urlaubsort im Nordschwarzwald wurde zu Beginn des 17. Jh. als gleichmäßige Stadtanlage nach dem Vorbild italienischer Planstädte der Renaissance konzipiert. Sehenswert sind vor allem der von imposanten Häusern gesäumte riesige Marktplatz mit seinem Vierröhrenbrunnen und die 1601–1608 erbaute Evangelische Stadtkirche.

6 Loßburg In der Nähe entspringt die Kinzig, und hier bauten sich die Herren von Geroldseck im 13. Jh. die Lossburg. Diese Wasserburg existiert nicht mehr, dafür der in einer herrlichen Umgebung gelegene Luftkurort, der sich ganz auf Familienurlauber eingestellt hat. Rund um die Kinzigquelle verspricht das »Zauberland an der Kinzig« spielerische Naturerfahrung.

7 Alpirsbach Die Hauptattraktion dieses Luftkurorts im Kinzigtal ist das gut erhaltene, 1095 gegründete Benediktinerkloster. Die 1125 vollendete, flachgedeckte Säulenbasilika ist eines der wenigen unversehrt erhaltenen Beispiele der Hirsauer Bauschule. Von der romanischen Ausstattung stammt noch die

3

Chorbank im nördlichen Seitenschiff. Sehenswert sind auch der spätgotische Kreuzgang und der Kapitelsaal.

8 Schiltach Dies ist die Stadt des Fachwerks, der Flößer und der Gerber. Im Schüttesäge-Museum wird das Leben der Flößer anschaulich dargestellt. Früher flößten die Schiltacher das Holz auf der Kinzig bis nach Straßburg. Der älteste Teil der Stadt ist das Gerberviertel mit seinen stattlichen Fachwerkbauten. Wer noch miterleben will, wie man handwerklich gerbt, meldet sich bei der Firma Trautwein.

9 Wolfach Durch die Lage am Zusammenfluss von Wolfach und Kinzig war die Stadt lange Zeit ein Zentrum der Kinzigflößerei und des Holzhandels. Das Stadtbild wird von dem auf eine Burg aus dem 12. Jh. zurückgehenden Fürstenberger Schloss geprägt, dessen heutige Gestalt aus dem 17. Jh. stammt. Einen Besuch lohnen auch das Flößer- und Heimatmuseum, die Dorotheenhütte (Glashütte) und das Bergbau- und Mineralienmuseum. Die Tour führt nun ins Gutachtal. Wer jedoch Zeit hat, sollte für einen Abstecher weiter entlang der Kinzig in das 30 km entfernte Gen-

genbach fahren. Dort erwartet ihn ein einmaliges Ensemble aus mittelalterlichen Türmen, Mauern und Fachwerkhäusern.

1 Weinberge in der Vorbergzone bei Bühl. Auf den mineralreichen Lössböden reifen wuchtige Tropfen heran.

2 Die Burgbachwasserfälle bei Bad Rippoldsau-Schapbach stürzen aus über 32 m Höhe in die Tiefe.

3 Felsformation auf der Hornisgrinde, mit 1164 m der höchste Berg im Nordschwarzwald

Abstecher

Gengenbach

Gengenbach entwickelte sich im Schutz des 725 gegründeten Benediktinerklosters und wurde 1360 freie Reichsstadt. Es ist ein stattlicher Fachwerkort geblieben. Die Häuser stammen vorwiegend aus dem 18. Jh., da die Stadt im Pfälzischen Erbfolgekrieg niederbrannte.

Romantischer Winkel in Gengenbach: Färberhaus und Schwedenturm

Die einstige Klosterkirche St. Maria ist in wesentlichen Teilen ein Werk des 12. Jh. Die Abteigebäude stammen aus der Barockzeit. Sehenswert ist auch das Rathaus von 1784. Im schönen Löwenbergpalais befindet sich das Heimatmuseum.

Freilichtmuseum Vogtsbauernhof

Das sehenswerte Museum versammelt das ganze kulturelle Erbe der Schwarzwaldregion. Die wichtigsten Haus- und Speichertypen sind mit allen Nebengebäuden vertreten. Man erlebt, wie Küche, Stube und Kammern eingerichtet waren, und begegnet 400 Jahren bäuerlicher Geschichte. Ein besonderes

Der Vogtsbauernhof von 1570

Gewicht liegt auf der Technik früherer Zeiten, weil viele Bauern damals einen Teil ihres Lebensunterhalts durch ein Gewerbe wie Weberei oder Köhlerei erwirtschafteten. Jeder Hof ist von einem alten Garten mit Nutz- und Heilpflanzen umgeben. In den Ställen stehen alte Nutztierrassen, etwa Vorder- und Hinterwälder Rinder. Und die Bienenhaltung erfolgt noch in geflochtenen Körben.

⑩ Gutach Der Ort im Gutachtal ist ein idealer Ausgangspunkt für Wanderungen, außerdem gilt er als einer der Ursprungsorte der Schwarzwälder Bollenhuttracht. Mehr über Traditionen und das einstige Leben im Schwarzwald erfährt man im nahen Freilichtmuseum Vogtsbauernhof.

⑪ Hornberg Das malerische Städtchen an der Schwarzwaldbahn ist durch das sprichwörtlich gewordene Hornberger Schießen bekannt. Man wollte einst den Herzog standesgemäß mit Böllern begrüßen, verschoss aber sein Pulver zu früh, sodass für den hohen Herrn nichts mehr übrig blieb. Das Ereignis wird jedes Jahr auf der Freilichtbühne nachgestellt. Sehenswert sind der Schlossberg mit der Burgruine und die evangelische Kirche mit dem hochgotischen Chor.

⑫ Schramberg Reizvoll in fünf Tälern gelegen, ist Schramberg von drei Burgruinen umgeben. Bis heute bildet die Feinmechanik die wirtschaftliche Grundlage der Stadt; besonders verbunden ist sie mit der Uhrenfabrik Junghans. Bekannt ist Schramberg für seine Fasnet, berühmt ist die »Da-Bach-na-Fahrt« auf dem Kirchbach in fantasievoll dekorierten Zubern.

⑬ St. Georgen Der Kur- und Wintersportort, in dem seit langem Feinmechanik und Uhrentechnik zu Hause sind, ist der höchste Punkt der Schwarzwaldbahn. Sehenswert sind das Heimatmuseum im Schwarzen Tor und das Deutsche Phono Museum. Hier erfährt man alles über die Geschichte der Tonwiedergabetechnik.

⑭ Triberg Am Rande des Kurortes liegen Deutschlands höchste Wasserfälle. Die Gutach stürzt hier in sieben Stufen 163 Meter in die Tiefe. Das Schwarzwaldmuseum zeigt eine große Sammlung von Schwarzwälder Uhren und Drehorgeln sowie Werkstätten von Uhrmachern und Strohflechtern. Sehenswert ist auch das barocke Innere der Wallfahrtskirche Maria in der Tanne.

⑮ Furtwangen Wie Triberg war Furtwangen einer der Hauptorte der Schwarzwälder Uhrenindustrie. Der erste Direktor der dortigen Uhrmacherschule hieß Robert Gerwig – er war auch am Bau der Gotthard- und der Schwarzwaldbahn maßgeblich beteiligt. 1852 rief er die Schwarzwälder Bevölkerung auf, alte Uhrenmuster in Furtwangen abzugeben. So entstand der Grundstock des Deut-

schen Uhrenmuseums. 1975 kam die Uhrensammlung des Industriellen Helmut Kienzle dazu. Heute hat das Uhrenmuseum mit 8000 Objekten die größte Sammlung in Deutschland – und die weltgrößte Sammlung von Schwarzwälder Uhren.

⑯ Gütenbach Alle Modelleisenbahnfans kennen die Firma Faller wegen ihrer »Häusle« und der »Welt im Modell«. Faller hat

seinen Firmensitz in Gütenbach und zeigt dort seine Schätze in der Modellbauausstellung. Die denkmalgeschützte Sägemühle (in der nicht gesägt, sondern gemahlen wird) wurde von zwei Vereinen restauriert und funktioniert heute wieder.

⑰ Simonswald Im Simonswälder Tal fließt die wilde Gutach, ein Nebenfluss der Elz. In Wildgutach nahe bei Gütenbach befindet

sich der Balzer Herrgott: In den Stamm einer Riesenbuche ist ein steinerner spätgotischer Christuskörper fast völlig eingewachsen – ein mystischer Wallfahrtsort, der viele Wanderer anzieht.

18 Waldkirch Hier dreht sich alles um Dreh- und Jahrmarktorgeln. Vor 200 Jahren wurden in Waldkirch die ersten Orgeln dieser Art gebaut, und schnell stieg die Stadt zum europäischen Zentrum für mechanische Musikinstrumente auf. Vier Werkstätten sind heute noch aktiv. Das Elztalmuseum präsentiert eine herrliche Sammlung der nostalgischen Orgeln. In der Ausstellung »Automatenträume« begibt man sich auf eine Zeitreise von den ersten Maschinen der Antike bis zum Computer.

19 St. Peter Der mittelalterliche Baubestand des Klosters wurde im Lauf der Zeit durch Brände immer kleiner. 1724 begann der Vorarlberger Peter Thumb mit dem Neubau der Kirche. Die Innendekoration stammt von J. A. Feuchtmayr und M. Faller, die Klosterbauten entstanden etwas später als die Kirche. Der schönste Raum ist die Rokoko-Bibliothek mit dem Deckenbild von B. Gambs (1751) und Skulpturen von Faller.

20 St. Märgen Der Ferienort verdankt seine Entstehung einer Klostergründung aus dem Jahr 1118. Das auffälligste Bauwerk der Gemeinde ist die Wallfahrtskirche. Viermal wurde sie zerstört und wieder aufgebaut, zuletzt 1907 im Stil des 18. Jh. Dabei verwendete man Teile der alten Innenausstattung, etwa die geschnitzten Heiligenfiguren von Matthias Faller, der hier zeitweise als Laienbruder im Kloster gelebt hatte.

21 Breitnau Der Ort liegt etwas abseits vom Massentourismus, die Landwirtschaft spielt mit etwa 150 Betrieben noch die Hauptrolle. Auf Wanderungen stößt man immer wieder auf die in einer Streusiedlung angeordneten Höfe mit ihren tief gezogenen Walmdächern. In der Umgebung kann man das berühmte, bis 600 m tiefe Höllental mit der Ravennaschlucht besuchen.

22 Hinterzarten 1887 wurde die Höllentalbahn eröffnet. Sie erschloss den Hochschwarzwald für den Fremdenverkehr, und Hinterzarten gelangte dadurch zu seiner heutigen touristischen Bedeutung als Kurort und Wintersportplatz. Bedeutend ist das Sommerskispringen auf der Ad-

lerschanze. Die rund 400 Meter Steigung zwischen Kirchzarten und Hinterzarten überwand man anfänglich mit einer Zahnradbahn. Erst ab 1933 kam man ohne Zahnräder aus.

23 Titisee-Neustadt Sowohl Titisee als auch Neustadt gehen auf das Mittelalter zurück und wurden erst 1971 zu einer Stadt vereinigt. Der Titisee hat seinen Namen nicht von einem römischen Feldherrn Titus, sondern von einem »Didi«, der mit richtigem Namen wohl Diethelm hieß. Der See wird durch eine eiszeitliche Moräne aufgestaut. An der einen Talseite liegt das Feldbergmassiv, an der anderen

1 Die Hexenlochmühle, 1825 als Sägemühle gebaut, liegt zwischen St. Märgen und Furtwangen in einem kleinen Tal, dem Hexenloch.

2 Schwarzwaldhaus im Gutachtal mit dem typischen Walmdach

3 Bachlauf der Gutach bei den Triberger Wasserfällen: Rauschend sucht sich das Wasser zwischen großen Granitblöcken seinen Weg.

4 Die Rokoko-Bibliothek ist der schönste Raum im Kloster St. Peter.

1

Dom St. Blasien

Die Hauptattraktion des kleinen Kurorts St. Blasien ist die Benediktinerabtei, deren Ursprünge bis ins 8. Jh. zurückreichen. Ein verheerender Brand zerstörte die barocke Anlage von Johann Michael Beer im Jahre 1768. Mit dem Neubau des Klosters gegen Ende des 18. Jh. fasste der Klassizismus

Winterhimmel über der imposanten Kirchenkuppel von St. Blasien

im Schwarzwald Fuß. Die französischen Architekten Pierre Michael d'Ixnard und Nicolas de Pigage ließen sich beim Entwurf offensichtlich vom römischen Pantheon inspirieren. Besonders ins Auge sticht die spektakuläre Kuppelkonstruktion.

der Hochfirst. Millionen von Besuchern kommen jedes Jahr, und der Ort hat sich zu einem betriebsamen internationalen Kurort gemausert.

24 Todtnau Der Ortskern der ehemaligen Silberbergbaustadt wurde 1876 durch einen Großbrand zerstört; aus den Ruinen erstand eine nüchterne neue Stadt. Die Todtnauer Wasserfälle liegen nordwestlich. Hier stürzt der Stübenbach über mehrere Felsklippen ins Tal. Der Wintersport hat hier Tradition: Bereits 1891 wurde in Todtnau der erste Skiclub Deutschlands gegründet.

25 St. Blasien In dem geschichtsträchtigen Ort nimmt der Dom eine zentrale Stellung ein, sowohl als Kunstdenkmal wie als Veranstaltungsort von Konzerten. Bemerkenswert ist das alljährlich im Sommer stattfindende internationale Holz-bildhauer-Symposium.

26 Schluchsee Auf 930 m Höhe liegt der etwa 11 km² große Schluchsee. Der einst wesentlich kleinere Gletschersee wurde seit 1932 durch eine Staumauer zu seiner jetzigen Größe aufgestaut. Erholungsuchende kommen we-

gen der schönen Lage des Sees inmitten des Hochschwarzwalds, während Wassersportler die guten Windverhältnisse schätzen.

27 Bonndorf Den Hauptakzent des Ortes setzt ein Schloss mit zwei Türmchen und Zwiebelhauben. Darin befindet sich das Fasnachtsmuseum »Schloss-Narrenstube«. Unterhalb davon stößt man auf einen japanischen Garten mit traditionellem Teehaus. Ganz in der Nähe liegt die wild-romantische Wutachschlucht. Das Naturschutzgebiet ist ein Tier- und Pflanzenparadies mit vielen seltenen Vogelarten. Außerdem kommen dort 500 Schmetterlings-

arten und 43 % aller mitteleuropäischen Pflanzenarten vor.

28 Stühlingen In der malerischen Kleinstadt erlebt man vor allem Technikgeschichte: Das Bauernmuseum Alphof stellt rund 130 alte Landmaschinen aus, etwa eine handbetriebene Dreschmaschine aus dem Jahr 1880. Einzigartig ist auch die Museumsmühle in Weiler. Von hier geht es nun in die Schweiz zur letzten Station der Reise.

29 Schaffhausen Die einzige rechtsrheinische eidgenössische Stadt wird von der 1585 fertig gestellte Feste Munot bewacht.

Zentrum der Altstadt ist der Fronwagplatz mit dem Mohrenbrunnen von 1520 und dem Metzgerbrunnen von 1524. Besondere Schmuckstücke sind auch das Rathaus von 1624 und das Haus »Zum Ritter« von 1566. Das Münster geht auf das Jahr 1087 zurück. Hauptattraktion ist allerdings der gewaltige Rheinfall: Die Wassermassen stürzen hier rund 25 m in die Tiefe.

1 Die tief eingeschnittene Lotenbachklamm in der Wutachschlucht

2 Morgenstimmung am Schluchsee, dem größten See im Schwarzwald

Gengenbach Die Stadt der Türme und der mittelalterlichen Mauern und Fachwerkhäuser liegt im Kinzigtal. Im Mittelpunkt des romantischen Fachwerkortes steht das im 18. Jh. von Viktor Kretz erbaute Rathaus.

Hornisgrinde 1164 m hoch erhebt sich der höchste Gipfel im Nordschwarzwald. Das Gipfelareal wird von einer weiten Hochmoorfläche eingenommen. Bei klarem Himmel reicht der Blick über das Rheintal bis zu Vogesen und Alpen.

Baden-Baden Glanz und Pracht vergangener Zeiten prägen die mondäne Kurstadt am Schwarzwaldrand. Im Bild die freskengeschmückte Trinkhalle im Kurpark, die von Friedrich Hübsch stammt.

Freilichtmuseum Vogtsbauernhof Hier ist die Zeit stehen geblieben: 400 Jahre bäuerliche Geschichte und kulturelles Erbe der Schwarzwaldregion begegnen dem Besucher im Freilichtmuseum Vogtsbauernhof.

Alpirsbach Die über 900-jährige Klosteranlage ist ein eindrucksvolles mittelalterliches Baudenkmal. Sehenswert sind vor allem die Säulenbasilika, die romanische Chorbank, der spätgotische Kreuzgang sowie der Kapitelsaal.

Hexenlochmühle Ihrer Lage in dem so genannten Hexenloch, einem kleinen Tal zwischen St. Märgen und Furtwangen, verdankt die 1825 erbaute Mühle ihren Namen.

Schramberg Vor allem zwei Dinge stehen für die reizvoll gelegene Kurstadt: zum einen die weltweit bekannten Junghans-Uhren, zum anderen die Schramberger Fasnet. Zu diesem Anlass spielt sich in Zubern auf dem Kirchbach ein feuchtfröhliches Spektakel bei der »Da-Bach-na-Fahrt« ab.

Triberg Deutschlands höchster Wasserfall: Über sieben Kaskaden stürzt die Gutach bei Triberg 163 m in die Tiefe – am Abend unter Beleuchtung!

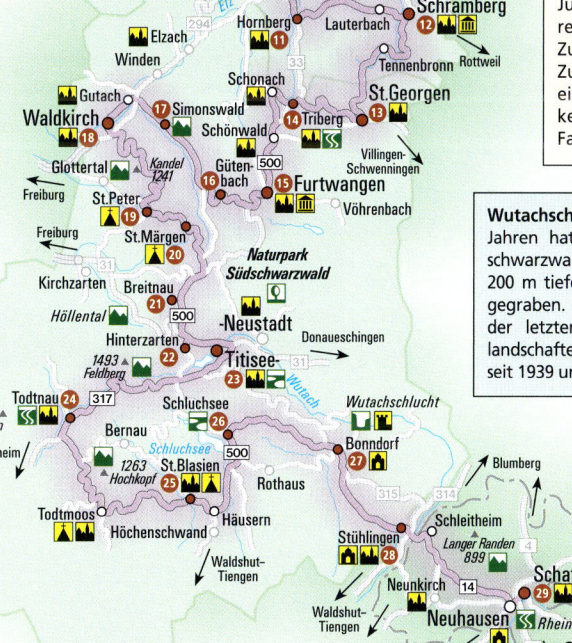

Wutachschlucht In den letzten 70 000 Jahren hat sich die Wutach im Südschwarzwald bei Löffingen ein bis zu 200 m tiefes und ca. 30 km langes Tal gegraben. Die Wutachschlucht ist eine der letzten ursprünglichen Wildflusslandschaften in Mitteleuropa und steht seit 1939 unter Naturschutz.

Gutachtal Schwarzwaldidylle von ihrer schönsten Seite im weiten Tal: ein traditionelles Bauernhaus mit Walmdach aus dem 16. Jh. inmitten grüner Wiesen und bewaldeter Hügel

St. Blasien Der architektonische Höhepunkt des kleinen Kurorts ist die Benediktinerabtei mit ihrer imposanten Kirchenkuppel.

St. Märgen Eingebettet in grüne Höhen und Wiesen liegt St. Märgen. Es verdankt seine Entstehung dem im 12. Jh. gegründeten Augustinerkloster Mariazell. Seine zweitürmige Barockkirche ist eine vielbesuchte Wallfahrtsstätte.

Schluchsee Der größte See des Schwarzwalds war einst viel kleiner; Ende der 1920er-Jahre hat man ihn aufgestaut. Er ist vor allem wegen seiner hervorragenden Wassersportmöglichkeiten beliebt.

Feldberg und Feldsee Schwarzwälder Gipfeltreffen: Der Feldberg ist mit 1493 m Höhe die höchste Erhebung im Schwarzwald und ein beliebtes Ziel für Wanderer.

Rheinfall Schaffhausen Tosend stürzen die Wassermassen am berühmten Rheinfall rund 25 m in die Tiefe – ein faszinierendes Naturschauspiel.

Weinselig im Südwesten

Deutsche und Badische Weinstraße

In Karlsruhe laufen alle Straßen der Innenstadt auf das Schloss (1752–1775) zu.

Eine große Versuchung für den Autofahrer ist die im Folgenden vorgestellte Route entlang zweier Ferienstraßen, die die Bezeichnung Weinstraße auch in ihrem Namen führen: die Deutsche und die Badische Weinstraße. Genügend lange Pausen bzw. Übernachtungsaufenthalte sind hier angesagt, um die Köstlichkeiten pfälzischer und badischer Winzerkunst auch vor Ort gebührend genießen zu können.

Unsere Tour beginnt mit der ältesten und bekanntesten, der Deutschen Weinstraße, und führt über Bockenheim durch die Rheinpfalz, eines der größten Weinbaugebiete Deutschlands. Dabei empfiehlt es sich, etwas Bescheid zu wissen über die verschiedenen Güteklassen. So entspricht deutscher Tafelwein der niedrigsten Stufe der Qualitätshierarchie. Die Rebsorten müssen amtlich zugelassen sein und dürfen nur von genehmigten Weinbergen stammen. In der Pfalz werden diese Weine als einfache Schoppenweine angeboten. Gebietstypisch wird der Wein erst von der Güteklasse des Qualitätsweins bestimmter Anbaugebiete (Q. b. A.) an aufwärts. Das sind oft schon sehr gute, reintönige, saubere Weine mit einem festgelegten Mostgewicht von rund 70 Grad Oechsle, was etwa 9 Alkoholprozent entspricht. Die amtliche Prüfnummer – A. P. Nr. – garantiert dem Käufer, dass alle gesetzlichen Bestimmungen eingehalten wurden. Der Qualitätswein

Die Echte Weinrebe (*Vitis vinifera*) reif am Stock

mit Prädikat oder Prädikatswein erfüllt die höchsten Anforderungen an Mostgewicht und damit Alkoholgehalt, an Reifegrad und Leseart der Trauben.

Man unterscheidet fünf Kategorien: Als Kabinett bezeichnet man einen voll ausgereiften Wein, der nach Abschluss der Normallese geerntet wird. Die Spätlese ist noch eine Kategorie höher angesiedelt. Viele Spätlesen behalten wegen des hohen Mostgewichts nach der Vergärung eine gewisse Restsüße bei. Bei der Auslese werden gesunde, vollreife Trauben aussortiert und getrennt gekeltert. Die Beerenauslese besteht aus überreifen, edelfaulen Beeren, die von einem Pilz befallen und eher unansehnlich sind. Aber was für ein Wein kann daraus werden: reif, voll, konzentriert und doch noch fruchtig! Für die Trockenbeerenauslese werden nur eingeschrumpfte,

Die barocke Pfarrkirche St. Bartholomäus in Ettenheim an der Badischen Weinstraße, der südlichsten Stadt in der lieblichen Ortenau

Endpunkt der Badischen Weinstraße: Lörrach, hier mit der Burg Rötteln (Mitte 12. Jh.)

edelfaule Beeren verwendet. Den Eiswein gewinnt man aus Trauben, deren Wasseranteil beim ersten Frost gefroren ist. Man presst somit nur das Konzentrat ab. Diese Güteklassen unterscheiden sich durch formale Kriterien. Eine Verkostung durch Spezialisten erfolgt nicht. Die Deutsche Landwirtschafts-Gesellschaft zeichnet aber Weine, die eine Prüfung »mit den Sinnen« bestanden haben, durch das Deutsche Weinsiegel aus: rot für liebliche und süße Weine, grün für halbtrockene und gelb für trockene.

Durch die heutigen Möglichkeiten der Kellereitechnik werden die Jahrgangsunterschiede geringer, und der normale deutsche Qualitätswein gewinnt kaum durch Lagern. Vor allem die weißen Weine schmecken jung am besten. Nur Prädikatsweine kann man etwas länger lagern.

In der Pfalz überwiegt der Müller-Thurgau. Manchem schmeckt der Wein etwas zu erdig. Er zieht dann vielleicht den Silvaner oder den Riesling vor. Dazu kommen Sorten wie Kerner, Scheurebe, Gewürztraminer sowie eine Reihe von Neuzüchtungen wie Huxelrebe, Bacchus oder Ortega. Unter den Roten sind Blauer Portugieser, Blauer Lemberger und Blauer Spätburgunder zu empfehlen. Der Dornfelder hat den Spätburgunder als häufigste deutsche Rotweinrebe mit rund 10 000 Hektar wohl schon überflügelt.

Die Badische Weinstraße, die von Baden-Baden durch Ortenau, Breisgau und Markgräfler Land bis nach Lörrach führt, ist Burgundergebiet: Der Blaue Spätburgunder macht 33 % der Rebfläche aus, der Grauburgunder oder Ruländer 9 %, der Weißburgunder 7 %, Müller-Thurgau 24 %, Riesling und Gutedel je 7 %.

Markante Lage: das Stephansmünster in Breisach an den Ausläufern des Kaiserstuhls

Weinlese an der Deutschen Weinstraße

Die Rebsorten unterscheiden sich in vielen biologischen Eigenschaften. So reifen sie nicht etwa zur gleichen Zeit. Zu den frühreifen Sorten zählen Gutedel, Müller-Thurgau, Silvaner oder Spätburgunder. Der günstigste Lesezeitpunkt ist nicht leicht zu bestimmen und hängt auch davon ab, was der Winzer aus seinen Trauben machen will. Für einen kräftigen Rotwein wird er mit der Lese noch warten, selbst wenn das ein Risiko mit sich bringt. Im Idealfall werden die Trauben von Hand gelesen. Faule Exemplare sondert man an Ort und Stelle aus, und gegebenenfalls führt man mehrere Lesegänge durch, weil noch nicht einmal alle Trauben derselben Sorte gleichzeitig reifen. Solche Weine sind

Von oben nach unten: Rebanlagen zwischen Arzheim und Ilbesheim; Weinlese in Schweigen-Schweighofen; Klosterkellerei Heilsbruck in Edenkoben

teure Spitzenerzeugnisse. Der Einsatz von Erntehelfern kostet viel Geld. Deswegen wurde der Erntevorgang inzwischen auf vielen Gütern ganz unromantisch automatisiert.

Die Nibelungenstadt Worms bildet den Auftakt unserer Route, die zunächst entlang der Deutschen Weinstraße bis nach Wissembourg führt. Karlsruhe und Rastatt bilden dann die Brückenköpfe hinüber zur Badischen Weinstraße von Baden-Baden nach Lörrach, mit einer Verlängerung in die altehrwürdige Schweizer Stadt Basel.

1 Worms Mehr als 2000 Jahre alt ist Worms und damit eine der ältesten Städte Deutschlands. Untrennbar mit dem Ort verbunden sind einige Episoden der Nibelungensage. Wahrzeichen der Stadt ist der romanische Kaiserdom mit dem Barockaltar von Balthasar Neumann. Zugleich ist Worms ein Zentrum des Weinhandels und somit der ideale Ausgangspunkt unserer Reise.

2 Bockenheim Westlich von Worms beginnt in Bockenheim das geschlossene Weinbaugebiet und damit die eigentliche Weinstraße. Sehenswert ist in der katholischen Kirche St. Lambert die aus Lindenholz gearbeitete Traubenmadonna aus der Mitte des 15. Jh. Sie stellt Maria mit dem Jesuskind auf dem Arm dar, das eine blaue Traube in seiner linken Hand hält, aus der es mit seiner rechten gerade eine einzelne Beere herausgelöst hat. Das Haus der Deutschen Weinstraße ist einem römischen Kastell nachempfunden. Von der oberen Plattform des Hauses hat man einen herrlichen Blick über

Bockenheim, das Rebenmeer und die Oberrheinische Tiefebene bis zum Odenwald. Das Standesamt bietet Heiratswilligen die Möglichkeit einer romantischen »Weinstraßenhochzeit«.

3 Grünstadt Am 21. November 875 erstmals urkundlich erwähnt, gehört das malerisch am Rand des Pfälzer Waldes gelegene Grünstadt mit den zum Stadtgebiet gehörenden Ortsteilen Asselheim und Sausenheim zu den bedeutenden Weinbauorten der Deutschen Weinstraße.

4 Bad Dürkheim Hier sind die Superlative der Weinwelt zu Hause: die größte deutsche Weinbaugemeinde, das größte Weinfest der Welt, der Dürkheimer Wurstmarkt, das riesige Dürkheimer Fass – als Weinstube eingerichtet. Sehenswert ist die gotische Schlosskirche mit den vielen Grabdenkmälern, vor allem demjenige für den Grafen Emich XI.

5 Wachenheim Mit historischen Gebäuden, Weinstuben, Höfen und Türmen verströmt

der Ort einen urigen Charme. Im Stadtkern blieben Teile der mittelalterlichen Stadtmauer erhalten, die man auf einem 1,5 km langen Rundgang besichtigen kann. Nordöstlich der Stadt wurde ein römisches Hofgut ausgegraben.

6 Deidesheim In dem Städtchen besucht man am besten das Museum für Weinkultur im historischen Rathaus. Das milde Klima lässt nicht nur Reben, sondern auch zahlreiche andere wärmeliebende Pflanzen wachsen. Im Stadtpark wurde sogar ein »mediterraner Hügel« angelegt. Auch der Schlosspark und der Kaisergarten sind sehenswert – neben dem Rathaus und der Pfarrkirche St. Ulrich.

7 Haßloch Dieser freundliche Ort – »das größte Dorf der Pfalz« –

Reiseinformationen

Routen-Steckbrief
Routenlänge: ca. 440 km (ohne Abstecher)
Zeitbedarf: mind. 5–7 Tage
Start: Worms
Ziel: Basel
Routenverlauf: Worms, Bockenheim, Deidesheim, Speyer, Neustadt an der Weinstraße, Bad Bergzabern, Karlsruhe, Baden-Baden, Bühl, Offenburg, Ettenheim, Freiburg, Lörrach, Basel

Auskünfte:
Deutsche Weinstraße e.V.
Martin-Luther-Str. 69,
67433 Neustadt an der
Weinstraße,
Tel. (0 63 21) 91 23 33,
Fax (0 63 21) 91 23 30,
Email: verein@deutsche-weinstrasse.de
www.deutsche-weinstrasse.de

Pfalz.Touristik e.V.
Landauer Straße 66,
67434 Neustadt an der
Weinstraße,
Tel. (0 63 21) 39 16 0,
Fax (0 63 21) 39 16 19,
E-Mail info@pfalz-touristik.de
www.pfalztouristik.de
Informationen zur Badischen Weinstraße bei:
www.deutsche-weinstrassen.de/badische/planung.htm
Tourismus-Marketing GmbH Baden-Württemberg
Esslinger Straße 8,
70182 Stuttgart,
Tel. (0711) 23 85 80,
Fax (0711) 23 85 8-99 oder -98,
Info- und Prospektbestellung:
Tel. (0 18 05) 55 66 90
Email: info@tourismus-bw.de
www.tourismus-baden-wuerttemberg.de

Naturpark Pfälzer Wald

Ein Abstecher (ca. 60 km) abseits der Weinstraße führt durch den Naturpark Pfälzer Wald. Kurz vor Landau geht es auf die B10 Richtung Annweiler am Trifels mit seiner alten Reichsfeste, in der 1193 der englische König Richard Löwenherz gefangen gehalten wurde. In Hinterweidenthal trifft man dann auf den Teufelstisch, einen bizarr geformten Felsen aus Buntsandstein. Das Biosphärenhaus in Fischbach bei Dahn wartet mit einer besonderen Attraktion auf: einem Baumwipfelpfad. Der Besucher wandert in 18 m Höhe

Wahrzeichen des Pfälzer Walds: Teufelstisch bei Hinterweidenthal

gefällt mit seinen vielen Bürgerhäusern, den Fachwerkbauten und den verschiedenen Spalierpflanzen. Nun verlassen wir kurz die Deutsche Weinstraße für einen Abstecher nach Speyer.

8 Speyer UNESCO-Weltkulturerbe ist der Speyerer Dom, das größte romanische Bauwerk Deutschlands. Um das Jahr 1030 unter Kaiser Konrad II. begonnen, 1061 geweiht, 1082–1106 unter Kaiser Heinrich IV. umgebaut und eingewölbt, hat man in der sechstürmigen, dreischiffigen, ungewöhnlich hohen und annähernd 135 m langen Basilika einen überwältigenden Raumeindruck. Charakteristisch ist die Gliederung der Mittelschiffwände durch Blendarkaden; sehenswert auch die Apsis mit Zwerggalerie. Die im Jahr 1041 geweihte Krypta ist die Grablege der Salier. An der Nordseite befindet sich die 1106 vollendete Afrakapelle, an der Südseite die Doppelkapelle St. Emmeram (Tautkapelle um 1080) und St. Katharinen. Dem Dom in der Bauornamentik verwandt ist das Judenbad (12. Jh.); sehenswert sind zudem der Torturm »Altpörtel« (13. Jh., im 16. Jh. erneuert), die Dreifaltigkeitskirche (1701–1717), das Rathaus (1712–1724), die neugotische Protestationskirche (Baubeginn 1893) und die St. Josephskirche (1912–1914). Zum reichen

Besichtigungsprogramm gehört auch das Historische Museum der Pfalz, und hier besonders das Weinmuseum – die ideale Einstimmung für unsere Rückkehr auf die Weinstraße.

9 Neustadt an der Weinstraße Lohnenswert ist ein Bummel durch die Altstadt rund um die Stiftskirche. Der Marktplatz, Mittelpunkt der Stadt, ist umringt von schönen historischen Gebäuden. Ganz in der Nähe befindet sich das Haus des Weines. Besonders sehenswert ist der Elwedritsche-Brunnen von 1978 des Neustadter Bildhauers Gernot Rumpf am Marstallplatz: Zehn Wasserspender verkörpern die

Innenstadt und die neun Weindörfer, hinzu kommen pfälzische Fabelwesen. Von April bis Oktober gibt es freitags für Touristen eine Weinprobe bei wechselnden Winzern, vor und während des Deutschen Weinlesefestes im Oktober finden Stadtführungen auch an den Sonn- und Feiertagen statt. Im Südwesten der Stadt erhebt sich das im 11. Jh. erbaute Hambacher Schloss (seit 1688 Ruine), wo 1832 das »Ham-

1 Weltkulturerbe der UNESCO und das größte romanische Bauwerk Deutschlands: der Dom von Speyer

2 Charmante Altstadt: In Neustadt an der Weinstraße reiht sich eine pittoreske Weinstube an die andere.

3 Traditionsreiches Weingut im herbstlichen Wachenheim

auf Seilbrücken. Über das Dahner Felsenland und vorbei an Burgruinen erreicht man bei Bad Bergzabern wieder die Weinstraße.

Der Naturpark Pfälzer Wald wurde 1958 als einer der ersten in Deutschland gegründet. 1992 erkannte ihn die UNESCO als 12. deutsches Biosphärenreservat an. Der Naturpark besteht aus zwei großen Naturräumen, dem eigentlichen Wald und der Rebenlandschaft östlich davon. Es handelt sich um das größte zusammenhängende Waldgebiet in Deutschland. Besonders die Kiefer kommt mit den nährstoffarmen Sandböden des Buntsandsteins zurecht. Er bildet mancherorts bizarre Felsformationen, die aufgrund ihres Eisenoxidgehalts einmal eher ocker, dann wieder mehr rot gefärbt sind. Berühmt sind die Eichenbestände des Pfälzer Walds sowie die Edelkastanienwälder am Ostrand – die Bäume wurden einst von den Römern eingeführt. Typisch für den Pfälzer Wald sind die vielen Burgen und Ruinen – schließlich befinden wir uns hier im Herzen des einstigen Heiligen Römischen Reiches Deutscher Nation.

1

bacher Fest« stattfand, die in die Geschichte eingegangene Kundgebung demokratisch-republikanisch gesonnener Bürger, Bauern und Studenten.

10 Edenkoben Schon der Bayernkönig Ludwig I. erkannte die klimatischen Vorzüge des Dorfes mit seinem hübschen Ortsbild und ließ sich hier eine italienisch geprägte Villenanlage bauen, das heutige Schloss Ludwigshöhe. Es beherbergt eine Max-Slevogt-Galerie. Sehenswert ist auch die Pfarrkirche St. Laurentius (1740).

11 Landau Von 1688 an ließ der Festungsbaumeister des französischen Königs Ludwig XIV., Vauban, drei Viertel der mittelalterlichen Stadt zerstören, um neue Festungsanlagen zu bauen. Davon blieb einiges erhalten, wie etwa das Deutsche und das Französische Tor. Die ungewöhnlich große evangelische und die katholische Pfarrkirche entstanden im 14. Jh.

12 Bad Bergzabern Wahrzeichen des Heilbads ist die Kuppel der evangelischen Marktkirche. Das Schloss stammt aus dem 16. Jh., erhielt sein heutiges Aussehen jedoch 1725. Als schönster Renaissancebau der Pfalz gilt das »Gasthaus zum Engel«. Etwas südwestlich, 2 km von der Wein-

straße entfernt, lohnt der Fachwerkort Dörrenbach einen Besuch. Mit dem 1936 errichteten Weintor in Schweigen-Rechtenbach nahe der Grenze zu Frankreich hat man das Ende der Deutschen Weinstraße erreicht. Bevor es dann weiter Richtung Karlsruhe geht, machen wir kurz Station im Nachbarland.

13 Wissembourg Das nördlichste Städtchen des Elsass bietet einen malerischen Anblick mit schönen öffentlichen Gebäuden und Wohnhäusern, etwa dem Palais Vogelsberger. Sehenswert ist auch das pittoreske Viertel Le Schlupf an der Lauter, auch Klein-Venedig genannt.

14 Karlsruhe Am 17. Juni 1715 legte Markgraf Karl Wilhelm von Baden den Grundstein zu einem achteckigen Turm, der als Mittelpunkt einer radial angelegten Stadt Symbol seiner fürstlichen Gnadensonne sein sollte. Wie Speichen von der Nabe eines Rades wurden vom Turm aus 32 schnurgerade Straßen in alle Himmelsrichtungen gezogen sowie durch einen kleineren und einen größeren Kreis eingefasst. Planmäßig wuchs darauf wie auf einem Fächer die barocke Fürstenstadt, deren ursprünglicher Grundriss erhalten blieb. Die weitläufigen Räume des Karls-

ruher Schlosses beherbergen das Badische Landesmuseum.

15 Ettlingen Sehenswert ist das ehemals markgräfliche Schloss (um 1730), kunsthistorisch bedeutsam vor allem die frühere Schlosskapelle, heute auch Asamsaal genannt nach Cosmas Damian Asam, von dem die Innenausstattung stammt.

16 Rastatt Das »Versailles am Oberrhein« ließ Markgraf Ludwig Wilhelm von Baden, der »Türkenlouis«, ab 1697 errichten. Der stattliche Barockbau mit seiner 230 m langen Gartenfront orientiert sich weitestgehend an dem Vorbild von Versailles und bezieht auch die angrenzende Innenstadt in seine Symmetrieachse mit ein. Sibylla Augusta, die Witwe des Markgrafen, ließ ab 1710 das barocke Lustschloss Favorite als Sommerresidenz im Südosten von Rastatt erbauen. Das überaus kostbare Innere gibt einen guten Überblick über die Wohnkultur jener Zeit.
Einen Besuch lohnt auch die romanische Basilika im Ortsteil Schwarzach des südlich davon gelegenen Rheinmünster. Hier begeben wir uns nun auf die Badische Weinstraße.

17 Baden-Baden Durch die Eingemeindung der Ortschaften

2

Varnhalt, Steinbach und Neuweier wurde Baden-Baden mit einer Rebfläche von 325 ha zu einem der größten geschlossenen Anbaugebiete in Deutschland. Diese drei Ortschaften dürfen sich »Rebland« nennen. Auf 80 Prozent dieser Fläche wird Riesling angebaut, der »König

der Weißweine«. Baden-Baden selbst, der mondäne Kurort an der Oos, lebt immer noch ganz von der Pracht vergangener Zeiten. Nachdem schon die Römer das heilende Wasser genutzt hatten, entwickelte sich jedoch erst im 19. Jh. ein Kurbetrieb in großem Stil. Links der Oos

wurde bis auf wenige Unterbrechungen 500 Jahre lang von den Straßburger Bischöfen beherrscht, bevor es 1803 zu Baden kam. Wahrzeichen ist die aus dem 11. Jh. stammende Ruine Schauenburg, im Ortsteil Tiergarten befindet sich die Ruine Ullenburg, wo Johann (Hans) Jakob Christoffel von Grimmelshausen, Verfasser des »Simplicissimus«, nach dem Dreißigjährigen Krieg Burgverwalter war.

20 Offenburg Die im Jahr 1148 erstmals urkundlich erwähnte Hauptstadt der Ortenau wird oft als »Tor zum Mittleren Schwarzwald« bezeichnet. Sehenswert sind hier das barocke Rathaus am Marktplatz und der Königshof (heute Polizeidirektion) sowie der Fischmarkt mit dem Löwenbrunnen von 1599 und die Hirschapotheke von 1698.

21 Ortenberg Einst besaß der Ort eine mittelalterliche Burg. Die Franzosen sprengten sie 1678, und sie verfiel zusehends. Doch in der Romantik entdeckte man sie wieder und stattete sie um 1840 so aus, wie man sich damals eine mittelalterliche Burg vorstellte: mit vielen Zinnen und putzigen Erkertürmchen.

22 Lahr Die Stadt hat zwar eine reiche Geschichte, doch vom alten Kern sind nur noch einige schöne Bürgerhäuser aus dem 18. und 19. Jh. übrig geblieben. Im Spätherbst verwandelt sich Lahr in ein einziges Blütenmeer. Historische Gebäude und andere Anlagen werden mit bis zu 2 m langen Kaskadenchrysanthemen geschmückt.

23 Ettenheim Das Barockstädtchen wirkt behaglich und steht nicht zuletzt wegen der vielen Fachwerkbauten unter Denkmalschutz. Wahrzeichen ist die hoch gelegene Pfarrkirche von 1770. Der Ortsteil Ettenheimmünster war über 1000 Jahre lang von einem Kloster geprägt. Übrig geblieben ist nur noch die stattliche Kirche.

1 Wahrzeichen der Rebgemeinde Ortenberg, am Eingang des Kinzigtals gelegen, ist die ehemalige Reichsburg. Heute ist sie ein Schloss im Tudor-Stil.

2 In der Nähe von Rastatt steht Schloss Favorite (1710 bis ca. 1730), das älteste und einzige in seiner ursprünglichen Form erhaltene deutsche »Porzellanschloss«. Hier der Gartensaal (*Sala Terrena,* italienisch für »ebenerdiger Saal«).

Abstecher

Kaiserstuhl und Breisach

Nordöstlich von Breisach erhebt sich mitten in der Rheinebene ein bis zu 557 m hohes vulkanisches Gebirge. Während der Eiszeiten wurde es von einer bis zu 30 m dicken Lössschicht überdeckt. Wenn die Sommersonne auf die Weinterrassen brennt, erwärmt sich das dunkle Vulkangestein und wird zum Wärmespeicher. So gedeiht der Wein am

**Oben: Das Weindorf Achkarren im Herzen des Kaiserstuhls
Unten: das Münster in Breisach**

Kaiserstuhl besonders gut und bekommt einen besonders vollmundigen Geschmack.
Das Juwel von Breisach ist sein auf das 12. Jh. zurückgehendes Münster St. Stephan. Kostbarstes Stück der Innenausstattung ist der 1526 fertig gestellte Breisacher Schnitzaltar des Meisters Hans Loy. Das gewaltige Werk zählt zum Schönsten, was am gesamten Rhein zu finden ist.
Ein lohnenswerter Abstecher führt in die französische »Schwesterstadt« Neuf Brisach, auch »Sternenstadt« genannt. Dort schuf der Festungsbauer Vauban ab 1699 eine achteckige, von Festungsmauern umgebene Stadt, die in ihrer Anlage weltweit einzigartig ist.

errichtete Friedrich Weinbrenner 1821–1823 das Kurhaus, in dem sich heute auch das Kasino befindet. Die freskengeschmückte Trinkhalle im Kurpark stammt von Friedrich Hübsch. Rechts der Oos zieht sich die mittelalterliche Altstadt den Berg hinauf. Dicht beieinander: das prunk-

volle Friedrichsbad (1869–1877) und die Caracalla-Therme. Im Stadtzentrum erheben sich die Ruine des Alten Schlosses und das Neue Schloss.

18 Bühl Zwei Produkte der großen Kreisstadt sind überregional bekannt: die Bühler Zwetschgen

und die Affentaler Weine der Genossenschaftskellerei. Die Kirche St. Peter und Paul wurde um 1875 gebaut. Die frühere Stadtkirche ist heute das Rathaus.

19 Oberkirch Erstmals im 11. Jh. erwähnt, besitzt die historische Stadt seit 1326 Stadtrechte und

24 Emmendingen Sehenswert in dem 1091 erstmals urkundlich erwähnten Städtchen sind der historische Kern (Stadttor, Markgrafenschloss mit Stadtmuseum) und die mittelalterliche Ruine Hochburg. Im Ortsteil Mundingen wird Wein angebaut. Goethe weilte zweimal bei seinem Schwager Johann Schlosser in Emmendingen. Der Amtmann stieß viele Reformen an und kümmerte sich um den kranken Sturm-und-Drang-Dichter Jakob Michael Reinhold Lenz. Auch Johann Gottfried Herder und Christoph Martin Wieland waren hier zu Besuch. Alfred Döblin verbrachte in Emmendingen seine letzten Lebensjahre.

25 Freiburg Die Hauptstadt des Breisgaus liegt malerisch zwischen Kaiserstuhl und Schwarzwald. Gegründet wurde die spätere Freie Reichs- und Universitätsstadt von den Herzögen von Zähringen planmäßig an der Dreisam. Das Herz der Stadt pulsiert am Münsterplatz, wo die Bauern der Umgebung werktags ihre Produkte anbieten. Das aus rotem Sandstein errichtete Münster (1200–1513) ist eines der bedeutendsten Werke gotischer Baukunst. In seinem Inneren birgt es wunderschöne Buntglasfenster aus dem 16. Jh. Den Chor ziert ein Hochaltarbild von Hans Baldung Grien. Die Universitätskapelle zeigt ein Altarbild von Hans Holbein d. J. Der um 1330 vollendete feingliedrige, 116 m hohe Turm bietet die schönste Sicht auf Stadt und Umgebung.

26 Staufen Der berühmteste Einwohner der Stadt war der Alchimist und Magier Dr. Johann Georg Faust. Im Gasthof Löwen soll ihm der Teufel »das Genick abgebrochen und seine Seele der ewigen Verdammnis überantwortet« haben. Seine Faszination reichte noch bis in die Goethezeit. In der Altstadt blieb die mittelalterliche Substanz erhalten.

27 Badenweiler Schon die Römer kannten die Thermalquellen (»Aquae Villae«) und bauten hier große Anlagen, deren Reste man im Kurpark besichtigen kann. Bemerkenswert sind die vielen subtropischen Pflanzen. Empfehlenswert ist eine Fahrt bzw. Wanderung zum Blauen (1164 m) oder zum Belchen (1414 m).

28 Lörrach Auf der deutschen Seite des Baseler Rheinknies liegt etwas vom Rhein abgerückt das »ordentli Städtli«, wie Johann Peter Hebel das badische

Lörrach nannte. Sehenswert ist vor allem die 1822 errichtete klassizistische Kirche St. Fridolin. Wenig nördlich thront auf breitem Fels die mächtige Ruine Rötteln. Ihr Bergfried ist romanisch, der Rest gotisch. Ende des 14. Jh. war die Burg vollendet. Seit ihrer Zerstörung 1678 ist sie Ruine. Zum Ende der Reise geht es in das schweizerische Basel.

29 Basel Beiderseits des Rheins gelegen (am linken Ufer Großbasel, am rechten Kleinbasel) und durch fünf Brücken miteinander verbunden, bildet Basel – ursprünglich eine römische Siedlung – mit den rechtsrheinischen Gemeinden Riehen und Bettingen den Kanton Basel-Stadt. Sehenswert sind unter anderem das Spalentor (Ende 14. Jh.), das von Kaiser Heinrich II. 1019 gestiftete spätromanische Münster, St. Alban (ursprünglich 11. Jh., heutiger Bau 13./15. Jh. mit Umbauten von 1845), die ehemalige

Barfüßerkirche (14. Jh.), die St.-Leonhards-Kirche (14./15. Jh.), das Rathaus (16. Jh.), Patrizier- und Zunfthäuser (15. und 16. Jh.) sowie der 2003 fertig gestellte über 100 m hohe Messeturm.

1 Markante Silhouette: das Freiburger Schwabentor, ein im 13. Jh. angelegter Wehr- und Torturm.

2 Das Historische Kaufhaus am Freiburger Münsterplatz

3 Im »Colombischlössle« in Freiburg befindet sich heute das Museum für Ur- und Frühgeschichte.

4 Burg Rötteln bei Lörrach, eine mächtige Ruine im Markgräflerland

Neustadt an der Weinstraße Der Marktplatz im Zentrum wird dominiert von der gotischen Stiftskirche.

Dörrenbach Das Rathaus, ein rund 400 Jahre alter Renaissance-Fachwerkbau, ist eines der schönsten Gebäude des Winzerdorfes.

Worms Im Zentrum von Worms erhebt sich der Dom St. Peter aus dem 11./12. Jh., der zu den bedeutendsten Zeugnissen der Hoch- und Spätromanik zählt.

Naturpark Pfälzer Wald Wahrzeichen und einzigartiges Naturdenkmal des Naturparks ist der Teufelstisch bei Hinterweidenthal, ein tischartig geformter Pilzfelsen aus Buntsandstein.

Speyer Eines der größten und bedeutendsten romanischen Bauwerke Deutschlands ist der Dom von Speyer. Er war das erste Gebäude, das mit Blendbögen versehen wurde.

Ortenberg Die 1678 von den Franzosen gesprengte Burg wurde Mitte des 19. Jh. mit Erkern und Zinnen im Tudor-Stil wieder aufgebaut.

Breisach Das dominierende Bauwerk der Stadt ist das vom 11. bis 15. Jh. errichtete Münster St. Stephan. Sein Glanzstück ist der Schnitzaltar von Hans Loy (1526).

Karlsruhe Das Karlsruher Schloss bildet den Mittelpunkt eines radial angelegten Straßensystems. Es wurde 1752 bis 1775 unter dem Markgrafen Karl Friedrich erbaut. Heute beherbergt es das Badische Landesmuseum.

Baden-Baden Mithin der exklusivste Kurort Deutschlands ist die Stadt am Rande des nördlichen Schwarzwalds. Wo einst im Friedrichsbad oder Kasino ein Dostojewski oder Turgenjew ihre Leiden kurierten oder sich im Glücksspiel versuchten, gibt sich heute gerne Prominenz aus Film und Fernsehen ein Stelldichein.

Kaiserstuhl Auf den vulkanischen Böden des Rebengebirges nordwestlich von Freiburg gedeihen Trauben besonders gut.

Rastatt Die exquisite Ausstattung des 1710 errichteten Lustschlosses Favorite spiegelt die geschmacklichen Vorlieben jener Zeit wider.

Freiburg Das Freiburger Münster (Bauzeit 1200 bis 1513) ist einer der Höhepunkte gotischer Baukunst. Von seinem 116 m hohen Turm, von C. J. Burckhardt einst als »schönster Turm der Christenheit« bezeichnet, hat man eine fantastische Sicht auf Stadt und Umland.

Basel Die im Dreiländereck von Deutschland, Frankreich, Schweiz gelegene Stadt weist nicht nur bedeutende historische Bauwerke wie das spätromanische Münster auf, sondern auch mehrere vorzügliche Kunstmuseen. Zu nennen sind hier u. a. die Fondation Beyeler und das Museum Tinguely.

Badenweiler Der Kurort im Markgräflerland blickt auf eine lange Tradition zurück. Schon die Römer hatten hier die Thermalquellen genutzt (*Aquae Villae*). Reste der Anlage sind noch erhalten. Hauptattraktion ist heute die Cassiopeia-Therme.

Lörrach Nördlich der Stadt ragt die Burgruine Rötteln mit ihren beiden charakteristischen Türmen auf. Die 1678 zerstörte Burg beherbergt heute eine Burgschenke und ein kleines Museum.

Hoch über der alten Mainbrücke thront die Würzburger Marienfeste, einst Residenz der Fürstbischöfe.

Route 18

Liebliches Mainfranken

Die Fränkische Bocksbeutelstraße

Wo Reben wachsen in Deutschland, ist das Leben heiterer als anderswo. Das hat viel mit dem Klima zu tun: Die Reben verlangen nach Sonne, die Trauben fürchten den Frost, und auch der Mensch fühlt sich wohler, wenn er nicht fröstelt. Deutschland pflegt eine hohe Weinkultur, von der Ahr und Mosel bis zum Bodensee, von Elbsachsen bis nach Mainfranken, auch »Weinfranken« genannt. In Mainfranken zu reisen ist für Liebhaber schöner alter Städte und vielfältig gesegneter Natur ein besonderer Genuss.

»Zum Mosaik Franken gehören viele Steinchen, vor allem kleine, leuchtende«, hat der Würzburger Autor Werner Dettelbacher gesagt. Die »Steinchen« sind die liebenswerten Städtchen und Weindörfer zwischen Steigerwald und Aschaffenburg, zwischen Hammelburg und Miltenberg. Kaum irgendwo fährt man viel länger als eine Viertelstunde durch das fränkische Weinland, ohne auf einen dieser Orte mit gotischem oder barockem Kirchturm, mit alter Stadtmauer und etlichen Weingütern zu treffen. Weil das so ist, gibt es nicht nur eine Fränkische Bocksbeutelstraße, sondern mindestens fünf: je eine in jeder Himmelsrichtung und dazu noch eine Mainschleife östlich und nordöstlich von Würzburg. Diese Mainschleifen führen auch zu so namhaften Weinorten wie Nordheim, Escherndorf oder Volkach. Würzburg mit seinem fürstbischöflichen Schloss und ganz hervorragenden Weinlagen über dem Main

Lebendige Tradition: der einst fürstbischöfliche, nun Staatliche Hofkeller in der Würzburger Residenz

Harmonisch eingebettet zwischen Mainschleife und ausgedehnten Rebhängen liegt der Weinort Escherndorf. Die fränkischen Winzer hegen und pflegen ihre Weine mit viel Liebe und fundiertem Wissen. In Franken nennen sich die Weinbauern Häcker.

Hoch über dem Main: die Wallfahrtskirche St. Maria im Weingarten oberhalb von Volkach

ist als Anfangs- oder Endpunkt allen fünf Bocksbeutel-Routen gemeinsam.
Wie die fränkischen Winzer dazu kommen, die Bocksbeutelflasche allein für ihre Qualitätsweine in Anspruch zu nehmen? Ohne Zweifel ist die »Flachkugelflasche« ein bauchig-bodenständiges Stück fränkischer Tradition, und zwar mit uralter Vorgeschichte. Wie man im Mainfränkischen Museum auf der Würzburger Festung Marienberg sehen kann, benutzten schon Kelten Tongefäße von dieser typischen Gestalt. Aus Glas stellten die Römer sie her, flachbauchig. Zur Barockzeit produzierten Glashütten in den Spessartwäldern eine Vielzahl von Bocksbeutel-Variationen, von denen manche einen Viertelliter und andere bis zu drei Liter fassten. Früheste Dokumente dazu sind seit dem Jahr 1659 bekannt, und im 18. Jh. wurde der Bocksbeutel »die« fränkische Weinflasche. Dass sie ihren Namen von den Hoden des Ziegenbocks hat, tat ihrer Beliebtheit keinen Abbruch. Gegen Ende des 20. Jh. sicherte die Europäische Union den fränkischen Winzern dann das (fast) alleinige Recht zu, ihre Weine in Bocksbeutelflaschen zu vermarkten – mit wenigen Ausnahmen: Auch einige italienische, portugiesische und badische Lagen dürfen dies, weil sie jeweils auch ihre eigene Bocksbeutel-Tradition haben.
Lässt man sich auf eine Reise entlang der Bocksbeutel-Straßen ein, staunt man bald über die Erlebnismöglichkeiten. Kirchweihen, Sommertheater und Musikfeste, Naturexkursionen im Spessart, Kulinarisches wie »Meefischli« (= Mainfischlein: fingerlange, knusprig gebackene Weißfische) oder Dutzende von Spargelvariationen, Besuche in Heckenwirtschaften bei Holzschnitzern oder Büttnern (Fassmachern).

Das Pompejanum, die Nachbildung einer Villa in Pompeji, vor dem Aschaffenburger Schloss

Naturpark Bayerischer Spessart

Frühlingsgrüne Laubwälder und romantische Wiesentäler: das ist der Naturpark Bayerischer Spessart, am grünsten und waldreichsten zwischen der Spessarthöhenstraße und dem Mainviereck im Osten bis hinauf zur Rhön. Im Westen erstreckt sich der Park bis zum Main bei Aschaffenburg, im Norden grenzen die Naturparke Hessischer Spessart und Bayerische Rhön an, im Süden folgt die Grenze dem Main, am südlichsten bei Miltenberg. Grundherren waren jahrhundertelang die Erzbischöfe und Kurfürsten von Mainz. Die liebten die Jagd und bremsten darum die Besiedlung. Das kam dem Wald zugute, der aber vom Betrieb der Glashütten und vom Erzbergbau stark beansprucht wurde. Erst nach dem Ende des Heiligen Römischen Reiches Deutscher Nation und damit auch dem Ende der geistlichen Herrschaften forstete die königlich bayerische Verwaltung ab 1814 das Gebiet wieder auf.

Herbststimmung in den schönen Buchenwäldern des Spessarts

Heute bietet der insgesamt 171 km² große Naturpark Wanderparkplätze und Wildgehege sowie in Fülle Kräuter und Blumen, vom Waldmeister bis zum Fingerhut, dazu Brombeerhecken, Heidelbeeren, Himbeeren und Walderdbeeren. Die schönsten Buchen- und Eichenbestände finden sich in den Naturschutzgebieten Metzger und Rohrberg wie auch im Fürstlich-Löwensteinschen Park im Süden des Naturparks. Übrigens: Auch auf der Deutschen Ferienroute Alpen–Ostsee durchquert man den Bayerischen Spessart.

Vom Start in Aschaffenburg fahren wir zunächst durch den Spessart zum romantischen Wasserschloss Mespelbrunn. Ab Marktheidenfeld sind wir dann auf der Fränkischen Bocksbeutelstraße und folgen dem mäandernden Main flussaufwärts über Würzburg bis nach Schweinfurt.

1 Aschaffenburg Die beiden Hauptsehenswürdigkeiten der einstigen Zweitresidenz der Mainzer Erzbischöfe erheben sich über dem Fluss. Mächtig liegt Schloss Johannisburg (1605–1614), die viertürmige Anlage aus dem roten Sandstein der Region, am Hochufer. Ein kleines Stück flussab ließ König Ludwig I. von Bayern, begeistert von der klassischen Antike, den Architekten Friedrich von Gärtner das Pompejanum errichten, ein der Castor-und-Pollux-Villa in Pompeji nachempfundenes Gebäude. Sehenswert sind auch das nahe der Stadt gelegene Schloss Schönbusch und vor allem sein Park, einer der frühesten deutschen Landschaftsgärten, in dem künstliche Seen und Hügel, Tempelchen und Dörfchen verstreut liegen.

2 Mespelbrunn Ritterromantik und Naturzauber pur: Der Abstecher zum Wasserschloss lohnt doppelt. Von Wäldergrün gerahmt und nur über eine Brücke zugänglich, ist dieses »Märchenschloss des Spessarts« ein schönes Beispiel deutscher Renaissance, mit architektonischen Zugaben aus dem 17. und 19. Jh. Seit 1665 bewohnen es die Grafen von Ingelheim. Manchmal führt der Schlossherr die Besucher selbst zum Rittersaal und zur Schloss-

---

Reiseinformationen

Routen-Steckbrief

Routenlänge: ca. 175 km (ohne Abstecher)

Zeitbedarf: mind. 3 Tage

Start: Aschaffenburg

Ziel: Schweinfurt

Routenverlauf: Aschaffenburg, Mespelbrunn, Marktheidenfeld, Würzburg, Ochsenfurt, Kitzingen, Volkach, Schweinfurt

Besonderheiten: Eine Alternative zum Auto ist die Teilstrecke des Main-Radwanderwegs von Aschaffenburg nach Schweinfurt. Die Route führt immer am Main entlang über Miltenberg, Wertheim, Karlstadt, Würzburg und Kitzingen. Informationen und Karten erhält man unter: www.mainradweg.com

Auskünfte: Tourismusverband Fränkisches Weinland Am Congress Centrum, 97070 Würzburg, Tel. (09 31) 37 23 35, Fax (09 31) 37 37 93, Email: tourismus@fraenkisches-weinland.de www.fraenkisches-weinland.de

Tourist-Information Spessart-Main-Odenwald Bayernstraße 18, 63739 Aschaffenburg, Tel. (0 60 21) 39 42 71, Fax (0 60 21) 39 42 58, Email: tourismus@spessart-touristinfo.de www.spessart-touristinfo.de Informationen auch unter: www.deutsche-weinstrassen.de

kapelle. Die prunkt mit ihrem reichen Sterngewölbe.

❸ Marktheidenfeld Als König Ludwig I. von Bayern die sandsteinrote Brücke über den Main erbauen ließ, war es die erste zwischen Frankfurt und Würzburg. Seither ist der über tausendjährige Handelsplatz zwischen Spessartwald und Weinland stark gewachsen (seit 1948 Stadt), bewahrte aber seine dem Main zugewandte Altstadt. Zu Kirchen, Stadtmauer und schön restaurierten Bürgerhäusern wie dem Barockjuwel Franckhaus bieten sich dem Gast Weinkeller und Straßencafés, dazu ein großes Freizeitbad »Maradies« und der Naturpark Spessart.

❹ Homburg am Main Den Homburger Kallmuth kennt man als einen der steilsten fränkischen Weinberge. Das malerische Homburg, ein uralter Burg-

platz der Würzburger Fürstbischöfe, ist ein Weinort, aber auch ein Ort der Künste mit Ausstellungen und Konzerten im jüngst renovierten Fachwerkschloss hoch auf steilem Tufffelsen über einer Tropfsteinhöhle. Älter noch ist der romanische Bergfried. Und das Museum Papiermühle Homburg vergegenwärtigt die lange Tradition des Papiermachens.

❺ Würzburg Die Universitätsstadt am Main in schönster Lage zu Füßen der Feste Marienberg und der städtischen Weinlagen hat trotz der fast völligen Zerstörung im Zweiten Weltkrieg heute wieder eine liebenswerte Altstadt, die sich rund um den Marktplatz mit der spätgotischen Marienkapelle und dem Haus zum Falken mit reichem Rokokostuck erstreckt. Manch Schönes liegt im Verborgenen, so auch das Lusamgärtlein hinter dem barocken Neumünster, in dem der

2

Minnesänger Walther von der Vogelweide begraben liegt. Höhepunkt eines Würzburgbesuchs ist aber die prachtvolle Residenz (1720), ein Meisterwerk des Barocks und heute UNESCO-Weltkulturerbe, erbaut von den Architekten Lukas von Hildebrandt und Balthasar Neumann. Grandios ist auch das Treppenhaus mit dem riesigen Deckengemälde von Giambattista Tiepolo, das dieser von 1751 bis 1753 schuf.

❻ Ochsenfurt Im »Bären« oder beim »Schmied« isst und schläft man gut. Manches Bodenständige blieb in dem mittelalterlichen Mauerring Ochsenfurts ganz urwüchsig erhalten; prächtig stehen die Fachwerkhäuser an der Hauptstraße. Berühmt ist die Kunstuhr am Rathaus: Erstrangige Künstler wie der Nürnberger Peter Vischer und – wahrscheinlich – Tilman Riemenschneider schmückten die Stadtpfarrkirche St. Andreas mit

❶ Schloss Johannisburg in Aschaffenburg, ein in den Jahren 1605–1614 unmittelbar am Mainufer errichteter Spätrenaissancebau, war einst kurfürstliche Residenz.

❷ Ursprünglich Kirche, Kloster und Burg, erhebt sich ein Schloss auf dem alten Weinort Homburg am Main. Der Fachwerkbau aus dem 16. Jh. wurde über der Tropfsteinhöhle Burkardusgruft errichtet.

Das Wasserschloss Mespelbrunn, in völliger Waldeinsamkeit zwischen Würzburg und Frankfurt am Main gelegen, wurde – unter anderem als Drehort des »Wirts-
hauses im Spessart« – zum Inbegriff der Spessartromantik. Seit Jahrhunderten spiegelt sich das bezaubernde kleine Schloss in dem dunklen Waldsee, der ihm

einst Schutz bot. Den Grundbesitz schenkte Erzbischof Johann von Mainz 1412 dem ehemaligen Forstmeister im Ritterstand, Hamann Echter, für treue Dienste. Echters Sohn errichtete 1427 eine befestigte Anlage mit Mauern und Turm. Später wurde die Wasserburg dann in ein Renaissanceschloss umgewandelt.

Abstecher

Iphofen

Um einen der schönsten Marktplätze Frankens sind alte Adelssitze und bürgerliches Fachwerk versammelt. Vollständig erhalten präsentiert sich die mittelalterliche Stadtbefestigung mit dem Rödelseer Tor. Überraschung in Iphofen, der Weinstadt am Fuß des Schwanbergs: Im Knauf-Museum findet man Gipsabgüsse antiker Kunstwerke aus aller Welt. Im ehemaligen Amtshaus des Fürstbischofs von Würzburg – heute renommiertes Romantik-Hotel »Zehntkeller« – reichen die Weingewölbe drei Stockwerke tief in die Erde. Der Berliner Kurt Tucholsky kehrte hier ein, becherte mit seinen Freunden beste Kreszenzen und notierte sein Weinlob: »Das ganz große Glück… Schade, dass man einen Wein nicht streicheln kann.«

Marienbrunnen auf dem Marktplatz von Iphofen

ihren Werken. Den schönsten Blick auf die alte Stadt hat man von der im Jahr 1512 erbauten steinernen Brücke über den Main.

7 **Frickenhausen** Wer unter den fränkischen Weinorten die schönsten wählen möchte, der kommt an Frickenhausen nicht vorbei. Auch nicht das bayerische Kultusministerium, als es nach einem denkmalpflegerischen Modellort suchte. Frickenhausens historisches Ortsbild am Main mit seinen Patrizierhäusern, der vollständig erhaltenen Ringmauer und der Mariensäule auf dem Marktplatz wurde sorgsam restauriert, fast wie ein Freilichtmuseum. Die Rebzeilen der Weinberge strecken sich hoch überm Marktort zur Valentinskapelle aus dem Jahr 1699 hinauf.

8 **Kitzingen** Unweit von Würzburg gelegen, ist Kitzingen eine alte Weinhändlerstadt. Am Renais-

sance-Rathaus (1561–1563) entdeckt man die Figur des Häckers (= Winzers), der einen tiefen Zug aus seiner Weinkanne tut. Fast überall im Umfeld der Stadt kann man in den Heckenwirtschaften den Wein verkosten, mit kleinem Imbiss. Sehenswert in der Stadt ist auch das Fastnachtsmuseum im mittelalterlichen Falterturm. Künstlerisch besonders wertvoll ist die von Balthasar Neumann erbaute Heiligkreuzkapelle, die er im Jahr 1733 geplant und »ganz allein besorgt« hat. Kitzingens Alter Klosterkeller streitet sich mit anderen Plätzen um die Ehre, sich Deutschlands ältesten Weinkeller nennen zu dürfen. Noch älter ist das Kitzinger Weingesetz aus dem Jahr 1482.

9 **Dettelbach** An der Mainschleife genannten Ast der Bocksbeutelstraße, östlich von Würzburg direkt am Main gelegen, hat Dettelbach eine malerische

Stadtmauer mit vielen kleinen Türmen, im Mauerring dazu noch stattliche gotische, mittelalterliche Architektur, die Stadtpfarrkirche, das Rathaus und gemütliche Gaststuben. Nah ist die Wallfahrtskirche »Maria im Sand«, zu der Pilger seit einem halben Jahrtausend unterwegs sind. Dettelbacher Spezialität seit über hundert Jahren: Muskatzinen, ein Gewürzgebäck.

10 **Volkach** Das an der Mainschleife gelegene Städtchen ist einer der bekanntesten Weinorte Frankens. Im alten Ortskern sticht das Renaissance-Rathaus hervor. Auch die Stadtkirche St. Georg und Bartholomäus sowie das Sommeracher Tor sind sehenswert. Ein Kleinod befindet sich in den Weinbergen: die Wallfahrtskirche Maria im Weingarten.

11 **Schweinfurt** Im Stadtkern von Schweinfurt steht das in den Jahren 1570–1572 erbaute Rat-

haus mit einem in Stein gehauenen Schwein, dem Wahrzeichen der Stadt. Der Name Schweinfurts geht jedoch nicht auf das Borstentier zurück, sondern auf das Wort »swin«, das so viel wie »Sumpf« bedeutet. Architektonisch imposant präsentiert sich das moderne Museum Georg Schäfer. Gezeigt wird die bedeutendste Privatsammlung an Gemälden des 19. Jh. in Deutschland. Bekannt wurde Schweinfurt vor allem auch als Industriestadt.

1 Volkach: Altarraum der St.-Bartholomäus-Kirche mit Renaissance-taufstein von 1559, Barockaltären großer Meister und Rokokostuck des 18. Jh.

2 Nicht nur das von Toren und Türmen bewehrte Dettelbach, auch seine liebliche Umgebung mit der Mainschleife, Auen und Weinbergen ist überaus sehenswert.

Aschaffenburg Schloss Johannisburg ist eines der bedeutendsten Bauwerke der deutschen Renaissance und diente ehemals den Mainzer Kurfürsten und Bischöfen als Zweitresidenz.

Würzburg Von der Alten Mainbrücke bietet sich die Feste Marienberg eindrucksvoll dem Betrachter dar. Die Grundkonstruktion der mit Heiligenfiguren verzierten Brücke stammt aus dem 15. Jh., allerdings wurde sie erst 1703 vollendet. Mit dem Bau der Feste wurde 1201 begonnen. Jahrhundertelang wurde die Feste dann von den Fürstbischöfen erweitert. Der bedeutendste architektonische Schatz Würzburgs ist die nach Plänen Balthasar Neumanns in barockem Stil errichtete Residenz, die zum UNESCO-Weltkulturerbe gehört.

Schweinfurt Das im Zentrum der Stadt gelegene Rathaus ist ein Renaissancebau aus dem 16. Jh. Am Erkerturm befindet sich das Wappen Kaiser Maximilians II. (1564–76), an den Giebeln sind allegorische Figuren angebracht.

Naturpark Bayerischer Spessart Auf 171 km² bietet der Naturpark Wildgehege und eindrucksvolle Buchen- und Eichenbestände, zudem gedeiht hier eine Vielzahl an Beeren und Kräutern. Von zahlreichen Parkplätzen aus kann man zu Wanderungen durch den Park aufbrechen.

Mespelbrunn Das im reinen Renaissancestil erbaute Wasserschloss wird als das »Märchenschloss des Spessart« bezeichnet. Wildromantisch gelegen, an Rittergeschichten erinnernd, zieht es viele Besucher an.

Homburg Das erst jüngst renovierte Fachwerkschloss steht auf einem steilen Tufffelsen über einer Tropfsteinhöhle. Hier ist auch der steilste fränkische Weinberg zu finden, der Homburger Kallmuth.

Escherndorf Idyllisch am Fuß der Weinhänge gelegen, lädt Escherndorf ein, die Mainschleife zu erkunden. Der Bildstock ist Ausdruck der Volksfrömmigkeit.

Volkach Ein Kleinod in bester »Weinlage« ist die Wallfahrtskirche St. Maria im Weingarten oberhalb von Volkach, einem der bekanntesten Weinorte Frankens. An Sehenswürdigkeiten bietet der Ort selbst die Stadtkirche St. Georg und Bartholomäus sowie das Renaissancerathaus.

Ochsenfurt Am Nikolausturm, neben dem ehemaligen Sitz des Würzburger Domkapitels (Ende 15. Jh.), sind auch heute noch deutliche Spuren des 7-jährigen Krieges zu sehen.

Dettelbach Nicht nur der von Toren und Türmen bewehrte Ort selbst, auch seine liebliche Umgebung an der Mainschleife, mit grüner Aue und Weinbergen ist sehenswert.

Naturpark Steigerwald Der Steigerwald liegt im Herzen von Franken, genau zwischen den großen Städten Nürnberg und Würzburg und zwischen Bamberg und Rothenburg ob der Tauber. Neben seiner landschaftlichen und kulturellen Vielfalt ist der Naturpark ein ideales Gebiet für Wanderer und Radfahrer. An den reizvollen Routen laden die Gasthäuser mit fränkischen Spezialitäten zum Verweilen ein.

Vier Stadttore und 14 Türme zählt die mittelalterliche Wehranlage von Dinkelsbühl.

Route 19

Türme und Zinnen
Auf der Romantischen Straße ins Mittelalter

Die älteste und berühmteste Ferienstraße in Deutschland verbindet über 350 km hinweg stolze Reichsstädte, prachtvolle fürstliche Residenzen, barocke Kostbarkeiten und idyllische Landschaften zwischen Würzburg und Füssen, von den Weinbergen Mainfrankens bis zu den Königsschlössern am Fuße der Alpen.

Entlang der Romantischen Straße zu reisen, bedeutet Geschichte zu atmen. Ein ganzes Jahrtausend spiegelt sich in den Städten und Dörfern, den Baudenkmälern und Kunstschätzen. Schon der Auftakt ist fulminant: Würzburg, die mainfränkische Metropole, in der Balthasar Neumann und Giovanni Battista Tiepolo die Residenz der Fürstbischöfe schufen. Kunsthistorische Perlen locken im Taubertal mit den Altären Tilman Riemenschneiders und mit Matthias Grünewalds Madonnenbild in Stuppach. Klangvoll sind die Namen der Orte auf dem Weg nach Süden: Rothenburg ob der Tauber, Dinkelsbühl und Nördlingen haben ihr verträumtes mittelalterliches Stadtbild bis heute bewahrt. Mit dem Ries beginnt der Reigen barocker Kirchen, Klöster und Schlösser im bayerischen Schwaben, dessen Metropole Augsburg einst zu den wichtigsten Städten Europas zählte. In der Stadt der Renaissance errichtete Elias Holl das prachtvolle Rathaus, fanden entscheidungsschwere Reichstage statt, und von hier aus dirigierten die Fugger ihr Han-

König Ludwig II., Gemälde von F. Piloty

delsimperium. Den Himmel auf die Erde geholt haben die Maler und Stuckateure in den Rokokokirchen des Pfaffenwinkels. Den Schlussakkord der Romantischen Straße begleiten bei Füssen zwei Paukenschläge: Inmitten der saftigen Allgäuer Weiden erhebt sich die Wieskirche, einzigartiges Gesamtkunstwerk des Rokoko, und vor der Kulisse der Alpengipfel thront Schloss Neuschwanstein, der steingewordene Traum des Märchenkönigs Ludwig II. Kein Wunder also, dass diese Straße romantische Begegnungen und Ansichten verspricht. Die Idee dazu hatte der Augsburger Bürgermeister Ludwig Wegele, auf dessen Initiative hin sich 1950 die Städte zwischen Würzburg und Füssen zu einer Arbeitsgemeinschaft zusammenschlossen. Nur wenige Jahre nach dem Zweiten Weltkrieg wollte man deutsche wie ausländische Gäste darauf aufmerk-

Auf einem freien Feld steht vor der Kulisse der Schwangauer Berge die Wallfahrtskirche St. Koloman.

Donauwörth mit der gotischen Stadtpfarrkirche und dem Tanzhaus aus dem 15. Jh.: Die ehemalige Freie Reichsstadt hat im Kern ein weitgehend mittelalterliches Stadtbild.

sam machen, dass es auch ein anderes Deutschland gegeben hat, eines mit einer reichen Kultur. Die Strecke folgt weitgehend der Via Claudia Augusta, der alten Heerstraße der Römer, die über die Alpen nach Augsburg und zum Limes führte und die im Mittelalter zur Handelsstraße bis zum Main ausgebaut wurde. Die stolzen Reichsstädte hatten ihre Blütezeit im Spätmittelalter, danach versanken sie in Bedeutungslosigkeit, und so blieben sie nahezu unverändert erhalten. Es waren schließlich die Maler der Romantik, die im 19. Jh. die Städte im Taubergrund entdeckten. Wer kennt nicht die idyllischen Winkel, die Carl Spitzweg in seinen Bildern darstellte und für die Rothenburg und seine Gassen Modell gestanden hatten. Und Ludwig Richter notierte verzaubert: »Ich glaubte plötzlich ins Mittelalter versetzt zu sein.«

Freilich besteht die Attraktivität dieser Route nicht nur in den Kulturdenkmälern. An Main und Tauber lockt die heitere Weinlandschaft mit Rebhängen, Flussauen und Streuobstwiesen. Herber dagegen wirkt die grüne Frankenhöhe. Den Fränkischen vom Schwäbischen Jura trennt das Ries, jener runde Krater, der vor 15 Millionen Jahren durch den Einschlag eines gewaltigen Meteoriten entstanden war. Moore und Auwälder prägen das Donauried, und südlich von Augsburg erstreckt sich das weite, ebene Lechfeld bis zum Ostallgäuer Hügelland mit seinen Weiden und milchschweren Kühen.
Abstecher nach München, in die bayerische Landeshauptstadt, und in das reizvolle Fünfseenland um Ammersee und Starnberger See bieten sich bei dieser Route an und setzen weitere kulturelle und landschaftliche Akzente.

Der prachtvoll ausgestattete Thronsaal im Schloss Neuschwanstein

Johann Balthasar Neumann und Giambattista Tiepolo

Johann Balthasar Neumann wurde 1687 in Eger geboren und kam 1711 nach einer Lehre als Kanonengießer nach Würzburg, um dort im erlernten Beruf zu arbeiten. Doch sein Interesse galt der Architektur, und er nutzte jede Möglichkeit zur Fortbildung, unterstützt vom Fürstbischof Johann Philipp Franz von Schönborn. 1720 begann er als fürstlicher Baudirektor sein größtes Werk, die Würzburger Residenz. Weitere bedeutende Werke Neumanns sind das Käppele in Würzburg, die Wallfahrtskirchen in Vierzehnheiligen und Gößweinstein, Schloss Weißenstein in Pommersfelden, Schloss Augustusburg in Brühl und das Schloss in Bruchsal. Als der Baumeister 1753 in Würzburg starb, wurde er mit militärischen Ehren beigesetzt.

Oben: Treppenhaus in der Würzburger Residenz
Unten: Selbstbildnis Tiepolos im Deckengemälde des Treppenhauses

Die meisten Werke des 1696 in Venedig geborenen Malers und Radierers Giambattista Tiepolo finden sich in seiner italienischen Heimat sowie im Königsschloss in Madrid. Doch sein Hauptwerk sind die Deckenfresken im Treppenhaus und im Kaisersaal der Würzburger Residenz. Tiepolo starb 1770 in Madrid. Im Deckenfresko des Treppenhauses in Würzburg hat der Maler sich selbst und den Baumeister Neumann verewigt. Neumann sitzt auf einem Kanonenrohr.

Die Romantische Straße: Entlang dieser faszinierenden Route zwischen Würzburg und Füssen reihen sich malerische Städte und Dörfer, Burgen, Schlösser und unschätzbare Kunstwerke aneinander. Die Route führt vom Maintal über das liebliche Taubertal ins Tal der Wörnitz, quert die Donau, um sich dann entlang des Lechs den eindrucksvollen Alpen zu nähern.

❶ Würzburg Die Romantische Straße beginnt mit einem Paukenschlag: mit der prachtvollen Residenz von Würzburg (1720), einem Kleinod des Barock. Trotz der verheerenden Bombenangriffe vom 16. März 1945, nach denen nur große Optimisten der Stadt noch die Chance eines Neubeginns einräumten, bietet die Mainmetropole viele Sehenswürdigkeiten: Ein harmonisches Ensemble bilden am Marktplatz die spätgotische Marienkapelle und das Haus zum Falken mit reichem Rokoko-Stuck. Der 1188 geweihte Dom hat durch die Kriegsschäden leider an Charakter verloren. Beim barocken Neumünster liegt das stille Lusamgärtlein, in dem der Minnesänger Walther von der Vogelweide begraben liegt. Über allem aber thront am Marienberg die Festung (13.–18. Jh.) mit dem Mainfränkischen Museum, das zahlreiche Werke Tilman Riemenschneiders besitzt.

❷ Tauberbischofsheim Das Fechtsportzentrum im Taubertal

wird vom ehemaligen Kurmainzischen Schloss, dem dazugehörigen Türmersturm und einem Fachwerkensemble aus dem 15./16. Jh. geprägt. Sehenswert ist auch der Altar aus der Riemenschneiderschule in der Pfarrkirche St. Martin.

❸ Bad Mergentheim Die Altstadt des Kurortes wird vom Schloss des Deutschen Ritterordens (16. Jh.) dominiert. Nicht versäumen sollte man die barocke Schlosskirche, deren Entwurf von B. Neumann und François Cuvilliés stammt. Das Madonnenbild des Malers Matthias Grünewald in der Pfarrkirche von Stuppach lohnt einen kleinen Abstecher.

❹ Weikersheim Auf der Weiterfahrt durch das Taubertal winkt Weikersheim mit der Besichtigung des Renaissanceschlosses und des Barockgartens, der zu den schönsten Deutschlands zählt. Die kleine Residenzstadt ist von steinigen Weinbergen umgeben.

Reiseinformationen

Routen-Steckbrief
Routenlänge: ca. 350 km (ohne Abstecher)
Zeitbedarf: 7–10 Tage
Start: Würzburg
Ziel: Füssen
Routenverlauf: Würzburg, Bad Mergentheim, Rothenburg ob der Tauber, Dinkelsbühl, Donauwörth, Augsburg, Landsberg, Füssen

Besonderheiten:
Es gibt einen 420 km langen Radweg, der auf Nebenstrecken der Romantischen Straße folgt. Informationen unter *www.bayerninfo.de*

Auskünfte:
Arbeitsgemeinschaft Romantische Straße

Waaggässlein 1,
91550 Dinkelsbühl,
Tel. (0 98 51) 9 02 71,
www.romantischestrasse.de
Tourist Information Würzburg
Falkenhaus am Markt,
Tel. (09 31) 37 23 98,
www.wuerzburg.de
Rothenburg Tourismus Service
Marktplatz,
Tel. (0 98 61) 40 48 00,
www.rothenburg.de
Regio Augsburg Tourismus
Schießgrabenstraße 14
und Tourist Information am Rathausplatz,
Tel. (08 21) 50 20 70,
www.regio-augsburg.de
Füssen Tourismus
Kaiser-Maximilian-Platz 1,
Tel. (0 83 62) 9 38 50
www.stadt-fuessen.de

Augsburg: Fuggerei

Jakob Fugger, genannt der Reiche, lebte von 1459 bis 1525. Als Bankier der Habsburger-Kaiser Maximilian I. und Karl V. besaß er fast mehr Macht als die Herrscher selbst, denn sie waren von seinen Krediten abhängig. Doch Jakob Fugger wollte auch etwas für sein Heil in einer zukünftigen Welt tun und gründete daher 1516 gemeinsam mit seinen Brüdern die Fuggerei, die als älteste Sozialsiedlung der Welt gilt. Schuldlos in Not geratene Augsburger Bürger fanden in den 67 Häusern mit 147 Wohnungen eine Unterkunft. Sogar eine eigene Kirche und einen Brunnen besaß die »Stadt in der Stadt«. Noch heute stehen die Woh-

Oben: Die Wohnhäuser der Fuggerei, der ältesten Sozialsiedlung der Welt
Unten: Das Museum der Fuggerei zeigt eine originalgetreue Schlafstube.

sance-Trakt. Und schließlich kann man auch hier wieder die Kunstwerke Tilman Riemenschneiders bestaunen. Die dreischiffige gotische Basilika St. Jakob beherbergt seinen Heiligblutaltar. Im weiteren Verlauf kreuzt die Route auf dem Weg nach Süden die Frankenhöhe, die europäische Wasserscheide zwischen Rhein und Donau.

7 **Feuchtwangen** Die ehemalige Stiftskirche, teils romanisch, teils gotisch erbaut, lohnt zu jeder Jahreszeit einen Besuch. Der Marktplatz zeigt ein schönes Ensemble stolzer Bürgerhäuser.

8 **Dinkelsbühl** Die Hauptattraktion der mehr als tausend Jahre alten Stadt im idyllischen Wörnitztal ist das geschlossene mittelalterliche Stadtbild samt Stadtmauer. Zu den Höhepunkten zählen das Deutsche Haus, ein herrliches Fachwerkhaus, sowie die Stadtpfarrkirche St. Georg (zweite Hälfte des 15. Jh.).

9 **Nördlingen** Dem Städtchen sollte man sich eigentlich aus der Luft nähern, um die perfekte, fast runde Stadtanlage mit der weitgehend erhaltenen Stadtmauer zu sehen, die mit ihren fünf Stadttoren auch heute noch begehbar ist. St. Georg ist eine der größten deutschen spätgotischen Hallenkirchen, ihr Wahrzeichen ist der »Daniel«, ein 90 m

hoher Glockenturm. Bei guten Sichtverhältnissen lässt sich von seiner Spitze aus der Rand des Rieskraters vor allem im Südwesten, Süden und Osten gut nachvollziehen.

10 **Donauwörth** Aus einer Fischersiedlung auf der Wörnitzinsel »Ried« entwickelte sich an der Einmündung der Wörnitz in die Donau die ehemalige Freie Reichsstadt, deren meisten Sehenswürdigkeiten entlang der Hauptstraße, der Reichsstraße, liegen: wie etwa das Fuggerhaus von 1536, die spätgotische Stadtpfarrkirche Mariä Himmelfahrt, das um 1400 errichtete Tanzhaus, das Rathaus und das barocke Deutschordenshaus. Einen Besuch lohnt auch die barocke Kirche des einstigen Benediktinerklosters Heiligkreuz.

11 **Augsburg** Gegründet wurde *Augusta Vindelicorum* bereits von den Römern; im 16. Jh. war

1 Blick auf die Würzburger Residenz vom 100 mal 200 m großen Residenzplatz mit dem Franconia-Brunnen von 1894

2 Das Rathaus mit der auffallend symmetrischen Fassade und der 78 m hohe Perlachturm in Augsburg

3 Blick vom Kirchturm »Daniel« auf Nördlingens Marktplatz

nungen in der Fuggerei bedürftigen Augsburgern zur Verfügung.
Die Miete beträgt wie zur Zeit der Gründung einen Rheinischen Taler, das entspricht 0,88 Euro, außerdem gehört das tägliche Beten von Vaterunser, Avemaria und »Glaube an Gott für die Stifter« zur Hausordnung. Die Verwaltung liegt in den Händen der Fürstlich und Gräflich Fuggerschen Stiftungen. So profitieren Menschen des 21. Jh. vom Reichtum und der Wohltätigkeit der Fugger im 16. Jh.

5 **Creglingen** Das Taubertal birgt viele Meisterwerke des Bildschnitzers Tilman Riemenschneider – der Altar in der Creglinger Herrgottskirche gehört zu den schönsten. Die historische Altstadt ist ein überaus sehenswertes Ensemble schöner Fachwerkhäuser und mittelalterlicher Befestigungsanlagen.

6 **Rothenburg ob der Tauber** Das Städtchen ist weltweit Synonym für deutsche Mittelalterromantik. Ein Spaziergang entlang der gut erhaltenen Stadtmauer verschafft einen Überblick und bietet fantastische Ausblicke ins Taubertal. Den Martplatz beherrscht das Rathaus mit einem gotischen und einem Renais-

Die alte Reichsstadt Rothenburg ob der Tauber konnte ihr mittelalterliches Stadtbild in einzigartiger Geschlossenheit bis heute bewahren. Mit pittoresken Fachwerkhäusern in verwinkelten Gassen, der über 3 km langen umlaufenden Stadtmauer und den 43 Mauer- und Tortürmen nimmt sie die Besucher auf eine

Zeitreise in das Deutschland des 14. und der darauf folgenden Jahrhunderte mit. Zu den romantischsten Plätzen der Stadt zählt die Straßengabelung am
Plönlein nahe des Sieberturms (links) und des tiefer gelegenen Kobolzeller Tors (um 1360) im Süden.

Biergärten

Der Münchner Biergarten entsprang der Notwendigkeit, das Bier kühl zu lagern. Dazu legten die Brauereien, meist direkt neben ihrem Betriebsgelände, große Keller an. Zum Schutz gegen die warme Sommersonne bepflanzte man die Flächen mit Kasta-

Biergarten am Chinesischen Turm im Englischen Garten

nienbäumen. Und weil ein Aufenthalt im Schatten der Bäume vielen Menschen erstrebenswert schien, stellte man Tische und Bänke auf. König Ludwig I. genehmigte diese Form des Ausschanks, doch die Brauer durften keine Speisen servieren. So bürgerte es sich ein, dass die Gäste ihre Brotzeit – häufig Leberkäs, Käse, Radi und Brezen – selbst mitbrachten. Dieser Brauch hat sich bis heute gehalten, obwohl in vielen Biergärten auch Imbisse oder sogar vollständige Mahlzeiten zum Bier serviert werden. Na dann, Prost!

Abstecher

München

Es gibt viele Möglichkeiten, München zu erkunden: Man kann die einzelnen Stadtviertel durchstreifen, eine Museumstour unternehmen oder einen Einkaufsbummel machen – oder sich München einmal thematisch nähern.

Das München der Künstler

Bedeutende Werke der Malerei und der Bildhauerei zeigen die großen Münchner Museen Alte und Neue Pinakothek, Pinakothek der Moderne oder Haus der Kunst. Doch beispielsweise das Lenbachhaus und die Stuckvilla vermitteln darüber hinaus einen Eindruck davon, wie erfolgreiche Künstler gegen Ende des 19. Jh. in München lebten. Das Lenbachhaus entwarf der Architekt Gabriel von Seidl 1887 für den Maler Franz von Lenbach. Man fühlt sich hier nach Italien versetzt. Heute hat hier die Städtische Galerie mit bedeutenden Werken der Künstlergruppe Blauer Reiter ihren Sitz. In der Stuckvilla, die der Malerfürst Franz von Stuck nach eigenen Entwürfen 1897/1898 errichten ließ, finden Wechselausstellungen statt. Natürlich gehört auch ein Bummel ins Herz Schwabings zu einem Spaziergang auf den Spuren der Künstler: In der Gegend um den Nikolaiplatz traf sich zu Beginn des 20. Jh. die Münchner Bohème. Hier hat sich Schwabing noch etwas vom einstigen Flair bewahren können.

Das grüne München

Wer genug von der Großstadt hat, findet in München ohne Probleme grüne Oasen, um sich zu erholen. An allererster Stelle steht natürlich der Englische Garten, mit knapp 4 km² der größte Stadtpark der Welt – größer als der New Yorker Central Park. Neben vielem Grün gibt es auch einige bauliche Highlights: den Chinesischen Turm, den Monopteros und das japanische Teehaus. Mitten im Herzen der City, nur ein paar Schritte vom Karlsplatz/Stachus entfernt, liegt der Alte Botanische Garten, in dem 1854 der Glaspalast errichtet wurde, der 1934 abbrannte. Lohnend ist ein Spaziergang im Botanischen Garten mit etwa 14 000 Pflanzenarten. Hübsch sind auch die Figuren aus Nymphenburger Porzellan, die an verschiedenen Stellen des Parks stehen. Durch einen Durchgang gelangt man in den benachbarten Nymphenburger Park, ebenfalls eine Oase der Entspannung. Hier erwartet den Besucher ein Barockgarten in Schlossnähe und ein Landschaftsgarten.

München, die Theaterstadt

Für Theaterfreunde bietet München interessante Aufführungen ebenso wie herrliche Theaterarchitektur. Der prunkvollste Bau ist das in die Residenz integrierte Alte Residenztheater, genannt Cuvilliés-Theater. François Cuvilliés entwarf das traumhaft schöne Rokoko-Theater. Ein zweiter Theaterbau, der nicht nur Theaterliebhaber, sondern auch Architekturinteressierte anzieht, sind die Kammerspiele in der Maximilianstraße. Die Architekten Richard Riemerschmid und Max Littmann ließen hier 1900/1901 ihren Jugendstilphantasien freien Lauf. Erst kürzlich wurde die aufwändige Sanierung abgeschlossen. Ein weiterer Bau mit großer Tradition, der nach schweren Schäden im Zweiten Weltkrieg lange geschlossen war und erst 1996 reno-

viert wiedereröffnet wurde, ist das Prinzregententheater. Es wurde 1901 als Festspielhaus für die Werke Richard Wagners erbaut. Wer Oper mit internationaler Besetzung sehen und hören möchte, findet im Prinzregententheater oder im klassizistischen Nationaltheater Gelegenheit dazu. Doch München hat auch eine sehr lebendige Szene freier Theater, die teilweise häufig die Aufführungsorte wechseln. Wer Hintergrundinformationen zum Thema Theater sucht, findet diese im kleinen Theatermuseum am Hofgarten.

1 München bei Nacht: Blick auf die Frauenkirche mit den markanten Haubentürmen und den neugotischen Rathausturm. Ganz rechts ragt der schlanke Olympiaturm auf.

2 Das Schwabinger Siegestor trennt die beiden Prachtstraßen Leopoldstraße und Ludwigstraße.

3 Das Cuvilliés-Theater ist das älteste erhaltene Opernhaus der Stadt. Vom ursprünglichen Bau ist lediglich die Innenausstattung erhalten.

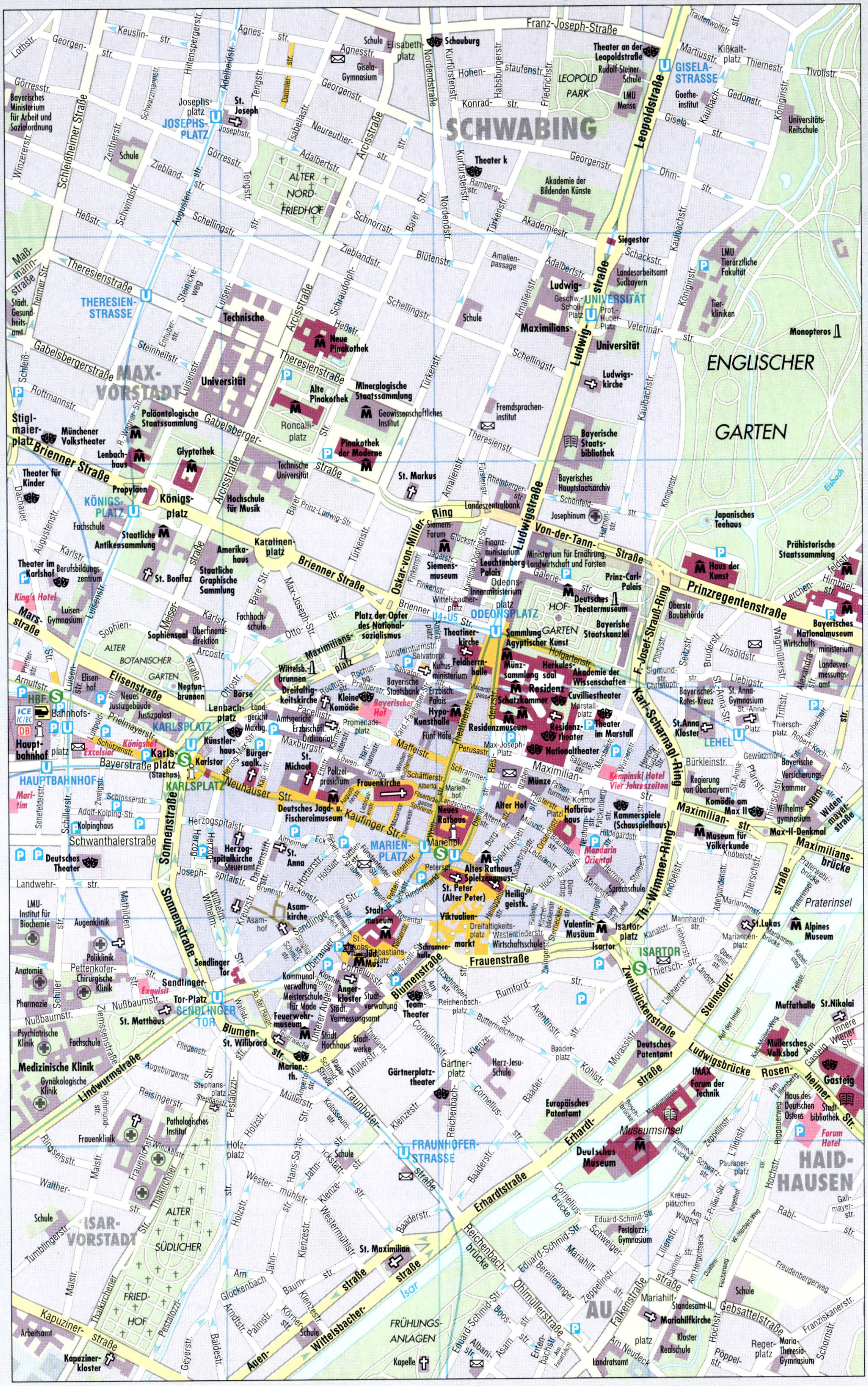

München

München versprüht noch heute den Zauber einer alten, jung gebliebenen Stadt, die weltoffen und dennoch ganz sie selbst ist.

Zwar wurde München 1157 vom Welfen Heinrich dem Löwen gegründet, doch prägend für die Stadt wurden die Wittelsbacher, in deren Händen sie bis 1918 blieb. Ihnen hat die Stadt die meisten ihrer Kunstschätze und Baudenkmäler und die schönsten Straßenzüge zu verdanken, vor allem König Ludwig I., der ein »Isar-Athen« schaffen wollte. Die unregelmäßige Altstadt wird von Isartor, Sendlinger Tor, Karlstor und Feldherrnhalle markiert. Schwabing, das Künstler- und Universitätsviertel, steht für Münchens Ruf als lebenslustige, kunstsinnige Stadt. Sehenswürdigkeiten im historischen Stadtkern: Marienplatz mit Neuem Rathaus aus dem 19. und Altem Rathaus aus dem 15. Jh. und barocker Mariensäule; die spätgotische Frauenkirche mit zwei Haubentürmen; Asamkirche, ein Meisterwerk des Rokoko; die in der Renaissance ausgebaute Residenz mit Schatzkammer, Altem Residenztheater (Rokoko) und Hofgarten; Nationaltheater; barocke Theatinerkirche; Renaissancekirche St. Michael; Hofbräuhaus und Viktualienmarkt; bronzene Bavaria auf der Theresienwiese.

Oben: Nationaltheater am Max-Joseph-Platz
Unten: Schloss Nymphenburg

Außerhalb des Stadtkerns: die barocke Anlage Schloss und Park Nymphenburg; Barockkirche St. Michael in Berg am Laim; Olympiapark von 1972; Museen: Deutsches Museum; Alte Pinakothek (Alte Meister); Neue Pinakothek (Malerei des 19. Jh.); Pinakothek der Moderne, Lenbachhaus, Glyptothek (antike Plastiken); Staatliche Antikensammlung; Bayerisches Nationalmuseum; Stadtmuseum im alten Zeughaus, Villa Stuck.

1

König Ludwig II.

1864 bestieg Ludwig II. den bayerischen Thron. Bald zog er sich in eine Traumwelt zurück, wo Phantasien vom Hof Ludwigs XIV. regierten und die Opern Richard Wagners den Stil der Schlösser Linderhof, Neuschwanstein

Nächtliche Schlittenfahrt König Ludwigs II., Bildnis von R. Wenig

und Herrenchiemsee beeinflussten. Wagner hätte auch die Bayreuther Festspiele nicht ohne die monetäre Hilfe Ludwigs ins Leben rufen können. Doch des Königs Leidenschaften rissen große Löcher in den Staatssäckel und so erklärte man den König 1886 für unzurechnungsfähig. Wenige Tage später ertrank er unter geheimnisvollen Umständen im Starnberger See und wurde dadurch im Volk zum Mythos.

die Freie Reichsstadt eine der kulturellen und wirtschaftlichen Metropolen nördlich der Alpen. Das Rathaus entstand 1615–1620 nach Plänen von Elias Holl, ebenfalls von ihm stammt das Zeughaus von 1607. Die Glasfenster mit fünf Propheten im Dom St. Maria gehören zu den ältesten Glasfensterzyklen der Welt. Die Straßen säumen viele barocke Patrizierhäuser wie Schaezler- oder Gignouxpalais. Von der Stadtbefestigung sind noch einige Türme und Tore (Rotes Tor) erhalten.

Von Augsburg ist es nur eine halbe Stunde Fahrzeit bis nach München (siehe Seite 130–131), von wo aus man direkt über die Lindauer Autobahn nach Landsberg weiterfahren kann.

12 Klosterlechfeld Die Klosteranlage wurde auf dem historisch bedeutsamen Schlachtfeld von 955 errichtet. Elias Holl war der Baumeister der 1603 errichteten Wallfahrtskirche. Das Pantheon in Rom diente als Vorbild.

13 Landsberg am Lech Der erste Mauerring der zwischen Lech und Lechsteilufer gelegenen Altstadt wurde bereits im 13. Jh. errichtet. Zu ihm gehörte der

2

Schmalzturm, der den dreieckigen Hauptplatz am oberen Ende abschließt. Beherrscht wird der Platz vom Rathaus, dessen Stuckfassade Dominikus Zimmermann 1719 gestaltete. Zur dritten Stadtmauer gehört das Bayertor von 1425, eine der schönsten Toranlagen Süddeutschlands. Besondere Beachtung verdienen vier Kirchen: Mariä Himmelfahrt, ein gotischer, später barockisierter Bau, die Johanniskirche von Dominikus Zimmermann, die Ursulinen-Klosterkirche von J. B. Gunetzrhainer (erbaut ab 1740) und die ehemalige Klosterkirche Heiligkreuz. Der Mauerring aus

dem 15. Jh. ist in weiten Teilen erhalten.

14 Altenstadt Die Kirche St. Michael ist eine der bedeutendsten romanischen Kirchen in Oberbayern. Der von einer Wehrmauer eingefasste Bau entstand im frühen 13. Jh. Das Innere birgt neben Fresken aus dem 14. und 15. Jh. noch den »Großen Gott von Altenstadt«, einen farbig gefassten romanischen Kruzifixus aus der Zeit um 1200. Er zählt wegen seiner gewaltigen Größe zu den bedeutendsten Bildnissen dieser Art, hinzu kommt die expressive Ruhe, die er ausstrahlt.

15 Schongau Entlang des Lechs geht die Fahrt nach Schongau an der *Via Claudia Augusta*. Von seiner einstigen Bedeutung als Handelsstadt zeugt das gotische Ballenhaus von 1515.

Die Stadtmauer mit Wehrgang ist teilweise erhalten, auch fünf Türme sowie das Frauentor im Westen (14. Jh.) haben die Zeit überdauert. Sehenswert ist die 1748 durch Dominikus Zimmermann umgebaute Pfarrkirche Mariä Himmelfahrt mit Fresken von Matthäus Günther.

Wer genügend Zeit hat, fährt von hier weiter ins Werdenfelser Land mit seiner herrlich vielseiti-

volle barocke Kirchenbauten, und auch die Natur ist verlockend schön. Eine Wanderung führt durch die Ammerschlucht zur Wieskirche.

17 **Wieskirche** Zu den Höhepunkten der Route gehört die von Dominikus Zimmermann ab 1745 erbaute Wieskirche, die lediglich von einer Hand voll Häuser umgeben vor der Kulisse der Trauchberge steht. Johann Baptist Zimmermann schuf die Deckengemälde und einen großen Teil der Stuckarbeiten. Der in Weiß und Gold gehaltene Innenraum wirkt betont heiter und leicht, scheint zu Stein gewordene Musik zu sein. Die Wieskirche bei Steingaden wird jährlich von Hunderttausenden von Touristen besucht. Sie gilt auch durch ihre Ausstattung und Lage als ein Gesamtkunstwerk.

18 **Hohenschwangau und Neuschwanstein** Malerisch liegen die beiden Königsschlösser in die Berglandschaft eingebettet. Kronprinz Maximilian ließ Burg Hohenschwangau (12. Jh.) 1832 neugotisch umgestalten. Hier verbrachte der Bauherr von Schloss Neuschwanstein, König Ludwig II., einen Teil seiner Ju-

gend. Neuschwanstein ist das Idealbild einer mittelalterlichen Burg mit Türmchen, Zinnen und prunkvollen Innenräumen.

19 **Füssen** In der historischen Stadt am Lech ist das Ende der Romantischen Straße erreicht. Nicht versäumen sollte man das Kloster St. Mang ebenso wie die barocke Stadtpfarrkirche St. Magnus. Das aus dem Mittelalter stammende Stift wurde in eine großzügige barocke Anlage umgewandelt. Beim Hohen Schloss verdient vor allem die Trompe-l'œil-Malerei an der Fassade des Innenhofs besondere Aufmerksamkeit. Sehr üppig bemalt ist die Fassade der Heilig-Geist-Spitalkirche (1748/49). Jetzt steht noch ein Naturerlebnis an: der nahe gelegene Lechfall.

1 Schloss Neuschwanstein vor der Kulisse der Allgäuer Alpen

2 Die Wallfahrtskirche zum Gegeißelten Heiland auf der Wies liegt romantisch im Pfaffenwinkel und ist UNESCO-Weltkulturerbe.

3 Der hochaufragende lichtdurchflutete Chor der Wieskirche mit dem Gnadenbild im Zentrum

Dominikus Zimmermann

Als Stuckateur und Baumeister erreichte der 1685 in Wessobrunn geborene Zimmermann hohe Meisterschaft. In der Tradition der berühmten Wessobrunner Stuckateure stehend, brachte er es dank seiner Kunst zu Ansehen

Stuckfigur im Chor der Wieskirche

und Reichtum. Von 1749 bis 1754 war er Bürgermeister von Landsberg am Lech. 1756 zog er in das Haus, das er sich neben seinem Meisterwerk, der Wieskirche bei Steingaden, gebaut hatte, und lebte dort bis zu seinem Tod 1766. Zu seinen Werken gehören auch die Wallfahrtskirche Steinhausen und die Frauenkirche in Günzburg.

gen Bergwelt (siehe Abstecher Seite 134).

16 **Rottenbuch** Die Kirche des ehemaligen Augustinerchorherrenstiftes in Rottenbuch wurde von 1737 bis 1742 umgebaut

und erstrahlt nun in der Heiterkeit des Barock. Der Stuckateur Joseph Schmuzer und der Maler Matthäus Günther schufen die wundervolle Innenausstattung. Hier im Pfaffenwinkel stolpert man geradezu über reiz-

Bayerns »heiliger Berg«

Auf dem Berg zu Andechs über dem Ammersee thront seit Jahrhunderten ein Benediktinerkloster. Eine wertvolle Reliquiensammlung sorgte früh für eine umfangreiche Wallfahrt und machte die Klosteranlage zum in ganz Bayern bekannten »heiligen Berg«. Der große Andrang führte im 18. Jh. zum Neubau der Klosterkirche. Bis 1758 errichtete

Benediktinerkloster Andechs: Türme und Hochaltar der Klosterkirche

Johann Baptist Zimmermann die heutige Kirche, deren achteckiger Turm den Besucher schon von weitem grüßt. Böse Zungen allerdings behaupten, der Hauptanziehungspunkt seien weniger die Reliquien als vielmehr das von den Mönchen seit Jahrhunderten gebraute Bier – eines der besten der Welt –, das im Bräustüberl und im Biergarten des Klosters ausgeschenkt wird.

Abstecher

Fünfseenland und Osterseen

Ein ebenso erholsamer wie interessanter Abstecher führt in das südwestlich von München gelegene Fünfseenland. Vor der Kulisse der schneebedeckten Alpengipfel erstreckt sich eine sanfthügelige Moränenlandschaft mit Wiesen, Wäldern, malerischen Orten und den glitzernden Wasserflächen von Ammer-, Wörth-, Pilsen-, Starnberger und Weßlinger See. Von der A96 fährt man auf einer teils von alten Buchen gesäumten Straße in Richtung Ammersee zunächst vorbei am kleinsten der fünf Seen, dem Weßlinger See, den man auf einem halbstündigen Spaziergang umrunden kann. Wer Zeit hat, sollte auch den westlich gelegenen, 4,34 km² großen Wörthsee besuchen, dessen sauberes und im Sommer sehr warmes Wasser gerühmt wird. Badespaß garantiert auch der rund 2 km² große Pilsensee, der ursprünglich eine Bucht des Ammersees war und durch Verlandung vom großen Bruder getrennt wurde. Ganz in der Nähe lockt Schloss Seefeld mit Biergarten und

schönem Ausblick. In Herrsching hat man schließlich den Ammersee erreicht.

Ammersee

Der Hauptort am Ostufer des 47 km² großen Ammersees liegt am »Herrschinger Winkel«, der einzigen Bucht des 16 km langen Sees. Herrsching hat eine 8 km lange Seepromenade und ist Ausgangspunkt für Dampferfahrten auf dem See, aber auch für Wanderungen auf den unweit südlich gelegenen »heiligen Berg« Andechs mit seinem berühmten Benediktinerkloster (siehe Randspalte). Den »Himmel der Heiligen« erblickt man in Dießen am Südende des Sees in einer der schönsten Rokokokirchen des Landes, der 1732–1739 von Johann Michael Fischer errichteten einstigen Augustinerchorherrren-Stiftskirche. Den Hochaltar mit dem je nach Festtagen auswechselbaren Altarbild entwarf François Cuvilliés, die Deckengemälde stammen von Johann Georg Bergmüller, die Stuckaturen sind das Werk der Gebrüder Feichtmayr. Der von seinem bäuerlichen Umfeld

geprägte Ammersee ist an den Wochenenden auch nicht so überlaufen wie der näher an München gelegene Starnberger See mit seinen Ferienorten, Villensiedlungen und Parkanlagen.

Starnberger See

Zahlreiche Segelboote und Ausflugsschiffe sind an schönen Tagen auf dem 56,4 km² großen See unterwegs. Die »Metropole« am See ist Starnberg mit seiner Strandpromenade, den Cafés und Segelclubs. Über der Stadt thront das ehemalige Schloss der Herzöge von Bayern (16. Jh.). Am nördlichen Ostufer liegt Berg. Hier hatten die Wittelsbacher einst einen Landsitz. Ein Kreuz im See bezeichnet die Stelle, an der König Ludwig II. den Tod gefunden hat. Vieles am See erinnert an den Märchenkönig. Fährt man auf der westlichen Uferstraße nach Süden, kommt man nach Possenhofen, in dessen Schloss Sisi, die Kusine Ludwigs II. und spätere Kaiserin von Österreich, viele Sommer verbrachte. Bei Feldafing liegt die kleine Roseninsel, auf der sich die

beiden des Öfteren trafen. Bei Tutzing empfiehlt sich ein Ausflug auf die Ilkahöhe, die eine herrliche Aussicht bietet. Weiter südlich in Bernried steht das Museum der Phantasie von Lothar-Günther Buchheim mit seiner großartigen Expressionistensammlung.

Osterseen

Südlich des Starnberger Sees bei dem schmucken Ort Iffeldorf bilden 21 kleine Seen eine einzigartige, von Mooren durchsetzte Naturlandschaft mit seltenen Tieren und Pflanzen. Über Peißenberg geht es zurück zur Hauptroute.

1 Am Südende des Starnberger Sees schließen die kleinen, zum Teil moorigen Osterseen an.

2 Bei Berg erinnern eine Votivkapelle und ein Kreuz im Starnberger See an den tragischen Tod Ludwigs II.

3 Panoramasicht von der Ilkahöhe bei Tutzing über den Starnberger See

Bad Mergentheim Die Altstadt wird vom Schloss des Deutschen Ritterordens (16. Jh.) dominiert. Die Schlosskirche entwarfen B. Neumann und F. Cuvilliés.

Weikersheim Die ehemalige Residenzstadt im Taubertal hat ein Renaissanceschloss und einen Barockgarten, der zu den schönsten Deutschlands zählt.

Würzburg Trotz der Bombenangriffe von 1945 bietet die Main- und Weinmetropole unzählige Sehenswürdigkeiten. Herausragend sind der Dom St. Kilian (1188 geweiht), die Alte Mainbrücke sowie die Festung Marienberg (13.–18. Jh.).

Würzburger Residenz Die ab 1720 erbaute Prachtanlage sollte die Festung Marienberg ersetzen. Ihre Ausmaße innen und außen sind überwältigend.

Feuchtwangen Sehenswert in dem ehemaligen freien Reichsstädtchen mit seinen nostalgischen Fachwerkpartien sind der Kreuzgang der teils romanischen, teils gotischen Stiftskirche sowie die Sammlungen des Museums.

Rothenburg Seit dem Dreißigjährigen Krieg hat sich das Ortsbild der einstmaligen fränkischen Reichsstadt kaum verändert. Mehrere Tortürme sichern die historische Stadtmauer.

Dinkelsbühl Die über 1000 Jahre alte Stadt im Tal der Wörnitz hat ein mittelalterliches Stadtbild und wird von trutzigen Mauern umschlossen. Zu den Hauptsehenswürdigkeiten zählen das Deutsche Haus und das Münster St. Georg.

Nördlingen St. Georg ist eine der größten deutschen spätgotischen Hallenkirchen. Vom Glockenturm »Daniel« der Kirche aus lässt sich das kreisrunde Riesstädtchen gut überblicken.

Augsburg Höhepunkte der fast 2000-jährigen Lechstadt: Renaissance-Rathaus und Perlachturm.

Wieskirche Die inmitten einer Bergkulisse erbaute Wallfahrtskirche gilt als ein Hauptwerk des bayerischen Rokoko.

München Schloss Nymphenburg ist ein Meisterwerk des Barocks. Direkt daneben befindet sich die 1747 gegründete staatliche Porzellanmanufaktur.

Fünfseenland Die oberbayerische Bilderbuchlandschaft vor den Toren Münchens mit Starnberger See, Ammersee, Wörthsee, Pilsensee und Weßlinger See bietet Idylle und Beschaulichkeit, Freizeitspaß und Kulturgenuss.

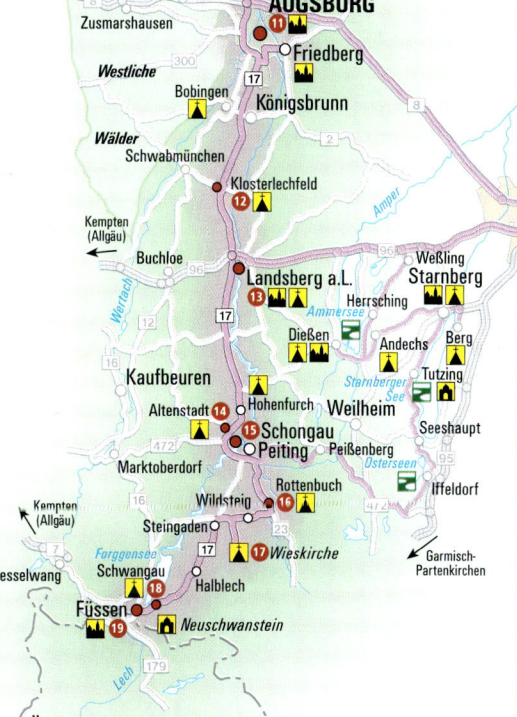

Füssen/Neuschwanstein Die sehenswerte alte Lechstadt zwischen Ammergauer und Allgäuer Alpen kann mit zwei Königsschlössern aufwarten: mit dem Schloss Hohenschwangau (12. Jh., neugotisch umgestaltet) und dem weltbekannten Märchenschloss Neuschwanstein (1869–1886).

München Einen Abstecher in die bayerische Landeshauptstadt sollte jeder einplanen, der die Romantische Straße bereist. Mit Altstadt und Schwabing, dem Viktualienmarkt, dem Englischen Garten, dem beeindruckenden Olympiagelände sowie Kirchen aus fast 850 Jahren und weltbekannten Museen hat das »Millionendorf« auch außerhalb der Oktoberfestsaison viel zu bieten.

Die Innpromenade von Passau wirkt venezianisch. Hier vereinigen sich Donau, Inn und Ilz.

Bayerns tiefe Wälder

Glasstraße und Donautal

Von Waldsassen in der Oberpfalz bis zum niederbayerischen Passau ist überall Glasbläserland. Eine Waldlandschaft, die bruchlos ins Böhmische übergeht und Teil eines der größten europäischen Waldgebiete ist. Weil Holz als Energiespender für die Glasmacher einst unentbehrlich war, entstanden im Oberpfälzer und Bayerischen Wald Glashütten zuhauf.

Wie kaum anderswo in Deutschland begegnet man in den Wäldern Ostbayerns einer Vielzahl von Glaskünstlern, die in jahrhundertelanger Tradition dem Glas immer neue Formen abgewinnen. An der Glasstraße zwischen Waldsassen im Norden und Passau im Süden – gut 150 km Luftlinie – liegen mehr als ein halbes Hundert Orte mit Glashütten und Glasgalerien. Glasbrunnen und Glashallen sind zu entdecken, eine gläserne Scheune und gar ein gläserner Wald. »Ein Weinglas kostet einen Baum«, besagt ein alter Glas-

macherspruch. Dahinter steht der unglaublich geringe Wirkungsgrad der Energienutzung bei der frühen Glasherstellung. Die Glasmacher brauchten die Energie, um aus Quarzsand die Glasschmelze herzustellen, und sie konnten im Mittelalter nur so lange an einem Ort bleiben, bis der Wald rundum abgeholzt und verfeuert war. Aus dem frühen 15. Jh. sind die ersten Gründungen von Glashütten im Bayerischen Wald überliefert. Selbst venezianische Glasbläser waren beteiligt. Farbige Flachglasscheiben konnte man

aber bereits um 1250 herstellen, etwa in dem kleinen Ort Glashütt bei St. Englmar für die Klosterkirche in Oberalteich.
Diese frühen Anfänge wurden jedoch großenteils durch die Hussitenkriege zunichte gemacht. Der Aufschwung kam dann im 16. Jh. Man produzierte Trinkbecher und Rosenkranzkugeln und verstand allmählich, wie man nicht mehr nur grünliches oder graues Glas herstellen konnte, sondern auch durchsichtig helles. Die Geographen und Naturwissenschaftler der Epoche beschrieben und dokumentierten Technik und Ausbreitung der zeitgenössischen Glasmacherkunst im Bayerischen Wald – so Georg Agricola in seinem Werk »Zwölf Bücher vom Berg und Hüttenwesen« (1556) oder Petrus Apianus auf seinen Landkarten.
Das 17. Jh. brachte die Erfindung der Kristallglasherstellung. Die Bleikristallgläser

Ein Luchs im Nationalpark Bayerischer Wald

Tief verschneite Landschaft im Nationalpark Bayerischer Wald. Die Winter sind lang im rauen Bayerwald, und oft bleibt der Schnee bis ins Frühjahr hinein liegen.

Regensburg mit der über 300 m langen Steinernen Brücke über die Donau

hatten wegen der effektvollen Lichtbrechung und Farbbrillanz bald einen beträchtlichen Anteil an der Produktion. Aus England und Frankreich war das Verfahren nach Ostbayern gelangt. Auch Überfanggläser und die hochgeschätzten Rubingläser – mit Goldbeigaben – kamen nun aus den bayerischen Glashütten. Für die weniger zahlungskräftigen Kunden hatte man Heilige aus Silberglas im Angebot, hergestellt mit einer dünnen Silberfolie zwischen zwei Glasschichten.

In Körben und Kraxen trugen die Glashändler ihre zerbrechliche Ware über Land, auf den schmalen »Glaspfaden«. Wanderer können ihnen im Oberpfälzer Wald nördlich von Oberviechtach auf dem »Glasschleiferweg« nachgehen, vorbei an längst außer Dienst gestellten Glasschleif- und Polierwerken, die der Glasveredelung dienten. Oder man lässt sich in einem der über 30 Glasmuseen entlang der Glasstraße von den Schöpfungen aus der Glasmacherpfeife, dem »Hafen« und der »Wanne« bezaubern. Den großen Namen der Glasmacherregion wird man begegnen, wie Poschinger und Riedl, Nachtmann und Eisch. Und man wird den Glasmachern an vielen Orten bei der Arbeit zusehen dürfen. Weil es der Orte so viele sind, gibt es auf der Glasstraße nicht weniger als fünf verschiedene Routen.

Ganz zu Anfang unserer Route in Weiden werden zwei weitere Ferienstraßen passiert: die südlichen Ausläufer der Porzellanstraße sowie die von Nürnberg nach Prag verlaufende Goldene Straße. Ab Passau bietet sich noch eine reizvolle Zugabe an: donauaufwärts, vorbei an barocken Klöstern wie Niederaltich und einst reiche Flussstädte wie Vilshofen passierend, bis zur alten Domstadt Regensburg.

Dem Parthenontempel der Athener Akropolis nachempfunden: die Walhalla bei Donaustauf

Nationalpark Bayerischer Wald

Im ersten Nationalpark Deutschlands, 1970 gegründet, findet der Besucher einen ausgedehnten Bergmischwald, Hochmoore, Granit- und Gneisfelsen, Almwiesen, Seen und Bäche sowie einen artenreichen Pflanzen- und Tierbestand vor, zu dem auch wieder Wolf, Braunbär, Wisent, Luchs, Fischotter sowie eine Vielzahl an Greifvögeln und Rauhfußhühnern gehören.

Bewohner des Nationalparks: Wildkatze, Braunbär und Luchs

200 km gut markierte, teils auch im Winter geräumte Wanderwege erschließen den Wald. Die Nationalparkverwaltung bietet jahreszeitlich wechselnde Führungen und Exkursionen zu den Naturschätzen an. Empfehlenswert ist die dreistündige Wanderung durch das Tierfreigelände beim Informationszentrum in Neuschönau. Vom Lusen (1373 m) aus kann man den Blick auf das größte zusammenhängende Waldgebiet Mitteleuropas genießen oder die Hochlagenwälder mit einem Nationalpark-Waldführer erkunden. Ebenso verlockend ist das sich beiderseits der deutsch-tschechischen Grenze erstreckende Waldgeschichtliche Wandergebiet bei Finsterau mit den Schwellwerken oder Klausen am Resch- und Teufelsbach, auf denen bis zum Bau der Eisenbahn Holz nach Passau getriftet wurde.

1

Auf der vielverzweigten Glasstraße ist dies eine der attraktivsten unter mehreren Routen: von Weiden über Furth im Wald zu Glasorten ersten Ranges wie Zwiesel und Frauenau. Und weiter nach Passau und seinem berühmten Glasmuseum am südlichen Ende der Glasstraße. Von dort aus ist die Donau Wegbegleiterin bis zum Zielort Regensburg.

① Weiden Die aufwändig restaurierte Altstadt der Metropole der nördlichen Oberpfalz ist mit dem Renaissancerathaus und stattlichen Bürgerhäusern ebenso ein Anziehungspunkt wie der gelungene neuromanische Kirchenbau von St. Josef mit seiner Jugendstilausstattung, die ehemalige gotische Hallenkirche St. Michael oder die Sebastianskirche. Der Komponist Max Reger verbrachte in Weiden Kindheit und Jugend.

② Oberviechtach Eine Spezialität der traditionellen Tafelglasproduktion haben die Glasmaler in diesem inmitten des Naturparks Oberpfälzer Wald gelegenen Ort entwickelt: Sie schufen intensiv farbige Hinterglasbilder, die ihren Platz im häuslichen Herrgottswinkel fanden. Vom 18. bis zum Anfang des 20. Jh. blieb diese Kunst lebendig. Eindrucksvolle Beispiele zeigt das Doktor-Eisenbarth- und Heimatmuseum, dazu auch kunstreich geschliffene Gläser aus Böhmen und Ostbayern.

③ Waldmünchen Der heutige Luftkurort und Grenzübergang nach Tschechien war seit dem Mittelalter Sitz von Glashütten und Glasfabriken. Spitzenprodukte der heimischen Glasmachertradition können in der Glasgalerie am Berghof Gibacht bewundert werden. Das Grenzland- und Trenckmuseum dokumentiert das einst harte Leben an der Grenze sowie eine Episode aus dem Österreichischen Erbfolgekrieg, als der Pandurenoberst Franz Freiherr von der Trenck 1742 Waldmünchen gegen Zahlung von 50 Dukaten von Plünderung und Zerstörung verschonte.

④ Furth im Wald Was Hussiten und Schweden im einst strategisch wichtigen Grenzort zu Böhmen nicht zerstörten, das vernichtete der Stadtbrand von 1863. Dennoch lohnt die restaurierte Altstadt mit der barocken Stadtkirche einen Besuch. An die Bedrängnis der Hussitenkriege erinnert das alljährliche Sommerspektakel »Der Drachen-

stich«. In der »Drachenhöhle« des hiesigen Drachenmuseums am Schlossplatz schlummert ein vollhydraulisches Monster, das zwischen dem zweiten und dritten Sonntag im August mehrmals sein Leben aushaucht.

⑤ Neukirchen beim Heiligen Blut Um das Gnadenbild der geschnitzten böhmischen Mut-

tergottes des 500-jährigen Wallfahrtsziels rankt sich die Legende, der Schwerthieb eines Bilderstürmenden Hussiten habe frisches Blut aus der Kerbe am Madonnenkopf fließen lassen. Dem Andenken an das allgemeine und hiesige Wallfahrtsbrauchtum widmet sich das Wallfahrtsmuseum im ehemaligen Pflegschloss.

Reiseinformationen

Routen-Steckbrief
Routenlänge: ca. 380 km (ohne Abstecher)
Zeitbedarf: mind. 4–7 Tage
Start: Weiden
Ziel: Regensburg
Routenverlauf: Weiden, Waldmünchen, Furth im Wald, Bayerisch Eisenstein, Zwiesel, Spiegelau, Grafenau, Freyung, Passau, Vilshofen, Osterhofen, Deggendorf, Straubing, Regensburg

Besonderheiten:
Statt der Autotour entlang der Donau von Passau bis Regensburg und weiter bis zum Donaudurchbruch bei Weltenburg bietet sich eine Radtour auf dem gut ausgeschilderten Donauradweg an. Informationen unter: *www.bayerninfo.de*

Auskünfte:
Tourismusverband Ostbayern e.V., *Luitpoldstr. 20, 93047 Regensburg, Tel. (09 41) 5 85 39-0, Fax (09 41) 5 85 39-39, Email: info@ostbayern-tourismus.de www.ostbayern-tourismus.de* oder auch: *www.dieglasstrasse.de* Informationen zum Nationalpark Bayerischer Wald: *Hans-Eisenmann-Haus, Böhmstraße 35, 94556 Neuschönau, Tel. (0 85 58) 96 150, Informationsstelle Ludwigsthal, Eisensteinerstraße 1, 94227 Zwiesel, Tel. (0 99 22) 86 92 36 www.nationalpark-bayerischer-wald.de*

11 Grafenau Die alte Salzsäumerstadt war durch den Handel mit Salz reich geworden, das man von Passau aus auf dem Goldenen Steig nach Böhmen transportierte. Vom einstigen Reichtum zeugen die Fassaden stattlicher Bürgerhäuser sowie das neugotische ehemalige Rathaus am Marktplatz. Heute ist der Fremdenverkehrs- und Luftkurort im Tal der Kleinen Ohe vor allem als Einfallstor zum Nationalpark Bayerischer Wald von Bedeutung.

12 Freyung Das am höchsten gelegene Städtchen im Bayerischen Wald entstand als Rodungssiedlung zu Füßen der strategisch wichtigen Burganlage Wolfstein, die dem Schutz der Reisenden am Goldenen Steig dienen sollte. Später wurde sie das Jagdschloss der Passauer Fürstbischöfe.

13 Passau Die Stadt an der Mündung von Inn und Ilz in die

6 Lam Auch in und um Lam, im Lamer Winkel, dominierte lange neben dem Erz- und Silberbergbau die Glasherstellung. Das künstlerisch wohl bedeutendste Werk der Lambachhütte sind die Jugendstilfenster der Wallfahrtskirche Mariahilf von 1904. Gründer der Hütte war der Philosoph Franz von Baader, der Glaubersalz statt Pottasche zur Glasschmelze verwendete und damit große Waldbestände vor dem Verfeuern bewahrte.

7 Bayerisch Eisenstein Der Ort am Grenzübergang zur Tschechischen Republik bietet

sich als idealer Ausgangspunkt für einen Ausflug ins Arbermassiv an. Der 1456 m hohe Große Arber, auf den eine Bergbahn führt, ist ein lohnendes Wanderziel. Vom Gipfel aus genießt man einen herrlichen Rundblick über das Waldmeer mit den beiden Arberseen. An klaren Sonnentagen reicht die Sicht bis ins Erzgebirge und zu den Alpen.

8 Zwiesel Die Glasmetropole am Zusammenfluss von Großem und Kleinem Regen verdankt die Existenz ihrer Glashütten dem Waldreichtum und den Quarzvorkommen des Hinterlandes.

Bereits 1472 erhielt der Ort das Marktrecht. Kostbarkeiten dieser 500 Jahre alten Glaskultur kann man im Waldmuseum bewundern.

9 Frauenau Auch in dem alten Glasmacherort am Fuße des Großen Rachel (1453 m) lassen sich diverse Glashütten, Glasschleifereien und Hinterglasmalereien besichtigen. Besonders schöne Stücke sind im Glasmuseum ausgestellt. Schmale Pfade führen von Frauenau aus zu einsam gelegenen Almen, den so genannten »Schachten«, die ab dem 16. Jh. durch Brand-

rodung entstanden, sowie zu den weitgehend unberührten Filzen, wie die Hochmoore auf 1000 m Höhe genannt werden.

10 Spiegelau Auf annähernd 500 Jahre Glasproduktion kann die Kristallglasfabrik Spiegelau zurückblicken. Einen Überblick über das teils mundgeblasene Sortiment kann man sich im hiesigen Glaszentrum verschaffen. Von dem Ort am Fuße des Lusen (1373 m) lohnt sich ein Abstecher nach Neuschönau zum Hans-Eisenmann-Haus, dem Informationszentrum des Nationalparks Bayerischer Wald.

1 Wild rauscht der Bergbach der Kleinen Ohe durch den Nationalpark Bayerischer Wald.

2 Passaus Altstadt liegt einzigartig auf einer Halbinsel zwischen Donau und Inn. Blick auf das Donauufer mit der Kirche St. Paul und dem Dom.

Donau war schon von den Kelten besiedelt, die Römer hatten hier ihr Batava, und Bonifatius machte den Ort im Jahr 739 zum Bischofssitz. Als Residenzstadt eines Fürstbischofs wurde Passau ab 1217 ein einflussreiches Handelszentrum. Im 17. Jh. gerufene italienische Baumeister gaben der Stadt ihr vom Barock geprägtes heutiges Gesicht.
Besonders eindrucksvoll ist der Dom St. Stephan, der die Spätgotik in Ostchor und Querhaus mit schwerem italienischem Barock im Westteil vereint. Die Empore trägt die mit 17 774 Pfeifen und 233 Registern größte Orgel Europas. Westlich vom Domchor liegt der stimmungsvolle Residenzplatz mit dem Wittelsbacher Brunnen, alten Patrizierhäusern und der Bischöflichen Residenz. Im Glasmuseum, das im historischen Gebäudekomplex Wilder Mann in der Altstadt untergebracht ist, lässt sich mit 13 000 Exponaten weltweit größte Sammlung von böhmischem Glas bewundern. Am rechten Donauufer öffnet sich

der Rathausplatz. Das Rathaus ist eine Gebäudegruppe aus Patrizierhäusern des 14. Jh. mit schönster Fassadenmalerei.
Die Veste Oberhaus ist ein Werk der Bischöfe, die hier ihre Zwingburg auf dem Felsrücken zwischen Donau und Ilz bauten. Benutzt wurde sie immer dann, wenn der Bischof mit den Bürgern Streit hatte. Hoch über dem rechten Ufer des Inn erhebt sich mit einer Turmbekrönung die 1627 erbaute Wallfahrtskirche Mariahilf. Sie wurde errichtet, um die Kopie eines Innsbrucker Gnadenbildes von Lukas Cranach d. Ä. aufzunehmen.

14 Vilshofen Der wuchtige Renaissance-Stadtturm, barocke Kirchen, prächtige Bürgerhäuser und das Geburtshaus des expressionistischen Dichters Heinrich Lautensack sind die Hauptsehenswürdigkeiten der Stadt an der Donau, die durch den Salzhandel einst zu Reichtum gekommen war. Eine architektonische Besonderheit ist die 1909–1911 im Jugendstil errich-

tete Abteikirche des Benediktinerklosters auf dem Schweiklberg. In der Fachschule für Glasbautechnik gibt es eine museale Glassammlung sowie einen originellen gläsernen Rundpavillon zu sehen.

15 Osterhofen Einer der prunkvollsten bayerischen Barockkirchenbauten ist die ehemalige Prämonstratenserklosterkirche St. Margaretha in Osterhofen. Mit Johann Michael Fischer als Baumeister und den Brüdern Asam als Maler und Stuckateur wirkten hier drei der größten Künstler ihrer Zeit und schufen bis 1740 ein Gesamtkunstwerk von höchstem Rang.

16 Niederalteich Das Benediktinerkloster St. Mauritius war im Mittelalter eines der bedeutendsten seiner Art in Bayern. Nach einem Brand wurde die Klosterkirche ab 1718 unter der Leitung von Johann Michael Fischer neu errichtet. Zarter Stuck nach italienischem Vorbild und reiche Freskenzyklen in den Decken-

feldern zeichnen diese urbayerische Kirche aus.

17 Deggendorf Das Eingangstor zum Bayerischen Wald präsentiert sich mit einem typisch altbayerischen Stadtkern. Sein Herzstück ist der 400 m lange Straßenmarkt, weitere Anziehungspunkte sind das spätgotische Rathaus und der mächtige Stadtturm. Sehenswert sind ferner die drei Kirchen Mariä Himmelfahrt, zum Heiligen Grab sowie zur Schmerzhaften Muttergottes auf dem Geyersberg.

18 Metten Die barocke Kirche St. Michael des Benediktinerklosters ist eine imposante Wandpfeileranlage. Das Gemälde des Hochaltars ist ein Werk Cosmas Damian Asams und zeigt den Sturz Luzifers. Ein Höhepunkt bayerischen Barocks ist die Klosterbibliothek von 1720. Mächtige Gestalten tragen die Marmorgesimse und Gewölbe. Die farbenprächtigen Wandmalereien präsentieren Motive aus Büchern der Bibliothek.

19 Straubing Das römische Sorviodurum war das noch heute sichtbare Fundament der Straubinger Altstadt. Im Gäubodenmuseum kann der 1950 entdeckte Römerschatz bewundert werden. Wahrzeichen von Straubing ist der achtstöckige, 68 m hohe Stadtturm (14. Jh.), von dem aus man einen guten Blick auf die mittelalterliche Stadtanlage und ihr Umland hat.
Der Stadtplatz repräsentiert mit seinen barocken und klassizistischen Fassaden ebenso wie das gotische Rathaus von 1382 Wohlstand und Selbstbewusstsein der Bürger. St. Jakob auf der Nordseite des Theresienplatzes zählt zu den schönsten Kirchen der Backsteingotik in Altbayern und glänzt mit spätgotischen Glasgemälden. Die Stadtkirche der Ursulinen dokumentiert den Übergang vom Barock zum Rokoko. Mit Fresken und Gemälden der Brüder Asam ist sie ein wahres Schatzkästlein.

20 Walhalla Oberhalb von Donaustauf ließ König Ludwig I.

2

3

von Bayern von 1830 bis 1842 die Walhalla als »Ruhmestempel der Deutschen« errichten. 358 Marmorstufen führen zu dem von Leo von Klenze nach dem Vor-

bild des Athener Parthenontempels entworfenen Ehrentempel, den Bildnisse und Gedenktafeln »rühmlich ausgezeichneter Teutscher« zieren.

21 **Regensburg** An der Mündung der Naab in die Donau entstand zu keltischer Zeit die Siedlung Rathaspona. Aus der Epoche des späteren Römer-

lagers Castra Regina (1.–3. Jh.) blieb das Nordtor, die *Porta Praetoria*, erhalten. Über die Agilolfinger-Residenz, ein christliches Zentrum der Frühzeit unter den Heiligen Rupert, Erhard und Emmeram zur Missionierung der heidnischen »Baiern« im 6. Jh., und die Pfalz der karolingischen Wanderkönige entwickelte sich die Stadt zu einem Zentrum des europäischen Fernhandels (10.–13. Jh.). Heute noch prägen die prächtigen Hausburgen der reichen Handelspatrizier mit den Geschlechtertürmen das Stadtbild. 1135–1146 wurde die Steinerne Brücke erbaut. Sie ist damit die älteste erhaltene Brücke in Deutschland. Mit Dom und Rathaus als Zentrum war Regensburg ab 1250 Reichsstadt. Seit 1594 wurden hier alle Reichstage abgehalten, 1663–1806 der Immerwährende Reichstag mit 70 Gesandtschaften auswärtiger Staaten. Als sich der Fernhandel an andere Orte verlagerte, begann mit dem wirtschaftlichen Niedergang der Stadt, die ein Zankapfel zwi-

schen Habsburgern und Wittelsbachern wurde und nach der Reichsauflösung 1810 an das Königreich Bayern fiel.

Der gewaltige gotische Dom St. Peter im Herzen der Altstadt verdient besondere Erwähnung, auch wegen der Vielzahl einzigartiger Kunstwerke, zumeist Skulpturen des Mittelalters, und seiner kostbaren Glasfenster aus dem 14. Jh. Bemerkenswerte Kirchen sind weiterhin St. Ulrich, St. Johann, St. Emmeram und St. Jakob. Die Fürsten von Thurn und Taxis, Generalpostmeister und ständige Vertreter des Kaisers beim Reichstag, bauten das einstige Kloster St. Emmeram zum Schloss aus.

1 Glanzstück der Benediktinerabtei Metten ist die Bibliothek.

2 Der Dom St. Peter und die Steinerne Brücke in Regensburg

3 Der Theresienplatz in Straubing mit der 1709 errichteten Dreifaltigkeitssäule und dem Stadtturm

Kloster Weltenburg

Am Durchbruch der Donau durch den Jura bei Weltenburg beeindrucken den Besucher nicht nur die bis zu 75 m hohen senkrechten Kalkwände, sondern auch die Kirche des ältesten Benediktinerklosters von Bayern. Bereits um 610 war hier ein Kloster gegründet worden; für das Jahr 1050 ist die Klosterbrauerei urkundlich belegt, die somit die älteste Klosterbrauerei der Welt ist. Die heutige Benediktinerabtei ist ein Meisterwerk spätbarocker

Kloster Weltenburg und der Donaudurchbruch

Kunst. Sie wurde 1717–1721 nach Entwürfen von Cosmas Damian Asam erbaut. Sein Bruder Egid Quirin schuf die herrlichen Stuckaturen und die Figurengruppe um den hl. Georg. An der Brüstung der Rundkuppel hat sich Cosmas Damian Asam in einem Selbstbildnis verewigt.

Donaudurchbruch und Altmühltal

Wo sonst in Deutschland trifft man auf eine so malerische Flussschleife? Wie die Donau beim Kloster Weltenburg vor den waldgrün umrahmten, steil aufragenden Felswänden in die Kurve geht, gehört zum Schönsten, was man an deutschen Flüssen sehen kann. In seiner natürlichen, wohlbewahrten Ursprünglichkeit – die Flussschleife liegt im Naturpark Altmühltal – ist dieses Stück Niederbayern eine wahre Kostbarkeit.

Man kann mit dem Wagen beim Kloster ankommen oder mit dem Schiff von Kelheim aus. Von dort kann man aber auch zu Fuß gehen, auf markiertem Wanderweg, und auf der Fähre zum Kloster übersetzen. Festlich erwartet die barocke Klosterkirche mit markantem Zwiebelturm die Besucher, ein frühes Werk der Brüder Asam. Draußen unter den Bäumen des Weltenburger Biergartens drängen sich die Gäste oft in Scharen. Wer Stille sucht, braucht nicht weit in den urwüchsigen Wald zu steigen, trifft dort auf eine Höhlenkirche und auf viele kleinere Höhlen. Archäologen fanden vorgeschichtliche Erzschürfstellen. Der bayerische König Ludwig I. sorgte dafür, dass zu der schon seit dem 7. Jh. bestehenden Klosteranlage der Benediktiner nicht andere Bauwerke in den Donaudurchbruch gestellt wurden. Ein kleines Stück flussabwärts wählte sich der königliche Bewunderer der Antike dann den Bauplatz für ein

eigenes Projekt: die Befreiungshalle auf dem Michelsberg bei Kelheim, zur Erinnerung an die Befreiung von der Herrschaft Napoleons. Ein Nationaldenkmal, das wegen finanzieller Probleme erst 1863, zwei Jahrzehnte nach der Grundsteinlegung, vollendet werden konnte. Heute besuchen jährlich Hunderttausende die 34 »Viktorien« genannten marmornen Siegesgöttinnen in der Rundhalle über dem Donautal.

Bei Kelheim mündet die Altmühl in den Donaustrom. Ihre Lieblichkeit, die Altmühl, hat sich von den Erbauern der Main-Donau-Schifffahrtsstraße allerhand Grobheiten gefallen lassen müssen, betonharte Regulierungen längs der insgesamt 171 km langen Kanalstrecke von Bamberg bis Kelheim (die Altmühl ist erst von Dietfurt an, östlich der Autobahn München–Nürnberg, betroffen). Der Naturpark Altmühltal, mit fast 3000 km² Fläche einer der größten Deutschlands, erstreckt

sich als weithin noch ungestörte ländlich-dörfliche Region etwa von Gunzenhausen bis Kelheim und im Süden bis Donauwörth. Römische Ausgrabungen, barocke Kirchen, mittelalterliche Burgen und eine Vielzahl von anheimelnden Ortsbildern sind hier zu entdecken. Berühmt wurde Weißenburg als Römerstadt, seit 1979 der Römerschatz gefunden und in den folgenden Jahrzehnten das einstige Legionärslager Kastell Biriciana rekonstruiert werden konnte.

Als städtebauliche Perle lockt Eichstätt, die ehemalige fürstlich-bischöfliche Residenzstadt mit prächtigem Dom und der stattlichen Willibaldsburg. Erdgeschichtlich teilen sich die Altmühl und die Stadt Eichstätt ein Stück des Flussbetts der Urdonau. Im Altstadtkern überdauern aus dem 18. Jh. Brunnen und schöne Bauensembles; sie lassen den Besucher in sommerlichem Licht den Charme einer südlich gestimmten Stadt erleben.

Andere Attraktionen an der Altmühl sind aufgelassene Steinbrüche und zahlreiche Höhlen. Hobby-Vorzeitforscher und Fossiliensammler dürfen mancherorts selbst mit dem Hammer auf die Suche nach Versteinerungen wie Ammoniten und Kugelzahnfischen gehen. Gern aufgesucht werden dazu die Plätze Eichstätt-Harthof und die Untere Haardt bei Solnhofen. Solnhofener Kalkschieferplatten bewirkten im 19. Jh. eine Revolution der Drucktechnik: Dank der Erfindung Aloys Senefelders, eines gebürtigen Pragers, werden sie seither für den Steindruck verwendet.

1 Imposantes Zusammenspiel von Wasser, Fels und Wald: der Donaudurchbruch bei Weltenburg

2 Eindrucksvoll über der Altmühl gelegen: die 1037 erstmals erwähnte Burg Prunn bei Riedenburg

Kelheim Zur Erinnerung an die Freiheitskriege ließ König Ludwig I. von Bayern 1863 auf dem Michelsberg die Befreiungshalle erbauen. Im Bild das Innere des imposanten, reich verzierten Kuppelraumes.

Altmühltal Romantisch-bizarre Täler und herrliche Badeseen zeichnen den größten Naturpark Deutschlands ebenso aus wie seine Steinbrüche und die dort gefundenen Fossilien von Solnhofen sowie die Reste römischer Siedlungen und Militärposten.

Kloster Weltenburg Himmlische Pracht: Die Klosterkirche der Benediktinerabtei ist ein Meisterwerk spätbarocker Kunst. Sie wurde von den Brüdern Cosmas Damian und Egid Quirin Asam erbaut und gestaltet.

Riedenburg Stolz erhebt sich in unmittelbarer Nähe der Stadt Riedenburg die Burg Prunn auf einem 70 m hohen Fels über der Altmühl.

Furth im Wald Eine restaurierte Altstadt mit einer schönen Barockkirche erwartet den Besucher des einst strategisch wichtigen Grenzorts zu Böhmen.

Weiden Die Max-Reger-Stadt ist das kulturelle und wirtschaftliche Zentrum der Oberpfalz. Sehenswert sind die aufwändig restaurierte Altstadt mit dem Renaissancerathaus und den schönen Bürgerhäusern und die im Jugendstil ausgestattete neuromanische Kirche St. Josef.

Zwiesel In der Glasmetropole am Zusammenfluss von Großem und Kleinem Regen haben einst Waldreichtum sowie Quarzvorkommen die berühmten Glashütten entstehen lassen. Einen anschaulichen Einblick in rund 500 Jahre Glaskultur gibt das hiesige Waldmuseum.

Naturpark Oberpfälzer Wald Eine ausgedehnte wellige bis hügelige Landschaft mit zahlreichen kleinen Flüssen und Bächen prägt den Naturpark Oberpfälzer Wald. Er liegt im Herzen der Oberpfalz und umfasst rund 720 km².

Großer Arber und Arberseen Der 1456 m hohe Große Arber ist ein bekanntes Ski- und Wandergebiet. Zu seinen Füßen erstrecken sich die idyllischen Arberseen.

Nationalpark Bayerischer Wald In der ursprünglichen Waldlandschaft des Nationalparks haben neben seltenen Vogelarten wie dem Schwarzspecht auch die Luchse wieder eine Heimat.

Freyung Gleichsam das Tor zum Nationalpark bildet die höchstgelegene Stadt im Bayerischen Wald. Empfehlenswert ist ein Besuch in einer Glashütte und im Heimatmuseum mit seiner Hinterglasbildsammlung.

Regensburg Die 310 m lange Steinerne Brücke über die Donau stammt aus dem 12. Jh. Sie wurde in nur elf Jahren errichtet und galt seinerzeit als das »achte Weltwunder«. Durch das Brückentor gelangt man in das historische Zentrum mit den stolzen Bürgerhäusern, den alten Wohntürmen und dem berühmten gotischen Dom.

Donaudurchbruch Spektakulär bahnt sich die an dieser Stelle nur 70 m breite Donau beim Kloster Weltenburg ihren Weg zwischen den 75 m hohen Kalkfelswänden des Jura in Richtung Kelheim. Am besten lässt sich der Donaudurchbruch bei einer Fahrt mit dem Schiff erleben. In unmittelbarer Nähe des Durchbruchs finden sich eine Höhlenkirche und mehrere kleinere Höhlen. Außerdem hatten die Römer dort einst ihr Kastell Abusinia errichtet, das heute noch in den Grundmauern zu sehen ist.

Straubing Blick auf den malerischen Theresienplatz der Donaustadt mit der 1709 errichteten Dreifaltigkeitssäule. Im Hintergrund der Stadtturm.

Kloster Metten Die Klosterbibliothek beherbergt nicht nur wertvolle Handschriften und Bücher, sondern ist auch als Bauwerk ein spätbarockes Juwel.

Passau Das barock geprägte Zentrum der Dreiflüssestadt erstreckt sich auf einer durch Inn und Donau gebildeten Halbinsel. Hier der Blick auf das Donauufer mit der Kirche St. Paul und dem Dom St. Stephan, im Hintergrund der Inn.

Frühlingsidylle: Blick über eine prallgelbe Löwenzahnwiese auf das Wettersteingebirge

Route 21

Im Bann der Berge
Die Deutsche Alpenstraße

Eine der faszinierendsten deutschen Ferienrouten führt am nördlichen Alpenrand entlang und verbindet Lindau mit Berchtesgaden. Schon aufgrund der spektakulären Voralpen- und Hochgebirgslandschaft ist die Deutsche Alpenstraße eine Straße der Superlative, die zahlreiche Brücken und Viadukte, Tunnels und Passstraßen aufweist.

Schon der Bau dieser Straße war eine Herausforderung der besonderen Art. Die ersten Planungen für die Deutsche Alpenstraße gehen auf das Jahr 1927 zurück: Quer zu den bis dahin bestehenden Verkehrswegen, die hauptsächlich in Nord-Süd-Richtung verliefen, sollte eine Panoramastraße von Westen nach Osten die Orte der Bayerischen Alpen miteinander verbinden – deshalb hieß die Route zunächst auch »Queralpenstraße«. Unter nationalsozialistischer Herrschaft wurde der Ausbau der Deutschen Alpenstraße ein Prestigeobjekt, das unter Einsatz von bis zu 25 000 Arbeitern vorangetrieben wurde. 1939 waren etwa 250 der 450 km langen Strecke fertig gestellt. Der Zweite Weltkrieg unterbrach die Bauarbeiten für längere Zeit. Anderweitige Prioritäten im Straßenbau nach dem Krieg hatten zur Folge, dass der letzte Abschnitt der Deutschen Alpenstraße erst 1982, also nach über 50 Jahren Bauzeit, abgeschlossen werden konnte.

Was lange währt, wird endlich gut – und so wird man auf der Fahrt von Lindau nach Berchtesgaden mit unvergesslichen Eindrücken belohnt. Zunächst schlängelt sich die Straße bei Lindenberg noch durch die sanft gewellte Hügellandschaft des Allgäus. Bald schon jedoch führt die Route über Oberstaufen, Immenstadt und Sonthofen hinein ins Hochgebirge der Allgäuer Alpen. Eine Allgäuer Besonderheit ist die Viehscheid im Herbst. Dabei wird das Jungvieh, das den ganzen Som-

Beim Almabtrieb im Frühherbst wird das Jungvieh bunt bekränzt ins Tal geführt.

Blütenpracht und Tradition im Voralpenland: Blumenschmuck und bemalte Fensterläden an einem Bauernhaus in der Nähe von Bad Tölz

Wald- und wiesenreiches Hochtal zwischen Walchensee und Isar: Wegkreuz in der Jachenau

mer über auf den Bergalmen geweidet hat, bei Blasmusik festlich geschmückt ins Tal getrieben, voneinander geschieden (daher der Name) und in die Ställe seiner Besitzer zurückgebracht.

Zwischen Füssen und Rottenbuch ist die Deutsche Alpenstraße identisch mit der Romantischen Straße. Über den Passionsspielort Oberammergau und Garmisch-Partenkirchen gelangt man in die eigentlichen Bayerischen Alpen. Meist verläuft die Strecke im Hochgebirge, tritt jedoch immer wieder ins hügelige Voralpenland hinaus, so bei Bad Tölz oder im Chiemgau. Von den Ufern von Walchensee, Kochelsee, Sylvensteinstausee, Tegernsee und Schliersee aus bieten sich grandiose Ausblicke auf das Gebirgspanorama.

Über die Chiemgauer Alpen mit dem Wintersportort Reit im Winkl geht es auf die letzte Etappe. Immer höher und stei-

ler ragen die umliegenden Berge auf, bis kurz vor dem Ziel rechter Hand das Watzmann-Massiv grüßt und schließlich Berchtesgaden erreicht ist.

Entlang fast des gesamten Streckenverlaufs lassen sich herrliche Bergwanderungen und Klettertouren unternehmen. Skipisten, Langlaufloipen und Rodelbahnen bieten vielfältige Wintersportmöglichkeiten. Und in Kurorten wie Oberstaufen, Bad Tölz oder Bad Reichenhall kann man Leib und Seele verwöhnen lassen.

Aber auch die Kultur kommt hier nicht zu kurz. Vor allem die sakrale Baukunst präsentiert sich mit einer Reihe hochrangiger Schöpfungen: Kapellen, Kirchen und Klöster, meist im Barock- oder Rokostil erbaut, wie etwa die Wieskirche oder Kloster Ettal. Und nicht zu vergessen natürlich die von König Ludwig II. errichteten Märchenschlösser!

Vor der untergehenden Sonne zeichnet sich die Silhouette des Barockkirchleins St. Koloman ab.

Abstecher

Oberstdorf und Kleines Walsertal

Von Sonthofen aus lohnt sich ein kurzer Abstecher nach Oberstdorf und ins Kleine Walsertal. Die Ursprünge von Oberstdorf gehen bis auf die Karolingerzeit zurück. Heute ist der heilklimatische Kneippkurort vor allem für seine hervorragenden Wintersportmöglichkeiten bekannt. Ein sportlicher Höhepunkt ist das alljährliche Auftaktspringen der Vierschanzentournee auf einer der größten Skisprungschanzen der Welt.

Aber auch im Sommer lockt Oberstdorf viele Erholungsuchende an. Rund 200 km Wanderwege laden ein, die eindrucksvolle Allgäuer Bergwelt zu erkunden. So bieten sich Bergtouren auf das Nebelhorn oder eine Exkursion in die nahe gelegene wildromantische Breitachklamm an. Im September kann man dem Viehscheid beiwohnen, dem

Traditionelles Holz-Bauernhaus im Walser Stil an einem der schönen Wanderwege.

Alpabtrieb von Jungvieh und festlich geschmückten Rindern. Eines der wenigen historischen Bauwerke der Stadt ist die Seelenkapelle mit beeindruckenden Fresken aus dem 16. Jh. Das Oberstdorfer Heimatmuseum ist in einem Gebäude aus dem 17. Jh. untergebracht und dokumentiert lokales Brauchtum.

An der »Walserschanz« beginnt das Kleine Walsertal, jenes lang gestreckte Tal zwischen Hohem Ifen und Widderstein. Es wurde erstmals Ende des 13. Jh. von Einwanderern aus dem Schweizer Kanton Wallis – daher auch der Name des Tals – besiedelt. Später fiel es an die Habsburger, weswegen das Tal heute eine Enklave bildet: Es gehört territorial zu Österreich, zu dem es aber keinen natürlichen Talausgang gibt. Es ist deshalb über einen Zollanschlussvertrag mit Deutschland verbunden. Heute ist das Tal mit dem Hauptort Riezlern ein beliebtes Urlaubsgebiet für Kletterer, Wanderer und Skifahrer.

Unter dem Zeichen des Edelweißes auf blauer Raute, ihrem offiziellen Symbol, schlängelt sich die Deutsche Alpenstraße vom Bodensee am nördlichen Alpensaum entlang – oftmals scharf an der österreichischen Grenze, aber immer auf deutschem Terrain – durch Allgäu und Oberbayern bis nach Berchtesgaden in der Südostecke Deutschlands.

1 Lindau Die Inselstadt im Bodensee stand noch vor 150 Jahren auf drei Einzelinseln. Das »bayerische Venedig« mit seinem von Löwen und Leuchtturm bewachten Hafen besticht mit seinen malerischen Altstadtgassen, dem bemalten Rathaus und den bodenständigen Gasthöfen. In der Altstadt prägen Bauwerke aus Gotik, Renaissance und Barock das Straßenbild. An der Maximilianstraße stehen schöne Patrizierhäuser mit Erkern, Fachwerk und Laubengängen Parade. Das alte Rathaus von 1422 besitzt eine reich bemalte Hauptfassade und einen volutenverzierten Staffelgiebel. Das 1729 errichtete Haus »Zum Cavazzen« dominiert den Marktplatz. Der dreistöckige Barockbau, einst die Residenz einer italienischen Kaufmannsfamilie und heute das Domizil des Stadtmuseums, beeindruckt mit einer reichen Fassadenmalerei und gilt als eines der schönsten Bürgerhäuser am Bodensee.

Daneben sind auch noch große Teile der spätmittelalterlichen Stadtbefestigung erhalten. Zur ältesten Wehranlage gehört die Heidenmauer am Ostzipfel der Insel. Der Petersturm war einst der Wachturm der Fischersiedlung, der Mangturm am Hafenplatz diente bis 1856 als Leuchtturm, und der Diebsturm wurde 1375 als Beobachtungsturm am höchsten Punkt der Insel erbaut. Kunstfreunde dürfen nicht die ehemalige Peterskirche verpassen; sie ist die älteste Kirche der Stadt, entstanden bereits um die Jahrtausendwende. Ihr Inneres birgt die einzigen erhaltenen Fresken von Hans Holbein d. Ä. Entstanden sind die Fresken zwischen 1485 und 1490. Im Ortsteil Bad Schachen, dessen Schwefelquelle vom bayerischen Königshaus geschätzt wurde, finden sich zahlreiche elegante Villen der Gründerzeit.

2 Lindenberg Jahrhundertelang lieferten die Lindenberger Rosshändler Pferde nach Oberitalien. Das zweite Standbein der Landstadt war die Fertigung von Hüten aus Stroh und anderen Stoffen. Daran erinnert heute das Hutmuseum.

3 Oberstaufen Als einziger Ort Deutschlands trägt Oberstaufen das Etikett »Schrothkurort«, nach einem von Johann Schroth vor rund 200 Jahren im Sudetenland entwickelten Naturheilverfahren, das hier 1947 eingeführt wurde. Viele Bürger- und Bauernhäuser stehen heute unter Denkmalschutz, so etwa an der Lindauer Straße, der Schlossstraße und der Hugo-von-Königsegg-Straße.

Reiseinformationen

Routen-Steckbrief
Routenlänge: ca. 500 km (mit Abstecher)
Zeitbedarf: mind. 8–10 Tage
Start: Lindau
Ziel: Berchtesgaden
Routenverlauf:
Lindau, Oberstaufen, Sonthofen, Füssen, Steingaden, Oberammergau, Garmisch-Partenkirchen, Mittenwald, Walchensee, Benediktbeuern, Bad Tölz, Sylvensteinstausee, Tegernsee, Schliersee, Bayrischzell, Brannenburg, Aschau, Chiemsee, Reit im Winkl, Inzell, Bad Reichenhall, Königssee

Auskünfte:
ARGE Deutsche Alpenstraße
Nördliche Hauptstr. 1–3,
83700 Rottach-Egern,

Tel. (0 80 22) 9 27 37-0
Fax (0 80 22) 9 27 37-50
Email: info@german-alpin-road.com
www.deutschealpen-strasse.de
Tourismusverband Allgäu/ Bayerisch-Schwaben e.V.
Fuggerstraße 9,
D-86150 Augsburg,
Tel. (08 21) 45 04 01-0
Fax (08 21) 45 04 01-20
Email: info@tvabs.de
www.allgaeu.de
Tourismusverband München Oberbayern e.V.
Radolfzeller Str. 15,
81243 München,
Tel. (0 89) 82 92 18-0,
Fax (0 89) 82 92 18–28,
Email:
touristinfo@oberbayern.de
www.oberbayern-tourismus.de

4 Immenstadt Das Städtchen zwischen Iller und Alpsee hat sein Zentrum am Marienplatz. Es ist überwiegend vom Barock geprägt. Im Ortsteil Diepolz lockt das Allgäuer Bergbauernmuseum, das auch von den einstigen Existenznöten in einer der früher ärmsten Gegenden Deutschlands berichtet.

5 Sonthofen Der Luftkurort ist die südlichste Stadt Deutschlands und wurde bereits im Jahr 839 urkundlich erwähnt. Die umgebende Bergwelt der Allgäuer Alpen macht Lust auf Bergwanderungen und -touren. Im Ort selbst empfiehlt sich ein Besuch im Heimathaus, das mit einer Gesteinssammlung, einem Saal zur Vor- und Frühgeschichte, einer Kuhglockensammlung, einer Nagelschmiede und einer Alpsennerei aufwartet. Letztere erinnert daran, dass man sich in Deutschlands Milch- und Käseregion Nr. 1 befindet. Am Sonntag vor Faschingsdienstag wird auf dem Rathausplatz alle drei Jahre das »Egga-Spiel« veranstaltet, ein altes Allgäuer Fastnachtsspiel, bei dem im Getümmel bizarrer Maskeraden eine Hexenpuppe verbrannt wird.

6 Bad Hindelang Der Name des Kneipp-Kurortes und Wintersportzentrums geht auf eine von dem Priester »Hundilanc« im Jahre 1170 gemachte Schenkung zurück. In puncto Tourismus gilt die Devise »Klasse statt Masse«. Die hiesigen Landwirte verzichten auf mineralischen Dünger und chemische Pflanzenschutzmittel und wurden deshalb 1990 mit dem Deutschen Umweltpreis für das »Öko-Modell Hindelang« ausgezeichnet.

7 Füssen Der Name leitet sich von *fauces* (Schlund) ab und bezieht sich auf die Lechschlucht unweit der malerisch gelegenen Stadt. Sehenswert sind – neben der pittoresken Altstadt mit ihren engen Gässchen und Straßencafés – die Reichsstraße, das 1000-jährige Kloster samt Pfarrkirche St. Mang sowie das Hohe Schloss. Letzteres diente den Augsburger Bischöfen einst als Festung und ist mit seinen um 1500 entstandenen Holzkassettendecken im Rittersaal ein Paradebeispiel mittelalterlichen Burgenbaus. Heute beherbergt das Schloss ein Museum mit spätgotischen Skulpturen und Malereien aus dem schwäbisch-bayerischen Raum. Einer der wenigen historischen Totentänze Deutschlands (17. Jh.) befindet sich in der St.-Anna-Kapelle.
Über Schwangau, vorbei an der auf freiem Feld stehenden barocken Wallfahrtskirche St. Koloman, gelangt man zu den Königsschlössern Ludwigs II.

8 Hohenschwangau und Neuschwanstein Inmitten der malerischen Umgebung von Schwangau und der Ostallgäuer Seenplatte ließ König Maximilian II. 1832 die Ruinen von drei Stauferburgen restaurieren. Daraus entstand im Stil der Neugotik Schloss Hohenschwangau. Im Inneren finden sich zahlreiche Malereien und Fresken von Moritz von Schwind, in denen Szenen aus deutschen Sagen sowie der bewegten Vergangenheit dieser Region dargestellt sind. Hier verbrachte der junge Kronprinz und spätere »Märchenkönig« Ludwig II. oft die Sommermonate. In dieser Abgeschiedenheit und der eher düsteren Atmosphäre gab sich der spätere König seinen romantischen Fantasien hin und träumte von einem Schloss »im echten Stil der alten teutschen Ritterburgen«.

1 Abendstimmung am Forggensee bei Füssen vor der Kulisse der Allgäuer Alpen

2 Voralpenidylle am Biberschwöller See bei Steingaden

3 Hoch über dem Lech liegt Füssen mit St. Mang und dem Hohen Schloss, einst Sommerresidenz der Augsburger Fürstbischöfe.

Oberammergauer Passionsspiele

1633, während einer Pestepidemie im Dreißigjährigen Krieg, gelobten die Oberammergauer, alle zehn Jahre das »Spiel vom Leiden, Sterben und Auferstehen unseres Herrn Jesus Christus« aufzuführen. 1634 fand das Spiel zum ersten Mal statt, und zwar auf dem Friedhof, wo die Pesttoten begraben waren. Der Spielort blieb bis 1820 erhalten, erst 1830 wurde die Spielstätte an den heutigen Ort verlegt.

Im Jahre 2000 wurde das Spiel zum 40. Male gegeben. Über 2000 Oberammergauer – fast alle Laien – wirkten damals bei den bislang letzten Passionsspielen als Darsteller, Instrumentalisten, Sänger und Bühnenarbeiter mit. Etwa sechs Stunden dauert die Geschichte, deren Text im Laufe der Zeit mehrfach geändert wurde und auch wiederholt Anlass zu Diskussio-

Oben: Bühnenbild der Passionsspiele aus dem Jahr 2000
Unten: Kreuzigungsszene

nen gab. Nicht immer sind sich die Oberammergauer einig, was die Passionsspiele betrifft: Die Frage, ob auch verheiratete oder ältere Frauen mitspielen dürfen, musste gar vom Oberlandesgericht geklärt werden. Ergebnis: sie dürfen.

Das heutige Passionsspielhaus mit der Freilichtbühne stammt aus dem Jahre 1930 und wurde 1997–1999 grundlegend saniert. Da auch die Bühnentechnik eine entscheidende Modernisierung erfuhr, besteht nun auch die Möglichkeit, den Ort in den Jahren zwischen den Passionsspielen für andere Veranstaltungen, beispielsweise Opernaufführungen, zu nutzen.

In späteren Jahren verwirklichte Ludwig diesen Traum in Form des Schlosses Neuschwanstein. Außer von der Burgenromantik ließ er sich bei der pompösen Innenausstattung von seinem Freund Richard Wagner und dessen Opern »Tannhäuser«, »Lohengrin« und »Parsifal« inspirieren. Das Herzstück des Schlosses ist der hoch aufragende Palas mit Sängersaal und Thronsaal, wo Ludwig seinen Träumen von unumschränkter Macht nachhing. Leider konnte der König sein Märchenschloss nicht allzu lange bewohnen, da er im Juni 1886 im Starnberger See den Tod fand. Das Schloss kann nur in Verbindung mit einer Führung besichtigt werden. Einen eindrucksvollen Blick auf die imposante Anlage hat man von der Marienbrücke, die die 90 m tiefe Pöllatschlucht überspannt.

9 Steingaden Die ehemalige Prämonstratenserkirche und heutige Pfarrkirche St. Johannes ist einer der bedeutendsten Sakralbauten des Pfaffenwinkels. Das Äußere der 1176 geweihten Kirche ist noch romanisch, das Innere wurde Mitte des 18. Jh. barock umgestaltet. Aus spätromanischer Zeit stammt die Johanneskapelle, in der Dominikus Zimmermann 1766 seine letzte Ruhestätte gefunden hat.

10 Wieskirche Zu den Meisterwerken der bayerischen Rokoko-

architektur gehört die Wallfahrtskirche Zum gegeißelten Heiland auf der Wies im oberbayerischen Alpenvorland. Das Gotteshaus ist einem wundersamen Vorfall geweiht: Mönche des unweit gelegenen Klosters Steingaden fertigten für die Karfreitagsprozession von 1730 ein Christusbild, das auf einem Bauernhof nahe eines Weilers aufgestellt wurde. 1738 begann das Bild Tränen zu vergießen. Da die Verehrung des Wies-Heilands

ständig zunahm, beauftragte der Abt den Baumeister Dominikus Zimmermann, auf der Wiese eine Wallfahrtskirche zu errichten. Dieser zog viele Künstler seiner Zeit hinzu, darunter seinen Bruder Johann Baptist, der die Gestaltung des Innenraums übernahm. Aus dieser Zusammenarbeit entstand die wohl schönste Rokokokirche Deutschlands. Sie entfaltet aufgrund der gelungenen Verbindung von Architektur und üppigem Dekor im

Inneren eine einzigartige Raum- und Lichtwirkung.

11 Oberammergau Tradition vom Feinsten: Franz Seraph Zwinck (1748–1792), der mutmaßliche Erfinder der Lüftlmalerei, verbrachte hier sein Leben, und die bunte Bemalung der Häuserfassaden prägt das Ortsbild auch heute noch. Die Kunst der Holzschnitzerei wird hier seit mehr als 1000 Jahren gepflegt. Am Ortseingang hat man den

Lüftlmalerei

Mit Lüftlmalerei bezeichnet man die kunstvollen und volkstümlichen Fassadenmalereien an Wohnhäusern und Kirchen in den alpenländischen Gebieten Deutschlands. Sie besteht aus farbigen Einrahmungen von Fenstern und Türen sowie großflächigen Darstellungen von Landschaften und Figuren. Vorherrschend sind insbesondere biblische Motive, aber auch Szenen der Lokalgeschichte.

Weit verbreitet war die Lüftlmalerei im 18. Jh. Besonders schön erhaltene Bilder finden sich in Oberammergau. Aus der Gemeinde soll auch die Bezeichnung Lüftlmalerei stammen, denn »Zum Lüftl« hieß das Haus des Malers

Prachtvolle Beispiele für Lüftlmalerei in Oberammergau und Mittenwald; das Bild ganz unten zeigt das Pilatushaus in Oberammergau.

Franz Seraph Zwinck (1748–1792). Er gehörte zu den berühmtesten Malern dieser eigenen Kunstgattung, sein Meisterwerk ist das Pilatushaus in der Ludwig-Thoma-Straße. Eine andere Erklärung leitet den Namen aus dem Umstand ab, dass die Maler bei ihrer Tätigkeit in luftiger Höhe und an der frischen Luft tätig waren. Und eine dritte Theorie führt den Namen auf einen Maler namens Lüftl zurück.

3

»Kraxentragern« – Hausierern, die ihre wertvollen Schnitzobjekte im 18. Jh. in ganz Mitteleuropa feilboten – ein Denkmal gesetzt. Weit über die Grenzen Bayerns hinaus bekannt ist Oberammergau jedoch in erster Linie als Ort der Passionsspiele. Alle zehn Jahre gedenken die Bürger der Erlösung von der Pestepidemie des Jahres 1633.

12 Linderhof Nach dem Vorbild des Petit Trianon in Ver-sailles erbaut, ist das kleine und intime Schloss Linderhof das einzige unter den Märchenschlössern Ludwigs II., das bereits zu dessen Lebzeiten fertig gestellt wurde. Mit diesem Bau verwirklichte der König seinen Traum von absolutistischer Herrschaft. Zitate des italienischen Barocks neben französischem Rokoko, im Park der berühmte Maurische Kiosk der Pariser Weltausstellung von 1867 sowie Anleihen aus Antike und Ro-mantik führen den Besucher ins Reich der königlichen Fantasie. Im Inneren des Schlosses ist das »Tischleindeckdich« – ein in den Boden zur darunter liegenden Küche hin versenkbarer Esstisch – eine der Hauptattraktionen.

13 Ettal Steht man vor der majestätischen Kirche des Klosters Ettal, hat man den Eindruck, mitten im bayerischen Werdenfelser Land auf ein Stückchen Italien gestoßen zu sein. Das Gnadenbild, das noch heute Mittelpunkt der Kirche ist, stiftete 1330 Kaiser Ludwig der Bayer. Es entstand eine erste gotische Abtei, die von 1710 an in prachtvollstem Barock umgestaltet wurde. Den Bau des Italieners Enrico Zuccalli schmückten Johann Baptist Zimmermann und Johann Georg Ueblherr mit herrlichen Stuckaturen, Johann Jakob Zeiller und Martin Knoller mit einem beeindruckenden Deckengemälde. Der Grundriss, ein zwölfeckiger Zentralbau, dem die Fassade vorgesetzt wurde, ist einmalig in Deutschland.

14 Garmisch-Partenkirchen Im Jahr 1935 wurden die beiden Orte Garmisch und Partenkirchen zur Marktgemeinde vereint. Viele Häuser sind mit Lüftlmalerei verziert, besonders bekannt ist das Haus zum Husaren. In Garmisch sind die gotische Alte Pfarrkirche St. Martin mit einem

1 Zugspitze: Ein vergoldetes Eisenkreuz markiert den 2962 m hohen Ostgipfel.

2 Schloss Neuschwanstein: An türkische Vorbilder gemahnen das Kobaltblau und die orientalischen Arabesken des Thronsaals.

3 Wieskirche: Blick von der reich geschmückten Kanzel in den Chorraum mit den Stuckaturen und Fresken Johann Baptist Zimmermanns

Bayerisches Brauchtum: der Leonhardiritt

Traditionell wird am 6. November im bayerischen Oberland der Leonhardiritt begangen, eine Prozession zu Ehren des hl. Leonhard, Schutzheiliger der Pferde und der Geknechteten sowie einer der 14 Nothelfer der katholischen Kirche.

Eine besonders prächtige Prozession ist die Leonhardifahrt von Bad Tölz. Schon früh brechen Ross und Reiter an diesem Tag auf, die Damen müssen mit einem Platz auf den reich verzierten

Bad Tölz ist Schauplatz des bekanntesten Rittes zu Ehren Leonhards, des Schutzpatrons der Pferde.

vierspännigen Festwagen vorlieb nehmen. Teilnehmer und Zuschauer haben ihre schönsten Trachten angelegt. Nach dem Festgottesdienst und der zweimaligen Umfahrung der Leonhardikapelle auf dem Kalvarienberg werden Pferde und Wallfahrer gesegnet. Zum Abschluss des Festumzugs trifft man sich in der Marktstraße, wo die »Goaßlschnalzer« ihre Peitschen laut knallen lassen. Und wie es sich für ein traditionelles bayerisches Fest gehört, klingt es zünftig bei Speis und Trank in einem Wirtshaus aus.

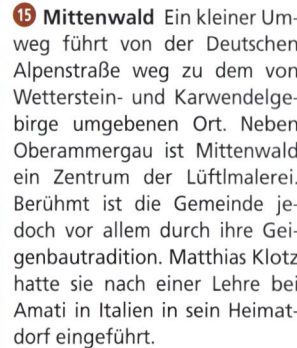

gut erhaltenen Freskenzyklus und der barocke Bau der Neuen Pfarrkirche St. Martin sehenswert, in Partenkirchen sollte man die am Wank, dem Hausberg der Gemeinde, gelegene Wallfahrtskirche St. Anton aus der Mitte des 18. Jh. nicht versäumen. Musikliebhaber sollten sich das Richard-Strauss-Institut und die Strauss-Villa, in der der Komponist einen Großteil seines Lebens verbrachte, nicht entgehen lassen. Mit der Zahnradbahn kann man auf die Zugspitze fahren, den höchsten Berg Deutschlands (2962 m).

⑮ **Mittenwald** Ein kleiner Umweg führt von der Deutschen Alpenstraße weg zu dem von Wetterstein- und Karwendelgebirge umgebenen Ort. Neben Oberammergau ist Mittenwald ein Zentrum der Lüftlmalerei. Berühmt ist die Gemeinde jedoch vor allem durch ihre Geigenbautradition. Matthias Klotz hatte sie nach einer Lehre bei Amati in Italien in sein Heimatdorf eingeführt.

⑯ **Wallgau** Die Gemeinde am Eingang zur Vorderriß präsentiert sich als bayerisches Dorf wie aus dem Bilderbuch: Den Kirchturm ziert eine Zwiebelhaube, und die Balkone der Bauernhöfe scheinen den Blumenschmuck kaum tragen zu können.

⑰ **Walchensee** Der dunkelgrüne Gebirgssee vor der eindrucksvollen Kulisse von Karwendel- und Wettersteingebirge ist ein Paradies für Windsurfer, aber auch Anglern hat er mit erstklassiger Wasserqualität und reichem Bestand an Lachsforellen und Hechten einiges zu bieten. Die unter Naturschutz stehende Insel Sassau, die nicht betreten

werden darf, ist Habitat von über 500 Jahre alten Eiben. Am nordwestlichen Ufer des Sees erhebt sich der Herzogstand. Vom Gipfel aus reicht der Blick bei schönem Wetter über das Voralpenland mit den oberbayerischen Seen fast bis München.

⑱ **Kochel am See** Der Luftkurort liegt direkt am gleichnamigen See, einem beliebten Ausflugsziel. Im Ortszentrum steht das Denkmal des legendären Schmieds von Kochel, der den Bauernaufstand im Jahr 1705 gegen das Regime der Österrei-

6

barock; inmitten des Friedhofs steht die gotische Mariahilf-Kapelle. Der Kalvarienberg mit seiner überlebensgroßen Kreuzigungsgruppe ist älter (1674) als jener von Bad Tölz. Der Lenggrieser Hausberg, das 1555 m hohe Brauneck, ist im Winter ein beliebtes Skigebiet.

22 **Sylvensteinstausee** Zwischen 1954 und 1959 wurde hier die Isar aus zwei Gründen aufgestaut: Zum einen wollte man in Zeiten der Schneeschmelze die Hochwassergefahr zwischen Bad Tölz und München bannen, zum anderen mit dem Sylvenstein-Kraftwerk Strom erzeugen. Der See, in dessen Fluten das Dorf Fall versank, schmiegt sich herrlich in die Bergland-

1 Blick auf den Lautersee und das Karwendelgebirge bei Mittenwald

2 Der Walchensee vor dem 1731 m hohen Herzogstand

3 Zum Schutz vor Hochwasser geschaffen: der Sylvensteinstausee

4 Der malerische Luftkurort Schliersee am gleichnamigen See

5 Frühlingswiese am Tegernsee bei Kaltenbrunn

6 Der Zwillingsort Rottach-Egern am Südostufer des Tegernsees

Ludwig Thoma

»Der Chiemsee! Wenn ich die Augen schließe, und sei es, wo immer, Wasser an Schiffsplanken plätschern höre, erwacht in mir die Erinnerung an die Jugendzeit, an Stunden, die ich im Kahn verträumte ...« So erinnerte sich Ludwig Thoma (1867–1921) an den Chiemsee. Später residierte er hoch über dem Tegernsee in seinem Haus »Auf der Tuften«.

Ludwig-Thoma-Haus »Auf der Tuften« am Tegernsee

Thoma ist mit seinen »Simplicissimus«-Artikeln und seinen »Lausbubengeschichten« der Säulenheilige der bayerischen Literatur, ein unerschrockener Kämpfer und Realist, kernig und satirisch. Am Ende seines Lebens schlug seine Süffisanz leider in Bösartigkeit um, als er unsägliche Leitartikel für den »Miesbacher Anzeiger« verfasste und sich als Feind der Demokratie und Antisemit hervortat.

cher anführte und in der »Mordweihnacht« in München-Sendling den Tod fand. Auf dem Friedhof von Kochel liegt der berühmteste Bürger der Stadt, der Maler Franz Marc, begraben.

19 **Benediktbeuern** Das älteste Kloster Oberbayerns wurde 739 vom hl. Bonifatius in Benediktbeuern gegründet. Goldschmiedekunst, Malerei sowie das bedeutende Skriptorium hatten dort ihre Blütezeit im Hochmittelalter. In der Schreibstube entstanden unter anderem die Texte der Carmina Burana. Diese

werden in der Vertonung durch Carl Orff bei der jährlichen Eröffnung der Sommerkonzerte noch heute aufgeführt. Im November ist der Klosterhof das Ziel des Leonhardiritts.

20 **Bad Tölz** Die Lage an der Salzstraße, der Handel und die Flößerei haben den Ort im Mittelalter reich gemacht. 1845 entdeckte man am Sauersberg Jodquellen, Ende des 19. Jh. wurde Tölz ein anerkanntes Kurbad. Am linken Isarufer liegt das Kurviertel, am rechten die mittelalterliche Altstadt mit vielen

wundervollen Fresken, Arabesken und Lüftlmalereien an den Häusern entlang der Marktstraße. Im Rathaus befindet sich das Heimatmuseum, das eine Übersicht über Geschichte und Brauchtum von Bad Tölz vermittelt. In der von Johann Schmuzer erbauten Wallfahrtskirche Mariahilf schildern Wandmalereien im Altarraum die Tölzer Pestprozession von 1634.

21 **Lenggries** Der Luftkurort liegt an einer Talweitung der Isar. Wie in vielen bayerischen Gemeinden ist die Pfarrkirche

Herreninsel und Fraueninsel

Das »Bayerische Meer«, wie der Chiemsee häufig genannt wird, liegt inmitten einer wunderschönen Kirchen-, Kloster- und Schlösserlandschaft vor dem Hintergrund der Chiemgauer Berge.

Im Nordosten liegt die Fraueninsel. Ihr reicher Lindenbestand, das malerische Fischerdorf, ein uraltes Münster und die Baugruppe des Nonnenklosters machen einen Besuch zu einem unvergesslichen Erlebnis. Und natürlich sollte man sich eine geräucherte Chiemsee-Renke nicht entgehen lassen – vor oder nach einer Rundfahrt um den See.

Berühmt wurde der Chiemsee durch sein Schloss auf der Insel Herrenchiemsee. Das Königsschloss Lud-

Oben: Schloss Herrenchiemsee
Unten: Klosterkirche auf der Fraueninsel

wigs II. mit seiner riesigen Gartenanlage war als Kopie von Versailles konzipiert – eine Hommage an des bayerischen Herrschers großes Idol Ludwig XIV.

Nach dem jähen Tod Ludwigs II. wurden die Bauarbeiten jedoch abgebrochen, und so blieb die Nordseite des Prachtbaus unvollendet. Umso überwältigender wirken die Kostbarkeiten im Inneren: Marmor, Porzellan, Elfenbein, Seiden, Damaste, Brokate, Silber, Gold und Rosenholz, so weit das Auge reicht. Besonders beeindruckend ist das Paradeschlafzimmer mit seinen drei Zentner schweren goldenen Vorhängen.

1

2

schaft, sein grünblaues Wasser und seine kurvenreichen Ufer erinnern fast an eine norwegische Fjordlandschaft.

23 **Tegernsee** Der gleichnamige heilklimatische Kurort zählt mit Benediktbeuern zu den ältesten bayerischen Landesordnungen. Von dem ursprünglichen Kloster ist heute nur noch das Bräustüberl übrig geblieben. In dessen Gewölben brauten die Benediktiner ihr berühmtes Bier, während sich im einstigen Kloster – von König Max I. Joseph in ein Schloss umgewandelt – heute ein Internat, das Heimatmuseum und das Herzoglich Bayerische Brauhaus befinden.

Als Anziehungspunkt für Künstler, Geldadel und Prominenz wird Tegernsee nur noch von Rottach-Egern am südlichen Seeufer übertroffen. Stolz ragen die Türme der spätgotischen Pfarrkirche St. Laurentius empor; innen befindet sich ein prächtiger Hochaltar mit einem Altarblatt von Johann Georg Asam.

24 **Schliersee** Vom Luftkurort und Wintersportplatz am gleichnamigen See ist die Schliersbergalm in 1061 m Höhe mit einer Gondelbahn zu erreichen. Von dort aus bietet sich eine unvergleichliche Aussicht auf Ort, See

und Umgebung. Zu einem Freizeitvergnügen der besonderen Art lädt eine Sommerrodelbahn ein. Schliersee selbst macht mit seiner Pfarrkirche St. Sixtus mit Stuckaturen und Fresken des jungen Johann Baptist Zimmermann sowie der gemalten Schutzmantelmadonna von Jan Polak, dem Heimatmuseum im spätgotischen Schrödelhaus und seinem Bauerntheater einen Besuch zum Kunsterlebnis.

25 **Bayrischzell** Der Ferienort im Tal zwischen Wendelstein und Großem Traithen ist ein oberbayerisches Bilderbuchdorf. Den Mittelpunkt des Ortes bildet der spätgotische, spitz zulaufende Kirchturm der Pfarrkirche St. Margaretha. Um dieses Kern-

stück herum platzieren sich die Häuser im traditionellen alpenländischen Stil.

Direkt vor der Tür liegt der Wendelstein, einer der meistbesuchten Berge im Voralpenland, der sich bequem per Zahnrad- oder Seilbahn erreichen lässt.

26 **Brannenburg** Der Ort ist die Talstation der ersten Bergbahn in Deutschland. 1912 wurde die fast 10 km lange Zahnradbahn auf den Wendelstein eingeweiht. Die Baukosten beliefen sich auf die damals ungeheure Summe von 1,8 Millionen Goldmark. Die Bahn ist auch heute noch in Betrieb.

27 **Aschau** In dem Ort, der bereits zum schönsten Dorf Bay-

erns gewählt wurde, fällt das romantische Schloss Hohenaschau mit rot-weißen Fensterläden und einem hohen Vierkantturm auf. Innen befindet sich ein barocker Rittersaal mit zwölf überlebensgroßen Stuckfiguren.

Die wunderbare Umgebung mit Aussicht auf Chiemsee, Chiemgauer Berge und die österreichischen Alpen lässt sich auf der 1669 m hohen Kampenwand genießen, deren Gipfel zu Fuß, aber auch per Kleinkabinenbahn zu erreichen ist.

28 **Chiemsee** Ausgangspunkt einer Chiemseeumrundung ist Bernau. Kurz vor Prien kommt man in Urschalling an der bedeutenden Kirche St. Jakobus

Wendelstein

1954 schrieb der Wendelstein Technikgeschichte: Auf ihm wurde der erste Fernsehsender des Bayerischen Rundfunks errichtet. Er ist auch heute noch in Betrieb. Außerdem erwartet den Bergsteiger auf dem Gipfel der GEO-PARK: 36 Tafeln mit geologischen und geogra-

chiemsee. Die berühmtesten Namen sind aber die von Wilhelm Trübner, Leo Putz und Max Slevogt. Der See mit seinen wechselnden Stimmungen zog sie alle in seinen Bann.

Von Seebruck aus führt uns ein Abstecher zum Kloster Seeon. Es liegt auf einer Insel im Klostersee und war einst eines der reichsten Klöster in ganz Oberbayern. Die Klosterkirche verbindet verschiedene Stilrichtungen: strenge Romanik, gotische Gewölbe, Formen der Renaissance, Ausstattung aus der Barock- und Rokokozeit. Sie beherbergte früher das Original der berühmten Seeoner Madonna von 1430 im Weichen oder auch Schönen Stil. Wieder zurück am Chiemsee, geht es am Ostufer entlang, bis kurz hinter Chieming die Dreiviertelumrundung des Sees abgeschlossen ist.

Wendelsteinkapelle auf dem Gipfel des Wendelsteins (1838 m)

fischen Erläuterungen erzählen von der Entstehung der Alpen. Die Tafeln sind auf vier Wanderwege verteilt: den Gipfelweg, den Rundweg Wendelsteiner Almen und die Wege zur Wirtsalm und zur Mitteralm.

vorbei, einem spätromanischen Bau mit Fresken aus den Jahren 1200 und 1380, dem kunsthistorischen Höhepunkt am Chiemseeufer. Von Prien aus legt man zu den beiden Inseln – Frauen- und Herreninsel – ab. Im Ort selbst ist die Pfarrkirche Maria Himmelfahrt sehenswert, selbstverständlich barock ausgestattet, aber immerhin mit Stuck und Fresken von Johann Baptist Zimmermann.

Nördlich von Rimsting erstreckt sich die Eggstätter Seenplatte, eine von eiszeitlichen Gletschern geschaffene Jungmoränenlandschaft. Zahlreiche idyllisch verträumte, von stillen Wäldern umgebene Seen wie etwa der Pelhamer See, der Hartsee oder der Langbürgner See laden hier zum Baden oder Spazierengehen ein.

Der Weg am Nordufer führt durch den zwischen Rimsting

und Gstadt gelegenen Malerwinkel. Noch bevor um 1870 der Fremdenverkehr auf Schloss Herrenchiemsee einsetzte, kamen bereits die ersten Maler aus den Münchner Akademien an den Chiemsee. Unter dem Einfluss der Schule von Barbizon entdeckte man die Freilichtmalerei. Einer der ersten Künstler vor Ort war Eduard Schleich. Karl Raupp gründete hier mit seinen Schülern die Künstlerkolonie Frauen-

1 Blick über den abendlichen Chiemsee vom Fischerort Gstadt aus

2 Auf einem Bergrücken der Chiemgauer Alpen gelegen: Schloss Hohenaschau

3 Fast sämtliche Stile von der Gotik bis zum 19. Jh. mischen sich in Kloster Seeon, einem kleinen Idyll nördlich des Chiemsees.

29 Marquartstein Der Ort wartet mit der gleichnamigen Burg hoch über der Tiroler Ache auf, die ein naturkundlich bemerkenswertes Delta im Chiemsee bildet. Richard Strauss komponierte hier seine berühmten Opern »Salome« und »Feuersnot«.

30 Reit im Winkl Der Ortsname bedeutet »Rodung im abgelegenen Tal«. Reit im Winkl gilt als einer der schneesichersten Orte in Deutschland und ist als Wintersportort beliebt. Das Heimatmuseum zeigt Objekte zum kleinbäuerlichen Leben und Handwerk vor 100 Jahren.

31 Ruhpolding Die barocke Pfarrkirche St. Georg gilt als eine der schönsten Dorfkirchen Oberbayerns. Das beste Ausstattungsstück ist jedoch die romanische Schnitzfigur der Ruhpoldinger Madonna.
Daneben beherbergt der Ort mehrere Museen: das Bartholomäus-Schmucker-Heimatmuseum in einem Renaissanceschloss, das Museum für bäuerliche und sakrale Kunst, den »Schnauferlstall« (ein Motorradmuseum), das Holzknechtsmuseum sowie die Glockenschmiede.

32 Inzell Im geschützten Talkessel der Roten Traun gelegen, ist der Ort als Eisschnelllaufzentrum weltberühmt. Die 400-Meter-Bahn im Kunsteisstadion wird im Sommer als Rollschuhbahn genutzt. Auf einem der zahlreichen Wanderwege der Umgebung gelangt man zum eiszeitlichen Gletschergarten und vom historischen Salinenweg zum Solehochbehälter Nagling. Ferner sind die Pfarrkirche St. Michael von 1727 und die romanisch-gotische St.-Nikolaus-Kirche mit ihren spätgotischen Gemälden lohnende Ziele.

33 Bad Reichenhall Ein kurzer Abstecher führt über den Thumsee nach Bad Reichenhall. Die hiesigen Salzvorkommen haben schon Kelten und Römer genutzt. Die Geschichte der Gewinnung des »weißen Goldes« wird im Bad Reichenhaller Quellenbau gezeigt. Durch die Nutzung von Solebädern und Inhalationen entwickelte sich die Stadt zu einem bedeutenden Kur- und Bäderzentrum. Die Kuranlagen bestehen aus einem Kurhaus, einem Kurmittelhaus, einer Wandelhalle mit Trinkbrunnen, einem Musikpavillon sowie einem Gradierwerk, bei dem

1

über ein mit Reisigrosten bedecktes Gerüst täglich rund 400 000 Liter Sole geleitet werden. Die Verdunstung bewirkt eine Anreicherung der Luft mit zerstäubten Soletröpfchen.

34 Ramsau Etwas abseits der Deutschen Alpenstraße liegt das malerische Bergdorf Ramsau am türkisblauen Hintersee. Seine Pfarrkirche ist eines der meistfotografierten Motive in den Bayerischen Alpen. Im Inneren beeindrucken vor allem die Holzskulpturen der zwölf Apostel. Bedeutender noch ist aber die Wallfahrtskirche Mariae Himmelfahrt in Kunterweg, er-

Lindau Im Seehafen von Lindau werden einfahrende Schiffe vom bayerischen Löwen und dem neuen Leuchtturm begrüßt.

Neuschwanstein Das märchenhaft entrückte Schloss König Ludwigs II. von Bayern am Rand des Ammergebirges, 1869–1886 errichtet, verzaubert bis heute Besucher aus aller Welt.

Füssen Über Altstadt und Lech thront das mittelalterliche Hohe Schloss, das den Fürstbischöfen von Augsburg einst als Sommerresidenz diente.

Wieskirche Von 1745 bis 1754 entstand dieses Juwel des deutschen Rokoko. Die UNESCO hat die Wallfahrtskirche 1983 zum Weltkulturerbe erklärt.

Sonthofen Die südlichste Stadt Deutschlands liegt im Tal der Iller. Sehenswert ist die Stadtpfarrkirche. Vom 1738 m hohen Grünten hat man einen herrlichen Blick auf die Allgäuer Alpen.

Oberstdorf Rund um den Luftkurort gibt es 200 km Wanderwege, etwa die Tour durch die Breitachklamm oder den Blumen- und Wanderlehrpfad zum Fellhorngipfel.

Kloster Ettal Die 1330 gegründete Benediktinerabtei liegt eingebettet in die Gebirgslandschaft der Ammergauer Alpen. Die heutige Kirche stammt aus dem 18. Jh.

Schloss Linderhof Inmitten der Berge im Graswangtal ließ König Ludwig II. den prunkvollen Bau von 1874 bis 1878 errichten. Eindrucksvoll sind auch die Bauten im Park.

Garmisch-Partenkirchen Der Doppelort bietet mit seiner überaus reizvollen Umgebung im Schatten der Zugspitze zahlreiche Erholungsmöglichkeiten.

zentrum über den einstigen Berghof Adolf Hitlers. Mit der Errichtung eines 5-Sterne-Hotels soll dieses Areal wieder als jedermann zugängliches Erholungsgebiet in einer einzigartigen Hochgebirgslandschaft etabliert werden.

36 Königssee Glanzpunkt des Berchtesgadener Lands und einer der schönsten Alpenseen ist der 8 km lange, bis zu 1,3 km breite und bis zu 190 m tiefe smaragdgrüne Königssee. Von dem gleichnamigen Ort aus gelangt man auf Elektrobooten oder über einen Fußweg am bewaldeten Ostufer entlang zum Malerwinkel, wo man sich mitten im Nationalpark Berchtesgaden befindet. Die wunderbare Aussicht über den See, die Funtenseetauern und die Schönfeldspitze im Steinernen Meer, die sich hier bietet, hat zahlreiche Maler inspiriert. Vom 1875 m hohen Jenner eröffnet sich ein herrlicher Panoramablick über den Watzmann, den Hohen Göll, die Gipfel des Hasengebirges und das Steinerne Meer.

baut nach 1730 von Sebastian Stumpfegger.

35 Berchtesgaden Über den Ort am Hang des Locksteins mit Blick auf den Watzmann, den Hohen Göll und das Steinerne Meer schwärmte bereits Ludwig Ganghofer: »Herr, wen du lieb hast, den lässest du fallen in dies lieb Land.« Auch wirtschaftlich war das Berchtesgadener Land attraktiv: Wegen seiner Salzwerke war es immer wieder Zankapfel zwischen Bayern und Salzburg. Im Heimatmuseum im Schloss Adelsheim findet man die reich geäderten Murmeln, die in den Kugelmühlen im Umland hergestellt werden. Sie wurden schon im Mittelalter in ganz Europa vertrieben. Am unweit gelegenen Obersalzberg informiert ein Dokumentations-

1 Der romantische Hintersee bei Berchtesgaden im Winter

Schliersee An der Nordspitze des Sees liegt der Markt Schliersee mit seiner barocken Pfarrkirche von 1714.

Bad Tölz Seit Ende des 19. Jh. ist die Hauptstadt des Isarwinkels mit ihrer mittelalterlich-pittoresken Altstadt ein beliebtes Kur– und Jodheilbad.

Aschau Der Ort im Priental, einst zum schönsten Dorf Bayerns gekürt, ist Ausgangspunkt für Touren auf die 1669 m hohe Kampenwand. Sehenswert: Schloss Hohenaschau.

Kloster Seeon Das einstige Benediktinerkloster mit der Kirche aus dem 12. Jh. wurde auf einer Insel im Klostersee erbaut.

Chiemsee Blick von Gstaad über das »Bayerische Meer« auf die Frauensinsel. Im Hintergrund zu sehen: die Chiemgauer Alpen.

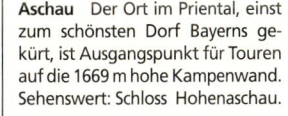

Herrenchiemsee Der Spiegelsaal im Schloss Herrenchiemsee ist fast 100 m lang und damit länger als sein Versailler Vorbild.

Zugspitze Die 2962 m hohe Zugspitze ist Deutschlands höchster Berg. Das vergoldete Gipfelkreuz befindet sich auf der Ostspitze.

Karwendelgebirge Bei Mittenwald bietet sich eine grandiose Bergszenerie: das Karwendelgebirge mit dem Lautersee im Vordergrund.

Ramsau Die Pfarrkirche von Ramsau mit der Reiter Alpe im Hintergrund.

Berchtesgaden Blick auf Berchtesgaden und den Watzmann (2719 m) von der Kneifelspitze aus.

Königssee Die Kirche St. Bartholomä vor dem mächtigen Watzmann.

BILDNACHWEIS

Abkürzungen:
B: J. Bieker
C: Corbis
DFA: Das FotoArchiv
H: Huber
I: IFA
L: Laif
M: Mohnheim
Mau: Mauritius
P: Premium
Z: Zielske

Einleitung: 2–3: o.: I_Panstock; u.: C_Ray Juno; 4–5: B; 6–7: P_Panoramic Images; 9: (v.o.n.u.): 2 x Z.; DFA_Vollmer; B; Romeis; Getty.
Tour 1: 10 gr. Bild: H; m.: I_Frima; u.: I_Rauch; 11 m.: H_Gräfenhain; u.: Wandmacher; 12.1: I_Aberham; Rand: H_Gräfenhain 13. H; 14–15.1: P_Sekai Bunka; 2: H; Rand: 3 x König; 17: 2 x Huber; 18–19: M; 20.1: H; 2: Wandmacher; 21.3: H; Rand: Transglobe; 22: H; 23.1: B: Kasten; H; 24.1: B; 2: Böttcher; Rand: DFA; 25.1: Hahn; 2 + 3: B; 4: Wandmacher; 26.1: Otto W.; 2: Wandmacher; Rand: akg-images; 27 Karte (v.li.o. im UZS): B; Z; B; 2 x Z; H; Wandmacher; 2 x Wandmacher.
Tour 2: 28 gr. Bild: Z; m.: P_Hänel; u.: Böttcher; 29 m.: P_C. & R. Dörr; u.: Böttcher; 30.1: P_Wothe; 2: H; Rand: o.: H; m.: Wandmacher; u.: P_Jorens-Beldé; 31.3: Wandmacher; 32: o. + u.: P_Wothe; 33.1: Z; 2: L_Kreuels; 3: H; Rand: o.: P_Otto; u.: DFA; 34: o.: L_Kirchner; u.: Z; 35.1 + 2: Rand: L_Babovic; 36–37: Z; 38.1: P_C. & R. Dörr; 2: I_Aberham; 3: P_C. & R. Dörr 39.1: P_C. & R. Dörr; 2: Dr. C. Zahn; 3: Z; 40.1: Böttcher; 2: P_C. & R. Dörr; Rand: o.: L_Boening / Zenit; u.: L_Jungeblodt; 41.3: L_Kirchner; Rand: L_Zanettini; 42 Karte (v.li.n.re.u.o.n.u.): Z; H;Z; Wandmacher; Z; H; 2 x Z; 43 Karte (v.li.n.re.u.o.n.u.): Z; P_C. & R. Dörr; Dr. C. Zahn; 3 x Z.
Tour 3: 44 gr. Bild: Z; m.: Freyer; u.: M_Achim Bednorz; 45 m.: P_Hänel; u.: H; 46.1: Wandmacher; 2: H_Giovanni; Rand: akg-images; 47: M_Jochen Helle; 48: H; 49.1 + 2: Z; 50.1: Z; 2: H; Rand: H_Damm; 51: o.: H; u.: DFA; 52.1 + 2: H; Rand: Herzig; 53.3: H; Rand: Z; 54.1: Böttcher; 2: Photo Digital GmbH; Rand: Herzig; 55 Karte (v.li.o. im UZS): H_Schmid, Gräfelhain; H; M_Lisa

Hammel; Mau; M_Schütze / Rodemann; Herzig; H; H_Schmid; H; M_Jochen Helle; H_Giovanni.
Tour 4: 56 gr. Bild: L_Zanettini; m.: I_Lecom; u.: I_Vahl; 57 m.: I_Harris; u.: L_Babovic; 58.1: H; Rand: L_Zinn; 59.2: Wackenhut; 3: Photo Digital GmbH; 60.1 + 2: Z; Rand: Schilgen; 61 o.: Herzig; u.: DFA; 62.1: I_Birgit Koch; 2: Z; Rand: o.: Herzig; u.: Schilgen; 64.1: Herzig; 2: Z; Rand: Herzig; 65 o.: Herzig; u.: L_Glaescher; 66–67: H; 68.1: I_Lecom; 2: L_Kirchner; Rand: Wandmacher; 69 Z; 70–71 o.: P; u.: L_Adenis / GAFFI; 72.1: Wandmacher; 2: Z; 3: H; 73 Karte (v.li.o. im UZS): 4 x Z; Wandmacher; H; DFA_Babovic; Schilgen.
Tour 5: 74 gr. Bild: B; m.: Wandmacher; u.: B; 75 2 x B; 76.1: H; 2: Schilgen; Rand: L_Emmler; 77.3: L_Emmler; Rand: o. + m.: Schilgen; u.: Klammet; 78.1: B; 2 + 3: Schilgen; Rand: B; 79.1: Wandmacher; 2 + 3 + Rand: B; 80.1: B; 2: Romeis; Rand: B; 81 o.: DFA / Babovic; u.: Wandmacher; 82.1: H; 2 + Kasten: B; Rand: Mau_Hänel; 83 Karte (v.li.o. im UZS): B; L; Wandmacher; Mau; Wandmacher; B; Z; 2 x L_Emmler; H; Schilgen (nebeneinander); H; Klammet.
Tour 6: 84 gr. Bild: Z; m. + u.: Böttcher; 85 m.: Romeis; u.: P_C. & R. Dörr; 86.1 + 2: 2 x L_Kirch; Rand: I_Aberham; 87.3: Babovic; u.: L_Kirchner; 87.1: Böttcher; 2: I_NICOS; 3: Böttcher; 4: P_Otto; Rand: o.: Böttcher; u.: H; 89 o.: Freyer; u.: Schilgen; 90 + 91 Böttcher; 93 o.: I_Panstock; u.: DFA_Stadler; 94.1: Romeis; 2: Böttche; Rand: I_Engelhardt / Sellin; 95.3.: L_Modrow; 96.1: B; 2: H; 97.1: Klammet; 2: H_Gräfenhain; 98.1: Wackenhut; 2: P_Otto; Rand: B; 99 Karte (v.li.o. im UZS): Z; L_Kirchner; Z; DFA; Schilgen; L_Eid; H; L_Modrow; Freyer; H.
Tour 7: 100 gr. Bild + m.: B; u.: Z; 101 m.: B; u.: DFA_Vollmer; 102.1: P_Hirdes; 2: Z; Rand: Mau_Mollenhauer; 103 B; 104.1: L_Hub; 2 + 3: Freyer; 4: B; 105.5 + 6: B; 106.1 + 2: B; 107.3: I_Schlösser; 4: Z; 5: B; 108.1–3: B; 109 Karte (v.li.n.re.u.o.n.u.): B; Mau_Mollenhauer; 2 x B; 2 x Z; B; 3 x Z.
Tour 8: 110 gr. Bild: P_Waldkirch; u.: B; 111 m.: P_Sixty-Six; u.: B; 112 alle B; 113.3: DFA; sonst alle B; 114–115 alle B; 116.1: Z; 2 + Rand: Klaes; 117 Rand: Mau_Otto; 118 o.: Klaes; u.: B; 119.1: DFA; 2 + Rand: B; 121 o.: H; u.: Freyer; 122.1: H; 2 + Rand: P_Buss; 123 Karte (v.li.o. im UZS): 6 x B; DFA_Sackermann; Klammet; P_Waldkirch; 3 x Klaes.
Tour 9: 124 gr. Bild: Z; m.: B; u.: Wandmacher; 125 m.: B; u.: H; 226.1: KLaes; 2: B; Rand o. + m.: B; u.: Klaes; 127 alle B; 128.1: B; 2: Klaes; 3: Herzig; Rand: alle B; 130.1: H; Rand: DFA; 131.2: Klaes; 132 alle Klaes; 133 Karte (v.li.o. im UZS): 2 x B; P_AGF; B;

I_Frima; Klaes; Z; DFA; H_Klaes; L_Eisermann; B; Romeis; IMG.
Tour 10: 134 gr. Bild: I_Lecom; m.: I_Eich; u.: L_Huber; 135 m.: L_Gaasterland; 136.1: L_Daams; 2: H_Klaes; Rand: alle L; 137 o.: L_Linke; u.: Z; 138.1: H_Klaes; 2: H_R. Schmid; 139.3: H_R. Schmid; Rand: o.: L_Kruell; u.: L_Sasse; 140.1: I_Ostgathe; Kasten: 1: H_Kornblum; 2: Schilgen; Rand: o.: L_Gaasterland; u.: H_F. Damm; 141 Karte (v.li.o. im UZS): 2 x DFA_Sackermann; H; I_Ostgathe; Klammet; Z; 2 x I_Eich.
Tour 11: 142 gr. Bild: I; m.: I_Panstock; u.: H; 143 m.: P_Hänel; u.: H; 144.1: I; 2 + 3: H; Rand: o.: M; u.: P_Otto; 145.4: H; Rand: o.: Getty; m.: I_Harris; u.: Freyer; 146–147 Getty; 148.1: Mau; 2: Richner; 3: N.N.; Rand: Mau; 149.4: H; 150.1: H_Klaes; 2: I_Frima; 3: Klaes; 151.4: L_Emmler; 5 + Rand: H; 153 (v.l.n.r.): Herzig; Wandmacher; 2 x Herzig; 154.1: H; 2: Herzig; Rand: H; 155 Karte (v.li.n.re.u.o.n.u.): 2 x Getty; Mau; L; P_Hänel; L_Heuer; L_Gaasterland; Klaes; H; Z; H; Z.
Tour 12: 156 gr. Bild: I_Rauch; m.: Herzig; u.: I_Pahlke; 157 m.: I_Hilpert; u.: H; 158.1: Kustos; 2: Mau_B. Gierth; Rand: o. + u.: Tourist Information Worms / R. Uhrig; 159.3: I_Everts; Rand: I_Steffens; 160 alle Herzig; 161.3: Z; 4: Romeis; Rand: N.N.; 162.1: P_PanoramicImages; 2: Herzig; 163.3: Herzig; 4: I_Rauch; 164.1: I_Rauch; 2: Mau_Mehlig; Rand: Herzig; 165 Karte (v.li.n.re.u.o.n.u.): Herzig; Kustos; Mau_B. Gierth; 3 x Herzig; Romeis; I_Nägele; B; I_Hilpert.
Tour 13: 166 gr. Bild: B; m.: Herzig; u.: B; 167 m.: DFA_Babovic; u.: Romeis; 168.1: B; 2 + Rand: Romeis; 169.3: H; 4: B; 170.1: B; 2: Herzig; 171.3: B; 172.1: H; 2: Wackenhut; 173 o. + u.: H; 174–175 Freyer; 176.1: H; Rand: Freyer; 177 Wandmacher; 178 Karte (v.li.n.re.u.o.n.u.): Romeis; H; Romeis; Bieker; 2 x Herzig; 3 x B; P_PanoramicImage; 2 x B; 179 Karte (v.li.n.re.u.o.n.u.): 2 x Wackenhut; H; Wandmacher; 2 x Wackenhut; B; Z; I_Bialobrzeski.
Tour 14: 180 gr. Bild: P_Otto; m.: L_Eid; u.: Wandmacher; u.: Z; 182.1: H_Schmid; 2: L_Hub; Rand: o. + u.: L_Eid; 183.3: H_Schmid; 4: L_Mueller; 185 o.: L_Mueller; u.: Schilgen; 186.1: Z; 2: L_Emmler; 3: P_NawrockiStock / S.Vidler; 187.5: Schilgen; Rand: I_Stadler; 188.1: B; 2: Freyer; 3: B; 189 Karte (v.li.o. im UZS): L_Eid; Klammet; P_Otto; H; 2 x Z; daneben: Mau; Mau; H_Schmid.
Tour 15: 190 alle B; 191 m.: B; u.: H; 192.1: Romeis; 2: B; Rand Herzig; 193 alle B; 194 alle B; 195 B; 196.1: Z; 2 + 3 + Rand: B; 197.1: Romeis; 2 + 3: P; 4: C_Roger Wilmshurst / Frank Lane Picture; Rand; B; 198 alle B; 199 Karte (v.li.o. im UZS): B; Freyer; Z; B; H; 4 x B; Z.

Tour 16: 200 gr. Bild: L_Emmler; m.: L_Raach; u.: Emmler; 201 m.: B; u.: Romeis; 202.1: B; Rand: o.: L_Raach; m. + u.: Romeis; 203.2: L_Eisermann; 3: B; Rand: Wackenhut 204.1 + 2: H; Rand: B; 205.4: L_Emmler; 206.1: H; 2: Kustos; Rand: L_Emmler; 207 Karte (v.li.o. im UZS): 2 x B; Romeis; H; Freyer; Mau; Kustos; Dietrich; L_Emmler; 3 x H; B.
Tour 17: 208 gr. Bild + m.: B; u.: L_Heeb; 209 m. + u.: B; 210.1: L_Zanettini; Rand: alle L_Eisermann; 211.2: Z; 3: L_Zanettini; Rand: B; 212.1 + 2: B; 213 Rand: o.: L_Emmler; u.: B; 214 alle B; 215 Karte (v.li.o. im UZS): N.N.; 2 x Huber_Schmid; Huber_Klaus; 4 x B; L_Emmler; 3 x B.
Tour 18: 216 gr. Bild + m.: Huber_Schmid; u.: H; 217 m.: Klammet; u.: Freyer; 218.1: L_Rauch; Rand: L_Maecke / GAFF; 219.2: H; B; 220–221: Z; 222.1: L_Emmler; B; H; Rand: I_photo Digital GmbH; 223 Karte (v.li.n.re.u.o.n.u.): I_Rauch; Schilgen; I_Otto W.; P; Z; H; Klammet; H_R. Schmid; C_Adam Woolfitt; H.
Tour 19: 224 gr. H; m.: B; u.: H; 225 m.: P; u.: DFA; 226.1: Romeis; 2: H; Rand: o.: H_Schmid; u.: Wackenhut; 227.3: I_J. Arnold Images; Rand: o.: Freyer; m.: Schilgen; Freyer; 230.1 + 2: Romeis; 3: H_Schmid; Rand: Romeis; 231 alle Romeis; 232.1: Klammet; 2: Romeis; Rand: DFA; 233.3: Freyer; Rand: H_R. Schmid; 234.1: Dr. C. Zahn; 2: L_Adenis / GAFF; 3: Z; Rand: o.: I_Walsh; u.: I_Vetter; 235 Karte (v.li.n.re.o.n.u.): Romeis; Huber_Schmid; H; Romeis; 2 x H; B; I_Panstock; H; Romeis; I_Fufy; H; P_Buss (u.r.); Klammet (u.l.).
Tour 20: 236 gr. Bild: I_Wittek; m.: Wackenhut; u.: I_Schulz; 237 m.: Schilgen; u.: P_Hilger; 238.1: P_Delphoto; 2: H; Rand: o.: Mau; m.: P_Delphoto; u.: P_Delphoto; 239.2: H; 240.1: H; 241.2: Z; 2: H; 242.1: H; 2: P; Rand: H; 243 Karte (v.li.o. im UZS): Schilgen; 2 x H; I_Schulz; B; 2 x H; Z; Schilgen.
Tour 21: 244 gr. Bild: H; m.: Mau; u.: Romeis; 245 m.: B; u.: P_Orion Press; 246.1: I_Lecom; Rand: H; 247.2: B; 3: I_Stadler; 248.1: Klaes; 2: Klammet / Radelt; Rand: o.: I_P. Grüner; u.: I_K. Amthor; 249.3: H; Rand: o. + m.: B; u. Romeis 250.1: P_Mon Tresor / K. Yamashita; 2–5: B; Rand: o.: Romeis; m. + u.: Z; 251.6: B; Rand: H. 252.1: I_Stadler; 2: P_Hänel / Transdia; Rand: o.: Klammet; u.: H; Rand: B; 254.1: I_Panstock; Karte (v.li.n.re.u.o.n.u.): H; Getty; I_Stadler; B; H; P_Sekai Bunka; 255 Karte (v.li.o. im UZS): B; H; Romeis; Wackenhut; 2 x Huber; B; P_Mon Tresor / K. Yamashita; Klaes.

IMPRESSUM

Genehmigte Sonderausgabe für Verlagsgruppe Weltbild GmbH, Steinerne Furt, 86167 Augsburg

© 2006 Verlag Wolfgang Kunth GmbH & Co KG, München
© Stadtpläne: GeoGraphic Publishers GmbH & Co KG, München

Innere Wiener Straße 13
81667 München
Telefon +49.89.45 80 20-0
Fax +49.89.45 80 20-21
www.kunth-verlag.de

ISBN 3-8289-3177-4

Texte: N. Albus, H. Barnitzke, M. Baumüller, W. Blümel, G. Bock, G. Bruschke, K. A. Dietsch, H. Egghardt, M. Elser, C. Gsänger, W. Horbas, R. Ites, Dr. S. Kinder, U. Klocker, R. M. Kölbl, A. Kunth-Jacobs, C. Lauer, Dr. D. Maier, R. Moczynski, M. Neumann, Dr. Th. Pago, N. Pautner, M. Schomann, E. Schuster, H.-W. Schütte, Dr. M. Vasold, Dr. H. Vestner, W. M. Weiss, Dr. M. Würmli.

Redaktionsleitung: Michael Kaiser
Redaktion: Katja Baldewein, Robert Fischer, Eckard Schuster
Josef Schröpfer
Tourenkarten: J. Ewers, GeoKarta, Stuttgart
Bildredaktion: Wolfgang Kunth
Umschlaggestaltung: Atelier Lehmacher, Friedberg / Bay.
Umschlagmotive: U1 oben: Thonig / mauritius images; unten: F. Hollweck / mauritius images; U4 oben: G. Lehmacher
Layout und Reinzeichnung: Dorothea Happ, Verena Ribbentrop
Litho: Fotolito Varesco, Auer (Italien)
Druck: Neografia

Printed in Slovakia